Noureev

Peter Watson

Noureev

Traduit de l'anglais par Nordine Haddad

Edition°1

Du même auteur :
The Caravaggio Conspiracy
The Nazi's Wife
From Manet to Manhattan, the Rise of the Modern Art Market

Titre original : *Nureyev, A Biography*

Couverture : Didier Thimonier

Note de l'auteur

Rudolf Noureev a dit un jour que la littérature d'imagination n'avait, dans l'ensemble, aucun attrait pour lui : « Les mots tendent à devenir des choses mortes; des signes dénués de sens qui ne me parlent pas.» Mais ce n'était pas vrai, et plus tard dans sa vie, il revint à la lecture, fréquentant amoureusement des auteurs comme Pouchkine, Dostoïevsky, Byron, Goethe et Schiller. Pouchkine fut celui qui compta le plus. De tous ses livres, aucun n'exerça un plus grand attrait sur lui qu'*Eugène Onéguine.* En fait, comme nous le verrons, la vie de Noureev offre plus d'un parallèle avec celles de Pouchkine et d'Onéguine. Les titres des chapitres de ce livre, à l'exception de ceux qui se rapportent aux dossiers du KGB, ont tous été tirés d' *Eugène Onéguine*[1].

---

1 - L'auteur a choisi de se référer à la traduction anglaise de Charles Johnston publiée par Penguin Books en 1977. Le traducteur du présent livre a pour sa part utilisé, en la modifiant parfois pour des besoins d'adaptation, celle de Nata Minor publiée au Seuil en 1990. Les mots suivis d'une astérisque sont en français dans le texte original. (N.D.T.).

Ce livre est dédié à la mémoire de ma mère

Une superbe plaisanterie

Ainsi votre fidèle amie
En un clin d'oeil, peut s'envoler :
Pour Satan, l'amour est
une superbe plaisanterie.

En dehors des Russes eux-mêmes, très peu de gens ont entendu parler de la ville d'Oufa, en Oural. Située sur la Bielaïa, la Rivière Blanche, un affluent de la Volga, à 1 300 kilomètres à l'est de Moscou, la ville est en fait une vaste conurbation de quelque 500 000 âmes. Ses industries principales sont l'assemblage de voitures et de moteurs d'avions, la manufacture du bronze et le raffinage du pétrole. Le cœur de la vieille cité, bâti selon un plan quadrillé, est fait principalement d'immeubles de bureaux en brique rouge, ou de maisons en bois ayant rarement plus de trois étages. On compte deux parcs dans le centre ville et, aujourd'hui encore, d'innombrables statues de Lénine salies par les ans. Les rues, avec leurs rangées d'arbres, ne manqueraient pas d'un certain charme, sans l'encombrement des lignes de tramway et les caténaires des trolleybus. Autour du centre, la moderne Oufa étend ses larges boulevards à quatre voies dans toutes les directions.

Oufa, fondée en 1951, est la capitale de la Bachkirie, tartare à cinq ou dix pour cent. Durant la Seconde Guerre mondiale cependant, de nombreux habitants de Moscou et de Leningrad y furent évacués et ne rentrèrent jamais chez eux : c'était peut-être la province, mais on y était au moins en sécurité (des vapeurs sillonnèrent la rivière Bielaïa jusque dans les années 50) Au cours de la guerre froide, en raison de son importance stratégique due à ses industries aéronautiques et pétrolières, Oufa fut une ville « fermée «. Les étrangers n'y ont accès que depuis 1986, et encore, malgré les autorisations, ne sont-ils pas toujours les bienvenus.

A six kilomètres au sud de la ville se trouve l'aéroport. A deux heures du matin, le dimanche 14 novembre 1987, un petit groupe de personnes se tenait dans le salon du bâtiment principal de l'aérogare, réservé aux touristes de marque. La salle, aux murs recouverts de dalles de plastique marron foncé imitant le bois d'acajou, était dominée par une grosse télévision, éteinte à cette heure tardive. Sur un mur, un portrait de Lénine avait été accroché récemment. Le groupe qui attendait dans le salon était composé d'un employé de l'aéroport, de Rezida Evgrafova, de ses fils Viktor et Yuri, de sa nièce Guzelle, et de Vonog-Viktor Petrovitch, un photographe de l'agence Tass. Dehors, la température était de - 6 °C. Un froid nullement inhabituel pour un hiver russe.

A deux heures cinq, à l'heure prévue, le vol BL 339 en provenance de Moscou se posa au sol. L'appareil avait quitté la capitale soviétique la veille à vingt-deux heures. A cause des deux heures de décalage entre Moscou et l'Oural, le vol d'une durée d'une heure quarante-cinq arrivait à une heure inopportune. Comme l'appareil, un TU 154 (l'équivalent du Bœing 727), approchait de l'aérogare, et que le sifflement de ses moteurs se faisait entendre à l'intérieur du salon où le groupe attendait, un employé conduisit Viktor Petrovitch dehors et lui fit descendre un escalier réservé aux personnalités. Une légère couche de neige recouvrait la pelouse autour de l'aire d'envol. Rezida Evgrafova et les autres furent conduits dans une autre direction par un second employé de l'aéroport. Le Tupolev s'arrêta enfin, coupa ses moteurs, et Petrovitch remarqua que l'on approchait de l'appareil deux passerelles au lieu d'une. La manœuvre était inhabituelle. On installa les passerelles en bonne place, et les portes de l'appareil s'ouvrirent. Presque aussitôt, les passagers commencèrent à descendre par la porte arrière et traversèrent la piste à la hâte jusqu'au terminal. Durant un moment, la porte avant resta ouverte, mais on ne vit personne apparaître. Petrovitch, qui s'était arrêté au pied de la passerelle, resserra son manteau autour de lui et saisit son appareil photo de ses mains gantées. Finalement, une hôtesse apparut, précédant un homme. Il portait un long manteau à chevrons, un béret vert, et une écharpe enroulée autour de son cou. Petrovitch supposa que c'était lui la raison de sa présence ici, au milieu d'une piste d'envol glaciale à cette heure incongrue. Il devait s'agir de Rudolf Noureev.

Vingt-quatre heures plus tôt, c'est à peine si Petrovitch avait conscience de l'existence de Rudolf Noureev. Il savait qu'il était danseur, et qu'il y avait longtemps, en 1961, il était passé à l'Ouest. Mais ce qu'il ne savait pas, c'était que Noureev était considéré à l'Ouest comme le plus grand danseur de sa génération, peut-être de tous les temps. Il n'imaginait pas un instant non plus qu'il comptait parmi les personnalités les plus célèbres du monde, et qu'il était immensément riche. C'est seulement la veille, dans l'après-midi, que Petrovitch avait reçu un appel téléphonique du siège de l'agence Tass à Moscou, l'informant qu'un certain Rudolf Noureev arrivait à Oufa dans la nuit, et que sa mission était de le photographier durant toute sa visite.

Petrovitch ne sut d'abord pas quoi penser de cette demande. S'agissait-il d'une authentique mission journalistique, ou bien lui demandait-on, d'une façon discrète et non-officielle, de garder un œil sur le danseur au nom des autorités? Inquiet, il téléphona immédiatement au bureau local du Parti Communiste, afin d'en apprendre davantage sur Noureev. Mais il ne put obtenir aucun renseignement. Songeant alors que si Noureev était passé à l'Ouest, il devait être connu du KGB, Petrovitch téléphona ensuite à un des secrétaires locaux du KGB qu'il connaissait vaguement, un certain Bulatov. La réaction de ce dernier fut curieuse. Il ne laissa aucunement entendre qu'il s'attendait à recevoir l'appel de Petrovitch, mais il se trouva qu'il avait justement le dossier de Noureev sous la main. Durant près d'une demi-heure, il expliqua au photographe qui était exactement Noureev. En l'écoutant, Petrovitch comprit qu'il avait eu raison d'être inquiet : on s'attendait bel et bien à ce qu'il joue le double rôle de journaliste et d'espion.

Quand Petrovitch pointa son appareil photo *Blitz* vers Noureev, debout en haut de la passerelle, le danseur tressaillit à la vue du flash. Petrovitch apprit plus tard que Noureev ne savait pas qui l'accueillerait à Oufa. Après vingt-six années passées à l'Ouest, il avait obtenu l'autorisation, délivrée au plus haut niveau - par le Président Gorbatchev en personne -, de séjourner quarante-huit heures en Russie et d'aller rendre visite à sa mère, gravement malade. Le danseur, qui arrivait alors de Paris, était accompagné par deux officiels, un diplomate du ministère des Affaires étrangères françaises, et un autre travaillant à l'ambassade de Moscou. Ils étaient à la fois ses gardes du corps et ses assistants. Noureev avait jugé plus que nécessaire l'élément de protection, ne pouvant écarter tout à fait ses craintes d'être arrêté sur le chemin de Oufa et jeté en prison. Après son sensationnel passage à l'Ouest en 1961, Noureev avait été jugé et condamné par contumace à sept ans de prison. En théorie, la condamnation tenait toujours. Bien qu'habitué à être photographié, il avait à cette occasion, de quoi tressaillir.

Derrière Noureev venaient les deux diplomates français, un jeune homme de grande taille et une femme plus petite et plus âgée. Ils portaient les bagages. Surmontant sa peur du flash, Noureev descendit les marches de la passerelle et se retrouva face à Petrovitch.

- *Dobra dyen*, dit le photographe. Bonjour.

Il expliqua qu'il était de l'agence Tass et qu'on lui avait confié la tâche de le photographier durant sa visite.

- Bien, bien, dit Noureev. Formidable!

Il paraissait enthousiaste, jusqu'à ce que Petrovitch laisse entendre que, par-dessus tout, il tenait à faire quelques photographies de Noureev avec sa mère. L'attitude de Noureev devint brusquement froide.

- Avec ma mère?... Non. Non!

Petrovitch recula, tandis que Noureev attendait que les deux officiels français descendent les marches à leur tour. Il regarda l'inscription portée sur le bâtiment derrière l'aire de stationnement, et vit le nom de Oufa écrit en russe et en bachkire.

- Ah! Oufa! soupira-t-il. Il y a vingt ans que je ne suis pas venu ici.

Il se tourna vers Petrovitch, et, d'un ton plus affable, demanda si quelqu'un était venu l'accueillir. Le photographe répondit que sa sœur était là, avec sa nièce et ses neveus - curieusement, ils n'avaient pas été autorisés à venir le rejoindre sur la piste.

Rezida et le reste de la famille attendaient Noureev avec des fleurs, comme le veut la tradition en Russie. Petrovitch était conscient que c'était là un grand moment. Un artiste de renom, un homme controversé, qui avait quitté sa mère patrie de façon spectaculaire une génération plus tôt, de retour dans sa ville natale, parmi les siens.

Rudolf se tint face à Rezida. En dépit de l'occasion, elle ne s'était pas maquillée et ses cheveux étaient tirés en arrière, révélant les traits de son visage. Elle n'avait que deux ou trois ans seulement de plus que son frère, mais avait l'air d'être son aînée de dix ou quinze ans. Alors qu'il avait savouré la douceur de l'Ouest, sa vie à elle avait été rude, sans la moindre promotion professionnelle à cause de la défection de son frère Ils avaient les mêmes pommettes hautes, et leur ressemblance était frappante maintenant qu'ils étaient face-à-face. Elle lui sourit.

- Rudik, dit-elle d'une voix grave et discordante, utilisant le diminutif par lequel sa famille l'avait toujours appelé quand il était enfant.

Rudolf et Rezida s'étreignirent. Il y eut d'autres sourires, mais pas de larmes. Les Noureev n'ont jamais eu de temps pour les larmes. Petrovitch prit d'autres clichés, puis rejoignit avec la famille le salon réservé aux touristes de marque. Après quelques minutes, et un thé bien chaud, Petrovitch rentra chez lui à Oufa pour développer son film : il était presque trois heures du matin. Il avait convenu avec Rudolf qu'il passerait le prendre à son hôtel à neuf heures. On lui avait communiqué l'itinéraire du danseur durant son séjour à Oufa. Cet itinéraire, l'avait-on prévenu, avait été approuvé par Noureev et ne devait en aucun cas être modifié. Petrovitch - et les autorités russes - sauraient exactement où se trouverait Noureev durant tout le temps de sa visite. Noureev avait accepté ces conditions non seulement parce que, sans un accord comme celui-là, il n'aurait pas pu revoir sa mère, mais aussi parce qu'il savait que l'ambassade de France posséderait également l'itinéraire et saurait-elle aussi où le trouver. Le risque d'être arrêté était ainsi minimisé.

Quand Petrovitch téléphona à l'hôtel le lendemain matin vers huit heures trente, on lui passa d'abord la mauvaise chambre - il eut une voix allemande au bout du fil. Puis, quand l'opérateur de l'hôtel établit enfin la connection avec la chambre de Noureev, il n'obtint aucune réponse. Petrovitch paniqua. Etait-il arrivé quelque chose? Avait-il été arrêté? Etait-il déjà parti? Le photographe se hâta de rejoindre l'hôtel, le Rossiya, et monta jusqu'à la suite double de Noureev au deuxième étage. Il frappa à la porte. Aucune réponse. Il frappa à nouveau. Toujours rien. Il redescendit et interrogea le réceptionniste. Il s'avéra que, la nuit précédente, Noureev ne s'était pas rendu directement à l'hôtel, comme il était tenu de le faire selon l'itinéraire, mais qu'il s'était d'abord arrêté chez des amis. (Petrovitch ne découvrit jamais de qui il s'agissait.) Par conséquent, le danseur et ses « anges gardiens » français n'étaient arrivés à l'hôtel que très tard dans la nuit, aux environs de quatre ou cinq heures du matin. Le réceptionniste pensait que Noureev devait dormir encore.

Petrovitch alla frapper à la porte une fois de plus. Cette fois Rudolf fit son apparition et lui dit qu'il serait prêt à aller rendre visite à sa mère dans une demi-heure Il précisa une fois de plus qu'il n'autoriserait aucune photographie avec sa mère, mais ajouta qu'après cela, il rendrait visite à des amis et irait sur la tombe de son père - Petrovitch pourrait prendre tous les clichés qu'il voudrait durant cette partie de l'itinéraire.

Peu après dix heures, Noureev apparut dans le hall de l'hôtel où Petrovitch l'attendait. Il tenait un bol à la main - Petrovitch supposa qu'il s'agissait d'un cadeau pour sa mère - et Rezida était avec lui, accompagnée de son petit neveu, Ruslanchik. La petite *Shestorka* de Petrovitch, on tenait difficilement à quatre, mais ils se débrouillèrent comme ils purent. Alors, Petrovitch redemanda à photographier la mère de Noureev. C'était une erreur de sa part; plus énergiquement que jamais, le danseur refusa. « Je compris alors que cet homme avait un caractère de fer, et qu'à l'époque, seul un tel homme pouvait être passé à l'Ouest.»

L'appartement de la mère de Noureev se trouvait près du square d'Octobre, dans un immeuble en béton de cinq étages. En descendant de voiture, Noureev se tourna vers le photographe et lui dit qu'il comptait passer environ trois-quarts d'heure avec sa mère. D'abord, Petrovitch songea à utiliser ce laps de temps pour ramener ses rouleaux de films au bureau, afin qu'ils puissent être envoyés directement à Moscou. Après réflexion, cependant, il préféra renoncer à cette idée. Il avait déjà failli perdre Noureev une fois, et il ne voulait pas que la chose se renouvelle. Il commettait là une erreur de plus. Il se passa plus d'une heure avant que Noureev ne ressorte de l'immeuble. Quand il apparut, Petrovitch remarqua l'odeur de Vodka dans son haleine. Noureev ne fit aucune allusion à ce qui s'était passé dans l'appartement de sa mère, même si « une certaine émotion se lisait sur son visage ». Quand ils furent tous installés de nouveau dans la voiture, Petrovitch demanda à Noureev ce qu'il voulait faire.

- Allons au Théâtre de l'opéra et du ballet, dit Noureev.

Tandis qu'ils roulaient, nul ne revint sur sa visite à sa mère. Rezida lui demanda ce qu'il pensait d'Oufa. Il hésita un moment, puis dit :

- *Domodedovo* est affreusement incommode. On n'a pas pensé aux gens.

Domodedovo est l'aéroport de Moscou d'où partent la plupart des vols intérieurs. Oufa n'avait manifestement pas eu d'impact sur lui - pas encore.

Après un autre silence, Noureev s'adressa à Petrovitch :

- Combien coûtent les voitures ?

Au même moment, ils passaient devant le marché principal d'Oufa. Sans répondre à sa question, Petrovitch demanda à Noureev s'il voulait visiter le marché et acheter quelques souvenirs. Il se disait qu'il pourrait faire là quelques clichés intéressants. Ils descendirent de voiture, jetèrent un coup d'œil aux étals et Noureev acheta des chaussettes de laine en tricot. Du moins, il l'aurait fait s'il avait eu quelques roubles sur lui, mais il n'avait pas pris la peine de changer son argent. La femme qui le servait ne voulant pas accepter de dollars, ni de francs français, ce fut Rezida qui paya les chaussettes.

Au théâtre, Noureev demanda qu'on le photographie à l'extérieur. La femme à l'accueil ne savait pas qui était Noureev, ni à quel point il était célèbre. Quand on lui eût expliqué que le danseur était un personnage de marque, elle insista pour téléphoner au directeur du théâtre afin d'obtenir l'autorisation de leur servir de guide. Tandis qu'ils attendaient dans le foyer, Noureev et Petrovitch feuilletèrent les livres de photos, montrant les danseurs d'Oufa, dont certains étaient connus de Noureev. Quand le directeur arriva, tout le monde se serra la main, et on leur fit visiter le théâtre, les autorisant même à monter sur la scène où, trente ans plus tôt, Noureev était apparu pour la première fois dans un rôle professionnel, dans *Le Chant des cigognes*. La décoration (or, bleu et blanc) du théâtre, inspirée du Maryinski, à Saint-Pétersbourg n'avait pas changé. Des draps blancs recouvraient encore les sièges entre les représentations, comme c'était la pratique ici depuis toujours, sur le modèle de Saint-Pétersbourg. Ce devait être pour Noureev un grand moment d'émotion, et Petrovitch était prêt à prendre des photos. Mais l'émotion s'évanouit vite, le danseur s'étant mit à débattre avec le directeur pour savoir si la scène était en bois ou en métal. Noureev pensait qu'elle était en métal et refusait de croire ce que lui en disait avec insistance le directeur, qui sans nul doute était bien placé pour savoir qu'elle était en bois.

Pendant qu'ils avaient attendu le directeur, Petrovitch avait, à la demande de Noureev, composé le numéro des renseignements téléphoniques afin d'essayer de retrouver les numéros de téléphone d'un certain nombre d'anciens amis et de collègues que Noureev espérait rencontrer. La demande concernait une douzaine de nom, mais Petrovitch ne put retrouver le numéro que de trois d'entre eux. L'un était celui de Zaituna Nazretdinova, une célèbre ballerine qui fut l'une des premières danseuses que Noureev ait jamais vues sur scène, et dont les prestations l'avaient encouragé à étudier le ballet classique. Mais elle n'était pas chez elle. Le second numéro était celui d'une autre danseuse, Alexandra Nikolievna, fille d'un dissident. Mais, elle n'était pas chez elle non plus. Le troisième numéro était celui de Pamira Sulemanovna, peut-être la première partenaire de Noureev, quand ils étaient tous deux adolescents. Pas de réponse.

- Oh, eh bien, allons faire un tour dans la rue Zentsova, dit Noureev.

C'était la rue où il avait grandi, dans le vieux quartier de la ville. En arrivant, ils découvrirent qu'elle avait été démolie pour moitié, et qu'un grand immeuble d'appartements et un foyer construits en travers défiguraient complètement le paysage. Noureev se fraya un chemin parmi les gravas enneigés jusqu'à la cour d'une des maisons, la troisième en partant du coin de la rue. Il demanda à Petrovitch de le prendre en photo. « Il est possible que son expression ait changé. Il m'expliqua qu'à cet endroit se dressait autrefois la maison où il avait grandi.»

Ils se dirigèrent ensuite vers une colline d'Oufa où avait été érigée une statue de Salarat Ulaev. La statue n'était pas importante, mais c'était sur cette colline que le très jeune Noureev, des années auparavant, avait regardé les trains aller et venir en gare d'Oufa, arrivant de Kazan, de Moscou, de Leningrad, et de Dieu sait où encore. Depuis cet endroit, on aperçoit également les méandres de la rivière. Le mot tartare pour Bielaïa est « Agadel ». Noureev ne l'avait pas oublié, et il permit qu'on le prenne en photo.

L'arrêt suivant prévu par l'itinéraire était le cimetière musulman où le père de Noureev était enterré. En tant que journaliste et photographe, Petrovitch attendait beaucoup de cette partie de la visite. L'émotion serait certainement au rendez-vous.

Mais, à la dernière minute, alors qu'ils remontaient dans la voiture, Noureev changea d'avis.

- Nous n'irons pas au cimetière, dit-il.

Petrovitch était très contrarié. Il avait manqué la rencontre de Noureev avec sa mère, et voilà qu'il était privé maintenant de sa rencontre avec son père. En tant que Russe, il était également choqué. Ne pas se rendre sur la tombe de son père ? C'était impensable. Que s'était-il donc passé avec sa mère ?

A peine étaient-ils remontés en voiture, que le danseur en redescendit ; près de la *Shestorka*, il y avait un arbre, un sorbier, considéré par beaucoup comme le symbole de la Russie. Ses fruits sont bleu foncé, avec des nuances de rouge, et quand il neige, de minuscules pyramides se forment sur les baies, créant un effet magnifique.

- Quel est cet arbre ? demanda Noureev.

- Oh, Rudik ! s'écria Rezida. Comment peux-tu avoir oublié ? C'est un sorbier.

Petrovitch était médusé lui aussi de voir que Noureev pouvait avoir oublié quelque chose d'aussi élémentaire. Quel genre de Russe était cet homme ?

Au lieu du cimetière, Noureev demanda à Petrovitch de le conduire à l'école où il était allé enfant. Ce dernier l'avertit qu'il ne s'agissait plus d'une école ordinaire, mais - étrange coïncidence - d'une école de chorégraphie. Aucune importance, dit Noureev, il tenait à la voir malgré tout. Et, puisqu'aucun de ses amis n'étaient chez lui, il n'y avait pas grand chose d'autre à faire. L'école se trouvait au pied de la colline, près du terminus d'une ligne de tramway. Tandis qu'ils approchaient, la voiture de Petrovitch se retrouva brusquement prise dans les rails de tramway au beau milieu de la rue. Petrovitch eut beau tourner son volant, les pneus restaient pris dans les rails. C'était comique et embarrassant à la fois. Noureev dit tranquillement qu'il irait seul à pied, tandis que Petrovitch réglerait le problème.

Petrovitch dut faire mille efforts durant plusieurs minutes pour se dégager, immobilisant les trams derrière lui. Quand il réussit finalement à sortir de là, il vit Noureev qui remontait la colline.

- L'école est fermée, dit le danseur d'un air sombre. Nous sommes dimanche.

Petrovitch commença à se rendre compte que la grande visite prenait des allures désastreuses.

Ils décidèrent d'essayer le Philarmonique. Le gardien, un homme à la forte carrure et à l'air triste, n'avait aucune idée lui non plus de qui était Noureev. En réponse à leur demande de visiter la salle, il grogna :

- Qu'y a-t-il à voir là-dedans?

Quand Petrovitch lui montra sa carte de journaliste, il les autorisa à entrer, mais insista pour les accompagner partout. Noureev demanda si des répétitions étaient prévues ce jour-là, et il lui répondit seulement que non, parce que c'était dimanche. « Noureev était déprimé de voir le tour que prenaient les choses, déçu d'avoir trouvé l'école fermée et de rencontrer un homme pareil au Philarmonique.» S'efforçant. de lui remonter le moral, Petrovitch demanda à Noureev où il habitait à Paris.

- Sur les rives de la Seine, face au Louvre.

- Voulez-vous visiter le musée Nesterov?

- Oh oui, quelle bonne idée! Avec plaisir.

« Au musée, je sortis mon appareil photo, mais un des gardiens, une femme, me héla : "Il est interdit de prendre des photographies. Rangez-moi cet appareil photo!" Je lui dis que je ne voyais pas pourquoi, puisque je photographiais un homme et non des peintures. J'expliquai que Noureev était un hôte de marque et un célèbre fils d'Oufa, qu'il arrivait de l'étranger. La femme se mit à crier plus fort : "Rangez-moi cet appareil ou j'appelle le directeur!" On aurait dû priver cette mégère de son salaire. C'était encore un coup de malchance.»

Petrovitch reconduisit Noureev et Rezida à l'hôtel Rossiya à quatre heures. Le vol pour Moscou partait à six heures. Les deux personnes de l'ambassade de France l'attendaient, et Petrovitch lui dit adieu. Noureev semblait totalement dépité.

Le lendemain, Petrovitch reçut la visite du KGB. Petrovitch avait remarqué que la chambre de Noureev au Rossiya n'était pas l'une des meilleures, et s'était demandé si on ne lui avait pas donné une chambre « spéciale », surveillée par les services de sécurité. Les agents du KGB se montrèrent particulièrement intéressés par ce qui s'était dit à l'intérieur de la voiture - ils avaient l'air d'être au courant pour le reste. Mais Petrovitch n'avait pas grand chose à leur dire. Noureev, expliqua-t-il, s'était montré peu communicatif, et la visite était allée de désastre en désastre.

Plus tard, Petrovitch en vint à la conclusion que le voyage de Noureev avait été soigneusement orchestré. Gorbatchev en personne l'avait peut-être autorisé à venir, mais il y avait encore un fort ressentiment à l'égard de Noureev de la part des Autorités. Le choix de son heure d'arrivée - deux heures du matin, un dimanche, était délibéré. De cette façon, la visite perdrait de son importance; l'école, le Théâtre et le Philarmonique seraient fermés, ses amis partis. Oufa avait permis à son célèbre fils de revenir, mais de mauvaise grâce, sans lui avoir pardonné.

En fait, Vonog-Viktor Petrovitch n'imaginait pas à quel point Rudolf Noureev était loin d'avoir été pardonné. Il l'apprit plus tard. Noureev lui avait refusé la chance d'assister à la rencontre avec sa mère, mais le danseur avait eu là une bonne intuition. Quand il avait été introduit dans la chambre de sa mère, près du square d'Octobre, le choc avait été terrible. Petite, toute flétrie par les ans, très faible, elle souffrait terriblement, ainsi qu'il l'avait appris, de polyarthrite (elle mourut quelques mois plus tard). Elle était également incontinente, si bien que sa chambre, en plus d'être miteuse et exiguë, empestait affreusement. Elle avait 82 ans et paraissait s'être réfugiée dans son monde.

Lilia, la sœur sourde et muette de Noureev, était là également, ainsi que Boris, le mari de Rezida. Ils s'étaient mariés en 1961, peu de temps après la défection de Noureev, et le mariage en avait été plus que gâché. Vodka et *pelmeni*, les traditionnelles boulettes de pâte, furent bientôt servies par Lilia, mais l'atmosphère restait tendue. Rezida traversa la pièce minuscule. Les fenêtres aux rideaux de minable dentelle filtraient une pâle lumière.

Rezida se pencha au-dessus du corps fragile de sa mère et lui agrippa le poignet. A voix haute, elle dit lentement :

- Mère, c'est Rudik, ton fils. Il est venu pour te voir.

Elle se tenait de côté, pour permettre à Noureev de s'avancer afin que sa mère puisse le voir. Il était là, debout, dans son long manteau. Il faisait chaud dans la pièce, et il avait ôté son écharpe et son béret.

Le visage de sa mère lui était familier et étranger à la fois. Il songea qu'il y avait vingt-six ans qu'il ne l'avait pas vue. Elle avait toujours été petite, mais maintenant, elle avait la taille d'un enfant. Ses yeux, intenses autrefois, avaient perdu leur éclat. Elle n'avait presque plus de sourcils. La peau de son visage étaient tendue sur les os de sa mâchoire. La mort était proche. C'était heureux qu'il soit là.

Après un moment, il vit les yeux de sa mère bouger, mais il était difficile de dire si c'était lui qu'elle fixait. Elle avait l'air de tourner et retourner quelque chose dans sa tête. Le silence s'éternisa quelques secondes encore.

Puis, d'une voix fragile mais claire, elle dit en s'adressant à Rezida.

- Je n'ai pas de fils.

• • • • •

Triste Russie

...Triste Russie,
Où j'ai souffert, où j'ai aimé,
Là où mon âme j'ai enterrée.

Le jeudi 17 mars 1938, dans l'express numéro 17 du Transsibérien qui quittait la gare d'Angarsk, Farida Noureev s'installa du mieux qu'elle put et regarda défiler la campagne derrière la vitre. A trente-trois ans, c'était une femme de petite taille, avec de longs cheveux noirs séparés par une raie au milieu, des yeux marron et tristes nettement écartés. A en juger par l'expression habituelle de son visage, on ne pouvait jamais dire si elle était sur le point de rire ou de pleurer. Ses pommettes hautes trahissaient son ascendance tartare, et elle avait le teint pâle et crayeux. Elle n'était pas dénuée de charme, mais c'était une femme réservée, et elle fit de son mieux pour ignorer les autres passagers, dont la plupart étaient des hommes : des fonctionnaires du Parti Communiste, des bureaucrates, des soldats.

En Sibérie, l'hiver est encore rude à la mi-mars et, au travers des bouleaux argentés qui longeaient la voie, elle apercevait parfois fugitivement, au loin sur sa gauche, les icebergs glissant sur les eaux de la rivière Angara. Elle avait hâte que le train arrive à la prochaine gare. Irkoutsk était à plus de 60 kilomètres; c'était une grande ville, et l'express s'y arrêterait suffisamment longtemps pour qu'elle ait le temps de se dégourdir les jambes, de prendre un peu l'air et peut-être d'acheter du poisson fumé, mets fin de la région. Irkoutsk se trouvait également à peu près à la moitié du parcours du Transsibérien, à 4 720 kilomètres à l'est de Moscou, mais encore à 4 440 kilomètres de Vladivostok, la destination de Farida. La Sibérie est une région gigantesque dont on n'apprécie vraiment l'étendue qu'en la traversant par la route ou en train. Moscou et Ouelen, sur le détroit de Béring, sont aussi éloignées l'une de l'autre que Londres et Los Angeles, New York et Tierra del Fuego, Sydney et Johannesburg.

Farida, qui vivait dans la région de Nouremanovski, avait pris le train à Oufa, sise à l'ouest des monts Oural à 1 300 kilomètres de Moscou. Elle voyageait avec ses trois filles, Rosa, Lilia et Rezida, âgées respectivement de dix, cinq et trois ans. Farida était de nouveau enceinte, espérant vivement avoir un fils cette fois, et se rendait à Vladivostok pour rejoindre son mari, Hamet, qui avait trouvé un logement pour sa famille et tenait à l'avoir près de lui. Hamet était *politrouk*, instructeur politique dans l'armée à Kalkhin-gole, une base d'artillerie située près du plus grand port de la côte pacifique de l'Union soviétique. Son travail l'obligeait à voyager beaucoup, et il était rare qu'il ait sa famille près de lui.

C'était une décision courageuse de la part de Farida. Dans ces années-là, le Train 17, l'express le plus rapide reliant Moscou à Vladivostok, couvrait la distance en quatorze jours, à une vitesse moyenne de 45 km/h (les victimes des purges, transportées dans des wagons à bestiaux, mettront jusqu'à quarante-sept jours). De toutes les villes de Sibérie, Irkoutsk était la plus cosmopolite. Du temps des tsars, la ville avait été surnommée « le Paris de la Sibérie », et, après qu'on y eût découvert or et pétrole, était devenue la ville la plus prospère et la plus à la mode à l'est de Saint-Pétersbourg. Le train s'y arrêta quarante minutes.

Après Irkoutsk, la ligne de chemin de fer s'éloigne de la rivière Angara, et se dirige droit vers le sud en direction du lac Baïkal, non loin de Koultouk. Rudolf Noureev a dit un jour : « J'aime repenser à ma naissance... J'y pense toujours comme à l'événement le plus romantique de ma vie.» Certes, être né à bord d'un train est romantique, mais en 1938, le Transsibérien n'était plus l'objet de prestige et de luxe qu'il avait été autrefois, avec ses compartiments-couchettes, ses restaurants et ses *chefs** français, ou encore ses bibliothèques remplies de livres russes et français comme le vantaient, non sans exagération, les affiches publicitaires de l'Exposition universelle de 1900 à Paris. Bien que les moteurs diesel eussent commencé à remplacer ceux à charbon, le train à bord duquel voyageait Farida était conduit par une vieille locomotive à vapeur. Elle n'était pas plus propre que celles de 1890, et plus lente encore.

Enceinte de huit mois, Farida prenait un risque réel en entreprenant un voyage de la sorte ; rien d'étonnant donc à ce que, en arrivant à Irkoutsk, l'enfant dans son ventre montrât, tout comme elle, des signes d'inconfort et d'impatience. En 1900, les publicités évoquaient les gymnases du transsibérien, sa chambre noire pour photographes amateurs, son coiffeur et « son pharmacien patenté ayant des compétences en obstétrique ». En 1938, tout ceci n'était plus qu'une triste plaisanterie. En dernière classe, les passagers n'avaient même pas droit à un lit ; ils devaient survivre durant quatorze jours avec une simple place assise.

A 70 kilomètres au sud d'Irkoutsk, l'express atteignit le lac Baïkal et la jolie ville de Koultouk. L'esturgeon y est la base d'une industrie de première importance, chaque poisson produisant jusqu'à huit kilos de caviar noir. Autrefois, le lac Baïkal constituait de loin l'étape la plus romantique du voyage à bord du Transsibérien. C'est la plus grande réserve d'eau douce de la planète, suffisamment massive pour entraîner de trois à cinq secousses sismiques par an dans la région environnante, et assez proche de Koultouk pour que l'on interdise la construction d'immeubles de plus de cinq étages. Gelé de janvier à mai, le lac Baïkal est unique sur le plan zoologique, botanique et géologique, avec ses éponges vert émeraude, ses poissons golomyanka, ses colonies de phoques, ses eaux bleu turquoise si claires qu'à l'œil nu on peut y repérer une pièce de monnaie jusqu'à quarante mètres de profondeur.

C'est là, dans cet endroit pittoresque et unique, près d'un village nommé Razdolnaya, bien des heures après avoir quitté Irkoutsk, que Farida arriva au terme de sa grossesse.

Farida était plus qu'enchantée d'avoir enfin un garçon. Elle et Hamet étaient des Tartares, descendants lointains des hordes mongoles qui, menées par Gengis Khan (1162-1227), envahirent et dévastèrent la plus grande partie de l'Asie et de l'Europe de l'Est. En tant que tels, ils étaient également musulmans.

Dans une famille musulmane, même dans la Russie de 1938, où la religion était hors-la-loi, les garçons avaient une importance qu'ils n'avaient pas dans d'autres confessions. En fait, Hamet désirait tellement un garçon que lorsque Lilia, sa seconde fille, naquit durant la famine de 1933, Farida lui écrivit pour lui dire qu'il avait un fils (à cette occasion encore, mari et femme étaient séparés). Hamet ressentit une telle joie en apprenant la nouvelle qu'il s'arrangea pour rejoindre sa famille aussi vite que possible. En découvrant la vérité à son arrivée, il resta sans voix, l'air misérable. Lilia, elle aussi, était, littéralement, sans voix. Elle était née sourde et muette.

Quand le Transsibérien fit un nouvel arrêt, en gare de Razdolnaya, Rosa, l'aînée des filles, fut envoyée au bureau du télégraphe pour câbler la nouvelle à son père : il venait bel et bien d'avoir un fils. Farida espérait seulement que, cette fois, il la croirait.

C'est là la version officielle de la naissance de Noureev, celle qu'il a donnée lui-même dans d'innombrables entretiens et dans son autobiographie, publiée en 1962 quand il avait 24 ans, et reprise dans d'autres livres qui lui ont été consacrés. Pourtant, le fait est qu'il n'existe aucune Razdolnaya près du lac Baïkal, sur la ligne du Transsibérien ou à proximité. En fait, il existe deux Razdolnaya le long de la célèbre ligne de chemin de fer : l'une est située entre Arteoushka et Mogocha, à 1 400 kilomètres à l'est du lac Baïkal, non loin des célèbres mines d'argent tsaristes et du lieu de naissance de Gengis Khan; l'autre se trouve à environ 150 kilomètres au nord-ouest de Vladivostok. C'est peut-être dans cette dernière qu'est né en réalité Noureev. La preuve semble en être cet entretien qu'il a accordé au *Daily Mail*, le 2 mars 1991, dans lequel il précise : « Mon lieu de naissance sur mon passeport est la gare de Razdolnaya, qui se trouve sur la ligne du Transsibérien, au nord de Vladivostok.»

Si l'on admet que Noureev a délibérément menti sur le lieu de sa naissance, on peut se demander pourquoi. Une naissance près de Vladivostok est bien plus plausible que la version romanesque. La grossesse de sa mère était déjà bien avancée lorsqu'elle entreprit le voyage, et elle savait parfaitement combien de temps il durait. On peut croire de sa part à une erreur de calcul de quelques heures, mais pas de quelques jours.Alors pourquoi l'histoire du lac Baïkal? En fait, si le mot Transsibérien avait des connotations romantiques, la réalité, dans la triste Russie, était bien différente : une ville lugubre succédant à une autre, et des forêts de bouleaux pendant des milliers de kilomètres. Seul le lac Baïkal rompait cette monotonie. Cette histoire sert au moins d'avertissement : tout ce que Noureev dit de son enfance ne doit pas être pris comme parole d'évangile.

Le voyage du lac Baïkal jusqu'à Vladivostok prend six jours. Farida avait hâte d'y arriver. Ses filles aussi étaient épuisées. Vladivostok (qui signifie « dominateur de l'Est ») était le port principal de la côte pacifique d'Union soviétique, une ville de quelque 200 000 habitants en 1938, bâtie autour de la baie de Zolotoy Rog (la baie de la Corne d'or). Vladivostok était également le port d'attache de la flotte soviétique d'Extrême-Orient, et abritait des troupes militaires de toutes sortes.

Hamet alla accueillir sa famille à la gare, et, après avoir embrassé sa femme, tint son fils dans ses bras pour la première fois. Hamet, comme Farida, avait 33 ans en 1938. C'était un homme séduisant, qui avait en commun avec sa femme une nature réservée, les pommettes hautes de la race tartare, et des yeux marron écartés. Il avait des cheveux noirs, coupés très court. Il avait appris à maîtriser un tempérament extrêmement fort. Petit, trapu, la carrure paysanne, il était, en bon militaire, toujours vêtu impeccablement. Il avait rencontré Farida en travaillant dans les champs à Kazan.

La première chose que fit Hamet ce jour de mars 1938 fut d'emmener sa femme et ses filles voir la mer. Avec Farida, il discuta du choix d'un nom pour le nouveau-né. Il n'y avait jamais eu qu'un autre homme, en plus d'Hamet, dans la vie de Farida, et cet homme, c'était l'acteur Rudolph Valentino. Ses films muets étaient apparus dans les années 20, quand Farida était encore adolescente et comptait parmi les tout jeunes membres du Parti communiste postrévolutionnaire. Elle avait adoré le charme hollywoodien de Valentino, et avait été effondrée en apprenant sa mort prématurée. Elle voulait que son fils portât le nom de son héros mort. Hamet donna son accord, pourvu que le prénom fût russifié en Rudolf.

A Khalkin-gole, à environ 400 kilomètres au nord de Vladivostok, Hamet, en tant qu'instructeur politique, donnait des cours sur l'histoire de la révolution et les réussites du Parti Communiste, qu'il avait lui-même vécues. Hamet gagnait alors un millier de roubles par mois. Cela ne faisait pas de lui un homme riche, mais, le salaire national moyen étant de 270 roubles par mois, il n'était pas pauvre non plus (les simples soldats n'étaient pratiquement pas payés, seule leur subsistance étant assurée). En tant que *politrouk*, Hamet avait tout ce qu'il voulait, y compris les réserves de cigarettes *papirosi*, les préférées de Staline ; aussi envoyait-il chez lui presque tout son salaire. Noureev a toujours parlé de son milieu familial comme d'un milieu où la pauvreté était quotidienne, mais, du moins au début, c'était exagéré.

L'organisation dont Hamet faisait partie était connue, lorsqu'il la rejoignit, sous le nom d'« Administration Politique de l'Armée Rouge des Travailleurs et des Paysans » ou PORKKA. Les *politrouki* jouissaient de pouvoirs énormes. Ils étaient, bien entendu, membres du Parti Communiste, et avaient la charge exclusive de l'instruction politique des soldats de l'Armée rouge. Ils étaient également responsables de la discipline militaire, de la morale et même du courage, pour lequel on venait de réintroduire un système de récompenses. Ils surveillaient de près les publications militaires, et n'étaient pas étrangers aux promotions et aux mutations. En fait, c'étaient les *politrouki* qui établissaient régulièrement des rapports sur la « situation » à l'intérieur de l'armée, rapports qui, plus d'une fois, conduisirent aux sinistres purges. Entre 1934 et 1939, le nombre des *politrouki* passa de 15 000 à 34 000.

L'adhésion d'Hamet à la PORKKA pose question. Les parents de Noureev, tous deux d'origine paysanne, accueillirent fort bien la Révolution et devinrent membres du Parti Communiste dès le début des années 20. Pour eux, la Révolution fut, ainsi que l'écrivit Noureev lui-même dans son autobiographie, « un miracle... Ils avaient vécu en permanence au bord de la famine. Enfin, ils avaient la possibilité d'envoyer leurs enfants à l'école - et même à l'université, ce qu'aucun paysan n'aurait osé faire avant la Révolution. Ils devinrent communistes de manière inconditionnelle.»

Mais il y avait bien davantage que tout cela, et Noureev ne devait pas l'ignorer. Seuls trois pour cent de la population travaillaient à titre salarié pour le Parti, et la proportion de ceux qui étaient commissaires était plus petite encore. On ne devenait pas *politrouki* sans faire preuve d'un certain zèle politique.

Il n'existe aucune preuve qu'Hamet ait été impliqué dans aucune des purges, et l'une des sœurs de Noureev, Rezida, affirme que son rang n'était pas si élevé que cela. Pourtant, même en tant que *politrouk* de bas rang, à l'époque où la Terreur atteignit son point culminant, au cours des années 1938-1939, il n'est pas possible qu'Hamet ait pu garder les mains propres. Les purges dans l'armée étaient très répandues et les commissaires en étaient les premiers responsables. Le 13 mars 1939, quatre jours avant le premier anniversaire de Rudolf, le maréchal Kliment Voroshilov, utilisant cette syntaxe approximative et redondante si prisée des marxistes, décrivit ainsi les *politrouki* lors du 18e Congrès du Parti : « Ces membres d'élite de l'organisation communiste dans l'armée sont des cadres actifs infiniment dévoués à la cause de Lénine et de Staline, et, au cours des deux ou trois dernières années, ils se sont conduits comme de véritables militants du Parti... Ces travailleurs politiques, associés à la masse active des cadres du Parti et des Jeunesses communistes dans l'armée, exécutent un vaste travail éducatif destiné à élever la conscience politique de notre armée, mais aussi celle des autres : sceptiques, râleurs et autre racaille.» Selon tous les témoignages, Hamet était un homme strict, autoritaire, satisfait de porter l'uniforme. Dans la Russie stalinienne, aucun travail d'importance n'était confié à un non-membre du Parti, à l'exception de quelques postes techniques qui exigeaient des qualifications spécifiques. Le simple fait d'être membre du Parti, en dehors de toute conviction politique, signifiait détenir le pouvoir et jouir des privilèges qui l'accompagnent. Parce qu'il aimait sa famille, et par intérêt, Hamet comprit tous ces avantages, à une époque où la triste Russie, instigatrice et victime de la Terreur - les purges pouvaient faire jusqu'à 10 000 victimes par jour en cette année 1938 - devenait plus sombre de jour en jour.

Farida et les enfants restèrent à Vladivostok durant presque deux ans. Le petit Rudolf était un enfant dodu, au corps robuste, aux jambes vigoureuses, avec une bonne tête bien ronde. Deux traits caractéristiques de son visage apparaissaient déjà qui, au fil des années, allaient s'affirmer : ses lèvres larges et charnues, ses yeux sombres, toujours grand ouverts, observant, prenant la mesure de toutes choses. Rien n'échappait jamais à Rudolf. Ses cheveux étaient étonnament blonds, surtout les premières années.

En 1940, Hamet fut rappelé au quartier général central de la PORKKA à Moscou, et toute la famille reprit l'express du Transsibérien en direction de la capitale, pour un voyage de quatorze jours. Farida et les enfants descendirent du train à Oufa, autant pour rompre la monotonie du voyage, rendre visite à quelques amis et leur faire connaître Rudolf, que pour laisser à Hamet le temps de s'installer à Moscou et de leur trouver un endroit où loger. Le rappel d'Hamet avait en partie des raisons familiales. On venait en effet de trouver à Lilia, sa seconde fille, une place dans une école de Moscou adaptée à son infirmité. (Elle était tombée malade en 1937, à l'âge de quatre ans, d'une inflammation des poumons qui avait aggravé son état.)

A Moscou, Hamet trouva un logement dans le centre ville, sur le boulevard Horoshevskoye Shossé. La famille occupa une chambre au deuxième étage d'un petit immeuble doté d'une cour intérieure où les enfants pouvaient jouer. Rosa entra à l'école, Rezida et Rudolf furent envoyés au jardin d'enfants, et Lilia dans son école spéciale pour sourds et muets. En dépit de son handicap, on n'avait aucun mal à communiquer avec elle ; toute la famille comprenait ses gestes et ses mimes, et elle lisait parfaitement sur les lèvres. Farida veillait à ce que les autres lui parlent toujours à haute et distincte voix. Lilia pouvait entendre la musique à la radio, pourvu que l'on montât suffisamment le volume ; elle avait l'oreille musicale et adorait fredonner.

Au début, la vie à Moscou fut agréable. Moscou était proche de la province de Kazan, où vivaient les parents de Hamet, et ceux-ci leur rendaient visite fréquemment. Rosa, âgée maintenant de 12 ans, avait commencé à suivre des cours de gymnastique. Rezida et Rudolf, à la maison la plus grande partie de la journée, furent bientôt fascinés par les hommes en uniforme qui fréquentaient l'école militaire située en face. Ils se montraient amicaux, et les aidaient à pénétrer en fraude dans un cinéma du quartier où ils étaient trop jeunes pour entrer. Les petits Noureev se dissimulaient sous les grands manteaux des officiers et se glissaient sans se faire remarquer à l'intérieur de la salle. Rudolf gardera de cette époque une passion pour le cinéma, en particulier pour les comédies musicales américaines.

L'autre distraction était la radio. Une chanson en particulier était très en vogue en Russie au début des années 40. C'était *Luba Lubishka*, et Rudolf et Rezida, chaque fois qu'ils l'entendaient, sautaient en rythme sur leurs matelas. Ce furent là les premiers mouvements en musique de Rudolf.

A l'approche de l'année 1941, personne ne pouvait plus ignorer que les Allemands étaient de plus en plus puissants, et selon toute apparence, sur le point de gagner la guerre en Europe de l'ouest. Quelqu'un du grade d'Hamet ne pouvait, bien entendu, être au courant du pacte Molotov-Ribbentrop, le pacte secret de non-agression signé par la Russie et l'Allemagne nazie au mois d'août 1939, qui allait être brisé le 22 juin 1941 lorsque, à trois heures du matin, Hitler lança l'opération « Barbarossa », l'invasion de l'Union soviétique.

La ville de Kiev tomba au mois de septembre 1941, et presque un demi million de soldats soviétiques furent fait prisonniers. Ce fut une perte gigantesque et irréparable, qui conduisit à recruter dans le service actif de plus en plus de citoyens soviétiques, parmi lesquels Hamet Noureev. Il fut donc transféré de la PORKKA à l'Armée rouge. Il était passé, dans une unité d'artillerie, du rang de *politrouk* à celui de soldat rouge. La tradition familiale veut qu'Hamet ait commencé la guerre avec le grade de lieutenant, mais, selon Zoya Grigorevna Arkharova, directrice du Kirov (et agent du KGB), qui eut accès plus tard aux archives de la famille Noureev, Hamet n'était qu'un « garde frontière ».

Il servit sur le second front d'Ukraine, autrement dit le front situé à l'est de Kiev, où les forces russes et allemandes s'enlisèrent après la prise de cette dernière. Farida resta de nouveau seule avec les enfants. En 1941, elle et Hamet avaient tous deux 36 ans. Ils n'étaient plus jeunes, ni hors de danger comme à Oufa et Vladivostok. L'une des conséquences de la perte de l'Ukraine fut en effet de raviver l'intérêt d'Hitler pour Moscou. « Dans quelques semaines, nous serons à Moscou », dit-il à son entourage. « Je raserai cette fichue ville et je construirai à la place un lac artificiel. Le nom de Moscou disparaîtra à jamais.»

Aux premiers bombardements de la ville, en octobre 1941, Farida prit ses quatre enfants et partit. L'immeuble où ils logeaient était situé bien trop près de deux cibles de guerre potentielles : la ligne de chemin de fer et l'école militaire. Ils n'avaient pas de voiture; aussi ne purent-ils prendre que le strict nécessaire. Ils emportèrent la radio, mais laissèrent derrière eux, entre autres choses, le gramophone et l'enregistrement de *Luba Lubishka.*

La famille reprit une fois de plus le Transsibérien (ils eurent la chance de partir avant que la panique générale à Moscou ne rende tout voyage impossible). En temps de guerre, l'express - l'appellation pouvait prêter à sourire - mettait deux fois plus de temps qu'en période de paix pour couvrir la distance, roulant à une vitesse moyenne de 28 km/h. Tous les enfants avaient moins de 13 ans, et Rudolf avait 3 ans et demi.

Après deux jours de train, ils arrivèrent dans un village situé près de Tcheliabinsk, où ils avaient de la famille.

Le village s'appelait Tchichouna, et n'était composé que d'une vingtaine d'*isbas*. Situé à 1 300 kilomètres de Moscou, à l'est des monts Oural, Tchichouna était éloigné de plus de 1 600 kilomètres du front où se trouvait Hamet.

Ils étaient incroyablement à l'étroit. La maison où ils logeaient, en rondins de bois, un type de construction traditionnel répandu dans toute la Russie et que l'on trouve encore aujourd'hui dans les campagnes et dans les vieux quartiers des villes. Elles sont construites grossièrement, avec un toit de planches ou de tôle ondulée. A l'intérieur comme à l'extérieur, de la terre nue, ou dans le meilleur des cas, un simple linoleum. Dehors, en hiver, ce n'est que neige fondue et boue.

En plus de tous ces inconvénients, Farida et les enfants devaient partager la maison avec trois autres familles. Ils se retrouvèrent dans une pièce avec un très vieux couple. Mais le manque d'espace n'était pas le seul problème. Le vieil homme et sa femme étaient de fervents chrétiens, en dépit de l'interdiction qui frappait la religion en Union soviétique. Ils priaient chaque jour, et pensaient que chacun devait en faire autant, en particulier les enfants. Etant le plus jeune de la maisonnée, Rudolf était leur préféré, et aussi celui qui, selon eux, courait le plus grand risque dans un monde sans dieu. Ils lui offrirent donc du fromage en échange de ses prières chrétiennes. Ceci affligea beaucoup Farida, mais Rudolf n'eut guère ses problèmes de conscience. Il était si affamé qu'il accepta.

L'attaque allemande sur Moscou eut lieu finalement à la fin du mois d'octobre 1941, alors que l'hiver était imminent. La pluie, la boue, la glace et la neige furent les éléments dominants de la bataille (comme cela avait été le cas avec Napoléon 150 ans plus tôt lors d'une tentative similaire). Les Allemands ressentirent durement les conditions climatiques. Persuadés que « Barbarossa » trouverait un terme rapide, ils n'avaient pas prévu un équipement d'hiver. L'attaque finale eut lieu le 15 novembre, mais les Russes résistèrent désespérément, de sorte qu'à la fin de l'année, un front se stabilisa, près de Leningrad au nord, à environ 150 kilomètres de Moscou au centre, et le long de la rivière Don au sud. La température extérieure descendait parfois à - 30 °C.

Si les combats se déroulaient à plus d'un millier de kilomètres, les conditions de vie n'étaient guère meilleures à Tcheliabinsk. La nourriture était rare, la viande et les fruits inexistants, et les pommes de terre étaient enterrées sous le sol de la salle à manger pour qu'elles ne gèlent pas. Le système sanitaire, rudimentaire, gelait durant des jours, parfois des semaines. La vie quotidienne à Tchichouna au cours de l'hiver 1941-1942 fut une épreuve terrible.

Hamet, rattaché aux forces du maréchal Koniev, était stationné près du fleuve Dniepr, entre Poltava et Cerkassy, où des unités d'artillerie et des formations de tanks étaient regroupées. Mais il ne cessait de penser à sa famille, et, au printemps 1942, il s'arrangea pour améliorer un peu leur sort en leur trouvant un nouvel endroit où vivre. Heureusement, ce nouveau déménagement n'entraînait pas un nouveau voyage interminable. Il n'y avait que 500 kilomètres à parcourir par le désormais familier Transsibérien jusqu'à la ville d'Oufa, où le frère d'Hamet mettait à leur disposition son appartement. Il ne s'agissait que d'une seule pièce, mais au moins Farida et les enfants n'auraient pas à la partager avec des étrangers. Il était clair maintenant que la guerre pouvait durer des années encore, et qu'Hamet pouvait être séparé d'eux durant une période très longue. Enfin, ils avaient appris que leur maison à Moscou avait été bombardée, et un retour rapide dans la capitale était plus qu'improbable. Pour une famille tartare, Oufa - capitale de la République bachkir - était une ville aussi bien qu'une autre. Elle donnerait à Rudolf un cadre stable, Rudolf qui, Hamet l'espérait, deviendrait un jour médecin ou ingénieur.

• • • • •

Un feu virginal

Jamais rien ne pourra mettre à mal
Cette âme qui brûle d'un feu virginal

Le nouveau logement se trouvait à l'intérieur d'une maison située à l'angle des rues Sverdlova et Zentsova, dans la partie ancienne d'Oufa, à quelques rues du centre ville. C'était un quartier pauvre, composé essentiellement de maisons en rondins groupées le long de rues sans trottoirs ni pavés. Les Tartares d'Oufa étaient regroupés sur une petite zone d'une demi-douzaine de rues - Zentsova, Sverdlova, Aksakava, Kommunisticheskaya et Artchiereke. Le quartier était situé sur une colline qui offrait par endroits, au détour d'un bosquet de sorbiers ou de bouleaux, quelques vues splendides sur la rivière Bielaïa et la gare, une imposante construction en marbre blanc conçue pour impressionner les visiteurs.

Paradoxalement, le premier logement des Noureev à Oufa n'était pas dans une des *isbas* traditionnelles de la ville, mais dans un petit immeuble de style caserne. Au milieu de la pièce, une table! les lits étaient aménagés dans les murs. Mais, au moins, partageaient-ils les lieux en famille, avec le jeune frère d'Hamet.

D'une façon générale, les conditions de vie en temps de guerre à Oufa étaient meilleures que dans certaines villes situées plus à l'Ouest. La population de la ville avait été multipliée par deux, grossie par l'arrivée des réfugiés (comme les Noureev), mais également par celle des blessés de guerre. Plusieurs hôpitaux militaires furent installés dans Oufa, principalement dans les école. La vie quotidienne dépendait toute entière du rationnement. La seule nourriture abondante était les pommes de terre. Selon Rezida, on ne trouvait pas de viande dans les magasins. « On en trouvait parfois au *stolovaya* (au marché). Au *voemkomst* (le magasin militaire, où les familles d'officiers en service étaient autorisées à venir s'approvisionner), on vous donnait vos rations. Au *stolovaya*, vous pouviez parfois trouver un morceau de *kolbasa* (un genre de salami), mais c'était tout.»

Farida fut très affectée par l'avènement de la guerre et ses conséquences terribles. Avant la guerre, Hamet était plutôt bien payé, et pouvait envisager l'avenir avec confiance. Mais il n'était plus maintenant qu'un simple soldat, un conscrit, bien qu'officier. Sa paie avait sensiblement diminué, il avait quatre enfants à nourrir, et l'avenir était pour le moins incertain. Farida commença à perdre sa beauté, et son visage prit bientôt une expression inquiète, qui ne la quitta plus jamais.

Peut-être vit-elle cela comme un juste retour des choses. Orpheline à l'âge de 7 ans, elle avait été élevée par la famille d'adoption de son frère aîné, où elle fit office de bonne d'enfants. Elle n'alla donc jamais à l'école. Elle apprit seule à lire et à écrire l'arabe - sa langue maternelle, puisqu'elle était Tartare -, mais elle eut d'énormes difficultés à écrire en russe. « En fait, dit Rezida, on peut dire qu'elle n'écrivait pas le russe du tout.» Incapable de lire les journaux de la région, les enseignes des boutiques, les panneaux de signalisation, ou encore les affiches qui indiquaient les programmes de cinémas, Farida se mit à ressentir cruellement l'absence de son mari. Tandis que ses enfants grandissaient, qu'ils se sentaient de plus en plus à leur aise avec le russe, elle se retrouvait en minorité dans sa propre famille.

La vie quotidienne tournait autour du « fourneau russe », dans la « cuisine » (qui avait davantage l'air d'un couloir), qui se trouvait en-dehors de la pièce principale, et qu'il fallait partager avec les autres familles de l'immeuble. On y trouvait de l'eau chaude en permanence pour le thé. Le repas consistait principalement en une soupe, de la viande dans les meilleurs moments, et des nouilles. Avant la guerre, on consommait des fruits, puis ils disparurent complètement de l'année 1941 à 1945.

Le rationnement n'était pas le seul problème auquel devaient faire face les Noureev. Rezida se souvient que, comme les autres, elle n'avait qu'une seule tenue de rechange, une jupe et un chemisier, qui devaient être lavés dans un ordre précis, afin qu'elle ait toujours quelque chose de propre à porter. « La splendeur manquait », comme elle le dit avec tant de tact.

Tout le monde portait les cheveux extrêmement courts. Rudolf et Rezida étaient plus blonds que le reste de la famille, et ils en étaient tellement fiers qu'ils tenaient à porter les cheveux longs, comme pour bien affirmer leur différence. Mais Farida ne voulut pas en entendre parler. Tout le monde, dans la Russie en guerre, portait la coupe militaire - c'était presque un acte de patriotisme. Rudolf et Rezida furent donc tondus comme les autres, le premier étant autorisé à garder une simple boucle de cheveux sur le front.

Durant ces annés, Farida essaya d'enseigner le Tartare aux enfants. Malgré son insistance, les plus jeunes cependant, Rezida et Rudolf en particulier, résistèrent, préférant le Russe, parlé à l'école et par la plupart des gens. Il semble que ce fut là la principale source de tension à l'intérieur de la famille, encore qu'il dut logiquement y en avoir d'autres. Hamet et Farida étaient Communistes, et la doctrine du Parti stipulait l'égalité des sexes. Sur ce sujet, l'Islam, religion des Noureev, avait de toutes autres vues. Les Noureev n'étaient pas une famille dévote - cela n'aurait pu aller de pair avec une adhésion au Parti -, mais ils observaient les fêtes et les traditions islamiques. En conséquence, Rudolf, seul mâle de la famille jusqu'au retour de son père du front en 1946, n'eut jamais à participer aux travaux du ménage. Sa mère et ses sœurs s'occupaient de tout.

Rezida, qui connut des moments bien plus pénibles, se souvient pourtant de son enfance avec plus de tendresse que Rudolf. Ces premières années, dit-elle, étaient difficiles mais pleines de joie. « Nous n'avions pas de mots affectueux les uns pour les autres dans la famille. Mère était toujours inquiète, et ces surnoms romantiques que l'on trouve dans les romans n'ont jamais eu cours dans notre famille. Nous appelions simplement Rudolf « Rudik ». Il n'y avait aucune place pour les fantaisies ou les caprices.

Les souvenirs de Noureev paraissent bien sombres en comparaison. « Nous partagions une chambre de neuf mètres carrés avec mon oncle et une autre famille. Je ne trouve pas les mots pour décrire ce que je ressentais alors : trois familles dans une seule pièce de neuf mètres carrés. Et pourtant, je n'ai le souvenir d'aucune scène désastreuse. Il a fallu que nous réussissions un miracle pour partager cette existence cauchemardesque sans en arriver au point de ne plus pouvoir se supporter les uns les autres.» Il semble qu'il ait été plus marqué que sa sœur par le manque de nourriture et par la longueur de l'hiver dans cette partie du monde. Et, tout comme Rezida se souvient de Farida et de son air perpétuellement inquiet, Rudik évoquera la « tristesse » de sa mère. « Je ne me souviens pas l'avoir entendue rire une seule fois.»

Le point le plus critique fut atteint en 1944, alors qu'Hamet était parti depuis presque trois ans et que, suite à la brusque poussée de l'Armée rouge vers la Roumanie, il courait les plus grands risques. La famille connaissait des difficultés si grandes qu'elle fut contrainte de vendre les vêtements civils d'Hamet pour pouvoir manger. Les enfants firent de leur mieux pour profiter de ce repas si chèrement payé. Le soir, en se glissant sous leurs couvertures, ils plaisantèrent : « La ceinture de papa a plutôt bon goût, tu ne trouves pas? » L'image du père, aux yeux des plus jeunes, prit un sérieux coup ce soir-là. Qui était donc cet homme qui avait si peu d'importance que l'on pouvait vendre ses vêtements?

Adulte, Noureev pensait que le fait d'avoir grandi durant la guerre, à une période où presque chaque famille pleurait un fils, un frère ou un mari, et où la faim était omniprésente, avait eu sur lui des effets décisifs, comme le fait d'être devenu insensible à la littérature d'imagination. « Les mots tendent à devenir des choses mortes! des signes dénués de sens qui ne me parlent pas, guère plus excitants que les événements de notre quotidien! alors que la musique... » A cette théorie parfaitement dramatique, il y avait peut-être une explication plus simple. Sa mère ne savait pas lire le Russe, et ils avaient quitté Moscou avec le peu qu'ils avaient pu emporter. La famille Noureev ne fut jamais de celles qui possèdent des livres en abondance, en revanche, elle appréciait la musique. Hamet avait toujours aimé écouter Farida chanter! à Oufa, Rosa étudia dans une école de musique, et poursuivit plus tard des études musicales à l'Ecole des Arts! Rezida aimait danser et ne pensait qu'à jouer du piano! Lilia elle-même adorait fredonner. Enfin, la seule forme de distraction chez les Noureev, en dehors de quelques jouets et d'un jeu d'échecs, était la radio.

La famille Noureev, comme la plupart des familles sous le régime soviétique, vivait sans pratiquer sá religion. C'était se priver, là encore, d'un exutoire aux émotions, à la passion. Il n'est donc pas surprenant que la musique ait eu tant de valeur pour tous les Noureev, et pas seulement pour Rudolf.

A Oufa, Rudolf fut envoyé au jardin d'enfants situé juste en face de leur appartement, dans la rue Sverdlova. Il s'agissait d'une simple bâtisse en rondins, qui accueillait des petits Tartares pour la plupart. N'ayant plus sa progéniture dans les jambes, Farida était enfin libre d'aller travailler, au moins une partie de la journée. Elle travailla d'abord dans une usine à pain comme ouvrière débutante, puis comme employée saisonnière dans une usine minière. Ses gains n'étaient pas élevés, mais c'était mieux que rien.

Les témoignages divergent concernant le jardin d'enfants d'Oufa. Selon Albert Xatkulovich Arslanov, qui y devint l'ami du petit Rudif (il le restera jusqu'à l'âge adulte), c'était une bonne école, appellée d'ailleurs « le jardin d'enfants numéro 1 ». La journée commençait entre huit et neuf heures le matin, et se poursuivait dans l'après-midi, à la différence des jardins d'enfants dans d'autres pays. Certaines des leçons étaient données en russe, d'autres en tartare, mais c'était surtout pour sauver les apparences. Bien que le jardin d'enfants numéro 1 fût une école bachkire, selon Arslanov, tout le monde parlait russe dès que l'occasion s'en présentait. L'emploi du temps réservait quelques heures à l'apprentissage de la lecture et de l'écriture, le reste étant consacré aux jeux de société et aux activités sportives. Rezida elle-même jouait au football.

L'école s'avéra, sur le plan musical, exceptionnelle. Selon le témoignage de Rezida, une pianiste nommée Tuturoza enseignait à l'école, qui fut la première à remarquer les aptitudes à la danse de Noureev et d'Arslanov. Ils se joignirent donc au groupe de danse de l'école, et on leur donna leurs propres costumes. La troupe dansait sur des chansons populaires tartares, bachkires et russes, vêtue de costumes traditionnels étincelants, confectionnés par une fabrique de vêtements des environs. Bien que très jeunes, les enfants acquirent vite la célébrité dans la sombre Oufa en guerre. Un magazine de cinéma publia deux fois leur photographie. Noureev et Arslanov devinrent les « stars » du petit groupe.

Parce que c'était la guerre, et qu'il y avait de nombreux hôpitaux dans la ville d'Oufa, Noureev et Arslanov se produisaient souvent devant des soldats blessés. Parfois, l'assistance n'était composée que de cinq ou six soldats, qui ne pouvaient quitter leur lit parce qu'ils avaient perdu leurs jambes, ou avaient été victimes de quelqu'autre blessure grave. « Nous ne faisions pas que danser, se remémore Arslanov. Nous chantions pour eux, ou bien nous leur lisions des poèmes.»

Ce qui frappe, dans tous ces souvenirs d'Arslanov, c'est de voir combien ils diffèrent des propres souvenirs de Noureev. Dans son autobiographie, il dit se souvenir parfaitement de son premier jour au jardin d'enfants. Il n'avait pas de vêtements convenables! sa famille était si pauvre à cette époque que sa mère dut le porter sur son dos jusqu'à l'école, parce qu'il n'avait même pas une paire de chaussures. Pire, il dut emprunter la cape de Lilia. Et, comme si le fait d'aller à l'école, le premier jour, sans chaussures et vêtu du manteau de sa sœur n'était pas une humiliation suffisante, les enfants se moquèrent de lui en tartare. « Nous avons un clochard dans notre classe, chantaient-ils, nous avons un clochard dans notre classe! » Rudolf malgré sa compréhension limitée du tartare, n'eut pas de mal à comprendre ce qu'ils disaient. En rentrant chez lui le soir, il demanda à sa mère des précisions sur le sens des mots qu'il venait d'entendre. Embarrassée, raconte Noureev, elle lui expliqua que le mot « clochard » était un mot argotique signifiant « vagabond ». Ce n'est pas le genre d'histoire que l'on aime inventer à son propos, et pourtant Arslanov n'en garde aucun souvenir, et Rezida nie que Rudik ait jamais porté les vêtements de ses sœurs, ou été à l'école sans chaussures.

Ce qui est vraiment arrivé, en revanche, et que Noureev lui-même semble avoir oublié, c'est que les autres enfants lui donnèrent le surnom d'« Adolf ». Cela venait de ce que son prénom, et son caractère ombrageux évoquaient, pour ses camarades d'école, le Führer. Il détestait ce surnom. Nul doute qu'il en ait été perturbé. Les nazis occupaient alors une grande partie de la Russie, maltraitant femmes et enfants sur leur passage.

Ce premier jour passé, le principal sentiment de Noureev fut l'étonnement devant le fait que chacun avait l'air beaucoup plus « riche » que lui. Ce jour-là, raconte-t-il, il prit conscience pour la première fois des différences de classes. Comparé avec l'Occident, l'idée peut paraître abusive. Mais Noureev voulait dire que même dans la provinciale Oufa, il croisait des enfants ayant une vie meilleure que la sienne, et étant mieux vêtus et « surtout mieux nourris.»

De son propre aveu, Rudolf était alors obsédé par la « nourriture », ou plutôt par le manque de « nourriture ». Arslanov ne s'en souvient pas, pas plus que Rezida, mais pour Rudolf, la chose revêtait une énorme importance. Elle en vint bientôt à symboliser pour lui la différence entre les classes. Au jardin d'enfants, où on leur servait un petit déjeuner et un déjeuner, il remarqua que parmi les « riches », nombreux étaient ceux qui ne finissaient pas leur assiette, parce qu'ils avaient suffisamment à manger chez eux. Lui, ajoute-t-il, arrivait régulièrement en retard à l'école ! l'institutrice lui demandait la raison de ce retard, et il répondait invariablement qu'il avait dû prendre son petit déjeuner avant de venir. Elle rétorquait qu'il était censé le prendre au jardin d'enfants, et il avait honte d'avouer qu'il avait besoin de deux petits déjeuners, qu'il ne pouvait tout bonnement pas laisser passer cette opportunité. Il prétend aussi qu'un jour, il s'évanouit de faim parce qu'il n'y avait rien eu à manger chez lui la veille.

Personne ne se souvient de cet incident, et le témoignage d'Arslanov tend même à le contredire. Il prétend ainsi que Rudolf et lui étaient connus sous les sobriquets de « Viens » et « Mange », parce que chaque fois que, chez eux, il était l'heure du repas, leurs familles devaient les envoyer chercher. Rezida dit également que, les jours de congé, elle allait quelquefois déjeuner chez une de ses amies, ou que l'amie venait déjeuner chez les Noureev. En d'autres termes, leur enfance ne fut pas, de ce point de vue, aussi traumatisante que Rudolf a bien voulu le laisser croire.

En 1945, à l'âge de 7 ans, Rudolf et Arslanov rentrèrent à la grande école. Les écoles soviétiques, à la différence des écoles occidentales, ne sont jamais baptisées du nom d'un ancien étudiant devenu célèbre, d'une figure locale, ou de l'endroit où elles sont situées. Elles portent simplement un numéro. Celle de Rudolf était l'école numéro 2, dans la rue Sverdlova, près du terminus de la ligne de tramway, devenue l'Ecole chorégraphique des ballets d'Oufa.

Rudolf fait très peu allusion à cette école dans son autobiographie, aussi ne devait-elle pas être si mauvaise - d'après les normes soviétiques, qui n'étaient guère élevées. Les fournitures, comme les livres scolaires, étaient très difficiles à trouver. La politique fait partie de la vie scolaire, dès la primaire - depuis au moins 1934, où l'on « enjoignit » aux proviseurs de tenir compte des décisions prises lors des congrès du Parti et des rapports de Staline dans leurs programmes scolaires. L'instruction était moralisatrice à l'extrême.

Certains élèves de l'école numéro 2, dont Noureev et Arslanov, en raison des nombreux locaux transformés en hôpitaux, furent transférés durant un temps à l'école numéro 64, dans la rue Aktsatva, qui existe toujours. Arslanov s'en souvient comme d'une époque difficile mais heureuse : « Nous avons reçu une bonne éducation ». Mais, il n'était pas question de danse. « A ce moment-là, nous ne dansions plus aussi régulièrement que nous le faisions au jardin d'enfants ».

L'année 1945 touchait à sa fin. Un événement survint alors qui allait marquer définitivement Noureev et orienter sa vie. Il avait 7 ans, presque 8, c'était le 31 décembre

1945, le soir de la Saint-Sylvestre. D'après Noureev, « ce fut le coup de foudre immédiat, mais il fallut d'abord pour cela forcer le destin ». Farida, en effet, avait réussi à obtenir un billet - un seul - pour assister à un gala exceptionnel aux ballets d'Oufa ce soir-là. En dépit de son caractère provincial, Oufa abritait une excellente compagnie de ballet. La politique soviétique voulait que chaque république ait la sienne, sinon deux. A une époque, l'U.R.S.S. n'en comptait pas moins de trente-trois, et il en allait de même avec les orchestres philarmoniques et les théâtres dramatiques. En 1945, la compagnie d'Oufa vit ses rangs grossir par l'arrivée de danseurs réfugiés du Bolchoï de Moscou et du Kirov de Leningrad.

Quoiqu'elle n'eût qu'un seul billet, Farida emmena trois de ses enfants avec elle. Après des années de guerre, et avant l'avènement de la télévision, un gala à Oufa constituait un événement majeur, et tous les billets avaient été vendus. Une foule énorme se pressait devant le théâtre, parmi elle, des gens qui avaient l'espoir d'obtenir des billets au marché noir, d'autres qui espéraient entrer à la dérobée ou apercevoir les stars un bref instant. Quatre années venaient de s'écouler, quatre années de grisaille et de rationnement. Les gens étaient avides d'un peu de répit, d'évasion, - fussent-ils éphémères -, loin des vicissitudes de la vie quotidienne. Comme Noureev l'écrira plus tard : « Les ressources spirituelles illimitées des Russes, la profondeur de leur vie intérieure, la simple capacité qu'ils ont de se couper des aspects sordides de leurs combats quotidiens, tout cela constitue pour moi la meilleure explication du succès énorme que presque toutes manifestations de type artistique remportent en Union soviétique.»

Farida et les enfants n'étaient pas les derniers arrivés ce soir-là. Tandis qu'ils se tenaient devant le théâtre, d'autres personnes s'amassaient derrière eux, les poussant en avant, vers les portes. Farida avait espéré trouver d'autres billets pour les enfants, mais bientôt elle fût incapable de bouger.

De plus en plus de gens venaient s'agglutiner à la foule déjà présente. Les enfants, qui ne pouvaient pas voir ce qui se passait, étaient très inquiets. Ils furent poussés avec leur mère vers les portes du théâtre. L'inquiétude de Farida fut à son comble. Elle n'avait qu'un seul billet! si on ne les laissait pas entrer, comment feraient-ils pour échapper à la foule? Et qui devrait rentrer? Rudolf et Rezida étaient trop jeunes pour aller seuls où que ce soit. Et, en même temps, elle ne pouvait pas les abandonner. Le dilemme était cruel.

Soudain, alors que Farida arrivait à hauteur du portier qui vérifiait les billets, la foule derrière elle se mit à pousser, et les portes cédèrent sous la pression! le portier lui-même recula. A l'intérieur, c'était le chaos. Le foyer et les couloirs grouillaient de monde. Chacun, ce soir-là, voulait célébrer la nouvelle année, la première année de paix, glorieusement.

Farida n'hésita pas un instant. Elle agrippa Rudolf et Lilia par les poignets et les entraîna, Rosa fermant la marche, jusqu'à l'auditorium où ils prirent les premières places qu'ils trouvèrent. Avec une telle cohue, qui pouvait dire si les vrais détenteurs de billets allaient trouver leur place, ou même pouvoir s'en approcher?

C'était la première fois que Rudolf entrait dans ce qu'on peut appeler un théâtre. Les rangées de sièges en velours bleu, le stuc or et blanc des murs, les lustres étincelants au plafond, tout cela était nouveau pour lui, comme les sons produits par les musiciens accordant leurs instruments dans la fosse. Il leva les yeux et regarda les loges et le grand balcon au-dessus de lui, les petites lanternes qui éclairaient les recoins les plus profonds de l'auditorium. Il scruta, fasciné, la foule des gens qui encombraient les rangées et les ailes. Le bourdonnement de l'attente se communiqua immédiatement à lui. Mais, plus que tout, il y avait le rideau bleu, entouré par l'arche peinte en or du proscenium, dissimulant... quoi? On était loin des *isbas* miteuses de la rue Zentsova.

Finalement, une demi-heure plus tard environ, les lumières déclinèrent, le public fit silence et le chef d'orchestre apparut. Puis, la musique commença et le rideau de velours bleu se leva. Le ballet présenté ce soir-là était *Le Chant des cigognes*, une histoire bachkire à propos du bien et du mal, dans laquelle un berger, qui représente l'innocence, déjoue les intrigues d'un homme riche et cruel pour s'attirer les faveurs d'une jeune fille. C'était un ballet très nouveau, créé durant la guerre avec une musique de Stepanov et Izmagilov et une chorégraphie de Nina Anisimova. C'était également le premier ballet spécifiquement bachkire.

La jeune fille qui dansait ce soir-là s'appelait Zaituna Nazretdinova, une petite ballerine très belle, aux longs bras sinueux. Le jeune Rudolf Noureev, âgé de 7 ans, captivé par les bonds des danseurs et la grâce des ballerines, voyait s'ouvrir un monde nouveau, un lieu magique loin d'Oufa, loin de la pauvreté, loin du froid. Mais, d'une certaine manière, tout aussi réel. Un lieu de passion, d'élégance, de joie. Tout n'était que décors, mais une vérité plus profonde se cachait derrière les apparences. Dans le théâtre, les gens - les acteurs, le public - étaient *transportés**. « Dès l'instant où j'entrai dans ce lieu magique, dira-t-il plus tard dans son autobiographie, j'eus l'impression que j'avais réellement quitté le monde... J'étais sans voix. »

Nazretdinova eut plusieurs rappels ce soir-là. A Oufa, en hiver et en temps de guerre, les vraies fleurs étaient rares ! mais, les fleurs en papier, découpées et pliées amoureusement, voletèrent depuis le poulailler et couvrirent bientôt toute la scène. Cela enchanta Noureev presque autant que la danse et la musique.

Le rideau retomba une dernière fois. Les petites lanternes furent rallumées, et Noureev, comme tout le monde, se retrouva dehors, dans la froide nuit de décembre. Le premier matin de janvier n'allait plus tarder à poindre. Pour une fois, il oublia toute question de nourriture.

Noureev dira toujours que, à dater de ce soir-là, il se sentit « appelé » par la Danse. Mais, il n'avait encore que 7 ans. Il savait maintenant que, par-dessus tout, il voulait danser, mais il ne savait pas comment l'on devenait danseur de ballet classique - en fait, on peut même douter qu'à ce stade il comprît clairement ce qu'était réellement la danse classique.

C'était une époque de frustration, car à l'école numéro 64, on dansait très peu. Heureusement, il y eut cette année-là une réorganisation dans les écoles d'Oufa, due au fait que la guerre était finie et que de plus en plus de soldats blessés rentraient chez eux. En conséquence, Noureev et Arslanov furent envoyés à l'école numéro 2, tandis que Rezida passait, elle, de l'école numéro 2 à l'école numéro 45. Rudolf et Rezida commençaient à s'éloigner l'un de l'autre! le garçon appréciait en revanche de plus en plus la compagnie de Rosa, l'aînée. Elle fréquentait déjà une école de musique et lui parlait constamment de l'histoire de la musique, l'autorisant même à l'accompagner à des conférences. Celles-ci lui firent découvrir le monde de la musique et de la danse en-dehors d'Oufa.

A l'école numéro 2, Noureev et Arslanov reprirent les choses là où ils les avaient laissées. Il y avait là un nouveau professeur de danse, nommé Asabakova, qui leur apprit des danses de marins et repéra aussitôt le talent précoce de Noureev. Arslanov se souvient : « Nous nous produisions en spectacle. Par exemple, nous dansions au club des travailleurs du chemin de fer. Celui-ci se trouvait près de la gare, et possédait une scène ». Les clubs de ce genre font légions en Russie. Une profession largement représentée ou un syndicat a un club dans chaque grande ville et organise, les jours fériés, des spectacles donnés par des enfants.

Cependant, l'Union soviétique pouvait bien avoir trente-trois compagnies de ballet à cette époque, et la danse avait beau faire partie intégrante de la psyché russe, comme le dira Noureev, cela ne signifiait pas que tous les

Russes étaient des balletomanes passionnés. Un autre camarade d'école de cette époque, Marat Saidashev, se souvient que « Rudik était différent de nous autres - comme un corbeau blanc. Mais, il n'était pas populaire... il n'aurait jamais pu devenir notre chef (de bande). Les autres garçons ne cessaient de lui jouer des tours. Et s'il était athlétique, il l'était d'une manière différente. Près de l'école numéro 2 se trouvait un sautoir de ski au bord de la rivière Agadel. Nous avions déjà un certain nombre d'acrobates réputés à l'école parce que notre professeur de sport, Dmitri Dmitrovich, nous poussait toujours de l'avant, de sorte que nous vouiions un véritable culte au sport à l'école. A tel point qu'aucun des garçons n'évitaient le saut à ski - nous pouvions tous le faire. Excepté Rudik. Lorsque nous nous dirigions tous vers le sautoir, avec Dim Dmitri comme nous l'appelions, Rudik restait à la traîne, faisant ses pirouettes. Comme il a dû supporter nos sarcasmes! »

Heureusement, Noureev était plutôt bon élève. Taisiya Mikhailovna Halturika-Ilchinova, son professeur durant presque cinq ans, se souvient qu'il était petit pour son âge, qu'il ne cherchait d'ennui à personne à moins qu'on le provoque, et que, bien que petit, il savait rendre les coups qu'il recevait. En fait, dit-elle, les premières années, il fut remarqué pour son obéissance, et s'il n'obtenait pas les meilleures notes, ce n'était pas par incapacité. Elle remarqua souvent que, assis en classe, Rudolf semblait plongé dans un monde bien à lui. Les autres garçons étaient jaloux, et ne cessaient de le harceler.« C'était déjà quelqu'un de spécial .» Parmi les matières enseignées autres que la danse, il aimait particulièrement l'anglais, que sut lui faire apprécier un autre professeur, Elena Kuzminichna Troshina, qui était née à Shanghai et avait fait ses études à Cambridge et à Londres.

Déjà, donc, à l'âge de 7 ou 8 ans, Noureev faisait figure d'enfant « spécial », en comparaison certainement des autres élèves d'Oufa, ou de l'école numéro 2. Il était « difficile », en cela qu'il n'écoutait personne d'autre que lui-même et refusait de participer aux activités ludiques habituelles. Il était perçu comme un enfant maniéré qui se donnait des airs, qui préférait la danse aux escapades, et les contrées lointaines à la familière Oufa. Il s'attirait malgré tout un certain degré de respect, justement parce qu'il n'écoutait que lui-même, et parce qu'il était assez athlétique pour se défendre si on l'attaquait.

En dépit de son amitié avec Arslanov, et de leur amour commun de la danse, Noureev se décrit également lui-même, pas seulement comme étant différent des autres alors, mais comme étant quelqu'un de solitaire. Dans son autobiographie, il raconte qu'il passait tout son temps libre de la même manière. Il s'asseyait à côté de la radio et « buvait » toutes les musiques qui passaient (priant pour que l'on annonce la mort de quelqu'un d'important, parce qu'alors les programmes normaux étaient remplacés toute la journée par de la musique de Tchaïkovski ou de Beethoven). Ou bien, il grimpait au sommet d'une petite colline près de chez lui, jusqu'à ce qu'il appelait son point d'observation privé. De là, il pouvait voir la rivière et la gare. Il adorait regarder les trains aller et venir (il gardera toute sa vie une fascination pour les trains), et les gens d'Oufa qui se rendaient à leur travail. Le souvenir de ces instants ne le quittera plus, ces mêmes instants qui seront le ferment du rêve qui le conduira finalement loin de sa ville natale.

En 1946, la longue attente toucha à sa fin. Hamet fut enfin démobilisé, et rentra chez lui après avoir servi sur le second front d'Ukraine et en Pologne. C'était un homme assagi, changé par la guerre, qui rentrait à Oufa. Il n'était d'ailleurs pas seul à avoir changé en cinq ans, sa famille également. D'abord, ils commencèrent par déménager à nouveau ,en deux fois. Pas très loin, il est vrai, puisqu'ils passèrent du 60 de la rue Sverdlova au 37 de la même rue, puis au 40 de la rue Zentsova. La famille s'installa dans une *isba* d'un étage, aux rondins de bois de sapin « marrongrisâtre » selon Rezida, mais la pièce qu'ils occupèrent (il s'agissait toujours d'une seule pièce) était plus grande maintenant, quatorze mètres carré au lieu de neuf. Des fenêtres sur deux murs : un grand luxe, et une cour séparée de la maison où se trouvaient les toilettes.

Le retour d'Hamet fut un choc sévère pour les plus jeunes, une rupture dans leurs habitudes et le petit monde clos qui était le leur. Noureev avait tout simplement oublié qu'il avait un père, ce dernier étant parti à la guerre alors que l'enfant parlait à peine. Mais Hamet était un étranger, pour les autres enfants également, à tel point que lorsqu'ils s'adressaient à lui, en russe, ils lui adressaient du *vy* (l'équivalent de « vous ») - la chose dura bien six mois - au lieu d'employer le *ty* (« tu ») familier.

Pour être juste avec Hamet, son retour à Oufa ne pouvait pas être facile. C'était un homme taciturne, un homme qui, selon Rezida, évitait les voisins et aimait rester seul. A son retour, il obtint coup sur coup trois emplois dans la « sécurité », d'abord dans un établissement de recherche scientifique, puis dans une école industrielle, et enfin dans une usine d'appareillage électrique (où il devint finalement chef de la sécurité). C'était un choix de carrière révélateur, où le lien militaire était maintenu, échangeant un uniforme pour un autre. Car Hamet était un homme aimant les activités où le travail s'effectuait avec d'autres. Il aimait chasser, il aimait pêcher, et, peu après son retour, il acheta un chien - un épagneul baptisé Palmo - avec lequel il pouvait aller chasser le week-end.

D'autre part, Hamet demeurait un communiste engagé (en fait, un staliniste, comme le décrira lui-même Noureev). Dès son retour à Oufa, il s'impliqua dans les affaires de la section locale du Parti, ce qui ne contribua pas à le rapprocher de son fils. A 8 ans, Rudolf n'avait qu'une compréhension limitée de la politique, mais il ne fallait pas être grand clerc pour comprendre que les « animaux politiques » et les « animaux créatifs » étaient des créatures très différentes, avec des buts et des attitudes différents. Hamet ne réussit pas non plus à se débarrasser tout à fait de ses origines musulmanes. Il s'autorisait occasionnellement une vodka à la maison, une habitude russe plutôt que tartare, mais ses racines islamiques ressortaient principalement dans son attitude avec ses enfants, en particulier avec son fils, encore que pour Farida, Rudolf était l'enfant chéri, celui sur qui reposaient tous les espoirs d'avenir. Rudolf serait celui qui tirerait les meilleurs avantages du système soviétique, il serait médecin ou ingénieur. Rudolf serait l'homme que l'on citerait en exemple aux autres hommes.

Aussi, lorsque Hamet découvrit que Rudolf voulait danser, il en fut très malheureux, pour ne pas dire davantage. Hamet découvrit la chose très rapidement, parce que, n'ayant pas eu de père avant cela, Rudolf ne voyait aucune raison de cacher sa passion, et il s'entraînait chez lui devant le miroir aussitôt qu'il en avait l'occasion. « Il n'arrêtait pas de faire des pirouettes, se souvient Rezida. Caracolant sans cesse. Nous étions tous à le regarder faire. » Pour Hamet, la danse n'était pas un monde d'homme, et, dans tous les cas, il pensait que l'art n'était pas une source de revenus fiable. Il n'avait cependant aucune idée de la force, de la passion que son fils vouait à la danse. Rudolf n'avait que 8 ans. C'était un enfant, songea Hamet. Nul doute qu'il changerait d'avis en grandissant.

Entre l'âge de 8 et 10 ans, Rudolf et son père cœxistèrent ainsi, tandis que Farida s'arrangeait pour que la vie à la maison fût aussi confortable et tranquille que possible. Elle travaillait maintenant dans une laiterie située près de la maison, ce qui lui permettait d'être toujours disponible pour les enfants s'ils avaient besoin d'elle. Hamet essaya d'emmener Rudolf à la chasse ou à la pêche, mais le jeune garçon trouvait la chasse cruelle et ne voyait aucun intérêt à pêcher dans les eaux polluées par le pétrole de l'Agadel. Toutes les tentatives d'Hamet d'entraîner Rudolf dans la direction voulue échouèrent lamentablement.

Rudolf, bien que peu populaire parmi les autres garçons du voisinage (il se battait constamment avec un certain Kostia, qui habitait de l'autre côté de la cour), faisait plus ou moins partie d'une bande qui se rassemblait près de la maison où habitait Arslanov. Un jour, la bande décida d'aller visiter la maison des Pionniers (l'équivalent des boy-scouts à l'Ouest). Chaque ville avait sa maison, et les Pionniers étaient très populaires, offrant, à une époque où la télévision n'existait pas encore, une manière d'évasion des problèmes de la vie quotidienne.

Comme c'était inévitable dans la Russie soviétique, les Pionniers avaient un versant politique. Les enfants y étaient éligibles de 9 à 14 ans, et l'organisation ouvrait la voie vers une adhésion au « Komsomol », pour les 15 à 28 ans (le Komsomol lui-même étant considéré comme une préparation au statut définitif de membre du Parti). Chaque école avait sa « salle des Pionniers », laquelle contenait un portrait de Lénine, un petit musée de l'histoire de la Russie et du prolétariat, et était dédiée à un héros de la révolution, Kirov par exemple.

L'arrivée de Rudolf à la maison des Pionniers ne fut pas moins importante pour lui que la représentation à laquelle il avait assistée trois ans plus tôt du *Chant des cigognes*. Car la maison, située dans la rue Karl Marx, offrait des leçons de danse. Les cours étaient gratuits, et Rudolf n'en croyait pas sa chance. Ils étaient dispensés par une femme, Zaituna Noureevna, qui enseignait des danses non plus seulement bachkires, mais de toutes les républiques russes, un grand changement pour Rudolf. Noureevna était d'un tempérament sévère, et ne tarda pas à se quereller avec le jeune garçon. Quand il arrivait en retard pour sa leçon, ou faisait un commentaire sarcastique en classe, ou encore jurait (comme il le faisait déjà, énormément), elle menaçait de l'envoyer à la colonie Matrasov, une maison de correction locale pour délinquants juvéniles. Elle s'adressait régulièrement à lui en le traitant de voyou, mais ne le renvoya jamais. Elle reconnaissait qu'il avait des problèmes à la maison, et aussi du talent. Rudolf était assez bon pour être envoyé à Leningrad étudier le ballet classique, disaient ses anciens professeurs d'Oufa, mais elle avait déjà entendu dire cela d'autres élèves. Finalement, après quelques mois, elle en arriva à la conclusion qu'elle n'avait plus grand-chose à apprendre à Rudolf, et le confia à un autre professeur, plus expérimenté, Anna Ivanovna Udeltsova. C'était une petite femme aux cheveux blonds et à la voix haut perchée. Âgée de 61 ans - Rudolf en avait 10 -, elle était très cultivée et avait elle-même dansé « il y a des années et des années! », disait-elle, dans le corps de ballet des Ballets Diaghilev de Monte Carlo. Bien que demeurant à Oufa la plupart du temps, elle se rendait régulièrement à Leningrad pour se tenir au courant des nouveautés du monde de la danse. Non seulement elle initia Rudolf aux techniques de base du ballet classique, mais elle lui communiqua tout le romantisme, toute l'histoire, toutes les couleurs du monde du ballet international. « Ce fut Udeltsova qui, la première, me parla d'Anna Pavlova, dira Rudolf. Elle l'avait probablement rencontrée à l'époque de Diaghilev. Elle m'expliqua ce que Pavlova avait apporté à la danse! comment la plus grande des ballerines s'entraînait religieusement pour acquérir une technique irréprochable, mais comment, par l'atmosphère qu'elle savait distiller autour d'elle, elle faisait oublier tout ce qu'il y avait de technique dans son exécution, créant une impression de parfaite spontanéité chaque fois qu'elle dansait. » C'était là un des aspects les plus importants de l'enseignement d'Udeltsova. Et en un sens, c'était quelque chose que Rudolf pratiquait déjà. Ne dissimulait-il pas son art à son père depuis plusieurs années?

Les cours d'Anna Ivanovna avaient lieu à la maison de l'Enseignement à Oufa, et c'est là que Rudolf lui fut présenté. Pour le mettre à l'épreuve, elle lui demanda de danser un *gopak*, un *lezghinka* et d'autres danses populaires qui lui étaient devenues maintenant une seconde nature. Pour tout accompagnement, Rudolf eut droit à un piano, et l'examen dura moins d'un quart d'heure. Quand il eut fini, Udeltsova sembla abasourdie durant un instant. Elle resta silencieuse, absolument immobile sur sa chaise. Finalement, de sa voix haut perchée, elle lui dit qu'elle avait passé plus de trente ans à enseigner la danse aux enfants. Elle en avait vu de toutes sortes, précisa-t-elle. Puis, elle le pria de s'approcher plus près. « C'est la première fois, reprit-elle, que je peux dire ce que je m'apprête à te dire, Rudolf Hametovich. Tu as le devoir d'apprendre la danse classique. Tu as un don inné, et avec un tel don, tu dois te préparer à rejoindre les étudiants du théâtre Maryinski. »

Rudolf rougit en entendant le verdict d'Udeltsova. Nombreux étaient ceux parmi les adultes qui l'avaient vu danser à avoir fait son éloge, et même à avoir mentionné l'école de Ballet du Kirov à Leningrad (l'appeler par son vieux nom de Maryinski était incorrecte, politiquement). Pourtant, même un enfant de dix ans pouvait voir qu'il y avait une différence entre l'opinion d'Udeltsova et celle d'un voisin ignorant ou d'un employé du chemin de fer. Elle offrit de lui donner deux leçons par semaine, gratuitement. Ce dernier point n'étant pas sans importance, puisque Hamet n'aurait certainement pas accepté de débourser le moindre rouble pour cela. (ce dernier avait déjà dit à Rezida, qui voulait prendre des cours de piano, que, bien qu'il ne fût pas opposé à cette idée, la famille n'avait pas les moyens de payer de telles leçons.) Sans se soucier de la réaction de son père, Rudolf accepta immédiatement l'offre d'Udeltsova. Il savait que l'âge traditionnel pour démarrer ses études dans une grande école de ballet était 10 ans. Il n'y avait pas de temps à perdre.

L'offre d'Udeltsova ne signifiait pas que Rudolf fût la seule personne dans son cours. Loin de là. La classe était vaste et différait de celle d'une école de ballet traditionnelle en ceci,que des gens de différents niveaux et de tous âges s'y retrouvaient. A une époque, il y eut plus de soixante adultes, bien que le nombre habituel fût de vingt-cinq, ainsi que six ou huit autres enfants, dont Albert Arslanov, qui avait été accepté en même temps par Udeltsova. Les deux garçons étaient les plus jeunes de la classe.

Alexandra Nikolievna, qui suivait les cours d' Udeltsova depuis un an à l'arrivée de Rudolf, confirme qu'elle leur apprenait bien davantage que les seuls pas de danse:« Udeltsova était une personne tout simplement merveilleuse, comme on n'en trouve plus de nos jours. Elle nous a tellement donné. Elle nous a fait découvrir la littérature et la musique » .

Rudolf et Albert restèrent dans la classe d'Udeltsova durant dix-huit mois. Là, ils apprirent les bases du ballet classique, et Rudolf fit ses premiers *pliés** et ses premiers *battements**. Il apprit également que le langage de base de la danse classique était le français, car c'était en France que le ballet était né au XVIII^e^siècle. Après dix-huit mois, comprenant qu'il avait fait tellement de progrès qu'elle n'avait plus rien à lui apprendre, Udeltsova le confia à l'attention d'un autre professeur, Elena Konstantinovna Vaitovich, auprès de laquelle Rudolf restera un peu plus d'un an.

Vaitovich n'enseignait qu'aux Pionniers et n'avait par conséquent aucun adulte dans sa classe. Elle était meilleure technicienne qu'Udeltsova, et surtout moins stricte, ce qui n'était pas pour déplaire à Rudolf. Elle était également maîtresse de ballet au Théâtre de l'opéra et du ballet d'Oufa. Enfin, il y avait une qualité qui la distinguait en tant que ballerine : son habileté à sauter.

Le saut est certainement un des éléments les plus controversés de la danse classique. Pour certains, il s'agit de l'élément le plus spectaculaire de la danse, le don le plus manifeste que les danseurs, les hommes en particulier, ont par rapport au commun des mortels. Pourtant, force est de reconnaître qu'il a existé de nombreux danseurs qui n'ont jamais eu ce don particulier et n'en ont pas moins été considérés comme les plus grands artistes de leur temps. Pour de nombreux balletomanes, le saut est tout simplement un élément superflu.

Aucun des deux grands danseurs russes de l'après-Seconde Guerre mondiale, Vakhtung Chaboukiani ou Konstantin Sergeev, n'ont possédé ce talent. Rudolf n'était pas conscient de cela à l'époque, mais Vaitovich certainement. Plus tard dans sa carrière, Rudolf verra naître une controverse sur sa capacité à sauter. D'aucuns trouveront cela magnifique, d'autres diront que les sauts de Noureev ne sont pas si incroyables que cela, mais qu'ils en ont l'air. A Oufa, cependant, dans le cours de Vaitovich, Arslanov (qui était également son élève) n'avait aucun doute sur la qualité des sauts de Rudolf : « Sa capacité à sauter était déjà très bonne. Certains en étaient jaloux. Il avait aussi l'habitude de courber ses doigts vers l'arrière - il était naturellement très souple. Tout le talent naturel... oui, cela rendait les autres jaloux ».

Il ne fait aucun doute qu'une grande part des objections émises par Hamet contre le désir de son fils de devenir danseur fût liée à la question économique. Certes, il existait - relativement à la danse - plus de trente compagnies d'état en Russie à l'époque, mais cela ne changeait rien au fait que, Hamet avait conscience, que la carrière des danseurs, en particulier les hommes, était finie à quarante ans. La vie n'avait pas fait de cadeau à Hamet, et il était naturel et honorable, qu'il ne voulût pas que son fils connaisse les mêmes difficultés que lui s'il pouvait les éviter. A ses yeux, Rudolf était un garçon intelligent et séduisant. Lui, Hamet, était membre du Parti (il finit par devenir chef de sa « cellule » à Oufa) et vétéran de la guerre. Si Rudolf voulait entrer dans une profession quelconque, le statut politique de son père ferait beaucoup pour lui assurer la meilleure réussite. Ce n'était pas un avantage à prendre à la légère.

Mais, y avait-il autre chose? Est-ce qu'Hamet, même obscurément, ou quoiqu'il fût réticent à l'admettre, avait conscience que son fils pouvait être homosexuel? Hamet savait très bien que l'homosexualité n'était pas étrangère au monde du ballet. Albert Arslanov nie qu'il y ait eu quoi que ce fût qui se rapprochât de l'homosexualité entre lui et Rudolf à l'époque où ils étaient très proches : « Non, absolument rien. J'ai appris qu'il était homosexuel, mais je n'ai jamais vu cette tendance se manifester à l'époque où il vivait ici à Oufa ».

Hamet voulait-il ne courir aucun risque? Toujours est-il que Rudolf allait bientôt vivre, à presque 14 ans, la période la plus difficile de ses jeunes années, Hamet se montrant on ne peut plus clair sur le chapitre de la danse : danser était hors de question, et il n'y avait pas à revenir là-dessus. Rosa, la plus proche alliée de Rudolf dans la famille, avait quitté la maison pour aller étudier et se préparer à l'enseignement à l'université de Leningrad. Rudolf, bien que privé de son soutien et de son réconfort, était cependant bien décidé à continuer de danser.

Aussi, dut-il mentir à ses parents quant aux endroits où il allait. C'était difficile, car la danse requérait de la pratique, toujours plus de pratique, et cela voulait dire négliger sa scolarité. Ses notes s'en ressentirent très vite, à tel point qu'Hamet reçut un flot de lettres envoyées par les professeurs de Rudolf, lesquels se plaignaient de l' « indifférence » du jeune garçon. « Rudolf travaille de moins en moins... son comportement est consternant... Il est toujours en retard à ses cours... Il saute comme une grenouille, et c'est à peu près tout ce qu'il sait faire. Il danse même sur les paliers d'escalier. »

Le refus d'Hamet d'autoriser Rudolf à aller à Leningrad pour faire partie de l'école de Ballet du Kirov ressembla beaucoup à une déclaration de guerre entre père et fils. L'eut-il voulu, Hamet n'aurait pu blesser davantage Rudolf. Ce dernier était pourtant loin de manquer d'intelligence.

Comme le confirme Arslanov, il aurait pu avoir d'excellentes notes à l'école s'il l'avait voulu, et sans trop d'efforts. Son refus de travailler était délibéré visant directement son père.

Arslanov confirme également que Rudolf était bon dessinateur : « Sans avoir vraiment étudié le dessin, il dessinait très bien. Quand nous étions au collège - il avait 14 ans - on nous a demandé de dessiner Lomanosov (une grosse légume locale). Le dessin de Rudik a été publié dans le journal de l'école, il était excellent. A l'époque, il jouait aussi du piano ».

Pendant ce temps, il continuait à danser. Il était devenu un excellent danseur folklorique et contribuait à faire gagner à son école toutes les compétitions de danses nationales. Mais, ces compétitions, et la gloire qui les accompagnait, n'avaient lieu que rarement. Plus prosaïquement, Rudolf passa ses premières années d'adolescence à voyager d'un village à un autre avec la troupe de danse folklorique. C'était avant l'âge de la télévision et des retransmissions de spectacles. La troupe arrivait avec tous les décors et l'équipement musical, le tout, contenu dans deux camions. En arrivant, il fallait décharger les camions et monter la scène. Un rideau formait la toile de fond, des lampes à kérosène étaient suspendues aux arbres et aux maisons pour fournir l'éclairage, et les villageois apportaient leurs tabourets.

Rudolf était déjà un artiste qui travaillait à l'instinct. Il se souvient lui-même d'un incident qui eut lieu alors qu'il dansait. Au beau milieu d'une de ces représentations en extérieur, il se retrouva emmêlé au long ruban qui faisait partie de son costume. En un instant, il fut bridé tel un animal pris au piège, sans aucune chance de s'en sortir. Mais, plutôt que de se débattre pour se libérer, d'une manière disgracieuse, il fit tout simplement comme si c'était la conclusion normale de la danse : « Miraculeusement, cela marcha ! les paysans acceptèrent cette fin, et je remportai un grand succès ».

En Rudolf peu à peu, la personnalité de l'adulte s'affirmait, son appétit de spectacles, sa présence sur scène, son amour de la musique. En 1953, alors qu'il avait 15 ans, un changement crucial bouleversa le petit monde de la danse et de la musique d'Oufa. Un « studio », comme on les appelait, venait de s'ouvrir : une classe spéciale dont la vocation était de préparer de jeunes danseurs pour le corps de ballet du théâtre de la ville. Les séances avaient lieu à la maison des Pionniers, le matin de huit heures à midi, et les élèves devaient passer une audition. Rudolf fut l'un des premiers à être admis, ainsi qu'Arslanov, qui se présenta sur l'insistance de Rudolf. C'était un cours bien plus professionnel que tous ceux auxquels les deux garçons avaient déjà assistés. Vaitovich comptait parmi les professeurs, mais le principal acteur et guide du « studio » était Victor Cranstovich Parinas, maître de ballet au théâtre d'Oufa. Il s'attacha le concours de plusieurs danseurs-enseignants qui avaient été mutés de Leningrad à Oufa, de sorte que Rudolf et les autres purent bénéficier de leur enseignement.

Au moment de la création du studio, il y eut du changement dans le personnel enseignant de l'école traditionnelle où allait Rudolf. Son professeur de mathématiques fut remplacé par une femme, qui exigea de ses élèves davantage de préparation. D'après Arslanov, cela ne plût pas à Rudolf, qui était « trop fier ». Il quitta donc l'école numéro 2 (comme il était parfaitement en droit de le faire), pour s'inscrire à « L'école des Jeunesses ouvrières ». C'était un type d'école, créé pour ceux qui, en dernière année d'école traditionnelle, voulaient travailler tout en poursuivant leurs études. L'école était ouverte toute la journée et le soir, afin que les étudiants puissent mener de front études et obligations diverses. Cela convenait parfaitement à Rudolf, qui pouvait assister au cours du studio de huit heures à midi, puis rejoindre l'école des Jeunesses ouvrières, tout en étant libre le soir.

Au studio, le professeur qui retenait le plus l'attention des élèves n'était plus Vaitovich, mais Zaituna Noureevna. Jeune, s'habillant de façon très élégante - du moins d'après les critères russes - elle était aussi très stricte, et exigeait une grande discipline.

Naturellement, il n'était plus question maintenant de dissimuler à Hamet le fait que Rudolf s'embarquait pour une carrière, une vie, dans le milieu de la danse. Son inscription à l'école des Jeunesses ouvrières était impossible à cacher, comme le fait qu'il quittait la maison chaque matin avant huit heures pour assister aux cours donnés au studio. Il apprenait le français, la langue du ballet, en plus de l'anglais. Tout indiquait que Rudolf serait artiste, pas ingénieur ni docteur.

Lors de sa seconde année au studio, il fit partie du corps de ballet et eut un salaire de 200 roubles par mois. Ce n'était pas beaucoup, mais c'était déjà quelque chose. Durant l'été 1954, alors qu'il avait 16 ans, lui et Arslanov partirent pour une courte tournée à Riazan avec les ballets d'Oufa. Ils partagèrent une chambre, et prirent le petit déjeuner et le déjeuner dans les cantines des théâtres où ils apparaissaient. Le dîner, lui, consistait généralement en un peu de thé et un sandwich au poisson. Ils achetèrent du sucre et des cerises, et quelques ballerines préparèrent de la confiture. Ils vivaient et s'amusaient agréablement, et tous pouvaient envoyer l'argent qu'ils gagnaient à leurs familles.

Tout cela donna une idée à Rudolf : celle de s'essayer dans sa première entreprise privée. Se présentant - sans grande modestie - comme « un artiste de l'opéra d'Oufa », il fit des démarches auprès de plusieurs collectivités de travailleurs, en offrant de donner une leçon par semaine de danse folklorique, pour 200 roubles par mois. Plus tard, Noureev se révélera un homme d'affaires très astucieux, et cet aspect de sa personnalité se manifestait là pour la première fois. Ses propositions trouvèrent preneurs auprès de plusieurs collectivités, et il ne tarda pas à gagner autant d'argent que son père. C'était évidemment un acte agressif envers ce dernier. Hamet, lorsqu'il s'opposait à ce que Rudolf fasse de la danse, expliquait bien que cela n'apporterait pas « du pain sur la table. » Et voilà que son fils, âgé de 16 ans, gagnait autant d'argent que lui, qui en avait 49. La leçon était assez claire.

Rudolf mit encore la pression sur Hamet d'une autre manière. Alors qu'il voyageait avec Albert Arslanov, (il l'appelait « Alka »), il avait découvert les plaisirs de la masturbation. A son retour chez lui, il alla dans les toilettes, qui se trouvaient dans la cour de la maison, et se masturba. Après quelques minutes, son père arriva et attendit dehors un moment. Puis, s'impatientant, il frappa à la porte et demanda à son fils de se dépêcher. Alors, Rudolf se mit à jouir, si délibérément que son père ne put manquer de l'entendre. C'était là encore un acte agressif, incroyablement cruel pour Hamet - étant donné l'extrême puritanisme de cette Russie des années 50 - et qui le renforçait dans ses vieilles craintes et ses préjugés. La guerre entre père et fils était ouvertement déclarée.

Pour Rudolf, la fin de sa scolarité approchait, et il était conscient que des bribes de rôles et quelques heures d'enseignement ne font pas une carrière. C'est alors qu'une femme plus âgée - ce schéma se reproduira souvent dans sa vie - vint lui apporter son aide. Elle s'appelait Irina Alexandrovna. C'était la pianiste qui travaillait avec Vaitovich à la maison des Pionniers et qui les avait accompagnés lors de la tournée à Riazan. Elle travaillait également au studio, et avait noué une relation privilégiée avec Rudolf et Arslanov. Elle habitait un petit appartement dans la rue Gogol, non loin de chez les Noureev, avec « un chat de la taille d'un chien ». Alka et Rudolf allaient parfois prendre le thé chez elle et écouter de la musique.

Irina Alexandrovna savait que Rudolf avait du talent. Etant connue dans le milieu musical d'Oufa, elle réussit à persuader un certain nombre de personnes influentes (secrétaires du Parti, administrateurs de théâtre), d'écrire au ministère de la Culture à Moscou, pour expliquer que Rudolf avait acquis un niveau en danse qui justifiait certainement des études à l'école de Ballet de Leningrad. Les lettres furent envoyées par groupes de deux ou trois, sur une période de plusieurs semaines, afin de maintenir la pression sur Moscou.

Cela ne servit à rien, en ce sens qu'aucune réponse n'arriva de la capitale, mais le soutien enthousiaste d'Irina Alexandrovna avait renforcé la propre détermination de Rudolf à devenir danseur, et devait influencer ses choix ultérieurs. Ainsi, peu avant ses examens de fin d'année scolaire, on lui offrit un petit rôle dans un ballet intitulé *Le Bal polonais.* Rudolf se retrouva face à un vrai dilemme. Ce n'était pas un très grand rôle, mais c'était un rôle dansé! et s'il acceptait, il s'engageait à assister aux répétitions et aux représentations. Il ne lui resterait plus assez de temps pour préparer ses examens scolaires : il risquait d'échouer et de devoir affronter à nouveau son père.

Il décida malgré tout qu'il danserait dans *Le Bal polonais,* et que les répétitions prendraient le pas sur les révisions. Chez lui, il confia sa décision à Rosa, mais à personne d'autre. Le soir du *Bal Polonais,* le théâtre était plein, mais personne de sa famille n'était présent. La représentation fut un succès : son rôle était petit, mais il ne commit aucune erreur. Ce soir-là, d'excitation, il ne ferma pas l'œil de la nuit.

Quelques jours plus tard, au début du mois de juin, il passa les examens tant redoutés. Il était si persuadé d'avoir échoué qu'il n'osa même pas aller consulter le panneau qui affichait les résultats. Il envoya Arslanov le faire à sa place. Son nom ne figurait pas sur la liste.

Il s'était attendu à une explosion. Il n'eut droit qu'à de la froideur. Son échec ne fit l'objet, ouvertement, d'aucune discussion dans la famille, même si Farida et Hamet savaient parfaitement ce qui était arrivé, et la raison pour laquelle c'était arrivé. Hamet était maintenant une figure reconnue du Parti Communiste local. Il eut d'autant plus de mal à supporter l'échec de son fils, au point qu'il s'efforçait maintenant de l'éviter.

Le hasard fit que, juste à ce moment-là, l'opéra d'Oufa offrit à Rudolf un engagement pour une tournée d'un mois en Bachkirie. Cela voulait dire une succession de rôles de figuration, mais également un travail d'acteur à plein temps et, surtout, l'occasion de s'éloigner de l'atmosphère tendue de l'appartement familial. Il accepta, comme il le précise lui-même, « avec joie ».

La tournée ne fut pas particulièrement mémorable. Rudolf avait plaisir à voyager et à regarder les danseurs plus expérimentés, mais surtout, il profitait des avantages d'un certain style de vie, dormir à l'hôtel, se faire apporter tous ses repas, répéter tellement que l'on n'a plus le temps de dépenser son salaire. Ainsi, lorsqu'il rentra chez lui, pour la première fois de sa vie il avait de l'argent en poche, même après avoir donné à sa mère ce dont elle avait besoin. Cependant, aucune nouvelle de Moscou n'arrivait concernant ses études de danse, et il y pensait souvent.

Il réalisa un jour qu'il avait maintenant une liberté qu'il n'avait jamais eu auparavant. Il avait aussi un peu d'argent. Le théâtre d'Oufa était fermé pour l'été. Enfin, les choses n'allaient pas très bien à la maison. Il décida donc d'aller visiter la capitale.

Il fit le voyage en train. Enfin, il avait une bonne raison de visiter la gare d'Oufa! Il n'avait plus, cette fois, à se contenter du spectacle des locomotives emmenant d'autres personnes vers des destinations exotiques.

Arslanov partit avec lui. Il fallut aux deux adolescents trente heures à raison d'une vitesse moyenne de 42 km/h pour rallier Moscou par le Transsibérien, Moscou qui était située à 1 300 kilomètres d'Oufa.

Noureev adora la ville : « De Moscou, ma première impression d'adulte fut plutôt celle d'une gigantesque gare ». Il n'avait pu en effet s'offrir que le voyage! une fois là, il fut obligé de dormir sur les bancs publics ou dans les salles d'attente de la gare : « Jamais je n'avais croisé autant de races dans les rues, autant d'êtres humains différents, venant d'Asie, de Sibérie, des Balkans et de toutes les provinces imaginables ».

Les deux garçons étaient arrivés au milieu du mois d'août. Si la saison était donc idéale pour passer une nuit sur un banc public, elle avait également ses inconvénients, puisque la plupart des théâtres et des salles de concert étaient fermés. Ainsi, Rudolf et Arslanov se promenèrent-ils dans Moscou, arpentant la ville en tous sens : « Je marchai et je marchai jusqu'à ce que mes jambes refusent tout simplement de me porter. Trois jours et presque trois nuits de marche... Moscou, cette ville gigantesque, tentaculaire, où l'on rencontre, ainsi que je le découvris, aussi bien le conformisme le plus parfait, qui fait du Kremlin le symbole vrai de l'âme de ce pays, que l'esprit de rébellion d'une génération plus jeune, qui se moque du staliniste entre deux âges sûr de son bon droit ». Son père étant staliniste, Rudolf vit ses certitudes renforcées par son expérience moscovite. Il découvrit qu'il n'était pas seul à avoir certains sentiments pour la Russie, et pour Staline en particulier.

Trois jours après leur arrivée, ils reprirent le train pour Oufa, à l'endroit même d'où la famille de Rudolf était partie, treize ans plus tôt, quand ils avaient dû évacuer la ville. Ayant marché durant trois jours et trois nuits, les deux adolescents dormirent durant presque tout le voyage de retour. Rudolf savait maintenant à quoi ressemblait la vie en-dehors d'Oufa, dans le monde le plus sophistiqué de Moscou. Il avait toujours senti de façon instinctive que le monde était plein de promesses. Maintenant qu'il avait entr'aperçu certaines d'entre elles, il savait que rien ne l'arrêterait plus.

A Oufa, les relations entre Rudolf et Hamet se dégradèrent encore. Rudolf était plus fort maintenant - il l'avait d'ailleurs toujours été - et, s'il n'était pas un homme comme son père l'était, en revanche lui avait vu Moscou, dans toute sa gloire, et sous tous ses atours. L'autre raison est que, durant l'hiver, Rudolf se vit offrir un engagement plus stable par les ballets de l'opéra d'Oufa. Bien qu'il n'eût suivi aucune formation dans une école de ballet reconnue, on lui offrit de faire partie du corps de ballet. Une fois de plus, il accepta sans même consulter ses parents. Il avait 16 ans et demi.

L'un des avantages de ce nouveau statut de membre permanent des ballets de l'opéra d'Oufa fut qu'on l'autorisa à suivre les cours des danseurs de la troupe. Il n'y avait, cependant, toujours personne pour le guider dans son apprentissage, personne pour lui dire « Ne fais pas cela, Rudolf » ou « Oui, c'est bien de cette façon. » Au lieu de cela, il fut contraint d'imiter ce que les autres danseurs faisaient. Mais, il avait déjà une excellente mémoire des pas, une mémoire qui ne lui ferait jamais défaut.

Cet hiver-là, six mois après qu'Irina Alexandrovna lui ait apporté son appui en réunissant des lettres de soutien, Rudolf reçut enfin des nouvelles de Moscou. Il était autorisé à auditionner à l'Ecole de ballet de Leningrad, mais pas avant l'été. Cela lui laissait au moins du temps pour se préparer.

Rudolf, en tant que membre du corps de ballet, avait maintenant un salaire au moins égal à celui de son père. Persuadé au fond de lui qu'il ne resterait pas longtemps dans la troupe, le ballet, même à Oufa, offrait cette chance de gagner plus d'argent que son père n'en avait jamais rêvé.

Durant les premiers mois de 1955, pendant la saison de l'opéra et du ballet, Rudolf fut rarement chez lui. Lui et son père ne se parlaient plus. Le matin, Rudolf assistait aux cours. L'après-midi, avaient lieu les répétitions. Le soir, il était au théâtre, qu'il participât ou non aux représentations. A la maison, de temps à autre, Hamet lui confiait de force les travaux du ménage, pour l'empêcher d'assister à un cours ou une représentation. Rudolf n'avait que 17 ans. Les altercations entre père et fils étaient incessantes, et le caractère de Rudolf ne fit qu'empirer, au théâtre ou ailleurs. Il finit par acquérir la réputation d'un rustre et d'un provocateur. Quand il était dans un de ses mauvais jours, il s'en prenait à presque tout le monde, et jurait comme un charretier.

A la fin de la saison, en mai, il fut convoqué dans le bureau de Victor Cranstovich Parinas, le maître de ballet. C'était un homme de petite taille, à la mise soignée et aux manières pédantes.

« Rudik, commença Parinas, j'ai reçu onze notes pour mauvaise attitude vous concernant.

Rudolf pâlit soudain.

- Je devrais vous mettre à la porte de la compagnie pour cela, poursuivit Parinas.

Rudolf se souvint alors de Zaituna Noureevna menaçant de l'envoyer à la Colonie Matrasov. Il resta immobile, les yeux rivés sur Parinas. Le maître de ballet eut alors un sourire.

- Mais, au lieu de cela, reprit-il, je vous invite à rester avec nous, comme danseur à part entière.

C'était un véritabe honneur, mais aussi un meilleur salaire - plus important que celui de son père - et, en plus de la grande variété de rôles qu'il aurait à interpréter, c'était l'occasion de quitter la rue Zentsova pour partager un appartement avec d'autres danseurs de son âge. C'était aussi une chance de faire enfin la paix - ou une tentative de paix - avec sa famille. Hamet concèderait peut-être, maintenant, que Rudolf n'était pas un bon à rien, et que son talent était aussi réel que sa passion.

Mais en même temps il y avait eu son voyage trop bref à Moscou. La possibilité d'étudier à Leningrad se profilait, et aussi le fait que, deux fois maintenant, avec Noureevna et Parinas, en dépit de son comportement capricieux et de ses jurons, il n'avait pas été renvoyé mais promu. Des gens bien informés avaient reconnu son talent, un talent si prometteur qu'ils étaient prêts à lui passer bien des écarts de conduite.

Et il y avait encore autre chose. Cette année-là, la république de Bachkirie s'apprêtait à choisir un certain nombre de danseurs pour prendre part à un événement d'importance, un festival célébrant une décennie d'art bachkir qui devait se tenir à Moscou. Tous les meilleurs danseurs, ainsi que des compagnies de ballets officielles de toute la Russie seraient présents. C'était l'occasion rêvée pour Rudolf de montrer ses talents à un public de choix. S'il était sélectionné pour participer à ce festival, cette *Dekada* bachkire, alors il y avait de grandes chances que, avec son talent, on le choisisse pour aller ou bien à l'école de Leningrad, ou bien dans une compagnie de Moscou, le Bolchoï peut-être. Si, par contre, il acceptait l'offre de Parinas, cela signifiait qu'il passerait l'été en tournée avec la compagnie d'Oufa et qu'il ne pourrait participer à la *Dekada*. Rudolf avait tout cela en tête tandis qu'il se tenait face au maître de ballet du théâtre d'Oufa. Il avait peut-être échoué à ses examens scolaires, mais il n'en avait pas moins l'esprit particulièrement vif. Il avait un pari à prendre. La situation l'exigeait. Alors, à la grande stupéfaction de Victor Cranstovich Parinas, il refusa l'offre qu'il lui faisait de devenir danseur à part entière dans sa ville natale.

C'était un risque téméraire à plus d'un titre. Mais, parfois, la chance sourit aux audacieux. Deux semaines plus tard, alors que le Ministre de la culture local, qui avait la responsabilité des auditions pour la *Dekada*, se trouvait à Oufa, les événements jouèrent en faveur de Rudolf. Tout avait été prévu pour que l'audition fût un succès, à une exception près. Le soliste n'était pas là. C'était bien sûr une catastrophe pour tout le monde, car cela voulait dire que sans représentation, aucun danseur d'Oufa ne serait choisi. Le directeur rassembla la compagnie sur scène, expliqua la situation et demanda un volontaire pour tenir le rôle. C'était, Rudolf l'admettra, « le genre de situation que l'on trouve dans les grands romans ou dans les films.» Mais on ne lui avait pas donné la chance de danser dans les ballets d'Oufa pour qu'il laisse passer une occasion pareille. Avant que le directeur ait fini son discours, Rudolf fit un pas en avant.

Il avait une mémoire excellente des pas de danse. Et il avait été contraint plus d'une fois de s'entraîner en imitant d'autres danseurs d'un niveau supérieur au sien. Presque sans s'en rendre compte, il avait appris la plupart des pas du soliste durant les répétitions. Ce jour-là, devant le ministre, Rudolf demanda juste une brève séance avec le maître de ballet, puis il dansa. Il dansa avec une telle intensité passionnée, avec une telle conviction, un tel zèle, que ce sentiment se communiqua à l'assistance qui, à la fin de la représentation, applaudit de manière enthousiaste. (La plupart des citoyens importants qui avaient adressé en son nom une pétition à Moscou l'année précédente se trouvaient dans la salle). Rudolf fut sélectionné pour participer à la *Dekada*, non comme membre du corps de ballet, mais comme soliste.

Il apprécia Moscou autant que lors de sa première visite. Cependant, la *Dekada* ne fut pas le succès qu'il avait espéré. Il y eu trois répétitions le jour de son arrivée, et l'emploi du temps continua d'être aussi chargé durant les jours qui suivirent. Cela l'empêcha d'avoir l'impact auquel il s'était attendu. Rappelons qu'à cette époque, il n'avait encore suivi aucun entraînement classique et que, bien que naturellement solide, et jeune, il n'avait pas eu l'occasion encore de consolider ses forces à travers des exercices systématiques. Les répétitions furent tellement épuisantes qu'il se blessa en atterrissant après une pirouette, se foulant le pied. Plus tard ce jour-là, son pied enfla tellement qu'il ne put même pas remettre ses chaussures, encore moins ses chaussons de danse. S'il put néanmoins danser lors de la représentation, il ne le fit pas avec la distinction ou le panache espérés. Et il commença à perdre espoir.

Mais, une fois de plus, Irina Alexandrovna allait intervenir. Elle était à Moscou avec la troupe, remplissant son rôle habituel de pianiste durant les répétitions et les cours. Elle considérait Rudolf comme son *protégé**, et avait fondé les mêmes espoirs que lui sur ce festival. Maintenant, elle réfléchissait à la façon d'essuyer ce revers. Elle avait semble-t-il autant d'influence à Moscou qu'à Oufa, car après une semaine, le temps qu'il fallut au pied de Rudolf pour se remettre, elle lui arrangea une audition avec le grand Asaf Messerer en personne. Rudolf était impressionné. Il allait rencontrer pour la première fois une figure légendaire du ballet russe. Messerer était danseur au Bolchoï, et l'un des plus grands professeurs de ballet de Russie. D'autre part, il avait fait avancer la technique du ballet classique, en particulier dans le mime, et avait aidé à la reconnaissance du danseur dans le ballet. Messerer enseignait également à la grande Galina Ulanova, que d'aucuns considèrent comme la plus grande Juliette qu'il y ait jamais eu.

Le jour J, Rudolf trouva Messerer dans la salle de répétition du Bolchoï, située sous les toits. Pour la première fois, il accédait aux coulisses de ce théâtre à la scène gigantesque. *Bolchoï*, en russe, signifie « grand », « vaste ». Messerer dit à Rudolf de s'asseoir, ajoutant qu'il l'auditionnerait à la fin du cours. Ainsi, durant quarante-cinq minutes, Rudolf put voir, émerveillé, Ulanova et Messerer en action. Peu avant la fin du cours cependant, Messerer fut appelé pour un problème personnel urgent. Rudolf attendit un long moment, mais - il racontera plus tard qu'il « en aurait pleuré de frustration » - Messerer ne revint pas.

Il avait en fait été appelé loin de Moscou, mais il n'avait pas oublié Rudolf. Il fit en sorte que le jeune danseur fût auditionné par un membre du Bolchoï le lendemain. Après l'audition, Rudolf apprit qu'il était admissible au huitième cours. Les étudiants en ballet commencent traditionnellement vers l'âge de dix ans! aussi, à dix-sept ans, ne pouvait-il guère espérer être admis au-delà du six ou septième cours. Qu'on l'ait jugé admissible au neuvième cours était plus que flatteur. « C'était presque un miracle », écrira t-il.

Mais... (il semblait toujours qu'il y avait un « mais » dans la carrière de Rudolf), l'Ecole de Ballet de Moscou posait un problème : c'était seulement une école, et pas un internat. Les jeunes danseurs devaient trouver à se loger eux-mêmes et payer leurs repas : ces questions n'étaient pas prises en compte par les bourses d'études. Rudolf savait que même si son père avait eu les moyens de l'envoyer à Moscou, il ne l'aurait pas fait. En un sens, l'offre qui venait de lui être faite ne valait rien.

Rudolf se tourna alors vers Alik Biktchourine, un danseur d'Oufa qui avait suivi une formation à Leningrad et se trouvait à Moscou pour le festival bachkir, bien qu'il dansât Giselle au Bolchoï à ce moment-là. Etant natif d'Oufa, il s'était fait connaître auprès de la troupe de Rudolf. En tant que musulman, il se sentait proche de ce dernier, sentiment réciproque en vérité. Rudolf expliqua à Biktchourine son dilemme, et lui demanda s'il pouvait l'aider à obtenir une audition pour l'Ecole de Ballet de Leningrad pendant qu'il était là, à Moscou.

Des officiels de L'Ecole de Leningrad se trouvaient en effet à Moscou pour le festival. Biktchourine lui obtint l'audition demandé. Par coïncidence, les officiels n'étaient autres que deux anciens professeurs du « studio » d'Oufa, Nayim Velerevna Batacheva et Abdyraxaman Lukjulovich Kumisnikov. Les deux hommes auditionnèrent Rudolf, mais ne furent pas enthousiasmés comme l'homme du Bolchoï, et ne parlèrent pas de « miracle »,- de ceux qui font gagner une année. Ils promirent pourtant qu'à leur retour à Leningrad, ils parleraient au directeur, Chelkov, et recommanderaient Rudolf pour l'école du Kirov.

Dans son autobiographie, Rudolf Noureev raconte qu'à ce moment-là, il prit le taureau par les cornes au lieu de retourner à Oufa avec le reste de la troupe, il utilisa l'argent gagné au festival pour s'acheter un billet pour Leningrad, où il tira parti immédiatement de la promesse de Batacheva et de Kumisnikov. Pamira Sulemanovna, une ballerine de la troupe et une des premières partenaires de Rudolf, donne pourtant une autre version des événements. « Quand nous sommes rentrés à Oufa, Rudik est venu nous trouver après un cours... Nous étions assis sur un canapé, et brusquement, il s'est levé et a dit : « Ecoutez, tout le monde. Je pars étudier à Leningrad.» Cette nouvelle me bouleversa. Je ne sais toujours pas pourquoi j'ai pleuré tellement ce jour-là. Peut-être était-ce parce que je voulais étudier moi aussi, ou peut-être parce que j'étais désolée de voir partir Rudik.»

Rudolf a probablement romancé son admission à l'Ecole du Kirov. Il est peu vraisemblable qu'il ait rejoint Leningrad directement après la *Dekada*, et soit resté là-bas. Même si Batacheva et Kumisnikov avaient approuvé avec enthousiasme sa candidature, plutôt que de lui promettre une simple recommandation (ce qui semble avoir été le cas), il avait besoin d'une bourse d'études. Celle-ci devait venir de Leningrad, être ensuite approuvée par le ministère de la Culture à Moscou, puis à un niveau local à Oufa. Autrement dit, il fallait du temps pour cela.

• • • • •

Ce curieux étranger

... ce curieux étranger,
qui chemine, infortuné, face au danger

Noureev arriva à Leningrad, d'après ses dires, le 17 août 1955. Il aura toujours la conviction que le nombre 17 avait toujours joué un rôle important dans sa vie, et citait en exemple le 17 mars 1938, jour de sa naissance, et le 17 juin 1961, où il était passé à l'Ouest, (encore que ces deux dates ne soient pas certaines). A Moscou, les trains pour Leningrad partaient d'une gare située près du square Kazanski, juste en face de l'endroit où arrivait l'express du Transsibérien. Rudolf prit le premier train en partance. Malheureusement, il était bondé de paysans et il dut rester debout durant tout le trajet. Pire, le train qui n'était pas un express, mit seize heures, au lieu des huit habituelles, pour atteindre sa destination.

Après un si long et désagréable voyage, il fut encore plus consterné, alors que le train approchait de Leningrad, en voyant le ciel noir au-dessus de la ville, en plein mois d'août, comme si un terrible orage était sur le point d'éclater. Il sortit son imperméable de son sac, se préparant au pire. En fait de nuages, il s'agissait des fumées des industries, qui stagnaient en permanence au-dessus de la ville. Ce n'était pas ainsi que le jeune homme, provincial et romantique, avait imaginé la ville des tsars.

La gare de Leningrad est située à l'une des extrémités de la perspective Nevsky, l'une des artères principales de la ville, l'une des plus larges et des plus longues aussi, qui s'étend jusqu'au musée de l'Ermitage. C'est l'une des rues les plus célèbres et les plus belles du monde, avec ses canaux étroits en croisillons, ses églises et ses cathédrales tout le long, ses grands hôtels et ses élégantes demeures du XVIIIe siècle. Rudolf décida de réserver tout cela pour plus tard. Sans même chercher un endroit où loger, il se dirigea directement vers la rue Rossi, du nom de l'architecte italien qui dessina la rue et y conçut le théâtre Pouchkine. C'est là que l'école de ballet était située.

« L'école avait une réputation bien établie, écrira Noureev, et la plupart des étudiants y étaient logés, payant leur pension complète ou bien subsistant grâce aux bourses d'études, comme j'avais l'espoir de le faire.» En poussant les portes en verre qui ouvraient sur le petit foyer de l'école, Rudolf s'imagina qu'il entendait les pas de ses illustres prédécesseurs, Vaslav Nijinski, Konstantin Sergeev, George Balanchine. En réalité, les seuls bruits audibles étaient dus aux activités du personnel d'entretien ou aux peintres en bâtiment. Dans sa hâte de rejoindre l'école, il était arrivé trop tôt, et la réfection annuelle n'était pas encore terminée. La rentrée était prévue une semaine plus tard seulement.

Mais il venait de faire plus de 1 500 kilomètres, debout durant presque tout le trajet ; il n'allait pas se laisser décourager. Il accosta la première personne qui n'avait pas l'air d'un peintre en bâtiment. C'était un étudiant, arrivé comme lui trop tôt, et Rudolf lui demanda s'il savait où il pouvait trouver le camarade Chelkov, le directeur de l'école. C'était le nom mentionné par Batacheva et Kumisnikov après son audition à Moscou. Avant que le garçon ait pu lui répondre, Rudolf sentit une main se poser sur son épaule. Il se retourna et vit un homme imposant au visage rougeaud, le crâne dégarni et les tempes grises.

« Je suis Chelkov, dit-il. Que voulez-vous ?

Sans se démonter, Rudolf lui dit qu'il était l'artiste d'Oufa qui avait auditionné à Moscou pendant l'été et était recommandé par Batacheva et Kumisnikov. Il venait pour commencer ses études.

Chelkov, à cette occasion, se montra agréable avec le garçon, et lui dit de revenir dans sept jours, le 24 août, date de reprise des cours, et alors on examinerait convenablement sa demande.

Ainsi Rudolf se retrouva-t-il avec une semaine de vacances parfaitement imprévue, une semaine durant laquelle il pourrait explorer Leningrad, comme il avait exploré Moscou l'année précédente. Qui plus est, il n'était pas seul en ville. Udeltsova s'y trouvait elle aussi, faisant sa visite annuelle pour se tenir au courant de ce qui se passait dans le monde de la danse, de la musique et de la littérature. Elle logeait chez sa fille, qui était psychiatre.

Avec l'aide de cette dernière, Rudolf trouva un logement près du théâtre Kirov, et, durant les jours qui suivirent, arpenta la ville en tous sens. Leningrad est faite pour la marche, avec son mélange d'espaces ouverts et de rues latérales dérobées suivant les courbes des canaux. Les immeubles ne sont pas aussi hauts que ceux de Paris, mais on y trouve aussi une multitude de cours intérieures, que l'on aperçoit fugitivement derrière des porches voûtés. Les couleurs dominantes sont l'ocre et le beige, et ces couleurs terreuses donnent à la ville une unité concurrencée seulement par la capitale française. Et puis, bien sûr, il y a la rivière Neva aux eaux calmes, suffisamment large pour dominer les grands palaces et les musées alignés sur ses rives. Rudolf verra en Leningrad « une ville qui s'accorde subtilement à toutes les humeurs; souvent mélancolique ou nostalgique, rivée à son passé, elle émerge soudain à la faveur d'un rayon de soleil, souriante et gaie, avec ses façades en pierre éternelles et vivantes.»

Le soir, Rudolf rendait visite à Udeltsova, nostalgique à sa façon de la Russie de l'époque tsariste, elle qui avait dû s'exiler à Oufa avant la Révolution. Elle lui parlait de Saint-Pétersbourg, avant qu'elle ne devienne Petrograd, puis Leningrad en 1924, des danseurs partis à l'étranger comme Nijinski ou Balanchine, de la stricte routine et des trois uniformes - noir, bleu et gris - que l'Ecole Impériale (rebaptisée depuis l'Ecole Vaganova, en souvenir d'Agrippina Vaganova, l'un de ses professeurs légendaires), imposait à ses élèves. Udeltsova savait raconter une histoire et rendre les choses passionnantes. Quelques- unes des traditions de l'Ecole Impériale avaient peut-être changé, mais en écoutant Udeltsova, Rudolf comprit que c'était plus que jamais un monde fabuleux.

Le matin du24 août arriva enfin, et Rudolf se présenta rue Rossi. Il n'était pas le seul. De jeunes danseurs venant de toute l'Union soviétique, et aussi de l'étranger, étaient là également (comme c'est le cas encore aujourd'hui, chaque année au mois d'août). Certains, comme Rudolf, espéraient obtenir une bourse d'études, d'autres avaient des parents ou - s'ils arrivaient d'un pays socialiste d'Europe de l'Est - un gouvernement disposé à payer leurs études.

Il y avait également des mères sur les marches de l'École Vaganova, car certains des candidats étaient très jeunes. Les élèves entraient à la Vaganova répartis en trois classes d'âge. Les premiers commençaient à 9 ans des études qui duraient 8 ans. D'autres enfants étaient pris à 13 ans, pour 6 ans. Enfin, la Vaganova acceptait exceptionnellement une petite proportion d'étudiants particulièrement doués, qui devaient suivre ses cours pendant 2 à 3 ans. Rudolf faisait partie de ces candidats.

Il se fraya un chemin au milieu des mères et de leurs enfants, grimpa les quelques marches du perron jusqu'au hall d'entrée et vit un panneau, sous une photographie encadrée de Semenova, indiquant que son examinateur était Vera Kostrovitskaya. Vera Sergeïevna Kostrovitskaya était, selon Marguerite Alfimova, une ballerine de la génération de Rudolf, qui suivit ses cours avec succès, très stricte sur l'aspect technique de la danse. Elle était exigeante et méthodique, et n'hésitait pas à renvoyer quelqu'un dans une classe inférieure jusqu'à ce qu'il ait acquis les bases manquantes. Elle laissait aux autres le soin d'enseigner le côté expressif et dramatique de la danse, et était de ce fait le pire examinateur pour Rudolf, puisque la force de ce dernier résidait justement dans son pouvoir d'expression, alors qu'il n'avait pas eu le temps de parfaire sa technique. Alfimova elle-même, qui devint plus tard l'une des meilleures danseuses du Kirov, échoua à l'un des examens de Kostrovitskaya et perdit ainsi une année.

Rudolf, cependant, avait entendu dire le plus grand bien de Kostrovitskaya, qu'il considérait à l'époque comme le meilleur professeur de Russie. Il dira plus tard qu'il était arrivé à la Vaganova en ne sachant rien de la technique du ballet ; mais était-ce vrai ? Plusieurs de ses professeurs d'Oufa avaient étudié à Leningrad. A Moscou, au Bolchoï, le collègue de Messerer avait dit qu'il pouvait sauter une année. S'il était accepté à la Vaganova, à 17 ans, ses cours dureraient trois ans. En d'autres termes, il devait être suffisamment bon pour qu'on le juge capable de tirer des bénéficés d'un enseignement aussi court.

L'examen eut lieu dans une des salles de répétition du rez-de-chaussée. Il n'y avait qu'un simple accompagnement au piano, et Kostrovitskaya était assise dans un fauteuil qui avait l'air peu confortable, sous les grandes fenêtres de la salle. Rudolf était nerveux. En regardant les autres élèves se mettre en train, il ne put s'empêcher de remarquer leurs mouvements vifs et impeccables, fruit, le plus souvent, de plusieurs années d'entraînement classique. Quand ce fut son tour, toute son exécution trahit le peu d'entraînement classique qu'il avait eu jusque-là. Comparé aux autres candidats, son style était souple et fluide. Presque aucun de ses mouvements n'était le produit d'une technique sûre. Il n'y avait pas la moindre trace de routine dans son exécution. Ainsi pouvait-il montrer toute la passion qui l'animait depuis son enfance.

Mais la question était de savoir si sa spontanéité naturelle, son habileté expressive pouvaient être mises au service d'un entraînement convenable ou bien s'il était trop tard. Batacheva et Kumisnikov avaient jugé que le risque valait d'être pris, mais qu'allait en dire Kostrovitskaya ?

Il exécuta quelques-uns des exercices qu'il savait lui convenir le mieux, ceux qui faisaient une place à l'expression, au sentiment. Il avait dansé assez souvent *Le Chant des cigognes* ; c'est ce qu'il choisit alors. Il utilisa toute la salle, dévorant l'espace en lui apposant l'empreinte de sa danse, bondissant comme il savait si bien le faire. On lui avait souvent répété que ses mouvements s'adaptaient parfaitement au phrasé de la musique, et il espérait que Kostrovitskaya le remarquerait, et ne s'inquiéterait pas trop de sa faiblesse sur le plan technique.

Enfin, il termina, debout, haletant, couvert de transpiration, fixant du regard la femme qui allait décider de son avenir. Il se tint bien droit, le dos fièrement cambré, mais ne s'approcha pas. Il était déjà conscient qu'il avait une présence et il voulait qu'elle la ressente. Durant un instant, elle resta assise sur sa chaise, les mains posées sur ses genoux, les yeux rivés sur lui. Puis, elle se leva et se dirigea vers lui, marchant lentement. Elle portait des chaussures de ballet à talons bas en cuir, qui claquaient sur le sol de la salle de répétition.

Elle s'approcha, tout près. Il essaya, en vain, de lire sa décision sur son visage. Il sentait seulement son regard le scruter, qui semblait prendre la mesure de toutes choses, de la transpiration sur son front, de sa respiration ample, du fait que, même après une courte audition, il était épuisé, qu'il avait tout donné dans son exécution.

Finalement, elle dit d'une voix suffisamment forte pour être entendue du pianiste :

« Jeune homme, vous deviendrez soit un brillant danseur, soit un raté complet.

Rudolf, trop essoufflé pour répondre, l'entendit ajouter :

- Et très probablement vous serez un raté !

Qu'est-ce que cela signifiait? Cela signifiait que Rudolf était accepté. Que Vera Kostrovitskaya, le grand maître de la technique, avait répondu à la passion du jeune danseur. En quelques minutes, il avait réussi presque l'impossible : lui faire oublier la question technique pour l'amener à reconnaître le danseur sensible et pur qu'il pouvait devenir. Elle avait compris que Rudolf devrait travailler plus dur que quiconque pour parfaire sa technique et sa musculature, et qu'il pouvait échouer. Mais, elle avait aussi vu s'incarner devant elle le tempérament tartare; elle avait repérer aussi, au milieu de la fluidité de ses mouvements, la fougue et la maîtrise de soi sans lesquelles il n'est pas de grand danseur. Et elle l'avait jugé digne d'entrer à la Vaganova.

Rudolf quitta la salle pour aller se changer. Il devait passer d'abord l'examen médical (qui n'avait pas changé depuis la Révolution), mais cela ne l'inquiétait pas. Il savait qu'il était apte. Il avait réussi. Il allait être danseur classique dans la meilleure école du monde.

Les cours commencèrent le 1er septembre. Quand Rudolf arriva, on lui montra ses quartiers. Derrière le bâtiment principal de l'école se trouvaient un certain nombre de cours autour desquelles étaient groupés les dortoirs, avec leurs façades ocre et beige. On lui attribua un lit dans un dortoir qui en comptait vingt et portait le nom du Zodchevo Rossi (de l'architecte Rossi), au premier étage. Le dortoir donnait sur le porche voûté où on livrait nourriture et charbon. Sergio Stefanschi, un danseur roumain qui partageait le dortoir avec lui, raconte que le nouveau venu était très calme et sérieux au début. Il ne s'intéressait qu'à la danse, et à rien de ce qui intéresse d'ordinaire les garçons de son âge, comme le sport ou les filles.

Le dortoir de Rudolf était très clair et bien aéré, avec de larges fenêtres en arc de cercle. Mais il était loin d'être spacieux, juste assez de place pour une chaise entre les lits, et pas d'armoire. Chaque dortoir avait son responsable. Tous les soirs avant l'heure du coucher, c'est lui que les étudiants devaient prévenir de l'heure à laquelle ils souhaitaient être réveillés, en fonction de leur emploi du temps, les cours commençant entre huit et dix heures du matin. Stefanschi raconte qu'en dépit de ces mesures, les garçons se levaient à six heures trente, « parce qu'il n'y avait qu'une seule salle d'eau pour tout le monde, et qu'il fallait faire la queue, une quarantaine de garçons attendant de se laver et de se brosser les dents. Il n'y avait pas de douche, seulement un lavabo et des toilettes. Pour les douches, nous étions autorisés à aller aux bains publics qui se trouvaient près du canal Fontanka une fois par semaine, quand ils étaient fermés au public pour nettoyage.»

Le déjeuner, qui consistait en du thé, des céréales et des gâteaux, était servi de huit heures à dix heures dans une cantine également fréquentée par des danseurs du Kirov. Les deux groupes n'étaient pas autorisés à se parler, une restriction que Rudolf dit avoir admirée : « Nous leur devions le respect et l'admiration, en retour, ils n'avaient pas le droit de se moquer de nous ou de nous regarder comme des gens insignifiants comparés à eux ».

Le plus souvent la journée commençait à huit heures, avec des cours théoriques le matin et de la danse l'après-midi. Le programme était celui de n'importe quelle école : chimie, mathématiques, géographie, etc. Cette partie de l'enseignement n'était pas négligée, afin de donner aux élèves une éducation générale. Chaque année, de l'école sortaient 65 diplômés (de 45 à 50 filles, et de 15 à 20 garçons); une douzaine seulement étaient pris par le Kirov, et peut-être une vingtaine par d'autres compagnies. Autant dire que beaucoup échouaient complètement.

A midi, les élèves prenaient un déjeuner comprenant généralement une soupe, des légumes, de la viande ou du poisson, et un gâteau léger. Même durant le rationnement, les élèves de la Vaganova avaient mangé de la viande, les danseurs ayant besoin de protéines pour leur développement. Durant la pause du déjeuner, les salles de répétition étaient occupées par les danseurs du Kirov. C'était, pour les étudiants, une merveilleuse occasion de voir de près Dudinskaya, Kolpakova, Sergeev ou quelqu'autre héros ou héroïne.

Le corps enseignant de la Vaganova était composé de plus de soixante professeurs, dont quarante enseignaient la danse classique. Parmi eux, dix-sept enseignaient des rôles précis et cinq étaient spécialisés dans le « pas de deux ». Enfin, il y avait sept professeurs d'histoire. Parmi eux, quatre avaient pour mission de développer les dons d'acteurs des élèves et un autre, pour l'équilibre, faisait faire une heure d'escrime par semaine aux élèves de dernière année.

Deux fois par semaine, dans l'après-midi durant deux heures, des cours consacrés à l'histoire du ballet et de la musique étaient prévu. Rudolf était particulièrement intéressé par ces cours. Il sera toujours reconnaissant à Marietta Frangopoulos, une Grecque qui enseignait l'histoire de la danse, pour le temps et l'énergie consacrés à montrer comment différents danseurs, différents musiciens avaient interprété un rôle, ou un morceau de musique d'une manière qui leur était propre. Rudolf retiendra d'elle cette leçon : l'Art n'est pas gravé dans la pierre, il n'est pas immuable ; l'artiste d'aujourd'hui a toutes sortes de possibilités et d'occasions pour améliorer, et même remplacer ce qui a été fait avant lui.

La dernière partie de l'après-midi était quelquefois consacrée à l'étude des « rôles » hauts en couleur du ballet classique, tels que les rôles de « méchants ». Plus tard dans la journée, les étudiants pouvaient prendre des leçons de piano. L'école ne comptait pas moins de dix-huit professeurs de piano, dont la soeur de Shostakovich. Rudolf adorait le piano et transportait tout le temps des partitions avec lui.

A sept heures le dîner était servi, semblable au déjeuner, la soupe en moins. Parfois, les soirées étaient égayées par une invitation au théâtre, ou, mieux encore, par l'opportunité d'un rôle de figurant. Cette tradition, qui existait depuis l'époque impériale avait été gardée parce qu'elle donnait aux étudiants une expérience de la scène.

L'atmosphère générale de l'école s'était adoucie depuis l'époque de Karsavina, au début du siècle. « De mon temps, écrit-elle dans son livre de souvenirs *Rue du théâtre*, nous faisions du ballet le matin, du ballet l'après-midi. Le soir, quand nos pieds n'en pouvaient plus, nous choisissions de faire du ballet encore. Les fenêtres de la salle d'entraînement étaient trop hautes pour que l'on pût voir le monde extérieur, aussi était-ce tout ce que nous avions à faire, pratiquer le ballet.»

A la Vaganova, Rudolf acquit une réputation de solitaire et de non-conformiste. Il commença par sauter le petit déjeuner, ce qui lui permettait de rester trente minutes de plus au lit (le sommeil est toujours important pour un danseur). Mais surtout, il évitait ainsi de manger avec les autres, ce qu'il détestait. Cela ne passait pas inaperçu bien entendu, et donnait l'image d'un être compliqué.

Rudolf n'allait pas tarder à rencontrer l'opposition de Chelkov. L'homme était détesté par tous les élèves de la Vaganova. Connu sous le sobriquet de « tête au carré », en raison de la forme de sa mâchoire, il était strict et irritable. Directeur administratif de l'école, il avait tout réglé comme une pendule. Certaines de ses petites manies n'étaient guère populaires dans l'école. Ainsi, il insistait pour que les élèves arrêtent toute activité à son arrivée. Les garçons devaient s'incliner et les filles faire une révérence. C'était aussi un maniaque de la coupe de cheveux, et chaque fois qu'il allait faire couper les siens - il ne lui en restait plus beaucoup, mais ils avaient toute son attention -, il emmenait avec lui tous les garçons qui, à son avis, avaient les cheveux trop longs. Un jour, il appela une élève devant tout le monde et lui tendit une serviette de table en disant : « Otez-moi ce maquillage ». Ce n'était pas tant ce qu'il faisait que le ton utilisé qui était humiliant.

En plus d'être la personne la plus détestée de l'école, il avait la réputation peu enviable d'être mauvais professeur. Selon Stefanschi, Chelkov, conscient de ce défaut, le compensait en affectant toujours les meilleurs élèves à sa propre classe.

En tant que directeur de l'école, Chelkov avait naturellement entendu parler du verdict de Kostrovitskaya concernant Rudolf, à savoir qu'il serait ou bien un brillant danseur, ou bien un raté complet. Cela ne surprit par conséquent personne qu'il prît Rudolf dans sa classe. La ruse était très claire : d'après le jugement de Kostrovitskaya, si Rudolf échouait, lui seul serait à blâmer, pour n'avoir pas eu le talent suffisant dès le départ. Cependant, s'il réussissait, une grande partie du mérite en reviendrait à son professeur.

« Chelkov se montra injuste avec moi dès le début, écrira plus tard Rudolf. Il semblait prendre plaisir à m'humilier chaque fois qu'il le pouvait. Il y avait certains garçons qu'il encourageait, pour qui il avait des gestes d'affection, ou à qui il demandait de ne pas s'épuiser. Moi, en revanche, il me traitait toujours comme l'enfant trouvé, arriéré de l'orphelinat du coin : « provincial bon à rien », m'appelait-il. « N'oubliez pas, disait-il, que vous êtes ici grâce à notre bonté de coeur et à la charité de cette école...» Au bout d'un certain temps, je ne me sentis plus la moindre obligation envers lui. Je me plaçais toujours si loin au fond de la classe, que mon collant commençait à s'user derrière à force de frotter contre le mur du fond pendant les exercices.» Plus tard, il racontera à des amis que Chelkov l'appelait « l'idiot du village.»

Les relations entre Chelkov et Rudolf allèrent en empirant. Mais, pour être juste avec le vieil homme, la rébellion de l'étudiant face à l'autorité professorale n'avait pas que des raisons d'ordre relationnel. En premier lieu, à 17 ans, Rudolf devait faire des progrès rapides s'il voulait obtenir le titre de danseur professionnel dans une compagnie à la réputation établie avant l'âge de 19 ans. C'est, en effet, à cet âge fatidique qu'il deviendrait admissible au service militaire et, avec la guerre froide, il lui serait difficile d'y échapper à moins d'une réussite totale. (Albert Arslanov n'y échappera pas, et fera son service militaire en 1956.)

Il y avait encore d'autres motifs à la frustration de Rudolf. La plupart des garçons de son âge étaient à l'école depuis des années, et se connaissaient tous. Ils ne vivaient plus à l'école, mais avaient leur propre appartement à Leningrad, ou bien partageaient des dortoirs plus petits, à six lits, au rez-de-chaussée. Les garçons du même dortoir de Rudolf, plus jeunes que lui, bien plus jeunes pour certains, étaient prêts à accepter des restrictions dans leur style de vie, que lui trouvait au contraire, agaçantes et absurdes. Ainsi, ils n'étaient pas autorisés à sortir le soir ; c'était, pour quelqu'un de l'âge de Rudolf, une restriction mesquine et inacceptable

Le problème se posa un soir à propos d'une production de *Tarass Boulba*. Ce soir-là, Rudolf s'échappa tout simplement de l'école et se rendit au Kirov, pour voir le ballet : « Je n'avais pas fait tout ce chemin depuis Oufa pour rester enfermé à l'école tous les soirs, quand il était si manifestement important pour mon éducation de voir des ballets » racontera-t-il.

A son retour, Rudolf découvrit que son lit avait été déménagé du dortoir et que ses tickets de repas, qu'il avait laissés sur sa chaise à côté de son lit, avaient disparus. Aucun des autres étudiants du dortoir ne lui adressa la parole - ils surveillèrent simplement en silence chacun de ses mouvements. Mais Rudolf n'allait pas leur donner la satisfaction de demander ce qui était arrivé, encore moins de s'excuser devant quiconque pour un acte qu'il jugeait parfaitement raisonnable. Aussi, ce soir-là, dormit-il à même le sol, pas dans le dortoir lui-même, mais dans un coin tranquille à l'écart. Le lendemain matin, il renonça à son petit déjeuner et alla directement en classe comme si rien n'était arrivé.

C'était une prestation pleine de bravoure, mais - pour cette fois du moins, cela finit mal. Le premier cours ce jour-là était le cours de littérature, et, après quelques minutes, le professeur demanda à Rudolf de se lever et de répondre à une question devant toute la classe. Il se leva, mais retomba aussitôt, évanoui. Lorsqu'il reprit connaissance, la colère s'empara de lui : il était convaincu de s'être évanoui à cause du traitement qu'on lui avait fait subir (cela, bien qu'il eût choisi lui-même de sauter le petit déjeuner, pour lequel il n'était pas demandé de ticket de repas). Se remettant maladroitement debout, tandis que les autres étudiants se rassemblaient autour de lui en attendant l'arrivée du docteur, Rudolf se tourna vers le professeur et cria qu'il avait été puni la veille au soir en ne trouvant pas son lit dans le dortoir, tout cela parce que, étudiant dans une école de ballet, il avait choisi d'aller en voir un en représentation! Ne laissant pas à son professeur le temps d'intervenir, il ajouta que la prochaine fois (et il y aurait manifestement une prochaine fois), il s'attendrait à être puni comme si la Russie était encore gouvernée par l'empereur Alexandre. C'était particulièrement provocateur, car cela insinua que la Vaganova était désespérément rétrograde. Il demanda ensuite au professeur de l'excuser, disant qu'il avait l'intention d'aller chez des amis à Leningrad qui lui donneraient quelque chose à manger et un lit chaud où dormir. Et, pour la seconde fois de la journée, il quitta l'école sans permission.

Ce dernier accès de colère fit que bientôt l'école toute entière parlait du « tempérament tartare » de Rudolf, aussi ce dernier fut-il rapidement convoqué par le principal.

Chelkov n'eut même pas la courtoisie de lui offrir un siège. Le garçon à peine entré dans son bureau, « tête au carré » se mit à crier, lui ordonnant de donner les noms et les adresses de tous ses amis à Leningrad. Cette demande pouvait paraître exagérée, Rudolf n'en était pas moins un mineur devant la loi soviétique, donc légalement sous la responsabilité de Chelkov. Si Rudolf comptait faire l'école buissonnière, Chelkov devait avoir quelque idée de l'endroit où il pouvait se trouver.

Rudolf refusa pourtant de lui donner le moindre nom. Le principal insista, et lui lança un regard furieux. Il est difficile de dire si Rudolf avait réellement des amis à Leningrad, mais il trouva un compromis en donnant le nom de la fille d'Udeltsova, la psychiatre chez qui il était allé la veille de la rentrée à la Vaganova. Mais Chelkov n'était pas idiot. Il se pencha soudain en avant sur son bureau et se saisit d'un geste vif du petit carnet d'adresses que Rudolf tenait à la main. Le garçon fut choqué, personne n'avait jamais fait intrusion dans sa vie privée de cette façon. Mais il n'était ni assez fort ni assez vieux pour faire quoi que ce soit.

L'incident laissa des traces. Il fut à l'origine de la volonté de Rudolf de quitter le cours de Chelkov. D'ordinaire, un élève ne voit pas souvent le directeur de son école. Mais, quand ce directeur est également professeur, et que l'élève le voit chaque jour, le problème est tout différent. Une semaine après l'incident du carnet d'adresses, Noureev demanda à parler à Chelkov de nouveau. Sachant ce qu'il avait à dire, le jeune homme était très calme, en dépit de l'incident passé. Pour une fois, revanche et intérêt personnel coïncidaient.

Cette fois, Chelkov lui indiqua une chaise, sans dire un mot. Il se contenta de rester assis et de le regarder. Rudolf détestait l'homme, mais il eut le bon sens de n'en rien montrer cette fois. Froidement, il l'informa qu'il trouvait que c'était une perte de temps, pour ne pas dire un gâchis, d'avoir à étudier au sixième cours, alors qu'il avait été officiellement admis au huitième. Il dit que ce n'était pas simplement à cause du fait que les plus jeunes de sa classe étaient inférieurs à lui - il admettait que sa technique avait besoin d'être améliorée. Mais, poursuit-il, il apprenait plus vite que n'importe qui d'autre et c'est cela qui importait. S'il restait au sixième cours, il risquait de se retrouver à l'armée avant d'avoir obtenu son diplôme. En revanche, s'il entrait maintenant au huitième cours, il avait une chance d'obtenir son diplôme de fin d'études et de tenter ce qui lui tenait le plus à cœur, faire partie de la grande compagnie du Kirov.

« Chelkov me regarda avec un étonnement muet », dira plus tard Noureev. Il y eut un long silence. Finalement, le directeur dit d'une voix étranglée :

« J'ai assez perdu de temps avec vous. Maintenant, vous pourrez faire ce que vous voudrez. Je vais vous envoyer chez un professeur du huitième cours - quelqu'un qui ne prendra même pas la peine de jeter un coup d'œil dans votre direction ».

L'homme que Chelkov choisit pout être le professeur de Rudolf s'appelait Alexandre Pouchkine. Plus tard, Rudolf découvrira qu'en le présentant à ce nouveau professeur, Chelkov avait dit : « Je vous envoie un petit idiot obstiné - un gredin attardé qui ne connaît rien au ballet. Il n'a qu'une faible élévation et n'arrive même pas à maintenir correctement une position ». Il ajouta que si Rudolf ne faisait pas de progrès avec Pouchkine, l'école n'aurait pas d'autre choix que de le « mettre à la porte ».

• • • • •

La confidente des jours heureux

**La confidente des jours heureux
Sa douce colombe, sa jeune sœur,
sa chère compagne, l'amie de cœur**

Il y avait quelque chose de manifestement absurde dans la présentation de Chelkov. L'élévation de Rudolf était loin d'être faible. Mais, du moins au début, les mots du directeur semblèrent faire leur effet : durant quelques semaines, Pouchkine ne prêta guère attention à Noureev. Marina Ilicheva, qui faisait partie du groupe des filles suivant l'enseignement de Pouchkine, se souvient de l'arrivée de Rudolf. « Je me souviens du jour où l'on nous a dit qu'un Tartare allait arriver, et que c'était un garçon plein de talent. Je m'attendais à voir arriver quelqu'un avec la peau sombre, vous savez, comme sont les Tartares. Tout le monde parlait de ce garçon bourré de talent. Quand on me le désigna, je dis aussitôt que je trouvais qu'il ne ressemblait pas beaucoup à un Tartare ». Très vite, Ilicheva se sentit mal à l'aise avec Rudolf, « parce qu'il pouvait être discourtois et même cinglant avec les gens. (...) Nous étions tous choqués par son manque d'entraînement. Il n'arrivait même pas à faire les choses les plus élémentaires ».

Il y avait huit autres étudiants au huitième cours, tous très doués, en particulier un autre Tartare qui ressemblait de façon troublante à Rudolf, qui se tenait au fond de la classe et essayait d'imiter ce que faisaient les autres.

Mais Pouchkine était très différent de Chelkov. et avait lui-même étudié avec Nikolaï Legat, l'homme qui avait pris la relève de Petipa au Maryinski en 1904. Il avait également étudié avec Pavlova, et avait été le premier danseur du Kirov durant vingt-huit ans, de 1925 à 1953, conservant un saut parfait jusqu'à la fin, au dire de quelqu'un qui le vit danser, « son ventre sortait comme celui d'un vieil homme ». Il enseignait également la danse depuis 1932.

Son secret tenait en deux choses très simples. Il laissait les danseurs trouver leur propre manière, en mettant en évidence leurs points forts. Cela maintenait la confiance en soi. Et il insistait pour que les danseurs soient à l'écoute de leurs muscles. Les muscles ont une « mémoire »; aussi, si le danseur connaît la « sensation » de ses muscles en position correcte, tout ce qu'il - ou elle - aura à faire sera de retrouver cette « sensation » pour que la position correcte soit de nouveau adoptée.

En plus de tout cela, et à la différence de Chelkov là encore, Pouchkine était quelqu'un de très gentil - un de ses étudiants écrivit même une dissertation sur ses manières amicales. Il vivait dans un petit appartement à l'intérieur de l'école avec sa femme Iosifovna Iurgenson, une ancienne ballerine qui était plus jeune que lui et venait d'une famille distinguée d'éditeurs de Leningrad. L'appartement était animé, décoré dans les tons rouge, avec de vieux meubles en bois d'acajou, des miroirs et des divans du XVIIIe siècle. En fait, cet appartement était devenu une sorte de pièce commune non officielle, plus chaleureuse que celles de l'école, pour les étudiants les plus âgés, et où l'on consommait du thé en quantité gargantuesque tout en discutant interminablement de ballet. Marina Ilicheva se souvient que « Rudolf était hostile aux réprimandes de ses professeurs. Il ne voulait écouter personne.» Ce n'était pas quelque chose de facile à accepter pour les autres. Rudolf avait toujours eu une compréhension instinctive du théâtre, de l'effet qu'une prestation devait produire. Il devait améliorer sa technique, certes, mais il devait surtout imposer sa classe, à Pouchkine, à l'école et à tous ceux qui le regardaient. Il était persuadé d'avoir un énorme talent, mais il savait aussi qu'il avait très peu de temps pour emporter l'adhésion des autres. Aussi, très vite, il agrémenta sa danse par un petit côté « parade », mais cela, ajouté au côté « brut » de son exécution, lui valut d'être harcelé par ses camarades. Il leur arriva d'être tellement agaçés par son attitude qu'un jour ils l'attrapèrent, lui firent traverser la salle de répétition et le plantèrent devant le grand miroir mural : « Regarde-toi, Noureev, lui dit l'un d'eux. Jamais tu ne seras capable de danser - c'est impossible. Tu n'es tout bonnement pas fait pour ça. Tu n'as rien pour toi - pas d'instruction et aucune technique. Comment as-tu le cran de rester au huitième cours avec nous?»

Cependant, Noël 1955 arriva, et Rudolf était toujours là. Pouchkine ne lui accordait pas plus d'attention qu'aux autres, mais il ne le renvoya pas non plus, comme Chelkov s'y attendait (et sans doute comme il l'avait espéré). La technique de Rudolf s'était légèrement améliorée, mais ce qui impressionna Pouchkine, et tout le monde en fait, fut la capacité d'apprendre de Rudolf. Quand il avait insisté auprès de Chelkov pour qu'on lui donne la chance d'apprendre plus vite que les autres garçons du sixième cours, il ne s'était pas trompé. Il avait tout simplement la capacité stupéfiante d'assimiler tout ce qu'il voyait. Il pouvait se rappeler un pas après ne l'avoir vu exécuter qu'une fois.

Mais il y avait plus. Marguerite Alfimova venait parfois l'observer. « Il savait comment étudier, c'est ce qui le distinguait des autres. Il ne faisait pas que s'entraîner durant les cours. Il se pénétrait de l'atmosphère, de la culture et de la musique. Il déclinait toutes les variations de la danse, y compris les parties féminines. Il s'entraînait régulièrement avant et après les leçons, quand, de notre côté, nous nous reposions.»

Lentement, il commença à rattraper les autres, du moins c'est ce qu'il sembla. Mais surtout, un changement vital s'opéra dans sa relation avec Pouchkine alors que la fin de la première année approchait. Il était maintenant autorisé à sortir le soir, comme il le souhaitait. Ce n'était pas comme s'il battait inutilement le pavé, ou comme s'il allait boire ou sortir en boîte de nuit, bien peu nombreuses au demeurant à Leningrad. Chaque soir, il allait au Maryinski, voir un ballet ou un opéra, ou au Philarmonique, la salle de concert située en face du Musée Russe, ou encore dans un autre théâtre de Leningrad. Alfimova sortait quelquefois avec lui. « Rien ne lui échappait jamais », témoigne-t-elle.

Mais, en cours, une déception s'annonçait pour Rudolf alors que l'année touchait à sa fin en mai. Au huitième cours, chaque élève devait préparer une variation sur un solo bien connu. L'examen aurait lieu sur la scène principale du Kirov. Rudolf avait attendu ce moment avec impatience, et fut d'autant plus déçu d'apprendre qu'il n'y participerait pas. Pouchkine pensait qu'il n'était pas encore prêt.

Il n'était cependant pas dans le caractère de Rudolf d'accepter cette décision sans essayer de la faire changer. Secrètement, il se mit à travailler sur une variation bien à lui - sans l'aide de personne, Pouchkine y compris - qu'il avait l'intention de présenter sur la scène du Kirov. Sa mémoire phénoménale de l'exécution des pas lui permit de savoir ce qu'il allait danser, pourvu qu'il pût rendre la chose techniquement bonne.

Il choisit une variation sur le pas de deux du rôle masculin de *Diane et Actéon* adapté d'*Esmeralda.* Durant des jours, il travailla dans la salle de répétition lorsqu'elle était vide, tôt le matin ou tard le soir, pratiquant sans cesse, inspectant d'un œil critique les pas qu'il faisait devant le miroir, jusqu'à ce qu'il juge qu'il était prêt. Une après-midi, après les cours, il prit une profonde inspiration et s'approcha de Pouchkine. Il supplia son professeur de l'autoriser à lui montrer sa variation.Pouchkine, leva les yeux vers le jeune homme de 18 ans. « Vous allez manquer le dîner, dit-il. Rudolf haussa les épaules.» Ainsi, seuls tous les deux dans la grande salle, Rudolf dansa devant son professeur. Et, tandis qu'il dansait, le soleil étirait les ombres de la pièce. Les « nuits blanches » de Leningrad, la période où le soleil ne se couche jamais, n'était pas loin. Adaptée du Notre-Dame de Paris de Victor Hugo, *Esmeralda*, produit pour la première fois au début du XIX^{e}siècle, est l'histoire d'une jeune bohémienne prise dans un triangle amoureux composé d'un ami du roi et d'un capitaine de la garde royale. Le solo d'Actéon contenait quelques sauts prodigieux qui, - si Rudolf les réussissait - impressionneraient son professeur. Dans le cas contraire, cela confirmerait que ce dernier avait eu raison de ne pas présenter Rudolf à l'examen.

Le solo dura à peine plus de deux minutes. Il n'y avait pas même un piano pour accompagner Rudolf, de sorte que les seuls bruits que l'on entendait étaient ceux de sa respiration et de ses pas sur le sol après l'un des nombreux sauts créés par Vakhtung Chaboukiani en 1935 pour le rôle d'Actéon.

Quand il eut fini, Rudolf resta à l'endroit où il s'était arrêté, le souffle court. C'était la même salle de répétition que celle où il avait dansé pour Kostrovitskaya. Pouchkine s'avança jusqu'à la *barre**, s'empara de la serviette de son élève et la lui porta.

« Eh bien? fit Rudolf avec impatience en essuyant ses cheveux. Est-ce que je danserai?

Pouchkine lui donna une petite tape sur le bras et s'éloigna. Par-dessus son épaule, il lança :

« Oui, Noureev, oui. Vous danserez. Ainsi, l'une des ambitions de Rudolf allait se réaliser.

Il allait danser sur la scène du Kirov. Il avait fait du chemin depuis Oufa.Un autre fait influença peut-être la décision de Pouchkine. A ce moment-là, il avait l'ensemble des résultats d'examens de Rudolf pour l'année. Quoiqu'il eût utilisé presque chaque moment pour développer sa technique de danse, ses résultats scolaires étaient impressionnants. L'école notait ses élèves selon le barème national, de "1" (insatisfaisant) à "5" (excellent). Au cours de l'année, Rudolf avait obtenu au moins un "4" dans toutes les matières à l'exception curieusement du dessin, et, à l'examen final, il avait obtenu trois "5" et deux "4" sur six matières. Il avait brillé en littérature, géographie, physique, botanique, histoire et anglais. Tout cela sans effort.

Alors que le jour de l'examen de danse approchait, Rudolf apprit quelque chose qu'il n'avait pas prévu et qui le rendit d'autant plus tendu à quelques jours de l'événement. Par coïncidence, un autre élève du huitième cours, l'un de ceux qui l'avait traîné devant le miroir et avait ri de lui, avait choisi de présenter la même variation adaptée d'*Esmeralda*. L'examen prit alors des allures de compétition entre les deux garçons, entre un élève à la réputation bien assise d'un côté, et un outsider sans expérience mais ambitieux de l'autre.

Rudolf passa en second, et eut par conséquent l'avantage de voir son rival danser avant lui. Celui-ci fut bon, surtout sur le point technique, mais Rudolf, lui, avait pris la peine de se renseigner sur le ballet. Actéon était un personnage mythologique. Le ballet était la création de Jules Perrot, un danseur acrobate français né en 1810. Son visage était particulièrement laid, mais, selon Gautier, c'était un enchantement de le voir danser. Ses pieds et ses genoux étaient extrêmement frêles, et ses jambes avaient quelque chose de féminin. C'était le plus grand danseur de son temps, brillant mime et possédant une superbe élévation, d'autant plus surprenante que ses jambes n'étaient guère musclées. Rudolf avait l'intention de produire le même impact : « Actéon » n'était pas un homme, mais un Dieu; même s'il sautait haut - et il devait réellement y parvenir - il fallait qu'il atterrisse en donnant l'impression de n'avoir aucun poids. Rudolf avait, les jours précédant l'examen, travaillé à rendre ses sauts plus spectaculaires encore que Pouchkine n'avait pu le voir, tout en s'efforçant de retomber plus souplement.

Les deux minutes passèrent très vite. Quand il eut fini, il se tint, haletant, sur la scène, au milieu d'un parfait silence. Personne n'applaudit, ni ne fit de remarques flatteuses. Il régnait juste un silence de mort. Personne ne rit non plus, ni ne dit quoi que ce fût de désobligeant, et c'était tout ce qui importait. « Dans cette école, la plus exigeante de toutes, je savais que le silence traduisait l'approbation.» Il lui avait fallu toute une année pour y parvenir, mais il sentait enfin qu'il appartenait à la Vaganova.

Rudolf rentra chez lui au cours des vacances de l'été 1956, puis se rendit en Crimée où il fit une cure de boue pour ses jambes. Quand il revint à Leningrad pour la nouvelle année, il découvrit qu'on lui avait attribué un dortoir plus petit, à six lits, au rez-de-chaussée de l'école. Parmi ses camarades de chambrée se trouvaient Sergio Stefanschi et un danseur finnois du nom de Leo Ahonen. Ils se rendirent compte que Rudolf était toujours aussi frustre dans ses manières en général, mais ce trimestre-là, il se rapprocha de son professeur, Pouchkine.

L'importance d'Alexandre Pouchkine dans la vie de Rudolf est difficile à estimer. Leurs rapports étaient bons, au-delà du simple enseignement. Pouchkine était réellement le premier homme important dans la vie de Rudolf qui ne lui fût pas hostile. Jusqu'alors, les personnes les plus encourageantes à son égard, que ce fût dans sa vie ou dans sa carrière, avaient été des femmes : Farida, Rezida, Rosa, Asabakova, Uldetsova, Vaitovich, Irina Alexandrovna, Kostrovitskaya. Certains verront un lien entre cette prépondérance de l'influence féminine et les orientations sexuelles ultérieures de Rudolf; d'autres trouveront cette explication trop facile. Quoi qu'il en soit, il semble que Rudolf avait besoin du type de relation que pouvait lui offrir Pouchkine.

Un des aspects cruciaux de la technique de Pouchkine était d'encourager ses danseurs à être eux-mêmes. Dans le cas de Rudolf, cela signifiait accepter son appétit, énorme et instinctif, des grands rôles. S'il était inexpérimenté sur le plan formel, il avait néanmoins fréquenté assidûment les théâtres. A la différence de beaucoup de ses camarades du même âge, il avait vu interpréter de nombreux grands rôles, pas seulement au ballet, mais aussi à l'opéra et au théâtre dramatique. Cela n'avait fait que stimuler son désir d'essayer ses propres interprétations. Il supplia Pouchkine de lui enseigner *Le Lac des cygnes, Giselle, Le Corsaire.* Rudolf voulait comprendre tous les aspects d'un ballet, pas seulement son propre rôle. Pouchkine était touché par son enthousiasme.

Enfant, puis adolescent, Rudolf n'avait aucun intérêt en-dehors de l'art, sinon, plus tard, pour le sexe. Il ne s'intéressait pas non plus à la politique. En 1956, Staline était mort depuis trois ans, après trente et un ans à la tête du système soviétique. Sous Khrouchtchev, les vie des Russes était un peu plus facile, mais on était encore en pleine guerre froide ; le Parti communiste tenait toujours les rênes du pouvoir, et être apolitique n'était pas si facile que cela, car cela signifiait ne pas faire partie d'un groupe, et donc être anti-groupe.

Rudolf fut confronté au problème pour la question de son adhésion - ou plutôt de sa non-adhésion - au Komsomol. Il avait rejoint les Pionniers parce qu'il y avait été obligé, mais ce n'était plus le cas avec le Komsomol (accueillant les jeunes de quinze à vingt-sept ans) qui était une organisation communiste bien plus sérieuse que les Pionniers, et qui entretenait, à la fin des années 50, des liens étroits avec le KGB.

A la Vaganova, les meetings organisés par le Komsomol étaient obligatoires pour les membres du Parti, et l'on encourageait les autres à y assister. Au cours de ces meetings, les questions politiques étaient envisagées dans leurs moindres détails, afin de garder la politique présente dans l'esprit de chacun, d'indiquer la « bonne » façon de penser, et d'identifier les individus rebelles à cette manière de penser. En bref, c'était une forme de terreur politique, une forme de contrôle psychologique.

Rudolf, individualiste par tempérament, pensait que l'artiste devait être son propre maître. Il lui fallait épouser l'art et fuir la politique, c'était une question personnelle. En fait, Rudolf était contre tout ce qui comptait pour son père.

Lors de sa seconde année à la Vaganova, après son succès sur la scène du Maryinski, les forces et les faiblesses de Rudolf étaient encore plus marquées, et ne laissaient plus personne - élèves et professeurs -, indifférent. Il apprenait vite. Ses manières, en revanche, ne s'amélioraient pas. En classe, dès qu'il exécutait mal un pas, il jetait le premier objet qui lui tombait sous la main. La seule personne qu'il écoutait était Pouchkine. Le professeur et l'adolescent devenaient très proches, et Pouchkine n'appelait pas ce dernier « Rudik », comme les autres, mais de son propre diminutif, « Rudenka ». Si Rudolf faisait une erreur, ou bien s'il était trop agité parce qu'il ne réussissait pas un pas, Pouchkine s'adressait à lui calmement. « Maintenant, Rudenka, sur une jambe. Une pirouette maintenant. Et tu te laisses tomber... Eh bien, alors, pourquoi est-ce que tu t'embrouilles tellement? Essaie de le faire avec précision.» Le fait que Pouchkine ne s'énervait jamais, ne perdait jamais son sang froid, n'élevait jamais la voix suffisait à calmer Rudolf.

Gabriela Komleva, qui deviendra une star du Kirov et fera partie de la tournée à Paris avec Rudolf, se trouvait également à la Vaganova à la même époque. Elle remarqua elle aussi de réels paradoxes chez Rudolf la seconde année (le neuvième et dernier cours). « Il avait énormément de connaissances sur le plan culturel, mais il y avait tout un côté de lui qui était sans éducation. Il ne lisait jamais de journaux par exemple. Il jurait et avait des commentaires cinglants qui contrariaient les gens autour de lui. C'était un conflit permanent. Il étudiait mal, en ce sens qu'il n'écoutait personne. Il voulait simplement danser.» Komleva raconte également que Rudolf avait un problème avec le pas de deux. « Il trouvait le pas de deux difficile. A l'école, il ne s'en est jamais vraiment sorti et il tenait très mal les ballerines. En règle général, ça n'allait pas avec les femmes, parce qu'il ne leur prêtait pas assez d'attention. Comme j'étais meilleure que la moyenne, on me demandait souvent d'être sa partenaire, parce que c'était plus facile pour lui.» Rien ne pouvait changer le fait qu'il s'était mis tardivement à la danse. Cela le poursuivrait durant les années à venir.

Cependant, durant cette seconde année à la Vaganova, il commença à se faire quelques amis. A l'école, il y avait Stefanschi et Ahonen (aucun des deux n'était russe). Dans leur dortoir, une fenêtre donnait sur la rue Rossi. Elle était scellée en hiver, à l'exception d'un petit volet d'aération; c'est par là qu'ils s'échappaient tous les trois, à n'importe quelle heure, pour profiter des « nuits blanches ».

Plus importants étaient les amis qu'il se fit à travers la musique. Ce qu'il avait entendu à Oufa était principalement de la musique populaire ou de ballet - Tchaïkovski, bien sûr, ou parfois une symphonie de Beethoven, jouée à l'occasion de la mort d'un membre distingué du Parti. Toute la gamme de l'expression musicale, et le fait qu'elle pouvait être si joyeuse, fut une révélation pour lui.

Il découvrit bientôt à Leningrad une boutique merveilleuse, le genre de boutique qui n'existait pas à Oufa, « la Noti », située en face de la cathédrale de Kazan, à l'angle de la perspective Nevsky et du canal Griboedova. C'était une boutique de musique, avec, à l'intérieur, un parterre en marbre rouge, des chandeliers en cristal, et des rangées de commodes en bois d'acajou. L'usage des disques n'était pas encore répandu, et l'on y vendait, principalement, des partitions. L'attraction principale de la boutique, pour Rudolf, était le piano qui se trouvait en plein milieu. Les clients qui songeaient à acheter telle ou telle partition étaient autorisés à en jouer, pour voir si le morceau leur plaisait ou pour s'assurer qu'ils pourraient le jouer. Parfois Rudolf s'asseyait au piano, et jouait des choses très simples. Il eut vite fait la connaissance de la propriétaire des lieux, une femme d'environ 35 ans nommée Elizaveta Mikhaïlovna Pashe. Toutes les femmes qui comptèrent dans la jeunesse de Rudolf étaient des femmes beaucoup plus âgées que lui, et Elizaveta Mikhaïlovna ne faisait pas exception à la règle. Très vite, leur relation alla bien au-delà de la simple relation commerciale. Elle savait qu'il était élève de l'école de ballet, mais remarqua qu'il n'était pas comme les autres. Elle se mit à attendre impatiemment ses visites, à être déçue les jours où il ne venait pas. Quand il venait la voir, s'il n'y avait personne d'autre dans la boutique et qu'elle avait elle-même un peu de temps libre, elle se mettait au piano et jouait les airs préférés de Rudolf.

Au début de l'année 1957, Elizaveta Mikhaïlovna poussa leur relation un peu plus loin : elle invita Rudolf à dîner chez elle. Là, il rencontra son mari, un homme d'un grand calme, aussi passionné de poésie que Rudolf l'était de ballet. Il lisait à voix haute les poèmes et fit connaître au jeune danseur quelques-uns des plus grands écrivains d'Europe - Molière, Lamartine, Shakespeare, Gœthe.

Tandis que l'année se poursuivait, Rudolf prit l'habitude de venir dîner chaque week-end chez les Pashe. L'appartement était petit, mais très animé, et procurait un changement qui était le bienvenu après l'école. A travers sa boutique, Elizaveta Mikhaïlovna avait un cercle d'amis très large, artistes ou intellectuels pour la plupart, qu'elle présenta à Rudolf. Ce fut sa première expérience de salon. La politique était rarement le sujet de discussion principal de ces personnages du monde littéraire et musical. Aucun d'entre eux ne faisait partie du Komsomol ou du Parti; tous étaient libre-penseurs, pas nécessairement dissidents, mais non-conformistes. Collectivement, ils eurent une grande influence sur Rudolf.

Il dira plus tard, que, durant cette seconde année à la Vaganova, il avait été très seul. Pourtant, Stefanschi et Ahonen se considéraient assurément comme ses amis. Ses manières, toujours grossières et imprévisibles, ne furent peut-être pas étrangères à sa solitude ; les autres semblaient vouloir l'éviter autant qu'il les évitait.

Un jour qu'il achetait une glace sur la perspective Nevsky, il rencontra une amie d'autrefois, Inna Gyckova, qu'il avait connue à Oufa. Elle poursuivait des études d'ingénieur à Leningrad, et ils décidèrent d'aller ensemble au Philarmonique. Gyckova confirme que Rudolf avait l'air de n'avoir aucun ami, après plus d'un an à la Vaganova, avec qui aller au concert.

Gyckova - qui était jolie - fut semble-t-il la première à remarquer que Rudolf était homosexuel : « Il ne m'a jamais traité comme un homme doit traiter une femme. Il était totalement indifférent au sexe féminin. Un jour il m'a dit : "Comme c'est bien que nous ayons dépassé tout cela" (il voulait parler de l'attirance sexuelle).» Gyckova fut si contrariée par la remarque que, lorsque Rudolf l'emmena quelques temps plus tard à une soirée chez Elizaveta, elle demanda à un invité, Liuba Miasnikova, qui habitait Leningrad et était exceptionnellement séduisant (il allait devenir en outre un bon ami de Rudolf), si Rudolf était vraiment indifférent à elle. «Oh oui, répondit Liuba. Je ne lui ai jamais vu un intérêt de cette sorte.»

Pendant le temps que Gyckova passa à Leningrad, jamais elle ne vit Rudolf amoureux. « Il pouvait se montrer attentif, oui, mais pas plus. De sorte qu'un jour, j'ai rassemblé tout mon courage et lui ai demandé s'il était un homme.» Rudolf fut très contrarié par la question, et en fit le reproche à Gyckova. Il avait l'impression qu'elle n'aurait pas dû se mêler de sa vie privée d'une façon aussi directe. Mais, raconte Gyckova, ensuite « Il m'avoua qu'il n'était pas un homme au sens où je l'entendais."

A la fin du printemps 1957, Rudolf termina sa seconde année à la Vaganova. Les meilleurs élèves, selon leur mérite, feraient partie du corps de ballet du Kirov ou d'autres compagnies à travers le pays. Durant cette dernière année, les élèves montèrent une série de ballets et organisèrent des *matinées** sur la scène du Kirov. Les amateurs de ballets de Leningrad venaient à ces matinées découvrir les nouveaux talents.

Il n'est fait mention nulle part de la participation de Rudolf à l'une de ces productions de l'année scolaire 1956-1957, ce qui signifie certainement que Pouchkine avait décidé très tôt que, bien qu'il fût en dernière année, Rudolf n'était pas prêt à passer le diplôme de fin d'études. Le dernier trimestre, il apprit qu'il redoublerait sa dernière année. Il n'en fut pas affligé : il savait qu'il avait besoin d'une année d'entraînement supplémentaire, et il était persuadé qu'avec l'aide de Pouchkine, il continuerait d'apprendre très vite.

Durant les dernières semaines de l'année scolaire, il rentra à Oufa pour les vacances. Sa mère, à 52 ans, était devenue une sorte de célébrité locale quelque peu excentrique. Elle travaillait toujours à la laiterie, où elle avait maintenant la responsabilité de la section yaourt : ses yaourts étaient si bons qu'ils avaient attiré l'attention de la presse nationale, qui avait publié sa photographie, sur laquelle elle apparaissait debout à côté d'une montagne de pots de yaourt. Elle prenait son travail si au sérieux qu'elle réveillait parfois Rezida ou un autre de ses enfants au milieu de la nuit, en disant qu'il fallait qu'elle aille à l'usine déplacer dans un endroit frais sa dernière préparation de yaourt, afin qu'elle se conserve plus longtemps. Les enfants devaient alors l'accompagner, à leur grand embarras. Hamet, lui, était chef de la sécurité dans cette même usine. Il était aussi à la tête de la cellule locale du Parti Communiste, ce qui n'était pas pour rapprocher le père et le fils.

Cet été-là, en Crimée - c'était devenu une habitude, une fois l'an - Rudolf fit sa cure de bains de boue pour ses jambes, puis revint à Leningrad démarrer le premier trimestre de la nouvelle année.

Il choisit cette période pour faire une démarche très inhabituelle : il alla trouver Chelkov pour discuter de sexe. Il semblerait que le directeur et lui avaient résolu et surmonté leur différend. Il était clair, pour tous ceux qui connaissaient bien le jeune Tartare, qu'il était homosexuel ; c'est pourquoi, si Chelkov avait voulu encore se débarrasser de Rudolf, rien n'aurait été plus facile. Dans les années 50, les Russes considéraient encore l'homosexualité comme une perversion diabolique, aussi aurait-il suffi que la nouvelle se répande que l'un des élèves avait cette « tendance » pour qu'un scandale éclate.

Deux incidents peuvent expliquer cette démarche de Rudolf. Le premier est l'attaque que lui avait faite Gyckova, qui l'avait obligé à s'interroger sur sa sexualité. Le second avait eu lieu en plein jour, dans un petit parc, le square Ekaterina, lieu de rendez-vous des homosexuels près de la Vaganova, non loin du théâtre Pouchkine. Un dimanche, alors qu'il rentrait vers l'école, Rudolf s'était fait abordé par un homme qui, sans le moindre avertissement, lui mit la main à l'entre-jambes. C'était en 1957, Rudolf avait 19 ans. C'était alors un âge bien plus innocent qu'il ne l'est aujourd'hui. Aussi, peut-être Rudolf voulait-il demander conseil à Chelkov. Peut-être avait-il été effrayé également en entendant un jour un groupe de danseurs de l'école parler d'aller au parc, tous ensemble, pour attaquer les homosexuels qui s'y rassemblaient. « La chasse aux pédés » existait déjà à Leningrad dans les années 50. Stefanschi affirme qu'il ne vit jamais Rudolf faire des avances à quelqu'un pendant qu'il était à l'école, alors que certains garçons - comme Alexandre Minz - ne se gênaient pas pour le faire.

Rudolf confiera plus tard à des amis proches, aux Etats-Unis, qu'à son arrivée à l'Ouest, il était « effectivement » vierge (nous verrons plus loin ce qu'il voulait dire par là.) En 1957, il est clair que son expérience sexuelle se limitait à la masturbation. Chelkov a pu lui servir de soutien moral, jouer d'une certaine manière un rôle de père en abordant avec lui certains problèmes spécifiques. La Vaganova, après tout, était une manière de grande famille.

Au cours des derniers mois de 1957, avec l'aide de Pouchkine, Rudolf travailla dur pour parfaire sa technique sans sacrifier son intensité émotionnelle, ni son intelligence créative. Après Noël, les choses prirent un tour plus passionnant. Entre janvier et mai, la classe de dernière année ne monta pas moins de neuf ballets en *matinées**, sur la scène du Kirov. Cette fois, décida Pouchkine, Rudolf était prêt. Les répétitions commencèrent après Noël et la première représentation eut lieu le vendredi 15 février. Rudolf dansa en duo *Lac des cygnes* avec H. Usaeva, une camarade d'études.

C'est après la dernière représentation, en avril, qu'il eut droit à sa première critique, dans *La Vie du théâtre*, un journal local. On le qualifiait de « danseur aux qualités naturelles éblouissantes ».

Rudolf - Rudik - avait commencé à se métamorphoser en Noureev. La louange allait bien au-delà de *La Vie du théâtre*. Durant ces neuf matinées à Leningrad, le bruit couru, chez les amoureux de la danse, qu'un artiste d'un talent exceptionnellement prometteur était sur scène. Le public était plus nombreux à chaque représentation, et l'enthousiasme grandissait au point que Noureev fut bientôt attendu dans les coulisses par des jeunes filles portant des fleurs. C'était plus qu'inhabituel pour un simple étudiant. Un journaliste français, de passage à Leningrad, câbla à son journal qu'il pensait avoir vu le plus grand danseur du monde. La réponse suivante arriva en retour : « Dominez vos émotions.»

Les matinées furent suivies par une pause durant laquelle les étudiants de dernière année passèrent leur examen final. Rudolf choisit trois morceaux pour cet examen qui eut lieu, comme les matinées, sur la scène du Maryinski. Il choisit le *Diane et Actéon* qu'il avait dansé pour impressionner Pouchkine, le pas de deux du *Corsaire* et un solo de Gayane de Nina Anisimova. De nouveau, Rudolf se mit en vedette, bien que ce ne fût pas facile, Yuri Soloviev passant l'examen la même année. Ce qui impressionna le public, ce n'était pas simplement sa présence scénique (son « magnétisme animal », dira quelqu'un), mais le fait que, ainsi que l'écrivit un critique russe : « Il n'avait rien d'un étudiant passant un examen. Le public avait devant lui un artiste mature avec son propre style, sa propre approche de la danse et même sa technique personnelle, étonnamment singulière sur la scène du Kirov. Il serait juste de dire que, s'il y a jamais eu un danseur *noble** totalement étranger à toute la génération d'« académiciens » du Kirov, de Konstantin Sergeev à Boris Bregvadze et Vladinen Semyonov, c'est bien le jeune Noureev. Un oiseau rare en vérité, pas seulement parce qu'il n'est pas un danseur « impeccable », mais parce que le spectateur est à ce point fasciné par l'ampleur de ses mouvements, sa confiance en lui et sa grâce féline, que même l'œil le plus vigilant doit renoncer à saisir les imperfections techniques. En fait, celles-ci n'ont aucune importance, étant donné l'émotion qui naît de sa seule présence.»

Au beau milieu de cette période d'exaltation, Rudolf fut convoqué dans le bureau de Chelkov, qui lui expliqua qu'après son diplôme, il devrait retourner à Oufa, pour danser avec la compagnie de ballet locale. C'était une façon de rembourser sa dette envers la République de Bachkirie, qui avait aidé à financer ses études. Il y avait quelque logique dans tout cela, mais Rudolf n'était pas prêt à la reconnaître. Alfimova se tenait dans le couloir, devant le bureau du directeur, lorsque cette entrevue eut lieu; elle entendit que l'on élevait la voix; puis, la porte s'ouvrit et Rudolf sortit. Il était si furieux qu'il jeta son sac à travers le couloir en criant : « Non! Je ne retournerai pas en Bachkirie!» Et il partit en fulminant.

Mais l'année n'était pas finie, et il décida de livrer un seul combat à la fois. L'étape suivante vers le diplôme consistait à faire la démonstration que l'on pouvait danser avec un ou une partenaire. On ne bâtissait pas une carrière sur le solo uniquement. Aussi, en juin, Rudolf dansa-t-il deux fois le duo du *Corsaire* avec Alla Sizova. Elle avait elle-même un tempérament fougueux et un style qui lui était propre, mais Rudolf, par entente tacite, la poussa à se surpasser. Alfimova, qui les vit danser durant cette dernière année, confirme qu'ils dansaient merveilleusement ensemble. Mais, elle ajoute également : « Il n'y avait aucun contact entre eux en-dehors de la danse. Je me souviens même qu'Alla trouvait qu'il était difficile d'être avec lui, mais elle ne disait pas pourquoi.»

Etant donné les succès qu'il remportait, il n'est pas étonnant que Rudolf ait été choisi pour représenter la Vaganova au concours national qui réunissait à Moscou toutes les écoles de ballet d'Union soviétique. C'était sa première occasion de se distinguer à l'échelon national et il en était très excité. Plus tard, il qualifiera sa prestation de « sauvage et violente », mais techniquement superbe. Son pas de deux tiré du ballet *Le Corsaire* fut si éblouissant que l'assistance demanda à le revoir. C'était la première fois de sa carrière qu'il avait un « encore!*». Comme l'écrivit par la suite *La Vie du théâtre*, qu'il remportât le premier prix ne fut pas une surprise.

Cette reconnaissance changea bien des choses. « Pour la première fois depuis mon entrée à l'Ecole de Ballet de Leningrad, je sentis la conspiration du silence qui m'entourait se briser; enseignants et étudiants vinrent me trouver après ma prestation pour me présenter leurs félicitations.» Le succès de Rudolf fut tel ce jour-là qu'il fut choisi pour apparaître dans un film spécial destiné à commémorer l'événement. Il choisit de nouveau le pas de deux du *Corsaire*, et utilisa le même costume : collant noir, torse nu et bandana rouge et jaune sur une épaule.

En plus des félicitations de ses collègues, Rudolf reçut, les jours qui suivirent le concours, celles du Bolchoï et de la compagnie Stanislavsky, en même temps qu'il se vit offrir par chacune des compagnies une place de soliste aussitôt que sa dernière année à l'école de Leningrad serait finie. C'était un grand honneur, car cela voulait dire sauter la période traditionnelle dans le corps de ballet, qui constituait normalement l'étape suivante pour le lauréat. Bien que flatté par son offre, Rudolf ne se sentait aucune attirance pour la compagnie Stanislavski, qu'il jugeait trop provinciale; pour le Bolchoï, la question se posait différemment. Il existait une grande rivalité entre cette compagnie et le Kirov, rivalité qui était un peu le miroir de celle qui existait entre Moscou et Leningrad. Les Moscovites étaient perçus à l'époque comme des gens avides, démodés, frustres mais vigoureux, comme des isolationnistes craignant et détestant à la fois l'Europe. Leningrad symbolisait au contraire tout ce qui était nouveau, progressif, élégant - et dangereux. Le Bolchoï était une compagnie prospère, et elle venait de remporter un fantastique succès en Europe lors de la tournée de 1956 organisée par l'imprésario Sol Hurok. L'offre de cette compagnie était vraiment tentante.

Pour ce qui était du Kirov, la situation était plus complexe. Naturellement, étant donné les succès qu'il venait de remporter, son talent ne faisait plus aucun doute, mais les autorités du ballet de Leningrad connaissaient également ses défauts. En attendant, sa confiance en lui frôlait l'arrogance. « Il était conscient d'être unique, dira Alfimova, et ne faisait rien pour tempérer ce sentiment. Peut-être la faute en revenait-elle à son éducation. Les gens éduqués savent se contrôler. Mais lui, qui était toute émotion, ne se souciait pas de cela.»

Il n'avait reçu aucune nouvelle du Kirov au moment où il repartit pour Leningrad, ni lorsque, une semaine plus tard, il dansa pour la dernière épreuve de l'examen de fin d'année. C'était le 29 juin 1958, et, de nouveau, il choisit le pas de deux de *Gayane* et le pas de deux du *Corsaire*. Et une fois de plus, sa partenaire était Alla Sizova.

Ce soir-là, les applaudissements furent aussi chaleureux qu'ils l'avaient été à Moscou. De plus, après la représentation, Natalia Dudinskaya, la plus grande ballerine de son temps en Russie, et la star du Kirov, se glissa dans les coulisses du théâtre et chercha la loge de Noureev. Dudinskaya avait 47 ans, et Rudolf tout juste 20. Pourtant, elle vint en personne porter son message au jeune danseur : elle voulait danser *Laurençia* avec lui. Une telle offre était pratiquement sans précédent et plutôt miraculeuse. Dudinskaya savait que Rudolf n'était pas quelqu'un de simple. Elle dira plus tard qu'elle avait compris qu'il était « compliqué », mais d'une certaine manière : « Il savait assurément ce qu'il valait. Il se sentait presque coupable de savoir cela.» Mais elle savait également ce que son offre valait. Ce serait la naissance du jeune danseur.

Rudolf fut flatté par l'offre de Dudinskaya - qui ne l'aurait pas été? Et puis, cela impliquait que cette dernière pensait que le Kirov n'allait pas tarder à lui faire une offre. Mais cette offre formelle tardait à arriver, et Rudolf songeait de plus en plus au Bolchoï. Le Bolchoï, après tout, avait Galina Ulanova, une danseuse du niveau de Dudinskaya, capable même de l'éclipser. Mais, ce n'était pas le seul facteur à considérer. « Il me semblait que le Bolchoï était trop restrictif, qu'il ne laissait pas les artistes s'exprimer à fond - à l'exception d'Ulanova... Pour les artistes de moindre niveau, la politique du Bolchoï s'avérait souvent désastreuse, transformant ces derniers en simples athlètes, en batteurs de records aux merveilleux muscles d'acier, mais sans cœur, ni amour profond et sensible pour l'Art qu'ils servent.» Rudolf s'inquiétait que le gouvernement communiste ne transforme le Bolchoï en attraction nationale, pour impressionner les étrangers et les touristes de marque. Il le savait sans que l'on ait besoin de le lui dire, le Bolchoï serait toujours l'objet d'une attention minutieuse de la part du gouvernement. Mais du moins la compagnie lui avait-elle fait une offre...

Quelques jours après sa rencontre avec Dudinskaya, celle-ci le trouva assis sur un canapé dans les couloirs du Kirov, considérant le dilemme qu'il devait affronter. Il évalua devant elle les forces et les faiblesses de la compagnie de Moscou. En réponse, elle lui dit qu'il pouvait arriver n'importe quoi à Moscou. Elle se leva et mit fin à leur petite conversation.

« Ne soyez pas stupide, murmura-t-elle. Ne choisissez pas le Bolchoï. Restez-ici et nous danserons ensemble.»

Elle paraissait avoir raison. Il retourna donc au Bolchoï son contrat non signé. Il obtint ensuite, sans difficulté, son diplôme au début du mois de juin, et l'école ferma pour les vacances d'été. Cette année-là, il préféra ne pas rentrer chez lui directement. La provinciale Oufa n'avait que peu d'attrait à ses yeux après les semaines éblouissantes qu'il venait de passer. Il décida de partir en Crimée. A peine arrivé là-bas, il reçut un télégramme du ministère de la Culture. Il lut son contenu avec effroi. On l'informait qu'il était attendu pour danser à l'opéra d'Oufa ! Cela le mit hors de lui. Chelkov l'avait prévenu. Et dire que quelques semaines plus tôt, il goûtait encore les plaisirs de Moscou et de Leningrad.

Dans le télégramme, il avait reconnut la main de ses rivaux de Leningrad. Il fut d'autant plus déterminé à se battre. Annulant ses vacances, il prit le premier avion pour Moscou et se rendit directement au ministère de la Culture. La femme qui le reçut là-bas se montra inflexible. Le ministre n'avait pas l'habitude voir ses décisions contestées, lui fit-elle remarquer. Noureev devait retourner à Oufa et payer sa dette.

Rudolf était encore plus furieux maintenant. Mais, il était également décidé à se battre jusqu'au bout pour ne pas rentrer à Oufa. Rentrer là-bas voulait dire affronter son père, qui verrait son retour à Oufa comme le signe qu'il avait échoué. La seule personne avec laquelle Rudolf se sentait à l'aise à Moscou était le directeur du Bolchoï, aussi allat-il le trouver pour lui raconter ce qui lui arrivait. Le directeur accueillit la nouvelle avec excitation. Rudolf lui avait retourné son contrat non signé. Mais s'il n'était plus membre du Kirov, et qu'il détestait l'idée de devoir retourner à Oufa, le directeur était sûr qu'il pouvait lui faire changer d'avis maintenant. C'était mieux - bien mieux - qu'un retour à Oufa, et Rudolf accepta.

A son retour à Leningrad pourtant, il se rendit au Maryinski. Le directeur, entendant dire qu'il était dans les coulisses, demanda à le voir. Rudolf ne tenait pas beaucoup à cet entretien. La façon dont la compagnie l'avait traité - ne lui faisant aucune offre formelle, laissant Dudinskaya la lui faire de façon détournée, et puis le télégramme du ministère - tout cela lui disait assez que les autorités du Kirov étaient contre lui.

Il frappa donc à la porte du bureau du directeur, qui l'invita à entrer. Il se tenait juste derrière la porte, se demandant quoi dire et craignant qu'une nouvelle bombe ne lui explose au visage. Mais le directeur était remarquablement détendu. Il fit signe à Rudolf de s'asseoir, lui sourit puis, sans préambules, lui dit :

- Pourquoi vous ridiculisez-vous ainsi, Noureev? Il n'a jamais été question de vous renvoyer du Kirov. Défaites vos bagages. Vous restez. Nous fixerons votre salaire.

Rudolf fut sidéré. Une semaine plus tard, son contrat avec le Bolchoï arriva de Moscou, et il fut contraint de le retourner une nouvelle fois non signé. Cela ne le rendit pas populaire dans la capitale.

• • • • •

Rituel de ville

Inconvenant que, sous nos yeux,
Seuls nos dîners toujours défilent
Que la vie soit rituel de ville.
Mêlés au flot cérémonieux,
Nous avançons, sans partager
Ni nos ferveurs, ni nos idées.

Rudolf fut le premier danseur de l'histoire du Kirov à passer directement du statut d'étudiant à celui de soliste. Ce simple fait montre combien la compagnie avait misé sur sa personnalité. Rudolf était cependant un nouveau venu dans la troupe, et il n'eut pas droit immédiatement à tous les privilèges qui accompagnaient normalement son rang.

Ses conditions de vie étaient pour le moins primaires - pires même qu'à la Vaganova. Durant les six premiers mois, le second semestre de 1958, il fut contraint de vivre dans le *kollectiv* réservé aux personnes qui gravitaient autour du théâtre, pour la plupart des chauffeurs de camion et des manœuvres. Ils étaient huit dans une seule pièce, dormant sur des lits cloués aux murs comme des étagères, les uns au-dessus des autres. C'était une épreuve à tout point de vue ; on n'était pas loin des conditions de vie de la rue Zentsova !

Malgré tout, Rudolf recevait un salaire décent. Le corps de ballet du Kirov, à cette époque, était payé environ 80 roubles par mois. Rudolf, en tant que soliste, en recevait 200, et les stars comme Dudinskaya et Sergeev étaient payés 500 roubles (le salaire moyen en Union soviétique était alors de 30 roubles).

Rudolf décida d'envoyer à sa famille la moitié de son salaire. Quoiqu'il restât en contact avec les siens, il n'en parlait jamais à ses amis de Leningrad. A ce moment-là, sa mère commençait à souffrir de douleurs dans les jambes, et elle fut bientôt contrainte de quitter son travail. L'argent reçu était donc le bienvenu.

Le grand soir arriva finalement, le 20 novembre 1958, où il devait danser *Laurençia* avec Dudinskaya. Ce ballet, tiré d'une pièce de Lope de Vega Carpio, *Fuente Ovejuna*, avait été chorégraphié par Chaboukiani spécialement pour Dudinskaya. Située dans l'Espagne du XVe siècle, l'intrigue tourne autour d'une femme dont la colère, alors qu'un seigneur tyrannique entend exercer son droit de *seigneur** le jour de son mariage, déclenche une révolte. Noureev dansait le rôle de Frondoso, son fiancé.

Le ballet fut un succès. Dudinskaya dira plus tard que Rudolf l'avait portée merveilleusement, que sa présence « exotique » avait apporté un contraste saisissant avec son apparence à elle, plus éthérée. Et elle fut soulagée que Rudolf ait aussi bien dansé - le pas de six notamment fut splendide -, car cela donnait raison à son choix.

Le lendemain, Rudolf eut droit aux compliments de tous. Chacun lui prédisait un brillant avenir. Seul Pouchkine émit quelques critiques. Il lui fit remarquer que lorsqu'il était arrivé sur scène, il avait paru manqué de confiance en lui. A l'avenir, lui dit Pouchkine, il ne faudrait plus qu'il rate son entrée, mais qu'il s'efforce de faire un « début propre ». Il devait également songer à tirer le meilleur parti de son *port de bras**. Rudolf n'oubliera pas la leçon. Plus jamais on ne l'accusera d'avoir raté son entrée.

Au début de l'année 1959, il put enfin quitter le *kollectiv* tant détesté et emménager dans son propre appartement - ou plus exactement, dans un appartement de deux chambres, qu'il partagea avec Alla Sizova. Cette situation était un bon exemple des conventions russes de ce temps-là. En dépit de son attitude guindée envers le sexe, le système soviétique ne voyait rien d'anormal à ce que ces deux jeunes stars du ballet partagent le même logement. Sizova avait obtenu son diplôme en même temps que Noureev, et ils avaient souvent dansé ensemble durant leur dernière année à la Vaganova. Pourtant, s'ils faisaient un excellent couple sur scène, il en allait autrement dans la vie de tous les jours. Aussi, toute cette idée d'appartement en commun allait être une catastrophe du début à la fin. Pour commencer, Rudolf et Sizova se querellèrent pour le choix des chambres. L'une faisait dix-neuf mètres carré, l'autre dix-sept. Il s'agissait de questions vitales pour des Russes, et Rudolf n'avait pas l'intention ici de jouer les gentlemen. Il avait été privé d'espace toute sa vie, et il prit la plus grande des deux chambres, à la grande fureur de Sizova.

Cet hiver-là, jusqu'aux premiers mois de 1959, Rudolf dansa des rôles mineurs tout en assurant celui de Frondoso dans *Laurençia.* Pendant ce temps, ses relations avec Sizova allaient de mal en pis. « C'était surprenant, dit Rezida. Ils dansaient de plus en plus merveilleusement ensemble, et se détestaient de plus en plus dans la vraie vie. C'était sans doute dû au fait qu'ils vivaient dans le même appartement ».

En fait, leurs relations avaient commencé à se détériorer vraiment lorsque Rosa était venue partager la chambre de Rudolf. Elle était arrivée à Leningrad pour étudier à l'Institut Lesgaft, mais Sizova l'aimait encore moins que Rudolf. Elle dit à des amis que la raison de son antipathie était que Rosa avait un « style de vie indécent ». Elle refusa d'en dire davantage, mais pour certains, Rosa avait un enfant illégitime.

Un jour, Zoya Arkharova, l'agent du KGB au Kirov, tomba sur Rudolf dans un des couloirs du théâtre.

- Rudik, viens ici, dit-elle.

Il s'arrêta.

- Félicitations.

- Pour quoi? grommela-t-il.

- Pour le merveilleux appartement qu'ils t'ont donné.

- Croyez-vous que j'ai besoin de ce taudis?

- Quoi? Sais-tu combien de gens vivent dans des appartements communautaires? Sais-tu combien de personnes rêvent d'avoir leur propre appartement? Tu ne t'es produit que deux ou trois fois sur scène, ils te donnent un appartement comme celui-là, et tu n'es pas heureux! C'est écœurant!

Elle partit et le planta là. Noureev la regarda s'éloigner durant un long moment, sans bouger.

Ainsi, si ses manières s'amélioraient, on était encore loin du compte. Ce qui est vrai, c'est que, quoiqu'il fût devenu membre à part entière du Kirov, Rudolf avait peu d'amis. Même Gyckova, son amie fidèle d'Oufa, commençait à perdre patience avec lui. Un jour qu'ils marchaient ensemble dans Leningrad, près de la cathédrale Saint Isaac, ils tombèrent sur un étudiant qui suivait les mêmes cours d'ingénieur que Gyckova. Ils s'arrêtèrent pour parler, mais après quelques phrases, Rudolf intervint :

- Qu'est-ce que ça veut dire, Gyckova? demanda-t-il. Est-ce que c'est délibéré? Est-ce que tu retrouves tes amis exprès pour m'ennuyer?

Et il s'éloigna.

Gyckova avait le sentiment que ses manières grossières étaient une réaction de protection. « Il m'a dit un jour qu'il ne voulait pas se rapprocher des gens de Leningrad, parce qu'il ne voulait pas de leur « nostalgie ». Même si c'était vrai, cela n'arrangeait rien. La faille se creusa davantage entre eux à la suite de deux incidents qui montraient indubitablement, conclut Gyckova, que Rudolf n'était pas un véritable ami. Le premier concerne un autre danseur nommé Kostya qui, Rudolf le pensait, était aussi bon que lui, sinon meilleur. Malheureusement, en 1959, Kostya fut contraint de rentrer à Novosibirsk pour des raisons personnelles. « C'était à presque 3 000 kilomètres de Leningrad et Kot, comme nous l'appelions, n'avait pas les moyens de s'offrir le billet de retour. J'ai fait part de cela à Rudolf, et lui ai dit que j'allais envoyer l'argent à Kot. Rudolf m'en a dissuadé en me disant qu'il le ferait lui-même. Plus tard, j'ai appris qu'il n'en avait rien fait.» L'autre incident concerne l'anniversaire d'une de leurs amies communes, Valya Monashkina. Valya, dont le frère travaillait dans le ballet, donnait une petite fête et tous ceux qui étaient invités lui apportaient un cadeau. Rudolf avait été invité, mais il avait une répétition au même moment et était dans l'impossibilité de se rendre à la petite fête. Il donna à Gyckova son cadeau pour Valya et lui demanda de le lui remettre en son nom. Gyckova refusa. « C'était une boîte de bonbons, si misérable, si pathétique. J'aurais eu honte de la donner à qui que ce soit. Je commençais à en avoir assez de lui. J'avais l'impression qu'il m'utilisait pour se décharger de tout le mal qu'il accumulait dans son âme durant la journée. J'ai été forcée de prendre de la distance.»

Le « mal » auquel Gyckova fait allusion a causé bien d'autres incidents à l'époque. Et le problème avec Sizova n'était toujours pas réglé. Leur relation se détériora au point que Sizova se vengea de l'arrivée de Rosa dans leur appartement en installant sa propre mère, son père et sa sœur Nina dans sa chambre. Ce qui devait être un appartement confortable pour deux étoiles montantes du ballet devint un champ de bataille entre deux familles. La situation tournait à la farce grotesque, avec une famille s'accaparant la salle de bains, tandis que l'autre occupait la cuisine.

C'est dans cette conjoncture irrationnelle que le second grand soir de Rudolf au Maryinski devait avoir lieu, le 7 avril 1959, presque cinq mois après ses débuts. De nouveau, il allait danser *Laurençia*; et de nouveau, Dudinskaya serait sa partenaire. L'intervalle entre les deux soirées montre bien qu'à cette époque, le Kirov ne donnait que quinze représentations par mois. La compagnie avait quinze solistes et vingt « premiers danseurs », chacun ayant un rôle principal attitré et attendant impatiemment de le danser (environ cinq fois dans l'année). Dudinskaya elle-même devait attendre son tour. La compagnie faisait moins de tournée à l'étranger qu'elle n'en fait aujourd'hui, et certains danseurs préféraient rester à Leningrad quand la troupe partait en tournée, car ils avaient ainsi plus d'occasion de danser les grands rôles. Comme le dit une ballerine, « si Kolpakova partait en tournée, alors Ter-Stepanova restait à Leningrad. Nous pouvions avoir *Le lac des cygnes* ici à Leningrad, et *Le lac des cygnes* à l'étranger, tous les deux par la même compagnie et d'un niveau égal.»

Le second soir où Rudolf devait danser *Laurençia* fut un moment critique à plus d'un titre. La veille de la représentation, il répéta toute la journée, revoyant encore et encore toutes les difficultés techniques du ballet. Belski, le professeur du Kirov, nouvellement arrivé dans la troupe, insista cependant pour qu'il travaille aussi le soir, jusqu'à ce que tout soit absolument parfait. Au début du mois d'avril, l'hiver est encore présent à Leningrad. Dehors il faisait froid et sombre, et Rudolf était épuisé par une répétition épuisante, qui durait depuis des heures. Le matin même, il avait eu comme d'habitude une altercation avec les Sizova. Répétant les mouvements spectaculaires du pas de six, il commit une erreur et, en retombant après un saut, se déchira un ligament de la jambe droite. Ce n'était pas une blessure légère : la douleur se communiqua immédiatement à tout son corps, et il ne put retenir un hurlement. Son cri n'exprimait pas qu'une douleur physique. Un déchirement de cette nature était quelquefois irréparable. Un déchirement de cette sorte avait déjà brisé des carrières.

Le médecin attitré du Kirov fut appelé et recommanda que l'on conduise immédiatement Rudolf à l'hôpital. Une fois là, celui-ci vit ses pires craintes confirmées. Le spécialiste examina le ligament, et, après quelques minutes, rendit son diagnostique : Rudolf ne devait pas espérer pouvoir danser à nouveau avant trois ans. Il était désespéré. Il avait dansé un rôle principal, et voilà que sa carrière était peut-être fichue pour de bon. Il passa ce soir-là à l'hôpital, mais ne parvint pas à dormir. Le lendemain matin, il se sentit plus mal encore. Le printemps était déjà sur tous les arbres de Leningrad, mais lui ne pouvait penser à rien d'autre qu'à sa jambe droite blessée et au fait qu'il ne danserait pas ce soir-là sur la scène du Kirov.

Il reçut la visiste de Pouchkine ; le vieil homme avait appris la nouvelle en arrivant au théâtre ce matin-là, et il était venu directement. Il examina la blessure lui-même - il en avait vu plus d'une -, mais se préoccupa surtout du moral de Rudolf. En regardant son *protégé** étendu là, rongé par l'inquiétude, Pouchkine prit une décision : il demanderait à Rudolf de quitter l'appartement qu'il partageait avec Sizova, pour venir s'installer chez lui. Rudolf accepta. Tseniia Iurgenson, la femme de Pouchkine, l'aimait beaucoup. Le jeune homme était assurément une future star, mais aussi, d'une certaine manière, une âme perdue à Leningrad. Les amis de Pouchkine étaient tous artistes - danseurs, musiciens, écrivains, acteurs, Rudolf devait retrouver là l'atmosphère du salon d'Elizaveta Mikhaïlovna.

Pouchkine ne s'était pas trompé. L'atmosphère de l'appartement réussissait merveilleusement à Rudolf. Le médecin du Kirov venait le voir tous les jours, surveillant sa guérison de près et lui donnant quelques exercices légers à pratiquer. Tseniia veillait à ce que les instructions du médecin fussent respectées, et aussi à ce que Rudolf eût droit à la meilleure nourriture que l'on pouvait trouver à Leningrad.veau à son père si sa carrière avait, à peine commencée, connue une fin aussi peu glorieuse? Mais, il y a plus dans cet incident que la guérison proprement miraculeuse de Noureev. En vivant dans l'appartement de Pouchkine et Tseniia, il s'était créé entre lui et eux un profond sentiment d'intimité. C'était exactement ce dont il avait besoin. Grâce à leur influence, non seulement il guérit, mais il se développa intellectuellement. « Et ses manières, enfin, se mirent à changer, raconte Tamara Myasciorva, une étudiante en sciences qui avait fait la connaissance de Rudolf lors d'une soirée organisée chez Elizaveta Mikhailovna. « Ca n'a pas été si facile que cela au début. Mais, il s'est mis à lire beaucoup. Il lisait le journal *Mockva. Le Maître et Marguerite*[2] paraissait en feuilleton dans le *Mockva* à ce moment-là. Il avait vraiment changé.»

Mais il avait toujours des ennemis. Peu après sa guérison, il apprit que plusieurs jeunes danseurs du Kirov avaient été invités à auditionner à Moscou pour participer au Festival International de la Jeunesse de Vienne. Son nom avait été écarté de la liste. Cela le rendit perplexe et furieux. Il avait maintenant l'habitude d'être un objet d'envie, et il savait que quelques-uns de ses camarades danseurs lui vouaient une jalousie pleine d'amertume et lui en voulaient des privilèges qu'il s'était vu accorder sans même être membre du Komsomol.

Mais, s'il était habitué à avoir des ennemis, il avait également l'habitude de se battre pour son propre compte. Il alla trouver le directeur du Kirov et donna comme argument que, étant le plus jeune soliste de la compagnie, et n'ayant dansé que deux rôles depuis son arrivée au Kirov, nul ne méritait davantage que lui d'aller à Moscou passer l'audition pour le festival de Vienne. Une fois de plus, l'explication directe lui fut favorable : son nom fut ajouté à la liste.

Mais, un problème en entraînant un autre, quand il arriva avec les danseurs du Kirov à Moscou, il découvrit que la salle de répétition qui leur avait été réservée était un club d'escrime situé près de leur hôtel. Seule cette situation était pratique. Il n'y avait pas de miroir, pas de *barre** et rien qui ressemblât à un parterre de danse. Aucun des autres danseurs ne voyait de problème dans tout cela, sauf

2 - Comédie satirique de Mikhaïl A. Boulgakov (N.D.T.)

Rudolf. Il venait de se remettre d'une blessure sérieuse, et il connaissait l'importance d'un lieu de répétition convenable. Sans une *barre** et un miroir, les positions fautives ne pouvaient être reconnues comme telles, ni corrigées. Il annonça donc à tous son intention de trouver un autre endroit où répéter - seul si nécessaire.

Pour certains, cette fois, c'en était trop. Un des professeurs (Rudolf ne l'a jamais nommé) se tourna vers lui et l'accusa ouvertement de non-conformisme. L'accusation se voulait terrible, mais Rudolf plaida coupable. Quelque chose s'opéra en lui, et il se tourna vers son accusateur et argumenta énergiquement en disant que le non-conformisme avait sa raison d'être, que la technique était certes importante, qu'elle était ce qui faisait la force des Russes, mais il ajouta que ce n'était pas tout. A la stupéfaction générale, qui n'avaient jamais assisté à un pareil échange avant cela, il laissa entendre que l'insistance sur la technique avait pour seul effet, au bout du compte, de tuer le ballet en Russie, parce que les gens en avaient assez de voir un danseur « parfait » succéder à un autre. Ce dont le ballet russe avait besoin, c'était de danseurs possédant la technique russe, mais aussi quelque chose en plus, quelque chose qui leur appartenait en propre et dont ils pouvaient faire profiter le ballet.

Par ce discours, Rudolf se fit sans doute quelques amis. Tous faisaient partie de la première génération de danseurs de l'après-guerre, et tous pouvaient constater qu'en dépit de la guerre froide, les vieilles idées étaient sur le point de s'effondrer. Mais, ces « amis » l'étaient en secret, il leur manquait la conviction qui permet de s'exprimer en public, alors que ses ennemis, de loin majoritaires, n'avaient pas ce genre d'inhibitions.

Cette fois cependant, ce fut Rudolf qui eut le dernier mot : il fut choisi pour aller à Vienne. Dans son autobiographie, il consacre deux lignes à cette ville. Il dit qu'elle lui sembla « la plus gaie, la plus belle et la plus hospitalière des villes » Vienne fut aussi l'occasion d'un grand triomphe, et d'une terrible dispute avec Sizova - dispute qui se termina à l'avantage de cette dernière.

Le triomphe vint quand Sizova et Rudolf dansèrent un duo durant la compétition. Leur choix s'était porté sur les *Miniatures chorégraphiques* de Grigorovich qu'ils avaient déjà dansées ensemble, et qui tenaient davantage du *divertissement** que du ballet proprement dit. Le couple remporta le premier prix, un grand honneur pour tous les deux et le ballet russe, étant donné que les autres concurrents représentaient la France, l'Italie, la Grande-Bretagne et les Etats-Unis (les danseurs russes étaient également représentés par Kolpakova et Soloviev de Leningrad ; Ekaterina Maximova et Vladimir Vassiliev de Moscou.) Malheureusement, le duo gagnant ne reçut qu'une seule médaille et un certificat. Rudolf et Sizova voulaient tous deux la médaille, aucun ne voulait du certificat ; il s'ensuivit une dispute furieuse. Sizova s'était vue remettre la médaille lors de la cérémonie de remise des prix, tandis que l'on tendait à Rudolf le certificat, et elle refusa ensuite de laisser Rudolf ne serait-ce que toucher la médaille. Elle ne lui avait pas pardonné d'avoir pris la plus grande chambre de l'appartement qu'ils « partageaient ». Furieux, il essaya de lui arracher l'objet des mains, mais elle anticipa son geste et réussit à le protéger. Ce premier prix, qui aurait dû constituer un grand moment dans leurs carrières respectives, ne fit qu'envenimer encore leurs relations.

De retour en Russie, Rudolf prouva une fois de plus son originalité, mais cette fois par accident. Le Kirov voyageait par le train et traversait l'Ukraine, où la compagnie devait changer de train à Kiev après une attente d'une demi-heure. Fidèle à lui-même, Rudolf, dont le père était allé à Kiev durant la guerre, refusa de s'asseoir sur sa valise sur le quai, et d'attendre en regardant les rails comme tout le monde. Au lieu de cela, il prit un taxi pour visiter rapidement cette ville qu'il voyait pour la première fois. Il était accompagné par un membre de l'orchestre du Kirov encore plus aventureux que lui. Malheureusement, sur le chemin du retour vers la gare, le taxi fut pris dans la circulation et les deux hommes manquèrent le train. Avec quelqu'un d'autre, c'eut été un banal incident (il y avait un autre train à peine une demi-heure plus tard). Mais Rudolf savait que, dans son cas, la chose serait considérée comme un nouvel exemple de sa nature rétive et indocile. « Je dis à mon ami que j'étais prêt à parier qu'il serait accueilli à Leningrad par ses amis de l'orchestre avec des rires et des plaisanteries pour avoir manqué le train, alors que ma propre absence allait être expliquée d'une manière toute différente par la compagnie.» Les deux récalcitrants arrivèrent à Leningrad quelques minutes après le reste de la troupe - et la suite des événements donna raison à Rudolf. Les collègues du musicien tournèrent son écart de conduite en dérision, alors que son absence à lui fut jugée si sévèrement que plusieurs de ses amis danseurs pensèrent que son « insubordination » serait la fin de sa carrière. Ils étaient même tellement persuadés qu'il serait renvoyé que certains avaient commencé à se partager les représentations à venir.

Mais tout cela était peu réaliste. Il venait de remporter avec Sizova un prix international. Après un si grand honneur, il ne pouvait être renvoyé, même pour une grave insubordination, et encore moins pour avoir manqué un train. Mais il continua de se mettre dans les situations périlleuses, et l'on continuait de dénoncer son comportement rebelle.

Durant cette seconde année au Kirov, il eut surtout des démêlés avec Youri Grigorovich, un chorégraphe relativement jeune. Grigorovich avait obtenu un grand succès avec *La fleur de pierre*[3], le dernier ballet de Prokofiev, qui avait été monté pour la première fois par Léonid Lavrovsky, puis retravaillé, avec beaucoup plus de succès, par Grigorovich. Il venait maintenant de créer *Légende de l'amour*,

3 - ou *La Légende de la fleur de pierre* (N.D.T.)

ballet dans lequel Rudolf jouait le rôle du héros Feshad. Quand Grigorovich vit danser Rudolf pour la première fois, il fut très impressionné. « Je ne m'imaginais même pas qu'une telle chose fût possible au théâtre », dira-t-il. Les répétitions eurent lieu au théâtre du Kirov. Parallèlement, Rudolf répétait *Laurençia* à l'école chorégraphique. L'école et le théâtre se trouvaient à environ un quart d'heure de marche l'un de l'autre, et il devait calculer juste pour pouvoir assister aux deux répétitions sans retard.

Cette fois, il allait avoir une nouvelle partenaire, Alla Shelest. Shelest, qui avait 40 ans en 1959, ne fut jamais aussi connue à l'Ouest qu'Ulanova ou Plisetskaya, mais en Russie elle était considérée par beaucoup comme l'égale des deux autres. Grande actrice tragique, Shelest avait été soliste au Kirov alors que Rudolf n'était même pas encore né. Sa présence sur scène était extraordinaire, et fascinait Rudolf. Il avait hâte de se produire avec elle, de montrer qu'il pouvait briller, même sans Dudinskaya comme partenaire.

A la même période, Vakhtung Chaboukiani arriva à Leningrad pour monter une production d'*Othello*. Chaboukiani était évidemment un des grands de Russie, un héros de l'enfance de Rudolf, que Vaitovich lui désignait, avec Sergeev, comme modèle. Chaboukiani n'avait pas un saut exceptionnel, mais il savait en donner l'illusion. Lui aussi était devenu une star en un soir, dans le rôle de l'esclave dans le pas de deux du *Corsaire*, et son association avec Ulanova était entrée dans la légende. En abandonnant la danse, il était devenu chorégraphe. Alors qu'il était à Leningrad, Pouchkine le persuada de donner quelques leçons à Noureev. Naturellement, celui-ci en fut tout excité, quoique son emploi du temps ne lui laissât pas une minute à consacrer à cela. Pour compliquer les choses, personne n'avait expliqué à Chaboukiani que Rudolf assistait à d'autres répétitions. Le jour arriva donc inévitablement où Rudolf arriva en retard au cours de Grigorovich.

Grigorovich était une star lui aussi, et était habitué à ce qu'on le traitât comme tel. Comme Chaboukiani, il avait été un grand danseur, et était maintenant un chorégraphe à succès. Il avait par conséquent commencé les répétitions sans attendre Rudolf. L'atmosphère était tendue parmi les autres danseurs sur la seconde scène du Maryinski.

- Qu'est-ce que ça signifie? s'écria Grigorovich quand Rudolf arriva. Prendre la liberté d'être en retard!

Les mots se voulaient blessants. Chacun savait que le souci principal de Rudolf était justement sa liberté.

La fureur le gagna. Il aurait pu s'excuser et s'expliquer. Tout aurait été vite oublié. Mais, ce n'était pas dans son tempérament. Il ne prononça qu'un mot : « Merde! », avant de quitter la salle, perdant ainsi sa chance de danser la première de *Légende de l'amour*.

Noureev raconte que, dès l'été 1959, à son retour de Vienne, ses ennemis menèrent une véritable campagne contre lui, au point qu'il faisait presque chaque jour l'objet d'une dénonciation pour tel ou tel comportement. Mais, le fait est qu'ayant affaire à un iconoclaste, la tâche leur était d'autant plus facile.

Il y avait, par exemple, ses innovations - qui n'étaient pas sans rappeler celles de Nijinski - pour ce qui était des costumes. Jusque-là, chaque rôle dans une production du Kirov avait son costume. Tous les interprètes d'Albrecht dans *Giselle*, ou bien de Solor, dans *La Bayadère* portaient la même tenue - que ce fût Sergeev, Soloviev ou Noureev. Seuls quelques changements minimes intervenaient, ayant trait en général à la couleur : Sergeev portait du rouge, Soloviev de l'orange... Rudolf changea cela. Il raccourcit par exemple ses tuniques. Peut-être copia-t-il les costumes occidentaux qu'il avait vus lors de son voyage à Vienne; toujours est-il que sa tunique lui arriva bientôt à la taille, donnant ainsi une plus grande aisance de mouvement, mais découvrant également et attirant l'attention sur l'entrejambe du danseur. Cet effet fut grandement controversé.

Les autres danseurs de la compagnie l'accusèrent autant de vantardise, par l'insistance qu'il mettait sur ses parties génitales, que de lubricité. Leningrad, qui se considérait comme une ville sophistiquée à plus d'un titre, était encore très prude sur la question du sexe.

Rétrospectivement, la plupart des controverses dont Rudolf fut l'acteur à l'époque du Kirov le montre aujourd'hui sous un éclairage plutôt flatteur. Par exemple, il y avait au Kirov un professeur nommé Boris Chavrov, qui était respecté de tous d'une manière unanime. Rudolf causa un choc lorsque qu'un jour il traita les autres danseurs de Chavrovchivka, « petits Chavrov ». Il se moquait simplement de leur manque d'individualité.

Il continuait cependant de faire des progrès au Kirov. Son talent n'était pas seulement évident pour lui-même : il forçait l'attention de tout un chacun. De 1959 à 1960, on lui donna de plus en plus de rôles - le prince dans *Casse-Noisette*, Armen dans *Gayane* (un ballet sur l'amour dans une ferme de Russie méridionale, où il partageait la vedette avec Kurgapkina), Solor dans *La Bayadère*, l'Oiseau Bleu dans *La belle au bois dormant.* On l'envoya même faire une courte tournée au Caire. Plus habituelles, cependant, étaient ses apparitions avec Alla Sizova dans une série de divertissements intitulée les *Miniatures chorégraphiques* (qu'ils avaient dansées à Vienne). La distribution, lors de ces soirées, était souvent très bonne : Shelest, Soloviev, Sokolov, Chernishev; mais l'habitude était que Sizova et Rudolf dansent en dernier, parce que le Kirov avait encore l'intention de promouvoir le jeune couple comme le couple de l'avenir, mais aussi parce que Noureev avait désormais un groupe de fans enthousiastes, qui assistaient à chaque représentation et faisaient tomber à la fin un déluge de fleurs sur la scène.

Il considérait sa renommée presque scientifiquement, comme quelque chose à gérer au même titre que le reste. Très tôt, il remarqua que lorsque Dudinskaya était annoncée pour une représentation, le théâtre vendait tous ses billets le premier jour, alors que lorsque c'était lui qui dansait, il fallait trois jours pour tout vendre. Dudinskaya était plus qu'une danseuse - son nom était connu même du grand public. Il comprit qu'il devait réussir quelque chose de similaire.

A la fin de l'année 1959, Rudolf eut droit à son premier article, accompagné d'une photographie de lui à la Vaganova, dans la presse de l'Ouest. L'*Atlantic monthly* sortit un numéro spécial consacré à l'art en Union soviétique. Le dossier contenait un récit émouvant du siège de Leningrad par le poète Olga Bergolts, ainsi qu'un article intitulé « Le talent et le ballet », par Youri Slonimsky, probablement le meilleur écrivain russe sur le sujet. L'article évoquait la recherche de jeunes ballerines en Union soviétique, et expliquait comment l'on passait pour cela au peigne fin les seize républiques socialistes soviétiques. La propagande n'était cependant pas absente de cet article, qui comparait de façon peu favorable la Russie tsariste au régime soviétique : « Aujourd'hui, notre infrastructure comprend trente théâtres et seize écoles d'Etat... plus de cinq mille artistes du ballet travaillent pour les théâtres d'Etat.» Seule une ballerine était mentionnée par son nom : Kathy (Ekaterina) Maximova, une étoile montante du Bolchoï, qui avait fait le voyage à Vienne avec Noureev. Un danseur, pourtant, avait droit à bien plus de considération, et à tous les éloges. « Le 14 décembre 1959, écrivait Slonimsky, les habitants de Leningrad ont littéralement assailli le théâtre du Kirov pour assister à une représentation de *Giselle*, le célèbre ballet, bien que les danseurs fussent cette fois-là des inconnus. Le rôle d'Albert était dansé par le bachkire Rudolf Noureev... Noureev possède un extraordinaire talent naturel. L'ampleur, la force et la justesse de ses sauts sont tout simplement prodigieux, et ses mouvements tourbillonnants proprement saisissants. Son tempérament artistique, tout de nervosité et d'exaltation, confère à tout ce qu'il fait un caractère unique et sans précédent. Son Albert ne ressemble à aucun autre. Ayant fait tomber *Giselle* amoureuse de lui par caprice, il perd ensuite tout contrôle sur lui-même. Le second acte, dans sa version, expose les effets des tourments de l'amour, et nous assistons à la purification graduelle des sentiments du héros et à l'élévation de son âme. Le thème principal du ballet nous apparaît clairement grâce à la danse chargée de sens de Noureev. En un mot, de nouveaux danseurs interprètent même le plus lointain passé d'une manière nouvelle. Ils considèrent ce passé à la lumière de la technique moderne.»

Cet été-là, un autre honneur lui échut lorsqu'il fut choisi pour être l'un des danseurs devant se produire face au numéro un soviétique, Nikita Khrouchtchev. C'était à l'occasion d'une réunion d'intellectuels soviétiques qui avait lieu en juin dans le vaste et élégant jardin de la villa de Bulganin, située à 90 kilomètres de Moscou. Parmi les personnalités invitées se trouvaient Kurgapkina (avec laquelle Rudolf devait danser une variation sur *Don Quichotte*); le maréchal Voroshilov, commandant de la Dixième Armée; Khachaturian, l'un des rares amis proches de Staline à avoir survécu aux purges; Chostakovitch, et le pianiste Richter, qui donnait également un récital.

Rudolf ne fut pas au mieux de son talent ce jour-là. La scène qui avait été prévue pour lui et Kurgapkina était trop petite pour réaliser autre chose que l'*adagio* de *Don Quichotte.* Mais l'attraction principale de la journée s'avéra, de façon inattendue, le maréchal Voroshilov, qui interpréta plusieurs chansons folkloriques d'Ukraine. Le maréchal avait une excellente voix, et bientôt Khrouchtchev lui-même se joignit à lui. Comme l'écrivit plus tard Rudolf, « ils connaissaient tous les deux les paroles de toutes les chansons folkloriques, et les entonnèrent joyeusement. » Il faisait beau, et l'on chanta jusqu'au crépuscule. Pour quelqu'un d'aussi jeune que Rudolf, c'était un privilège d'être présent en une telle occasion.

Mais, où qu'il allât cependant, quelque fût l'accueil, et quelque fût le plaisir qu'il en retira, lorsqu'il retournait à Leningrad, c'était invariablement pour s'entendre accabler de nouveaux reproches. Non pas que le Kirov ait été particulièrement retors de ce point de vue, mais, ne l'oublions pas, le système politique encourageait les gens à se surveiller les uns les autres. Chaque anicroche, chaque transgression, concernant qui que ce soit, était rapportée au directeur du Kirov. Il se trouve seulement que Noureev était plus individualiste que la plupart.

Il y avait deux types de transgression particulièrement graves pour les autorités. L'infraction la plus sérieuse, en ces temps de guerre froide, était la rencontre d'étrangers. Cela entraînait des soupçons d'espionnage, formellement interdit - du moins sans supervision. Il existait même un département du KGB, le « Premier service »[4], destiné à prévenir ce genre d'incident. Si vous heurtiez par hasard un étranger dans la rue, il fallait en rendre compte. Trop de rencontres « accidentelles » pouvaient paraître suspectes. Le « Premier » avait une suite de bureaux au second étage d'un immeuble sur la perspective Nevsky.

Tout ce qui était lié à l'état communiste et à son conformisme allait à l'encontre de la nature de Rudolf maintenant. Cela lui rappelait par trop son père, et le rôle de celui-ci, quelques années plus tôt, dans les affaires soviétiques, ou plutôt stalinistes. Il n'autoriserait personne à diriger sa vie. Il était avide de nouvelles expériences, théâtrales en particulier, et il manquait rarement une occasion d'aller voir les compagnies en tournée : ballet, opéra, théâtre ou comédie musicale. Souvent, il prenait l'avion ou le train de nuit pour Moscou ; ainsi réussit-il à voir par exemple une production itinérante de *My Fair lady.*

4 - Il y avait quatre principaux services au KGB. Le premier s'occupait de l'espionnage étranger, le second était responsable de la sécurité intérieure et du contre-espionnage, le troisième veillait sur les frontières du pays, et le quatrième s'occupait des communications et de la cryptographie. Enfin, un cinquième service enquêtait sur les dissidents.

Quand il le pouvait, et conscient certainement des risques qu'il encourait, Noureev faisait la connaissance des artistes. Il disait toujours qu'il voulait simplement s'immerger dans la vie théâtrale. La presse soviétique étant largement censurée, les nouvelles du monde extérieur, y compris du monde théâtral étaient rares. Les contacts personnels pouvaient, dans une certaine mesure, remédier à cela.

Tout le monde s'accorde à dire que Noureev était un homme d'une profonde intelligence. S'il approchait les étrangers comme il le faisait, c'était certes pour satisfaire sa soif d'informations sur le monde du théâtre, mais c'était aussi une façon d'envoyer des signaux, dès que l'occasion s'en présentait, des signaux disant qu'il était prêt à prendre des risques, à pousser sa situation à l'extrême limite.

Son comportement au moment du spectacle itinérant de *My Fair lady* le confirme. Après avoir joué à Moscou, la distribution fit le voyage à Leningrad où, le 27 mai 1960, elle se rendit au Kirov pour voir Noureev danser Basil dans son tout premier *Don Quichotte.* Ce soir-là il remporta un nouveau triomphe, ses jeunes fans faisant tomber sur la scène, à la fin du spectacle, un déluge de roses rouges. Noureev, avec son sens inné du théâtre, demanda que les roses reviennent à la distribution de *My Fair lady.* C'était un geste de remerciement (accompagné d'un mot en anglais, langue qu'il se mettait maintenant à réviser) pour le plaisir que le spectacle lui avait procuré. En retour à ce geste touchant, ainsi qu'il l'avait peut-être prévu, les acteurs du spectacle l'invitèrent à venir souper avec eux. Il eut le bon sens, cette fois-là du moins, de renoncer à leur hospitalité. Il savait quelle limite il ne devait pas franchir, prouvant ainsi qu'il était parfaitement conscient du jeu qu'il avait à jouer. On en était encore à échanger des signaux.

L'autre limite qu'il fallait prendre garde à ne pas dépasser dans les années 50 à Leningrad était relative à l'homosexualité. Aussi étrange que cela puisse paraître, en Union soviétique, à la fin des années 50, un rapprochement s'était

Hamet, le père de Rudolf.
"Ce n'est pas la danse qui mettra du pain sur la table".

Farida, la mère de Rudolf.
L'air perpétuellement "inquiet".

Rudolf, en costume traditionnel bachkir.

Rudolf à la “Dekada” bachkire.

Le débutant tardif en plein vol.

Avec Alla Sizova. Les autorités du Kirov voulaient former le couple idéal. Leur haine l'un pour l'autre sera à la mesure de leurs talents conjugués.

Rudolf, à l'extrême gauche. Pouchkine, le troisième en partant de la gauche. Son professeur portait toujours une cravate.

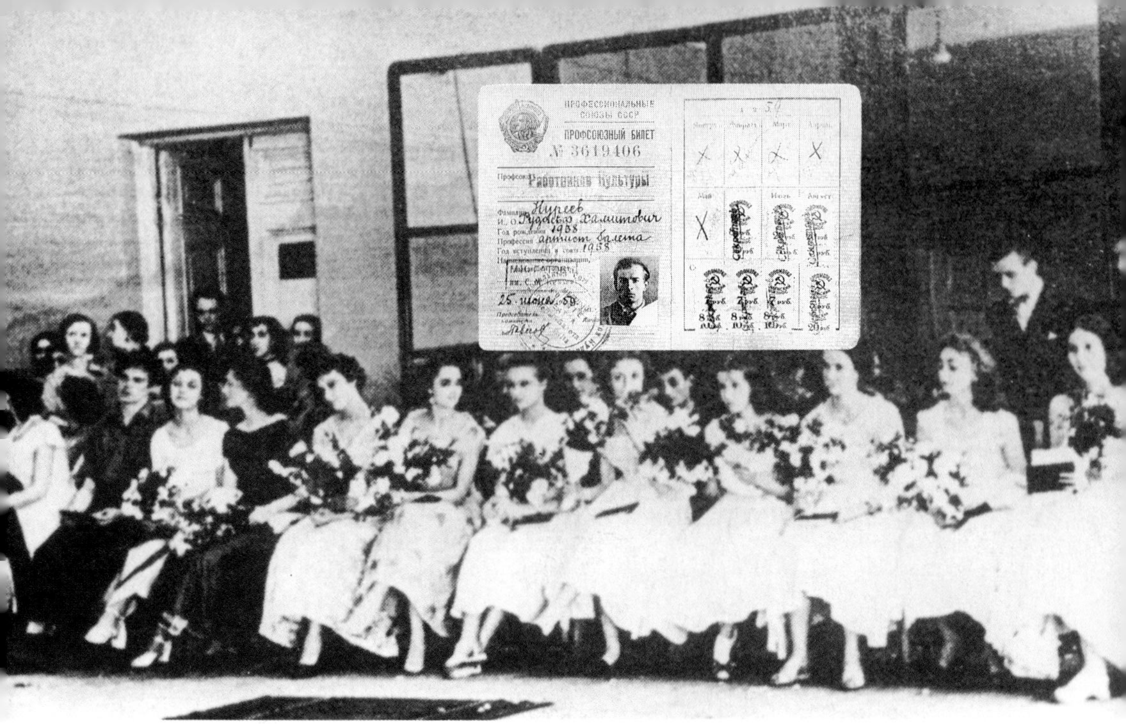

Rudolf, le second en partant de la gauche, à la cérémonie de remise des diplômes de la Vaganova.

Avec Irina Kolpakova à la fin des années cinquante.

Un solo dans *La Bayadère*. Rudolf raccourcit son costume pour le rendre plus suggestif. Un choix controversé.

Avec Erik Bruhn, dans le sud de la France, en 1961.

Avec Erik à New York. Il était rare qu'ils se manifestent leur affection en public. "Mais Erik pouvait être très cruel."

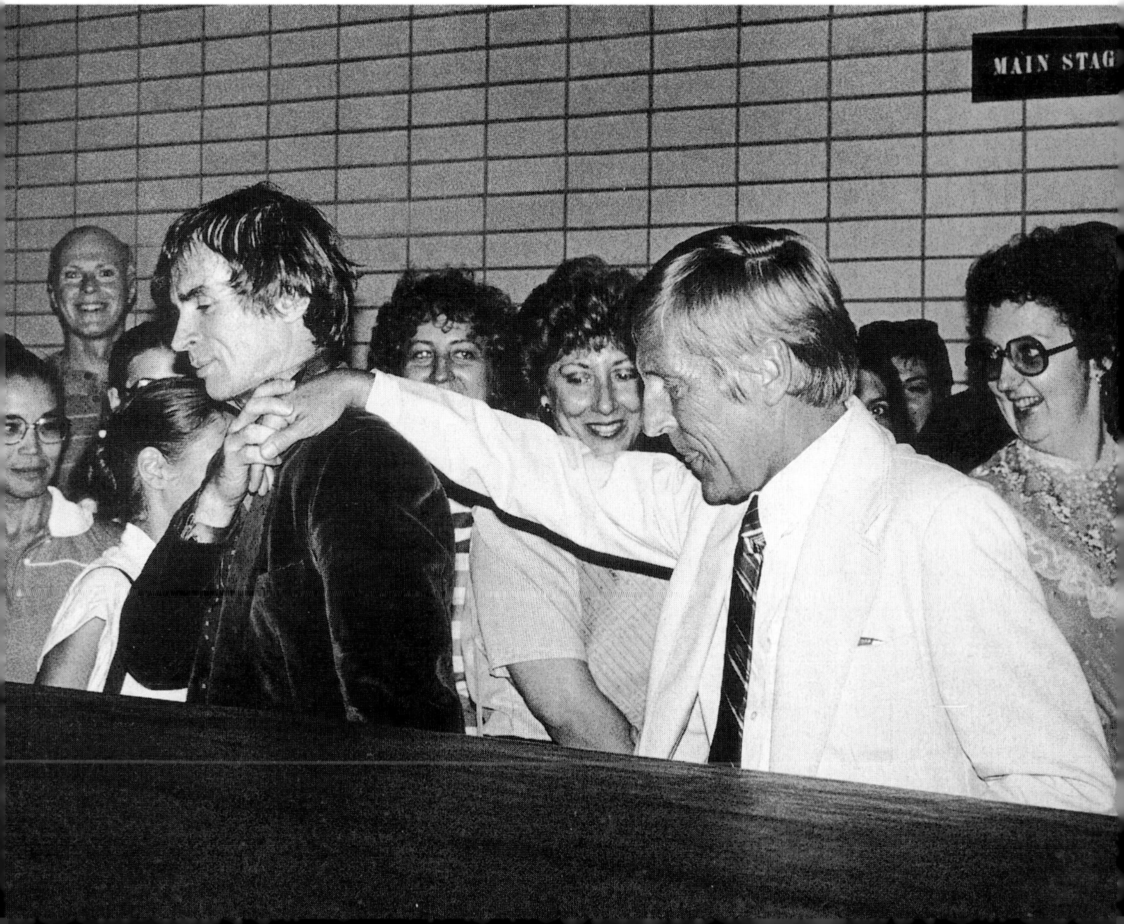

Rudolf en “arbre de Noël”, avec les Ballets de Cuevas, à Paris, en 1961. Ici, avec Nina Vyroubova.

Avec Rosella Hightower dans le sud de la France. Été 1961.

Maude Gosling : la "mère" londonienne de Rudolf, et l'une de celle qui veilla sur lui à la fin.

Nigel Gosling. "Voir Rudolf danser, c'était comme de voir un animal sauvage lâché dans un salon".

Ninette de Valois, ici avec un élève. "Je le vis brusquement et clairement dans un rôle, Albrecht dans *Giselle*".

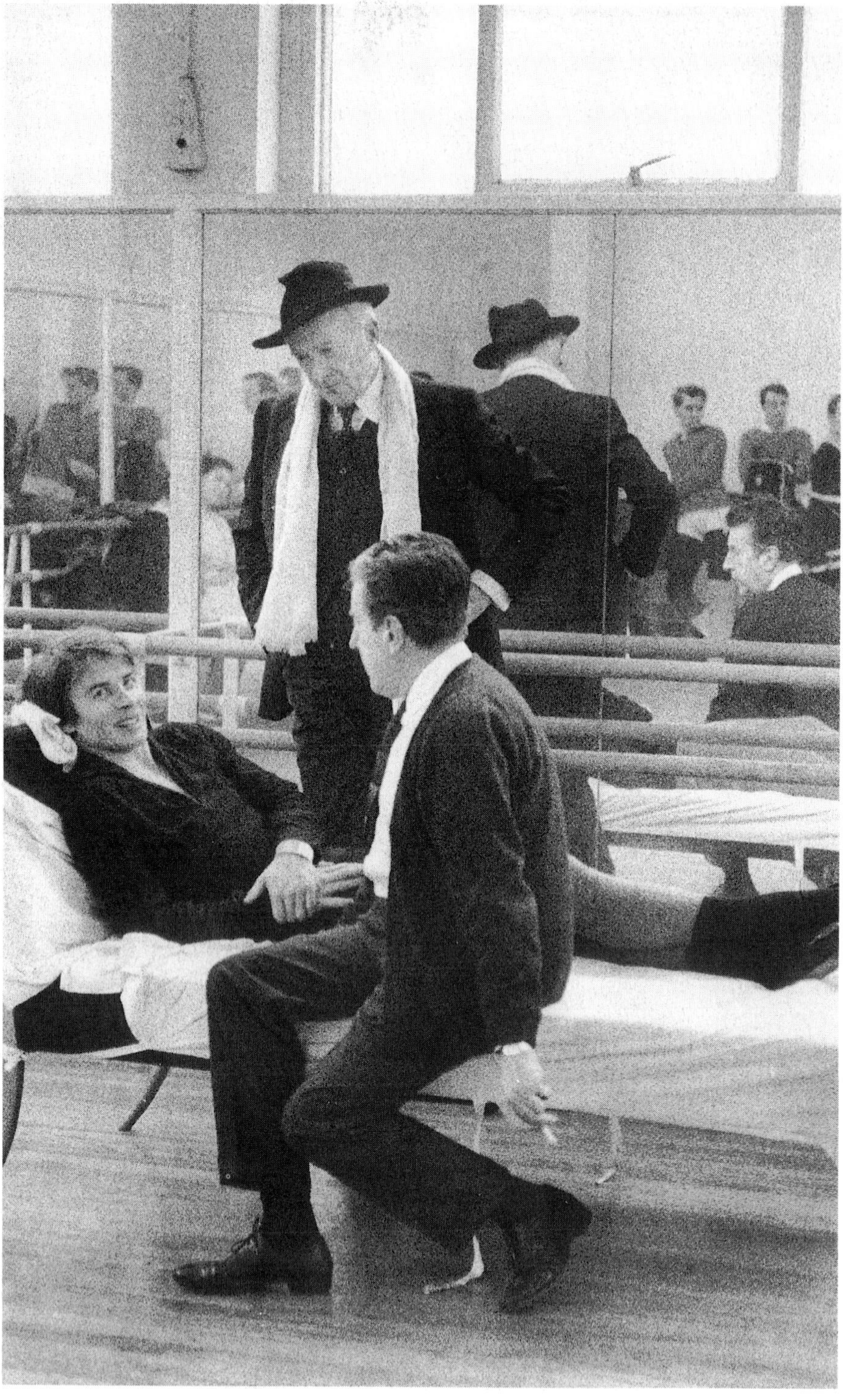

Avec Frederick Ashton, assis, et Cecil Beaton, durant les répétitions de *Marguerite et Armand.*

Avec Fonteyn
dans *Roméo et Juliette*.

Avec Merle Park.

Avec Leslie Collier et Jennifer Penney (derrière), Merle Park et Antoinette Sibley (devant). La moitié des ballerines du Royal Ballet était amoureuse de Rudolf, l'autre d'Erik.

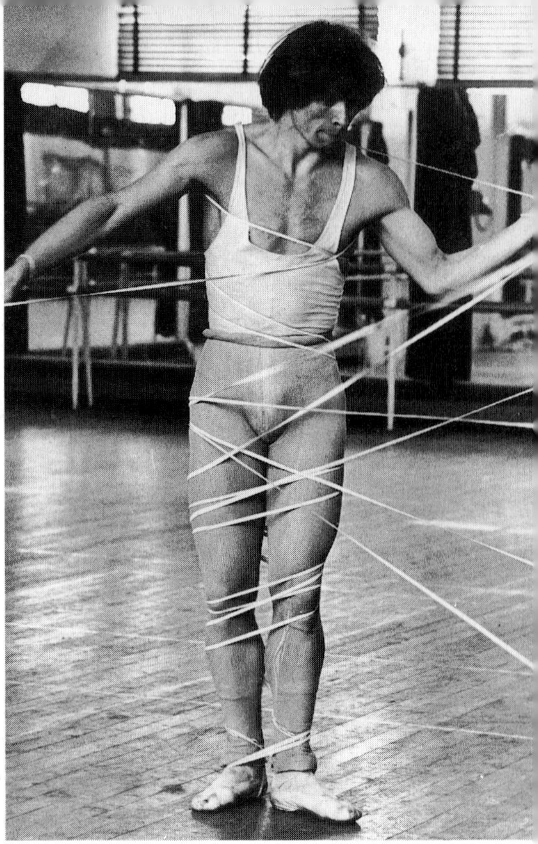

Avec Carla Fracci.

The Ropes of Times, de Rudi van Dantzig.

Rudolf avec Joan Thring.

fait, dans les esprits, entre l'homosexualité et le KGB. Les rencontres avec les étrangers n'étaient pas autorisées, premièrement, pour la raison qu'ils pouvaient nourrir des vues anti-communistes, et qu'y être exposé trop longtemps impliquait une possible contamination. Deuxièmement, l'homosexualité faisant l'objet d'une désapprobation totale en Russie soviétique, les étrangers - avec leur attitude plus libérale - risquaient de fournir des partenaires aux homosexuels russes. Mais, en même temps, le KGB profitait de cet interdit. Il est bien connu aujourd'hui que la méthode de recrutement préférée des services de sécurité russes consistait à inciter quelqu'un à un acte homosexuel, à prendre des photographies, et à faire ensuite chanter la victime en l'obligeant à coopérer.

Les appartements communautaires, très répandus, jouaient un grand rôle dans tout ceci. Le KGB interrogeait souvent des homosexuels vivant en communauté et connus sous le nom de *soseds* ou *sosedkas*. Lorsqu'un homme avouait son homosexualité, son sort dépendait largement de son utilité pour le KGB. Si l'organisation pouvait l'utiliser, elle le faisait. Dans le cas contraire, il était jugé. La peine encourue était l'emprisonnement de cinq à huit ans, et environ mille personnes étaient envoyées en prison chaque année dans les années 50, où elles étaient considérées comme la lie de l'humanité. Comme dans d'autres villes et d'autres pays, il existait une vie homosexuelle souterraine à Leningrad. Un des lieux de rencontre, comme nous l'avons vu, était le square Ekaterina, près du théâtre Pouchkine ; il y avait aussi les bains publics, notamment ceux de la gare Baltiskaya et de Moskovsky Perenlok.

Les homosexuels vivaient dans une constante incertitude, risquant la dénonciation à tout moment. Une délation, cependant, ne suffisait pas. Il en fallait trois, émanant de sources différentes, pour être poursuivi en justice. Les homosexuels - et les lesbiennes - conscients des dangers qu'ils couraient, étaient nombreux à se marier, et à avoir des enfants pour cacher leurs préférences sexuelles. Mais les risques existaient toujours. Si un homosexuel faisait des avances à quelqu'un qui ne l'était pas, il pouvait être quasiment sûr d'être frappé et dénoncé à la police. L'homosexualité resta un délit criminel en Russie jusqu'en 1993.

Dans le monde privilégié de la danse, la situation était un peu plus facile. Konstantin Sergeev était l'archétype de l'homosexuel soviétique, en ce sens qu'il avait épousé Dudinskaya, satisfaisant ainsi les rêves romantiques du public quant à leur association en-dehors de la scène. Tout ceci n'était qu'une parade, et tous les danseurs du Kirov connaissaient la vérité.

Sergeev était un homme séduisant, pâle avec de grands yeux profonds. Ses grands succès avaient été *Raymonda* et *Giselle*. A l'époque où Noureev rejoignit le Kirov, Sergeev se teignait déjà les cheveux, un acte non dénué de risques puisque c'était le genre de signe que guettaient les anti-homosexuels de Leningrad. Sergeev avait également des « manières d'acteur », et multipliait les poses affectées. Mais, il était protégé dans une certaine mesure par son statut d'homme fort du Parti, qui lui permettait de promouvoir ses *protégés** à l'intérieur de la compagnie. Il était différent de Rudolf à tout point de vue, sauf un : il portait toujours un châle sur ses épaules. Il avait fier allure, et plus tard Rudolf l'imitera.

Sergeev n'aimait pas Noureev, et il est possible qu'il ait été à l'origine du malentendu qui eut lieu lorsqu'il fallut décider si le jeune homme ferait partie du Kirov. Rudolf, bien entendu, détestait également Sergeev. Un jour qu'il était invité par Irina Kolpakova à aller le voir danser avec Dudinskaya dans *Giselle*, il lança : « Qu'y a-t-il à voir? Il suffit d'aller dans n'importe quel restaurant pour trouver un serveur aussi maniéré! »

Deux théories peuvent être avancées pour comprendre ce qui poussa Noureev à rester à Leningrad et au Maryinski, en dépit de la controverse qu'il soulevait et du fait que le premier responsable du théâtre ne l'aimait pas. La première est que Sergeev espérait finalement le séduire, et adoptait une attitude ambiguë à son égard, lui donnant un rôle en or un jour, et l'envoyant loin de Leningrad le lendemain. L'autre théorie est que l'homosexualité de Noureev était connue du KGB, qu'il avait été surpris et contraint de collaborer avec les services de sécurité. Selon cette théorie, Noureev avait la tâche d'infiltrer « le nid d'homosexuels » qui existait à l'intérieur du théâtre, de se laisser séduire par Sergeev, et de faire chanter ensuite le directeur artistique pour obtenir une promotion. Ceci, à en croire les mauvaises langues de Leningrad (qui n'ont jamais reconnu que Noureev fût meilleur danseur, par exemple, que Soloviev ou Dolguchin), expliquerait l'ascension rapide de Noureev à l'intérieur de la compagnie. Dans ce scénario, Noureev était autorisé à rester membre du Kirov, et homosexuel déclaré, aussi longtemps qu'il fournissait des informations sur les autres danseurs. Et ce fardeau psychologique, peu à peu, aurait fini par trop lui peser ...

Aucun détail ne vient cependant étayer cette théorie dans le dossier du KGB consulté lors des recherches de l'auteur. Ce n'est pas non plus cohérent avec l'amour de Noureev pour la liberté, ni avec la haine qu'il vouait au rôle joué par son père dans le système stalinien; ni avec le fait que Sergeev était un homme du Parti. Le KGB avait déjà tout le contrôle nécessaire à l'intérieur du Maryinski.

Qu'il ait existé une relation amour-haine entre Noureev et Sergeev paraît bien plus probable. La personnalité « difficile » de Rudolf s'expliquerait plutôt par la génétique, ou par son enfance à Oufa, que par un accord compliqué avec les services de sécurité. La direction du Kirov, Sergeev en tête, ne devait d'ailleurs pas considérer les choses autrement. Le geste de Rudolf envers les acteurs de *My Fair lady* n'avait pas passé inaperçu. Le jour où une compagnie de l'Ouest revint se produire en ville - il s'agissait cette fois de l'American Ballet Theatre (ABT) en septembre 1960 - le

Kirov s'arrangea pour que Noureev parte danser à Berlin à cette occasion. Cet épisode fut un coup dur pour Rudolf. Peu de temps auparavant, entendant parler de la venue à Leningrad de l'ABT, dont ferait partie la star danoise Erik Bruhn, Pouchkine lui avait dit qu'il pensait que Bruhn était l'un des plus grands danseurs classiques contemporains, sinon le plus grand. En apprenant qu'il ne pourrait pas le voir, Noureev prit l'avion pour Moscou, où la compagnie de l'ABT au grand complet avait été invitée à une représentation de *La Belle au bois dormant* au Bolchoï. S'il ne pouvait pas voir Bruhn danser, alors au moins il le rencontrerait et lui parlerait.

Noureev, qui avait un billet pour le spectacle du Bolchoï, arriva au théâtre en tenant à la main une photographie de Bruhn arrachée à un magazine de danse, afin de savoir à qui il devait se présenter. Malheureusement, à cette occasion, l'ABT était sous haute surveillance. En effet le six du même mois, à la Maison des Journalistes de Moscou, William Martin et Bernon Mitchell avait donné « la conférence de presse peut-être la plus embarrassante de l'histoire des renseignements américains », quand leur défection des USA avait été formellement acceptée, et qu'ils avaient avancé un certain nombre d'allégations dommageables à l'Agence pour la Sécurité Nationale Américaine. Rudolf avait fait près de 1 200 kilomètres en vain. Il arrivait tous les mois que des Russes passent à l'Ouest, mais ceux qui passaient de l'Ouest à l'Est, en groupes, comme Burgess et MacLean, Martin et Mitchell, s'attiraient davantage les gros titres.

Avant de quitter Moscou, Noureev se procura une caméra huit millimètres et de la pellicule, et demanda à un ami de filmer Bruhn pendant qu'il était en Russie, afin qu'il puisse étudier sa prestation à son retour de Berlin.

Qui sait comment les choses auraient pu tourner si Bruhn et Noureev s'étaient rencontrés à Moscou ou Leningrad? Pour ce qui est de Noureev, la tournée que l'on avait exigé qu'il fasse pendant le passage de Bruhn fut un véritable fiasco. La direction (c'est-à-dire Sergeev) lui avait présenté cet engagement à Berlin, qui coïncidait avec un festival, comme un honneur, mais Rudolf ne vit pas les choses ainsi. D'une part, le festival accueillait des danseurs venus de Pologne, Hongrie, Roumanie, Tchécoslovaquie, et non pas exclusivement de Russie. D'autre part, Berlin n'était qu'une étape dans ce contrat. Durant un mois après le festival, Rudolf se retrouva en tournée à travers toute l' Allemagne de l'Est, avec un cirque ! Il couvrit ainsi plus de 5 000 kilomètres en bus, trente petites villes, dansant dans des théâtres improvisés ou endommagés par les bombes, et même dans des *cafés**.

Noureev trouva ce mois « détestable ». Il confiera plus tard à son assistante Joan Thring que durant cette tournée, il songea pour la première fois à passer à l'Ouest. C'est avec joie qu'il rentra à Leningrad. Cependant, de mauvaises nouvelles l'attendaient : il n'était pas prévu qu'il danse à nouveau avant trois mois. Il fut désespéré de voir que les autorités du Kirov (Sergeev encore) se moquaient de lui. Sa seule lumière, dans tout cela, fut le film qu'il avait fait faire de Bruhn, et qui lui fit une très forte impression. Ainsi en a-t-il parlé à John Percival, le critique de ballet du *Times* : « C'était sensationnel. Il était le seul danseur qui arrivait à m'impressionner jusqu'à me donner le frisson. (...) Il y avait un jeune danseur qui disait l'avoir trouvé trop froid. Froid, oui - froid au point de brûler. »

Rudolf en profita pour rentrer chez lui, à Oufa. Il vit sa mère, qui montrait maintenant les premiers signes de la maladie qui allait dominer ses vieux jours, des douleurs articulaires dans les jambes. Elle semblait avoir accepté que son fils fût devenu danseur. Les gens d'Oufa qui se souviennent d'elle à cette période s'accorde à dire qu'elle était fière de lui. Mais les relations de ce dernier avec son père ne s'améliorèrent jamais.

A son retour à Leningrad, Rudolf découvrit, à sa grande consternation, qu'avant de danser à nouveau au Kirov il devait repartir pour une nouvelle tournée en province. Cette fois, c'était à Ioshkar-Ola, dans le nord de la Russie. Une telle tournée n'avait rien de réjouissant. Le souci principal de tout danseur est le froid et les raideurs qu'il entraîne, sans compter la menace d'une blessure. Rudolf dit à Sergeev qu'il préférait faire le voyage jusqu'à Ioshkar-Ola en avion plutôt qu'en train. Au besoin, il paierait le voyage de sa poche. Mais, pour Sergeev, il n'en fut pas question et Rudolf dut une fois de plus se résigner à prendre le train.

En route il découvrit autre chose qui le contraria davantage. Il avait pour compagnon de voyage, dans cette nouvelle tournée, le même cirque avec lequel il avait voyagé en Allemagne de l'Est. Le Kirov, cette fois, poussait la plaisanterie un peu loin. On le tenait éloigné de Leningrad durant des mois, loin d'un public qui pouvait décider de sa carrière.

En arrivant, furieux, à Ioshkar-Ola, il s'aperçut que l'on s'attendait à ce qu'il danse le tout premier soir, dans cette contrée nordique glaciale. C'était bien la dernière des exigences à avoir. Rudolf prit rapidement une décision. Froidement, il fit ce qu'on lui demandait, mais ce fut tout. Après la représentation, il donna sa démission et sauta dans le premier train de nuit, pour Moscou, puisqu'il n'y en avait pas pour Leningrad. Il en avait assez d'être pris pour un idiot.

Naturellement, la nouvelle de la dernière frasque de Rudolf ne mit pas longtemps à parvenir au Maryinski, et il s'attendit à une véritable explosion. Elle arriva mais, ce qu'il n'avait pas prévu, non des autorités du théâtre ellesmêmes, ou de Sergeev, mais du ministère de la Culture. Il fut convoqué pour faire au ministre, à Moscou, un rapport sur sa conduite. On le fit attendre durant presque une heure, ce qui n'était guère bon signe. Étaient-ils déterminés maintenant à le renvoyer chez lui à Oufa, comme il l'en avait déjà menacé? On le fit entrer enfin dans un bureau où était assis un bureaucrate austère. Cela non plus n'était pas bon signe. Il aurait mieux valu être reçu par le ministre en personne, Ekaterina Furtseva.

L'homme ne se leva pas à l'entrée de Noureev. Au lieu de cela, il se mit à lire une feuille qu'il avait sous les yeux. C'était le verdict. En conséquence de son insubordination, il serait doublement puni. En premier lieu, on ne lui permettrait plus jamais de traverser la frontière d'un pays étranger, qu'il s'agisse d'une frontière du bloc de l'Est ou de l'Ouest. Et il ne partagerait plus jamais l'honneur de se produire devant les dirigeants du gouvernement soviétique.

Noureev n'arrivait pas à en croire ses oreilles. Songeant à cette journée où il avait pris plaisir à danser devant Khrouchtchev et à écouter les chansons de Voroshilov, il se dit qu'il pourrait très bien vivre sans connaître à nouveau cet honneur. Pour ce qui était de l'autre punition, il en allait autrement. Elle le touchait droit au cœur. Plus qu'aucun autre, il aimait être en compagnie d'artistes étrangers. Lui, entre tous, aimait le style de l'Ouest, d'Erik Bruhn aux lunettes de soleil, de Van Gogh à *My Fair lady.* Seul il savait qu'au plus profond de lui il songeait à passer à l'Ouest. C'était une punition terrible.

En fait, c'était plus insupportable que cela. On venait tout juste d'annoncer que l'année suivante, en 1961, le Kirov entamerait sa première tournée à l'Ouest depuis la fin de la Seconde Guerre mondiale. Le point culminant de la tournée serait un passage à Covent Garden, à Londres, où se trouvait le Royal Ballet, peut-être le plus grand rival du Kirov à ce moment-là. Avant, il y aurait un autre arrêt, dans une ville de l'Ouest encore plus belle que Londres, et qui était la ville du ballet : Paris.

Et ce bureaucrate venait de lui dire qu'il ne partirait pas.

• • • • •

La Muse me suivit

... La Muse me suivit
Mais je fus las de leur alliance
Et fuis au loin ... La Muse me suivit.

L'année 1961 fut une bonne année pour le Kirov. Il n'y eut pas moins de douze nouvelles productions, par Leonid Jakobson, Ristislav Zakharov, et Sergeev lui-même. La simple liste des ballerines montre tout le talent à l'œuvre - Ninel Kurgapkina, Irina Kolpakova, Natalia Makarova (qui obtint son diplôme cette année-là), Nona Yastrebova, Lyuba Voishnis, et la dernière mais non la moindre, Alla Shelest. Les conditions de vie à l'intérieur de la compagnie s'étaient améliorées au cours des années 50. En 1951, le gouvernement soviétique avait doublé le salaire des artistes. En 1954, et de nouveau en 1958, un groupe du théâtre était allé à l'étranger dans des pays socialistes. Mais 1961 fut une année passionnante pour les danseurs, c'était là leur première chance de voir l'Europe. Dans le monde du ballet classique, Paris et Londres étaient les villes les plus importantes du monde en-dehors de Leningrad.

Les Russes, à cette époque, n'étaient pas tout à fait coupés de l'Ouest. Certains films étrangers étaient autorisés, des films français en particulier, du fait qu'il existait en France un Parti communiste en plein essor. L'acteur Gérard Philippe, par exemple, était très connu en Russie. Et, bien sûr, il existait des tas de magazines et de livres de contrebande pour ceux qui le désirait. Marina Ilicheva se souvient que Noureev, vers l'année 1960 lisait *Hemingway* et remarque, alors que ces auteurs étaient interdits, ainsi que Boulgakov, l'écrivain soviétique dont il était si difficile de se procurer l'œuvre.

Dans le même temps, la politique pénétrait tous les secteurs en Unions soviétique, et le Ballet du Kirov ne faisait pas exception à la règle. Au Maryinski, le Parti communiste était solidement représenté, le directeur de la « cellule s» de Noureev, Nikolaï Yatskovsky, étant un membre de l'orchestre. Il fut plus tard remplacé par Nikolaïevna Rizhovaïa, bien que Sergeev lui-même, comme nous l'avons vu, entretînt des liens très étroits avec le Parti. Le Komsomol était particulièrement puissant dans le ballet, son secrétaire étant lui-même un danseur, Misha Domarov. Arkharova était responsable de l'éducation politique, et tenait des séminaires dans le théâtre sur la politique et sur l'histoire du Parti. La présence à ces séminaires était obligatoire pour les membres du Parti, tandis que tous les autres avaient le choix de leur décision, (c'est-à-dire qu'ils y étaient vivement encouragés).

Danseurs, chanteurs et musiciens aussi bien qu'ouvreuses ou employés d'entretien, tout le monde y assistait. Tout le monde, sauf Noureev. Selon Arkharova, il ne vint pas une fois.

Avec une tournée à l'étranger en perspective, la présence aux meetings politiques devenait quelque chose d'encore plus importante. Ce n'était pas le travail des commissaires politiques de choisir ceux qui partiraient en tournée; c'était celui de Sergeev. Mais le commissaire pouvait - et ne se gênait pas pour çà - empêcher certaines personnes de partir bien qu'elles aient été choisies. Tout le monde avait entendu parler de danseurs, de musiciens - et même de stars de l'opéra - qui avaient échoué mystérieusement, au dernier moment, dans leurs démarches pour obtenir leur visa de sortie, ou même qui avaient été sortis de leur avion à la dernière minute. Les autorités soviétiques étaient partagées entre le prestige que de telles tournées leur assuraient, témoignant du haut niveau artistique que le système soviétique avait permis d'atteindre, et la crainte des défections.

L'année 1961 eut justement un nombre important de défections. Au cours des années 50, il y eut beaucoup de mouvement, dans un sens ou dans un autre : Petrov en 1950, Burgess et MacLean en 1951, Reino Hayhanen en 1957, Pavel Monat en 1958; en 1954 et 1959 : trois passages dans les deux sens. Mais, en 1961, il y eut six défections, en plus des activités qui y étaient plus ou moins liées, comme l'arrestation de George Blake, et de Heinz Felfe, le procès de Peter et Helen Kroger, et celui de Konan Molody (Gordon Lonsdale), et la construction du mur de Berlin. Les services de sécurité étaient particulièrement nerveux concernant la tournée du Kirov.

Paradoxalement, après tout ce qui s'était passé au cours des premiers mois de 1961, Noureev dansa plus pour le Kirov qu'il ne l'avait jamais fait jusque-là. Il dansa l'Oiseau Bleu dans *La Belle au bois dormant* à la fin du mois de janvier, il apparut dans le rôle du prince dans *Casse-Noisette* deux fois en février, et une fois avec Shelest dans *Laurençia*. En avril, il dansa le prince Siegfried dans *Le Lac des cygnes*. Pour la représentation de *La Belle au bois dormant*, ses parents quittèrent Oufa et vinrent enfin le voir danser. Il leur obtint des places au premier rang, et, lorsqu'ils arrivèrent, les haut-parleurs du théâtre annoncèrent leur présence, une marque d'honneur qui n'était pas due à toutes les stars du ballet. Après cela, les membres de l'administration du Kirov s'occupèrent de les divertir, et, pour ce seul soir, Hamet fut fier de son fils. Mais, Rudolf était irritable. Autour de lui, la compagnie se préparait à partir en tournée à l'étranger, et lui n'en faisait pas partie. La tournée s'inscrivait dans le cadre d'un échange culturel avec les Anglais : le Royal Ballet viendrait au même moment en

Russie. Le caractère arbitraire et capricieux des autorités fut encore souligné lorsque, peu avant le début de la tournée, Alla Shelest, alors la plus grande star féminine du Kirov, en-dehors de Dudinskaya, apprit qu'elle ne partirait pas. C'était comme si elle et Rudolf devaient tenir le fort à Leningrad, pendant que les autres jouiraient des plaisirs de Paris et de Londres.

Mais, un mois environ avant le jour du départ, il se produisit un changement crucial au Kirov. Les danseurs vedettes de la compagnie étaient, à strictement parler, Konstantin Sergeev et Natalia Dudinskaya; pourtant, ne s'étant pas produit à l'Ouest depuis longtemps, ils étaient aussi inquiets que les autres de danser à Paris et à Londres. Vers la fin du mois d'avril, la nouvelle tomba, dépêchée par George Soria, l'imprésario parisien du Kirov : Sergeev et Dudinskaya étaient trop âgés pour être les stars de la tournée. Le télex de Soria rappelait à la direction du Kirov que le public parisien était connu pour être très exigeant, et qu'il ne se satisfairait certainement pas d'une star homme qui avait dépassé la quarantaine et d'une danseuse qui avait dix ans de plus. Au début des années 60, dans la musique, la mode et les films occidentaux transparaissait un véritable culte de la jeunesse. Soria était inflexible. La distribution *devait* être modifiée.

Cette nouvelle jeta la confusion au Kirov. Le programme ne pouvait pas être changé pour convenir à de jeunes danseurs dont le répertoire était plus limité que celui de Sergeev et Dudinskaya, parce que les billets du spectacle avaient déjà été vendus en France. La seule alternative pour la compagnie était de choisir un jeune soliste qui reprendrait le répertoire de Sergeev. Noureev avait très peu d'espoir d'être choisi : ils se détestaient trop. Et il n'avait pas besoin qu'on lui rappelle ce qu'on lui avait dit au ministère de la Culture, qu'il ne voyagerait plus jamais à l'étranger. Pourtant, le programme de Paris qui incluait *Le Lac des cygnes*, mais aussi *La Belle au bois dormant*,

Giselle et *Don Quichotte*, ainsi que *La Bayadère* et enfin *Tarass Boulba*, autant de rôles que Rudolf connaissait et qu'il avait dansés, pour certains, cette année-là ou la précédente, avec succès. En outre, il était connu pour son aptitude à apprendre un rôle rapidement, et il restait à peine un mois avant le premier soir. C'était comme revenir au temps où, soliste d'Oufa pour la *Dekada,* il s'était blessé et n'avait pu se produire sur scène; et qu'il avait sauvé la journée au dernier moment. Mais, cette fois, les événements se jouaient à plus grande échelle.

Le direction du Kirov et le ministère de la Culture durent ravaler leur fierté. A la fin du mois d'avril, Noureev apprit qu'il était choisi pour aller à Paris.

Il en fut tout excité. Ses voyages internationaux l'avaient mené à Vienne, au Caire ou à Berlin-Est, rien de comparable avec les grandes villes du monde. Il passa les semaines qui suivirent en salle de répétition, Sergeev et Pouchkine l'aidant à améliorer sa technique. Durant ce mois, Zoya Arkharova remarqua un changement chez Noureev. « Normalement, il était toujours débraillé, l'allure négligée. Pourtant, avant la tournée, le photographe du théâtre prit quelques photographies de lui dans un but documentaire, et il était totalement différent sur ces clichés : un jeune homme séduisant, portant une chemise blanche rayée, propre et décente. Il demanda à avoir quelques-unes de ces photos pour les envoyer à sa mère. Je lui dis que je ne pouvais pas m'en séparer pour le moment, mais qu'il les trouverait prête à son retour d'Europe et qu'il pourrait alors les envoyer chez lui.» Arkharova mentionne cet incident comme preuve que Noureev avait l'intention à ce moment-là de revenir à Leningrad. Elle s'en tient ainsi à la version officielle du KGB qui veut qu'il ait été « piégé » à Paris par. Mais peut-être aussi Rudolf voulait-il envoyer quelques belles photographies de lui à sa mère afin qu'elle puisse garder de son fils un souvenir flatteur.

Aussi paradoxal que cela puisse paraître, même dans ces circonstances critiques, il n'était toujours pas certain qu'au dernier moment Noureev soit autorisé à partir. La décision ne relevait pas du Kirov mais du Gouvernement, relayé par le Parti communiste local.

Dans la Russie communiste de la guerre froide, la logistique d'une tournée à l'étranger par une compagnie telle que le Kirov était extraordinaire. Plus de quatre cents personnes pouvaient faire le voyage - danseurs, musiciens, ouvriers, personnel de l'administration, costumiers et maquilleurs, membres de la sécurité -, bien que pour la tournée de 1961, « seulement » cent-quarante personnes devaient faire le voyage. Pour chacun de ces individus, une *karaxteristic*, une « description de personnalité » devait être rédigée. Au Kirov, c'était le travail d'Arkharova. Quiconque avait une *karaxteristic* prêtant à suspicion se voyait refuser l'autorisation de partir. Ces descriptions étaient rédigées par le responsable de chaque groupe (ballet, chœur, orchestre, etc.), puis soumises à l'attention d'Arkharova. Elle tenait un carnet sur chaque membre du Kirov, dans lequel elle consignait ses impressions et ses observations, basées sur ses propres contacts avec l'individu, et notait ses participations aux meetings organisés par le Parti ou à ses propres séminaires.

En théorie, ces descriptions de personnalité devaient être vérifiées par Rachinsky, le directeur administratif de la compagnie, mais en pratique, il laissait à Arkharova le soin de tout gérer. Elle les expédiait au bureau local du Parti, qui les vérifiait à nouveau et les faisait suivre ensuite au *NestCom* (le comité du Parti pour tout Leningrad). Le bureau local aussi bien que le *NestCom* avaient le droit d'ajouter des commentaires, et de recommander ou de refuser une permission de voyager à l'étranger. Les *karaxteristics* étaient enfin envoyées au comité du Parti communiste régional (pour tout Leningrad et la région administrative environnante). Le comité se réunissait chaque mercredi, et ajoutait sa propre opinion à celle des autres. Le comité régional avait également autorité pour délivrer des visas de sortie, remplis de renseignements. Sur un côté se trouvaient les détails de base (nom, date de naissance, photographie), et sur l'autre des détails concernant le lieu de travail, des études, et une liste de parents proches (pour bien rappeler au porteur du document qui souffrirait de son absence, s'il choisissait de ne pas revenir).

Quand les *karaxteristics* étaient passées par le comité régional, Arkharova en portait un exemplaire au quartier général du Parti communiste à Smolny, un quartier de Leningrad (où Lenine avait son QG durant la Révolution), et un autre au ministère de la Culture à Moscou. Ce Ministère délivrait les passeports pour l'étranger et les billets, qui étaient envoyés au Service des douanes de Leningrad, lequel service devait délivrer une autorisation séparée pour chaque voyageur. En d'autres mots, le voyageur avait besoin pour sortir du pays d'un visa de sortie délivré par le Parti, d'un passeport du gouvernement, et d'une permission écrite du Service des douanes. Toute cette paperasserie ne nécessitait pas moins de seize photographies par personne et par pays visité. Pour le voyage Leningrad-Paris-Londres, Akharova dut réunir pas moins de trente-deux photographies pour chacune des cent-quarante personnes inscrites au départ, soit un total de quatre-mille-quatre-cent-quatre-vingt photographies.

La compagnie devait s'envoler pour Paris le 11 mai. Rudolf répéta jusqu'au matin du dernier jour. Cet après-midi là, il se rendit aux bains publics de la gare Baltiskaya. Le soir, il dîna avec les Miasnikova dans la rue Tchaïkovsky. Les « nuits blanches » n'étaient pas loin, et il faisait jour dans Leningrad jusque très tard le soir. Après dîner, il se promena avec ses amis le long du canal Moïka, l'un des plus beaux de la ville, jusqu'à la cathédrale Saint Isaac. La conversation tournait autour de Pouchkine, le plus grand des poètes russes, dont Rudolf appréciait les écrits et avec qui il se sentait en sympathie, en cela que les relations du grand homme avec sa famille avaient été explosives, et parce qu'il était d'un tempérament versatile. (Il existait également quelques différences marquées entre Rudolf et Pouchkine, mais, ce soir-là du moins, il choisit de les ignorer.) La veille de visiter la ville-berceau du ballet, Rudolf était en passe de succomber à la nostalgie de Leningrad, qu'il s'était pourtant juré d'éviter.

Le lendemain, il fut accompagné à l'aéroport par sa sœur Rosa[5]. Arkharova était là également, distribuant les documents nécessaires pour le voyage au dernier moment. C'était toujours une période de tension : l'instant où les gens découvraient qu'on leur avait refusé la permission de voyager. Deux hommes du KGB, des *shtatskomm*, des « hommes en civil », faisaient le voyage avec la compagnie. On pouvait les voir en grande conversation avec des employés du bureau du parti local en service dans le bâtiment de l'aéroport.

Mais, le départ se passa sans histoires. Rudolf reçut ses papiers commes les autres. Il embrassa Rosa et monta dans l'avion. Le Tupolev roula lentement au sol jusqu'à la piste d'envol. Noureev était terrifié par l'avion et il se recroquevilla sur son siège avant même que l'appareil n'ait quitté le sol. Mais l'avion prit de l'altitude sans problème et, quelques heures plus tard, se posa à Paris.

La nouvelle de l'arrivée du Kirov dans la capitale française fit sensation. En 1954, à la venue du Bolchoï, la situation politique en Indochine s'était rapidement dégradée, au point que la compagnie avait dû repartir sans même donner une représentation. Cette fois, les amateurs de danse avaient été préparés. En juin 1961, un article de *Dancing Times*, par Natalia Rosslavleva, avait présenté les meilleurs danseurs, citant avec plus d'insistance Irina Kolpakova (« la dernière ballerine sortie diplômée de la Vaganova »),

5 - Des témoignages ultérieurs feront état de la présence de sa mère ce jour-là. Noureev n'en a jamais parlé, mais il a peut-être gardé le silence pour la protéger.

Vladilen Semenov (« le danseur noble de la compagnie ») et Noureev (« fougueux, plein de tempérament et possédant une excellente formation »).

Un car attendait les danseurs à l'aéroport du Bourget pour les conduire à l'Hôtel Moderne, place de la République. Noureev devait partager sa chambre avec Youri Soloviev, « Youri-Cosmique » comme on l'appelait en raison de la puissance de ses sauts, alors que Youri Gagarin venait de réussir en avril 1961 le premier vol spatial humain.

Il restait trois jours de répétition avant le premier soir de la « saison » du Kirov, qui durerait deux semaines au Palais Garnier, qui abritait le Ballet de l'Opéra de Paris, et deux semaines au Palais des Sports, près de la Porte de Sèvres. Pour la plupart des membres de la compagnie, les trois jours de répétition eurent lieu à l'opéra, sur la scène même, afin que chacun puisse prendre ses repères.

Noureev fut surpris que, bien que les danseurs français fussent en répétition tout près, seuls trois d'entre eux vinrent voir le Kirov. Il s'agissait de Claire Motte, de Pierre Lacotte et de Jean-Pierre Bonnefous. Leur présence, cependant, était très importante. Parmi les danseurs russes, presque aucun ne parlait français (en-dehors des mots « pirouette » ou « plié »), et Noureev ne faisait pas exception. Mais il parlait anglais, un anglais très acceptable, ce qui faisait de lui à peu près le seul danseur de la compagnie capable de communiquer avec les danseurs français.

Ils se mirent donc à bavarder et, le second soir de l'arrivée du Kirov à Paris, les danseurs français invitèrent Noureev à sortir. D'après le règlement du Kirov/KGB, il aurait dû refuser. Les danseurs, musiciens et autres avaient été divisés par groupes de dix, avec chaque fois un responsable chargé de garder un œil sur les autres. Chacun avait reçu l'instruction de n'aller nulle part seul : il fallait être au moins deux, et quatre de préférence. Même si Noureev trouvait ce règlement stupide et arbitraire, il savait ce qu'il risquait en y contrevenant. Faire fi d'une consigne de « sécurité » était une chose suffisamment importante déjà, mais le faire un soir d'ouverture était autrement provocateur. Pourtant, puisqu'il ne dansait pas, et avait vu plusieurs fois *La Belle au bois dormant*, Rudolf s'échappa pour assister à un autre spectacle. Yehudi Menuhin donnait un récital de Bach à la Salle Pleyel. Bach était le compositeur préféré de Rudolf, aussi trouva-t-il tout naturel de passer ainsi la soirée. Au regard des autorités, il pouvait paraître se moquer du règlement, mais pour lui, il s'agissait seulement de satisfaire sa curiosité, d'explorer ce que Paris avait à offrir. A quoi bon visiter une ville autrement?

En fait, il ne sortit pas avec les danseurs français à la première occasion comme on l'a dit plus tard. Le soir de la répétition en costume, il assista à une réception à l'ambassade russe. Il eut le plaisir d'y rencontrer Ekaterina Furtseva, le ministre russe de la Culture. Furtseva faisait elle-même des vagues à l'époque, rentrant à peine du Festival du Film de Cannes où elle avait faire figure du plus « chic » dirigeant russe jamais vu à l'Ouest. Le magazine *Times* lui avait consacré tout un article - sa récente perte de poids, son sens de la mode vestimentaire et ses excellentes relations avec Khrouchtchev. Furtseva était personnellement intervenue pour que Rudolf fasse partie de la tournée. Ce soir-là, elle lui dit qu'elle espérait le voir danser beaucoup plus à l'avenir, un commentaire qui ne manquait pas d'intérêt en la circonstance, comme nous le verrons plus loin.

Noureev ne devait pas danser avant le troisième soir de la « saison », et il n'était pas encore apparu sur scène que son cercle d'amis français commençait déjà à s'agrandir. Il rencontra, à travers Claire Motte, son mari, Mario Bois, un éditeur ami de Chostakovitch, qui était particulièrement bien informé sur l'Union soviétique. Il rencontra Pierre Bergé, le bras droit d'Yves Saint-Laurent, amateur de danse et familier de l'opéra. Bois, Bergé et les autres emmenèrent Rudolf à Montmartre, Montparnasse et au Louvre, et l'introduirent dans le milieu sophistiqué des *parfumeurs**, et de la *haute-couture**, souvent proches de monde de la danse et de l'homosexualité. Noureev trouva ce monde à la fois attirant et repoussant. « Les rues baignaient dans une atmosphère de fête perpétuelle. Je ressentais une attirance physique pour la ville - et en même temps une espèce de nostalgie. Car si Paris avait l'air gaie, et si les gens dans les rues me semblaient intéressants et si différents de notre morne foule russe, il y avait également en eux une certaine forme de décadence, comme s'ils manquaient d'un but solide.»

Son but à lui, à Paris, était de danser. Au cours de la tournée, le Kirov dansa trois programmes à l'Opéra. Le premier était *La Belle au bois dormant.* Le ballet reçut un bon accueil, sans plus. La discipline de la troupe était au centre des commentaires journalistiques, tout comme le sens musical et l'énergie des danseurs, ainsi qu'une certaine «douceur » de style, peut-être trop manifeste au bout du compte. Le public de l'Ouest était habitué maintenant à un peu plus de mordant dans la chorégraphie, à un peu plus de références modernes. En outre, les décors étaient beaucoup trop recherchés et démodés.

Le second programme, celui dans lequel dansait Rudolf, consistait en huit extraits de trois ballets : *La Bayadère*, *Casse-Noisette* et *Tarass Boulba.* Le public de cette seconde soirée n'était pas moins distingué que celui de *La Belle au bois dormant.* André Malraux, le ministre de la Culture française, et l'ambassadeur de Russie étaient là tous deux. Ce soir-là, les critiques furent enthousiastes. Olivier Merlin, dans *Le Monde*, alla jusqu'à se demander si le Kirov n'avait pas délibérément rendu le premier soir un peu trop doucereux pour créer d'autant plus d'intérêt autour du second programme.

Lorsque le rideau se leva, un rayon de lune éclairait seul l'obscurité. Une vague silhouette en blanc apparut, bougeant lentement en rythme avec la musique, descendant un plan incliné. La silhouette blanche fut suivie d'une autre, puis d'une autre, puis d'autres encore. C'était la célèbre ouverture de la scène du Royaume des ombres dans *La Bayadère*, où apparaissent ainsi trente-six ballerines, et l'Europe la découvrait pour la première fois. Merlin en fut ébloui. Il le fut encore plus lorsqu'Olga Moïseeva d'abord, puis Noureev ensuite, dans le rôle de Solor, firent leur apparition. Merlin écrivit de Noureev : « C'était déjà Nijinski dans *L'Oiseau de feu.*»

Une telle comparaison était peut-être prématurée, mais la danse de Noureev ce soir-là inspirait à n'en pas douter de telles comparaisons. Merlin était particulièrement séduit par ses *tours en l'air**, pas seulement parce qu'ils étaient si hauts, mais également parce qu'il réussissait un *saut de chat** (un rapide croisement des jambes) au sommet. Rudolf occupa toute la scène, imposant sa présence, écrivit le critique, poursuivant avec des doubles *tours en l'air*, ne forçant jamais aucun mouvement, restant souple et naturel durant tout le spectacle. C'était, conclut Merlin « un moment de pure émotion.»

Solor est un petit peu comme Albrecht dans *Giselle*, ou Orphée. C'est un guerrier hindou qui aime la bayadère (une danseuse attachée à un temple), mais la traite mal. Dans le dernier acte, il rêve qu'il recherche sa bien-aimée (morte) au Royaume des ombres, et ils dansent ensemble reliés par une longue écharpe flottante. A Paris, la puissante masculinité et la magnifique présence sur scène de Noureev se combinait avec une tendresse pour Moïseeva qui était presque palpable, où se lisait toute la tristesse et toute la douleur de la situation.

Merlin fut presque aussi enthousiaste à propos de Sizova, Irina Zubkovskaya, Soloviev et la chorégraphie de Jacobson, Vainonen, Sergeev et Chaboukiani ; et, dès ce soir-là, la tournée du Kirov fut marquée au sceau du succès. Mais c'est Noureev qui fut remarqué avant les autres, et pas seulement par Merlin. Claude Bagnières, dans *Le Figaro*, écrivit : « Au premier chef, il faut citer l'aérien Rudolf Noureev », remarquant sa brillante virtuosité et sa suprême élégance. *Ballet Today*, de son côté, notait « l'excellente impression » produite par la troupe, et citait de nouveau, parmi les ballerines, Moïseeva et Sizova. Pour les hommes, seuls Soloviev (« un danseur élégant ») et Noureev (« une star masculine de grande qualité ») étaient mentionnés par leur nom. Pourtant, un autre papier décrivit Noureev comme un « phénomène aérien ». Ailleurs, sous une photographie de lui en plein saut, on pouvait lire : « Les ballets de Leningrad tiennent leur homme dans l'espace ». Un périodique commenta même « la beauté fine de ses doigts.» Aucun détail ne fut oublié.

Ce que Merlin et ceux qui n'étaient pas familiers de la chorégraphie ne savaient pas, c'est que Noureev avait introduit dans le ballet quelques pas qui lui appartenaient. Marina Ilicheva se trouvait dans les coulisses et ne manqua pas de remarquer la chose : « Dans cette partie de *La Bayadère*, la ballerine danse le pas en premier, puis l'homme est censé la suivre, en faisant exactement le même pas. Mais Rudik réussit quelque chose de nouveau ; il dansa le pas deux fois, mais deux fois plus vite. Ça avait l'air bien plus difficile, et naturellement ça l'était, et cela attira l'attention sur lui. Il répéta la chose par la suite. Sur un plan strictement chorégraphique, c'était incorrect - mais très efficace. Tout le monde hors scène se mit à ronchonner et à se plaindre de la liberté qui venait d'être prise avec la chorégraphie, puis se résigna. Le public, lui, apprécia le pas à sa juste valeur.»

On eut beau grogner hors scène, la réaction du public, et celle des critiques, ne passèrent pas inaperçues de la direction du Kirov, ni de Georges Soria. Après ce premier soir, il fallut bien que Sergeev et le reste de la hiérarchie se rendent à l'évidence : c'était une star de premier plan qu'ils avaient entre les mains.

Noureev était bien décidé à tirer le meilleur de Paris. Le premier soir où il captiva tant Olivier Merlin et Claude Bagnières, Claire Motte amena une de ses amies en coulisses. Il s'agissait de Clara Saint, une jeune rousse séduisante qui était née au Chili mais vivait à Paris depuis l'âge de cinq ans. Fille de peintre, c'était une passionnée de danse. Elle s'entendit immédiatement avec Noureev, et celui-ci annonça qu'il était libre ce soir-là après le spectacle; est-ce qu'ils voulaient tous aller dîner? Ils partirent ensemble aussitôt la représentation finie, et montèrent à bord d'une voiture mise à la disposition de Rudolf par ses nouveaux amis français, qui l'attendaient. Ils regardèrent le reste du Kirov monter à bord du car et allèrent au café *Les Deux Magots*, à Saint-Germain, où ils se retrouvèrent au milieu d'une foule d'intellectuels, d'artistes, d'acteurs et de riches parasites. Udeltsova lui avait parlé de cafés de ce genre, disant qu'ils existaient autrefois à Saint-Pétersbourg. Et il y prit plaisir.

Il y avait tellement de monde aux *Deux Magots* que Noureev et Clara n'eurent pas l'occasion de beaucoup parler, (il apprit seulement qu'elle avait été fiancée à Vincent Malraux, le fils du ministre français de la Culture, et qu'il avait été tué l'année précédente dans un accident de voiture). Pourtant, il apprécia tellement sa compagnie que, deux soirs plus tard, il l'invita à une représentation du Kirov de *La Fleur de pierre*. Il ne se produisait pas lui-même, mais c'était un de ses ballets préférés; il persuada Clara d'accepter. Ce n'était pas un problème pour elle parce qu'elle avait une loge à l'opéra, et le couple s'y installa, accompagné par quelques amis parisiens.

Pour un non-Russe, tout ceci n'a rien de remarquable. Mais, dans le climat de cette époque, ce simple acte d'amitié fut considéré comme une véritable provocation par les autorités du Kirov, dont la plupart des membres, ce soir-là, étaient assis dans une autre loge, à quelques mètres de là. La vue de Noureev évitant ses collègues russes et prenant manifestement plaisir à la compagnie de Parisiens élégants - et même tapageurs - était quelque chose de particulièrement irritant. Pendant l'entracte, deux des fonctionnaires du Kirov vinrent dans la loge de Clara et demandèrent à Noureev de sortir un instant. Là, ils se mirent à critiquer son attitude qui consistait à fréquenter des personnes « indésirables ». Comme on pouvait s'y attendre, l'intervention n'eut pas l'effet recherché : plus tard dans la soirée, Noureev et Clara allèrent souper en tête-à-tête dans un petit restaurant pour étudiants près du boulevard Saint-Michel.

Noureev revit Clara aussi souvent qu'il le put. Leur liaison rendait furieuses les autorités du Kirov. D'abord, ce fut Sergeï Korkin, le directeur, qui lui dit : « Si vous revoyez encore cette déserteuse chilienne, vous m'obligerez à prendre des sanctions sévères.» C'était l'autoritarisme typique, qui cherchait toujours à rendre les gens gênants pire qu'ils n'étaient en réalité. Comment Clara aurait-elle pu avoir déserté? Et quoi?

Naturellement, cela ne fit rien pour tempérer les choses avec Noureev. Il continua de voir Clara chaque fois qu'il en avait envie. Il y avait tellement à explorer à Paris. Lui et Clara passèrent des heures au *Nain Bleu*, un magasin de jouets de la rue Saint-Honoré, cherchant le plus beau train électrique qu'ils pouvaient trouver. Ils passèrent trois heures dans une boutique de perruques, finissant par acheter une perruque blonde, une brune et une châtain. Chez *Galignani*, la célèbre librairie de la rue de Rivoli, Rudolf fut sidéré de voir autant de livres d'art, et il fut plus stupéfait encore de découvrir qu'il s'agissait d'une boutique, et non d'une bibliothèque, et qu'il pouvait acheter les livres exposés. Il acheta aussitôt un grand livre sur l'impressionnisme. Clara avait remarqué combien étaient vastes ses connaissances en peinture, et cet après-midi-là, il lui raconta comment lui et Arslanov s'y prenaient pour troquer les livres qu'ils empruntaient, enfants, à la bibliothèque d'Oufa.

Etant le danseur dont tout Paris parlait, Noureev se savait intouchable, du moins aussi longtemps que le Kirov était en France. A chaque représentation, sa stature augmentait. Sa renommée avait même traversé la Manche. *Dance Magazine* s'était fait l'écho de son triomphe parisien, et quelques critiques britanniques, comme Nigel Gosling de l'*Observer*, avaient aussitôt fait le voyage à Paris, s'en retournant outre-Manche porteurs d'éloges dithyrambiques.

Les autorités du Kirov firent danser Noureev les soirs où il n'était pas prévu au programme. Ce fut astucieux, car la nouvelle fit bientôt le tour de Paris, et ceux qui avaient été déçus de n'avoir pas pu obtenir de billets pour voir la nouvelle sensation pouvaient maintenant avoir cette chance. A chaque soirée l'excitation était à son comble. Il ne restait plus un seul billet pour la saison entière.

Plus le Kirov utilisait Noureev pour assurer la promotion de la troupe, plus libre il se sentait de suivre ses propres inclinations à Paris. Pourtant, s'il aimait la capitale française, il n'était pas aveugle à ses défauts. Le 9 juin, il appela Tamara Myasciorva à Leningrad. Il avait, dit-il, acheté des costumes, et aimait particulièrement l'un d'eux, un bleu clair qu'il avait choisi en vue de danser le rôle principal de *La Légende de l'amour*, un de ses ballets préférés, mais que l'on ne dansait qu'en Union soviétique. Il confia à Tamara qu'il avait hâte d'être à Londres. Il en avait assez de Paris, dit-il. Le public français était « idiot », alors que les Anglais « comprenaient vraiment le ballet.»

Mais, il restait encore une semaine avant que la troupe ne quitte Paris. Elle avait déjà quitté l'Opéra, et pris possession d'autres lieux : le Palais des sports. C'était plus grand, mais moins à la mode. Le public était plus jeune, moins connaisseur, mais n'en appréciait pas moins le spectacle.

Le Kirov n'était pas la seule compagnie de danse présente à Paris cet été-là. En fait, c'était un véritable festival. Pour commencer, il y avait les Grands Ballets du marquis de Cuevas, spécialisés dans les œuvres classiques. Il y avait également les Ballets de l'Opéra de Berlin, le Ballet National de Cuba, le Ballet National Folklorique de Mexico, les Ballets Peruano de Lima, le Ballet national du Katanga, et des groupes de danse folklorique venus du Liban, de Madagascar et du Niger. Assez pour rendre heureux n'importe quel fan de danse, et Noureev était rarement dans sa chambre.

Une de ses rencontres les plus intéressantes eut lieu durant cette dernière semaine. Noureev accepta avec enthousiasme une invitation à rencontrer Raymondo de Larrain, un ami proche de Clara qui dirigeait les Ballets du marquis de Cuevas, une compagnie de ballet privée qui avait ses quartiers à Paris, et qui était la propriété du marquis jusqu'à sa mort survenue un peu plus tôt cette année-là. La rencontre avait pour but avoué que de Larrain montrât quelques costumes à Noureev. Clara savait qu'il était malheureux avec les costumes du Kirov et qu'il voulait en acheter d'autres pour les ramener à Leningrad. Cependant, au cours de la rencontre, une querelle éclata entre les deux hommes.

De Larrain, un petit homme aux traits marqués et au long nez pointu, qui n'était pas sans ressembler à Jean Cocteau, commença sur un ton agressif par critiquer *La Belle au bois dormant* produite par le Kirov, donnant comme argument principal que les costumes et les décors étaient tristes et démodés. Tout cela n'était guère nouveau. Les journaux s'étaient déjà fait l'écho de ces mêmes défauts le lendemain de la première. Mais de Larrain alla plus loin, disant que même la chorégraphie du ballet était pauvre. Finalement, il se lança dans une tirade similaire contre *La Fleur de pierre* de Prokofiev, qu'il trouvait, dit-il, glacial.

Noureev prit très bien les choses pendant un moment. Après tout, il appréciait la liberté de l'Ouest, en particulier la liberté de s'exprimer, qui stimulait son propre iconoclasme. Mais il était difficile d'arrêter de Larrain. Noureev aimait *La Fleur de pierre* et savait, d'après l'accueil que le Kirov avait reçu à Paris, que la chorégraphie n'était pas pauvre mais, au contraire, nouvelle et passionnante pour un spectateur européen. Ainsi, lorsque qu'il eut fini, Noureev objecta du mieux qu'il put. Il dit à de Larrain que les costumes de de Cuevas étaient superbes à plus d'un titre - finis dans les moindres détails -, mais que leur qualité même distrayait l'attention du public, qui en oubliait la danse. Il voyait bien que les danseurs de de Cuevas suffoquaient littéralement sous leurs costumes, et souffraient des « décors surfaits ». C'était une discrète allusion au fait que dans le programme le mieux accueilli du Kirov, les huit extraits tirés de trois ballets, la troupe n'avait utilisé aucun décor... Les meilleurs ballets, poursuivit Noureev, parlant anglais aussi vite qu'il le pouvait, à la façon de de Larrain, étaient ceux qui communiquaient une unique atmosphère et un message simple. Mais ce message devait être communiqué avec subtilité, et non à grands renforts d'artifices somptueux. Noureev alla finalement droit au but. Il dit que la prestation des Ballets de Cuevas l'avait laissé sur « un sentiment de malaise et un découragement face au manque de profondeur émotionnelle.»

Après sa récente dispute avec Korkin, il pouvait sembler que Noureev en voulait à tout le monde. En fait, de Larrain, qui avait lui-même quelque chose du tyran, reconnut qu'il y avait de la force dans les propos tenus par le Russe, et les deux hommes se séparèrent amicalement. Rudolf fut plus tard invité à une soirée chez de Larrain.

Cependant, à mesure que la dernière semaine de la tournée parisienne avançait, l'atmosphère à l'Hôtel Moderne devenait de plus en plus tendue. Chacun se rendait compte que Noureev était l'unique objet d'attention. Marina Ilicheva raconte ainsi : « On le voyait de moins en moins fréquemment à l'hôtel. On bavardait, et il se disait des choses déplaisantes à son égard, qu'il préparait quelque chose, quoiqu'il continuât d'assister aux cours et de danser superbement.» Deux membres du KGB, les « hommes en civil », montaient la garde devant l'hôtel, jour et nuit, prêts à suivre Noureev où qu'il allât. Clara Saint ne sentit peut-être pas qu'ils étaient suivis, pourtant ils l'étaient. Puisqu'on lui avait maintenant expressément interdit de rencontrer des étrangers, toute nouvelle infraction à cette consigne pouvait lui valoir d'être renvoyé chez lui.

La dernière représentation de la troupe à Paris, une *soirée de ballets**, eut lieu le mercredi 15 juin. Ce matin-là, dans *Le Monde*, Olivier Merlin souhaita un adieu chaleureux à la compagnie. L'article s'intitulait « La leçon du Kirov », et Merlin écrivit que « son affreux libéralisme bourgeois » était gêné par la nature hermétique de la vie du Kirov en-dehors de la scène. Il était fâché, dit-il, que la sensibilité slave des Russes ait été subsumée dans le socialisme, et que le Kirov, hors de la scène, soit resté sur son quant-à-soi, comme emmuré. Il avait le sentiment que les Français venaient de manquer une occasion de connaître mieux les Russes, et que, pour leur part, les Russes avaient délibérément évité les plaisirs des « troublants trottoirs » de Paris. En même temps, il rendait hommage au « tout-puissant rêve » de la direction du Kirov, des gens qui avaient, dit-il, une dimension tolstoïenne, et il les remerciait d'être venus avec leur « inestimable bien » à Paris.

Il termina son article comme il avait commencé, plus de trois semaines plus tôt. La veille, il y avait eu une représentation du *Lac des cygnes*. « Hier soir, écrivit-il, ils ont donné peut-être l'interprétation la plus merveilleuse du *Lac des cygnes* que j'aie jamais vue »; et il faisait l'éloge en particulier « d'Alla Osipenko et Rudolf Noureev, dont les noms ont déjà rejoint ceux de Karsavina et Nijinski au firmament des sylphes.»

Qu'il en eût conscience ou non, Merlin pouvait difficilement écrire quelque chose de plus irritant pour la direction du Kirov. Le seul homme qui avait brisé les murs emprisonnant la compagnie, le seul homme qui avait goûté aux plaisirs des « troublants trottoirs » de Paris, le seul homme qui donnait à ses supérieurs tolstoïens des problèmes dostoïevskiens, était celui auquel, régulièrement, Merlin rendait hommage et qu'il plaçait largement au-dessus des autres. C'était comme si Merlin savait ce qui se passait dans les coulisses de l'Hôtel Moderne, et prenait le parti de Noureev. Le critique *du Monde* était peut-être inconscient de la bataille qui faisait rage à l'intérieur du Kirov, mais son article ne fit que rendre cette bataille plus âpre encore.

Ce jeudi-là, Noureev dansa une nouvelle fois Solor dans *La Bayadère.* Son interprétation n'avait rien perdu de sa vivacité et le public, comme toujours, fut conquis. Et, parce que c'était la dernière, les applaudissements durèrent plus longtemps encore que d'habitude. Fidèle à lui-même, cependant, Noureev ne resta pas pour la petite fête prévue ensuite. C'était sa dernière chance de s'échapper avec ses amis français et de profiter des plaisirs de la nuit parisienne. Ils retournèrent au café *Les Deux Magots*, à Saint-Germain, qui avait servi de cadre à son premier dîner dans la capitale. Après cela, Clara et lui s'esquivèrent tout naturellement et marchèrent le long de la Seine. Noureev n'ignorait pas les répercussions de ses actes à l'intérieur de la compagnie, et il confia à Clara qu'il se pouvait qu'il ne revoie jamais Paris. Aussi voulait-il passer une dernière nuit mémorable. Dormir était hors de question.

Ils marchèrent jusqu'à la rue Bonaparte, longèrent le quai des Grands-Augustins, traversèrent le Pont de l'Archevêché et remontèrent par le Quai des Orfèvres. Il était presque trois heures du matin. Mais la nuit était douce et, sur un banc près du Pont-Neuf, ils continuèrent de bavarder. Noureev ne manifesta aucune nostalgie. Clara se souvient qu'il ne parla pas de la Russie, du passé, de Leningrad ou de sa famille. Il était triste de devoir quitter Paris. Mais, surtout, il se réjouissait à l'avance de voir l'Angleterre, de découvrir le style du ballet anglais, le public anglais, de voir en quoi ce dernier différait du public français. Il redoutait la rencontre avec l'Ecole de ballet anglais, Margot Fonteyn et tous les autres danseurs, car il avait entendu dire que le ballet anglais surpassait le français. Pas un instant il n'interrogea Clara sur elle-même. C'était, dit-elle, un parfait narcissique.

Alors qu'ils étaient assis sur ce banc, face au Quai Voltaire, le soleil se leva sur la gauche. Le ciel était clair, la journée promettait d'être splendide. Ils bavardèrent ainsi jusqu'à six heures du matin, jusqu'à ce que leur parvienne les odeurs de café chaud. Ils se levèrent et se dirent *au revoir** et non *adieu**, parce que Clara avait déjà promis de le rejoindre à Londres pour le voir danser. Elle arriverait dans quelques jours.

Ils se séparèrent au Pont-Neuf. Clara vivait chez sa mère Quai d'Orsay, sur la rive gauche ; elle rentra chez elle et se coucha. Noureev, lui, marcha vers le nord et la place de la République par le boulevard de Sébastopol. Il était sept heures lorsqu'il arriva sur la place. Devant le *Café République*, le trottoir venait d'être fraîchement arrosé par un camion qui nettoyait les caniveaux, et le soleil miroitait sur le pavé. Un serveur essuyait les tables en marbre, tandis qu'un autre déroulait le store à rayures vert et blanc. L'odeur du pain chaud était dans l'air.

Une partie de Noureev détestait devoir quitter Paris, mais, ainsi qu'il l'avait dit à Clara, il avait hâte d'être à Londres. Etant donné le succès personnel qu'il venait d'obtenir à Paris, et ce qu'il avait entendu dire du public londonien, réputé connaisseur, il se prenait à espérer un accueil plus enthousiaste encore à Covent Garden.

Il eut un petit pincement au cœur lorsque, devant l'hôtel, il aperçut le bus bleu qui avait attendu les danseurs du Kirov à l'aéroport, et avait transporté la plupart d'entre eux durant leur voyage touristique en France. Des valises étaient déjà alignées dehors, le long du bus. Le vol de la BEA ne quittait pas Le Bourget avant dix heures et quart, mais il fallait qu'il fasse ses bagages s'il voulait pouvoir prendre un rapide petit déjeuner.

Soloviev se trouvait dans la chambre quand Noureev arriva. L'air penaud, il expliqua en murmurant que les hommes du KGB lui avaient demandé de fouiller dans ses affaires pendant son absence, pour voir s'il ne s'y trouvait rien de compromettant, rien qu'ils pourraient utiliser contre lui. Noureev, d'abord choqué, préféra prendre les choses avec légèreté. « C'est drôle, dit-il à Youri, ils m'ont demandé de faire la même chose avec toi ! » Et ils rirent tous les deux.

Le bus quitta l'hôtel peu après huit heures. L'aéroport se trouvait à une demi-heure de route. Dans le bus, personne ne se vit demander son billet pour le vol de Londres. C'était inhabituel, car normalement un des officiels (comme Arkharova, à Leningrad) s'occupait de regrouper les billets de chacun. Noureev voyageait vêtu d'un pantalon noir, d'une veste bleue et portait un béret sur la tête. Il rangea son billet dans la poche intérieure de sa veste.

Le Bourget était l'aéroport international principal de Paris à l'époque, mais, en 1961, avant l'ère des voyages en jet, l'endroit était assez petit, un ensemble de structures carrées en verre et en béton. Les arrivées et les départs se faisaient sur un seul niveau, à l'intérieur d'un vaste hall.

La compagnie y fut accueillie par un grand nombre de fans, les bras chargés de fleurs. La saison du Kirov n'avait pas seulement été un succès, sa présence avait été suffisamment inhabituelle et appréciée pour mériter des adieux chaleureux. Soudain, au milieu de cette cérémonie non officielle, apparut Bogdanov, un des membres du personnel administratif, qui entreprit de rassembler les billets des uns et des autres. Les choses semblaient de nouveau prendre un tour normal, et pourtant quelque chose était étrange. Noureev fouilla dans sa poche intérieure et tendit son billet.

Il se tenait près du bar, d'où il pouvait voir le contrôle des passeports et l'entrée de la salle des départs. Au bar *Les Soucoupes*, se trouvaient Georges Soria, l'imprésario parisien du Kirov, venu dire adieu à la compagnie, et Pierre Lacotte, venu dire au revoir à Noureev. Olivier Merlin se trouvait là également, vêtu d'une tenue de motard en cuir (sa Harley Davidson était garée dehors). Celui-ci s'était montré particulièrement élogieux envers Noureev dans ses articles, mais il ne comprenait pas la raison de sa présence à l'aéroport : un départ ne pouvait faire qu'un article ennuyeux, sans aucun doute. Savait-il quelque chose que Rudolf ignorait?

Sa curiosité éveillée, Noureev repensa soudain au curieux manège des billets. Pourquoi les leur avait-on laissés dans un premier temps, pour les leur reprendre ensuite? Et puis, il y avait eu cette histoire avec Youri dans leur chambre d'hôtel, les attentions indiscrètes du KGB.

Avant qu'il ait pu tirer cela au clair, ou commander un café au bar, ou encore interroger Merlin sur la raison de sa venue, Noureev fut abordé par Sergeev.

- Rudy, lui dit-il doucement, tu ne viens pas avec nous maintenant. Tu nous rejoindras à Londres dans deux jours. Nous venons juste de recevoir un télégramme de Moscou nous informant que tu es attendu pour danser au Kremlin demain. Nous allons te laisser; tu prendras le Tupolev qui décolle à midi trente.

Marguerite Alfimova raconte qu'elle vit le visage de Noureev devenir « gris cendre », « On avait l'impression que le monde venait de s'effondrer pour lui.» D'abord, elle crut qu'il était seulement fatigué, puisqu'il n'avait pas dormi de la nuit, puis elle l'entendit crier :

- Khvatit mne vrat! (Arrête de me raconter des mensonges!)

C'est la version consignée par Noureev dans son autobiographie. Cependant, selon Rezida, qui a eu l'occasion d'évoquer l'épisode avec lui lors de son retour à Oufa en

1987, ce que Sergeev lui dit en réalité fut : « Rudolf, ta mère est malade. Il faut que tu ailles à Oufa, et que tu t'arrêtes en chemin à Moscou pour danser devant le gouvernement de Khrouchtchev. Tu passeras la nuit là-bas.»

Rudolf ne fait aucune allusion à cette phrase dans son autobiographie, peut-être parce qu'il ne tenait pas à impliquer sa mère dans les événements du Bourget. Mais, si ces mots ont réellement été prononcés, la tromperie était évidente. Non seulement le ministère de la Culture lui avait fait savoir, peu de temps auparavant, qu'il ne se produirait plus jamais devant les hauts fonctionnaires de l'Administration, mais, si sa mère était à ce point malade qu'il lui fallait quitter Paris à la hâte, comment se pouvait-il qu'on lui demande de perdre une nuit à Moscou? Tout cela ne rimait à rien.

Noureev était conscient qu'il vivait là un des moments les plus critiques de sa carrière. Au-delà des soupçons que le petit discours de Sergeev, et les circonstances dans lesquelles il était prononcé avaient éveillé en lui, Noureev connaissait bien le cas de Valery Panov. Panov était parti en tournée à l'étranger avec le Bolchoï en 1955, avait pris davantage de plaisir encore que Noureev à se trouver à l'Ouest, puis s'était vu demander - ou plutôt ordonner - de rentrer à Moscou. Une fois là-bas, il avait été « retenu au sol » et on ne l'avait plus jamais autorisé à quitter le pays. Les Russes ont une expression particulière pour désigner cette situation, qui littéralement signifie : « en résidence constante en un lieu unique ».

Noureev comprit que la même chose, sinon pire, était sur le point de lui arriver. Panov n'avait pas le tempérament de Noureev. Il y avait trois ans maintenant que l'on menait campagne à l'intérieur du Kirov contre Noureev et son mode de vie, et la campagne, soigneusement orchestrée, atteignait là son point culminant. Ses ennemis avaient enfin réussi. On l'humiliait publiquement.

Il le devait à Sergeev, évidemment. Le directeur artistique n'avait-il pas été forcé de le choisir pour le remplacer, lui Noureev, l'homme qu'il détestait le plus? Comme il avait dû être mortifié de voir le succès - le triomphe - qu'il avait remporté à Paris, un succès qui aurait dû être le sien! Tout avait été facile pour Noureev. Le renvoyer chez lui, maintenant qu'il avait goûté la douceur de l'Ouest, du succès, on n'imaginait pas coup plus cruel. Enfermé en Russie, selon toute vraisemblance dans quelque endroit morne et lointain, il se fanerait. Cela revenait en quelque sorte à le condamner à mort.

Noureev, maintenant, devait essayer de gagner du temps. Il jeta un coup d'œil autour de lui. Soria et Merlin étaient toujours au bar, apparemment inconscients de ce qui se passait. Etait-ce possible? Il reporta son regard sur Sergeev et lui sourit. Puisqu'il ne les accompagnait pas à Londres tout de suite, dit-il, il voulait dire au revoir aux autres danseurs. Le Tupolev à destination de Moscou, qui devait décoller à douze heures vingt-cinq ayant été retardé de quarante-cinq minutes en raison de problèmes mécaniques, Sergeev pouvait difficilement lui dire non.

Noureev s'éloigna du bar vers l'endroit où se tenait le groupe des principaux solistes. Tranquillement, il leur répéta ce que Sergeev venait de lui dire. Ils manifestèrent leur surprise, mais la plupart d'entre eux comprirent immédiatement, comme lui, qu'il s'agissait d'un stratagème. Il n'y avait aucun rendez-vous au Kremlin, et même s'il y en avait un, il ne pouvait s'agir que d'un piège. Plus Noureev y songeait, plus il comprenait le sérieux de la situation : l'embargo ne s'appliquerait pas seulement à ses voyages; il s'appliquerait aussi à la danse, car une grande star empêchée de voyager entraînerait bien trop de questions embarrassantes sur le merveilleux système soviétique. On l'enverrait en exil à l'intérieur même du pays. Plusieurs ballerines s'étaient mises à pleurer en comprenant toutes les implications du dilemme auquel Noureev faisait face.

D'autres lui dirent qu'ils iraient à l'ambassade soviétique de Londres et se plaindraient *en masse** du traitement qui lui était réservé. Ils expliqueraient, dirent-ils, que son style de vie, bien qu'individualiste, n'avait aucune motivation politique et ne visait aucunement à critiquer le régime. Ils diraient que le talent de Noureev avait simplement besoin de suivre son propre cours.

Noureev se tourna vers Pierre Lacotte, qui se trouvait tout près également.

- Terribles nouvelles, murmura-t-il. Tout est fini. Ils me renvoient en Russie. Je ne danserai plus jamais! Pour l'amour du ciel, faites quelque chose! Je vais finir en Sibérie.

Il sortit de sa poche un poignard que Lacotte lui avait offert la veille.

- Regardez ceci, dit-il, toujours à voix basse. Si vous ne m'aidez pas, je me tuerai. Regardez ce billet. Il est pour Moscou, pas pour Londres... sauvez-moi!

Lacotte alla trouver Sergeev, mais celui-ci lui répondit :

- Rudolf n'est pas puni. Sa mère est gravement malade. Il doit se rendre à son chevet aussi vite que possible.

Lacotte ne savait plus qui croire. Mais, il remarqua que tous les danseurs s'approchaient de Rudolf pour lui dire au revoir. Quelques-uns pleuraient. Comme il le dit plus tard, « tous semblaient certains de ne jamais le revoir.»

Tout ce que voulait Lacotte maintenant, c'était empêcher que Noureev soit conduit dans la salle des départs, où personne ne pourrait plus rien pour l'aider. Aussi continua-t-il de lui parler. Olivier Merlin fut mis au courant de ce qui se passait, et proposa de l'emmener sur sa Harley Davidson, mais la présence des « anges gardiens », ainsi que Lacotte appelait les hommes en civil du KGB, empêchait toute tentative de ce genre. Il songea ensuite à appeler André Malraux, au Gouvernement, mais le joindre risquait de prendre un temps fou. Il songea ensuite à Clara Saint, la fiancée du fils cadet de Malraux. Discrètement, il inscrivit son numéro sur un morceau de papier, et, en faisant semblant de lacer ses chaussures, le passa à Jean-Pierre Bonnefous, l'autre danseur français qui se trouvait dans l'aérogare. Bonnefous s'éloigna aussitôt pour aller téléphoner.

Mais que pourrait faire Clara, et qu'est-ce que Noureev lui-même pouvait faire en attendant? Les deux agents du KGB, dont le visage et le chapeau lui étaient affreusement familiers, parlaient à Sergeev. Comme Noureev regardait dans leur direction, un des agents alla se poster devant la porte principale de l'aérogare, bloquant ainsi toute sortie.

Mais Noureev vit là sa chance. Tandis que l'homme du KGB se dirigeait vers la porte principale, il tourna le dos à Noureev. Le second continuait de parler avec Sergeev au bar. Lui aussi avait détourné les yeux. Les autres danseurs se dirigeaient maintenant vers la douane pour embarquer à bord du Vicomte BEA pour Londres.

A cet instant, Noureev se cacha derrière un pilier carré en marbre blanc juste assez large pour dissimuler sa silhouette. Ce n'était pas une vraie cachette, mais elle permettait de gagner un peu de temps. Là-dessus, tous les membres de la compagnie avaient fait mouvement vers le contrôle des passeports, et les hommes du KGB furent un peu désorientés. Ils coururent vers les derniers danseurs attroupés dans la salle des départs, pensant que peut-être Noureev était caché au milieu d'eux. Mais, sans carte d'embarquement, il y avait peu de chance pour qu'une telle ruse lui permît de prendre le large, comme ne tardèrent pas à s'en rendre compte les agents du KGB. Ils savaient qu'il devait se trouver quelque part à l'intérieur de l'aérogare, et ils ne leur fallut pas longtemps pour le trouver. Ils l'entourèrent et l'escortèrent jusqu'au bar.

Clara arriva alors dans l'aérogare. Elle dormait quand Bonnefous avait téléphoné. Il lui avait fallu à peine vingt-cinq minutes pour rejoindre l'aéroport en voiture.

Lorsqu'elle arriva, Bonnefous fut le premier à l'apercevoir, et il la conduisit jusqu'à Noureev. Elle se souvient qu'il était flanqué de deux hommes de grande taille qu'elle avait déjà vus devant l'Hôtel Moderne. Noureev avait l'air petit à côté.

Mais, il était entouré d'un tas d'autres gens : des journalistes, des fans, des assistants de Georges Soria, des membres du personnel naviguant. Bonnefous avait expliqué rapidement à Clara ce qui se passait - que le reste de la compagnie avait déjà passé le contrôle des passeports pour prendre le vol de Londres qui partait à dix heures quinze, alors que Noureev devait repartir pour Moscou par le vol de douze heures vingt-cinq. Chacun semblait conscient que quelque chose se passait, mais personne, pour autant qu'elle pouvait en juger, ne faisait quoi que ce soit.

Elle s'approcha de Noureev.

- Je suis venue te dire au revoir, dit-elle d'une voix forte, en anglais.

Ils s'étreignirent, sous le regard attentif des hommes du KGB. En réponse, Noureev murmura en anglais :

- Je veux rester. Je veux rester.

- Tu en es sûr?

- Oui. Oui.

Clara rompit l'étreinte.

- Au revoir, Rudolf, dit-elle en s'assurant qu'on l'entendait bien.

Sa première pensée fut : « combien de temps avonsnous?» En interrogeant ceux qui étaient rassemblés là, elle apprit que le Tupolev avait des problèmes mécaniques et qu'il ne décollerait pas avant treize heures. Il était juste un peu plus de dix heures. Cela lui laissait une bonne heure, au moins, avant que Noureev ne soit contraint de franchir le contrôle des passeports.

Elle ne savait toujours pas quoi faire lorsqu'elle aperçut un panneau fleché bleu sur lequel était inscrit : « police de l'aéoport». Elle trouva le bureau. Deux hommes se trouvaient à l'intérieur. Comme les agents du KGB, ils étaient en civil. Brièvement, elle expliqua la raison de sa présence à l'aéroport.

- Il y a quelqu'un en bas, un danseur russe qui veut rester en France.

- Vous êtes sûre que c'est un danseur? demanda l'un des hommes.

- Oh oui! Je l'ai vu danser. C'est une star. Tout Paris ne parle que de lui.

- Vous êtes certaine que c'est bien un danseur? Et qu'il veut rester en France?

- Oui, j'en suis sûre. Je vous en prie, aidez-le!

Un silence. Puis :

- Nous ne pouvons pas aller le chercher. Il faut qu'il vienne à nous.

- Mais, il est sous surveillance! Il y a deux hommes de l'ambassade soviétique avec lui.

- C'est votre problème.

- Il ne peut pas monter les marches, ne le voyez-vous pas? Mais, il veut rester en France.

- Retournez en bas. Prenez un café au bar. Nous vous rejoignons dans cinq minutes. Dites à votre ami qui nous sommes. Il faut qu'il vienne vers nous. L'inverse n'est pas possible.

Clara ne savait si elle devait les croire, mais elle n'avait d'autre choix que de suivre leurs instructions. Elle retourna au bar. Noureev ne la quittait pas un instant du regard, s'efforçant de ne rien laisser paraître de son inquiétude. Clara commanda un café. La police de l'aéroport allait-elle faire ce qu'elle avait promis?

Oui! Les deux policiers descendaient les marches maintenant, fumant et bavardant comme deux voyageurs tout à fait ordinaires. Ils se dirigèrent d'un pas tranquille vers le bar et commandèrent un café.

Elle attendit qu'ils soient en place, puis de nouveau s'approcha de Noureev. Elle voulait, dit-elle aux hommes du KGB, lui dire au revoir une seconde fois. Les gardes les surveillèrent du regard tandis qu'ils s'étreignaient une fois de plus.

- Deux hommes au bar, murmura-t-elle. En train de fumer et de boire un café. Police. Ils ne peuvent pas venir vers toi. Tu dois aller jusqu'à eux.

Elle lâcha son étreinte.

- Au revoir, Rudi. Bonne chance.

Elle retourna au bar, pour parler aux journalistes qui se trouvaient encore là. Elle pouvait voir - du moins l'imaginait-elle - Noureev tenter d'échapper à ses gardes. Elle pouvait voir la police de l'aéroport regarder dans la direction de Noureev, puis dans la sienne. Pourquoi n'agissait-il pas? Il n'y avait que cinq ou six mètres entre lui et la police. Combien de temps les policiers attendraient-ils au bar? Croyaient-ils toujours l'histoire qu'elle venait de leur raconter? Noureev avait-il changé d'avis? Allait-il la faire passer pour une idiote?

Noureev bondit à cet instant. Ou plutôt il courut. Vite, très vite, couvrant les cinq mètres en un rien de temps. D'une voix entrecoupée, en anglais, il laissa échapper :

- Je veux rester! Je veux rester!

Un des gardes le suivit et voulut l'attraper, mais la police française s'interposa, l'empêchant de poser la main sur lui.

- *On est en France ici**, dit l'un des policiers.

La police française, provoquée par le geste du garde, était maintenant en action, et, sans douceur particulière, escorta Noureev, suivie dans le plus grand désordre par les journalistes et leur suite. Voyant ce qui se passait, l'autre agent soviétique courut jusqu'au téléphone pour appeler l'ambassade.

A l'étage, devant leur bureau, les policiers se montrèrent prévenants et courtois - ce genre de chose n'arrivait pas tous les jours. Mais ils devaient expliquer que la défection n'était pas aussi simple qu'il y paraissait. Rudolf, dirent-ils, devait mettre sa requête par écrit, et remplir un formulaire officiel de « droit d'asile », et, avant toute chose, en accord avec la loi française, il devait passer quarante-cinq minutes seul, dans une pièce spéciale, pour réfléchir sereinement sur la décision qu'il était sur le point de prendre.

Noureev accepta la procédure et fut conduit jusqu'à la pièce, qui se trouvait juste à côté du bureau de la sécurité. Là, on lui expliqua que la pièce avait deux portes. S'il décidait finalement de rentrer en Russie, l'une des portes menait à la salle des départs et au Tupolev en attente. S'il décidait de rester en France, l'autre porte donnait directement dans le bureau de la direction de la Sûreté nationale.

La pièce dans laquelle on l'avait fait entrer était blanche, tout à fait ordinaire, sans décoration. Mikhail Klemenov, un des secrétaires de l'ambassade soviétique, grimpa alors jusqu'au premier étage et cria aux policiers :

- Noureev est citoyen soviétique! Vous devez le remettre entre nos mains!

C'était certainement la dernière tactique à adopter.

- Nous sommes en France, *monsieur**, dit l'un des policiers. Et *Monsieur Noureev** s'est lui-même placé sous notre protection.

- Vous l'avez arrêté! hurla Klemenov. C'est illégal!

Finalement, la police se laissa fléchir et Klemenov fut autorisé à entrer dans la pièce, seul avec Noureev. Voyant arriver le secrétaire de l'ambassade, Clara l'avait suivi en haut des marches. Elle se posta devant l'entrée de la pièce, et entendit parler bruyamment à l'intérieur sans pouvoir distinguer autre chose qu'un seul mot : Noureev répétait inlassablement : « Niet! Niet! Niet!». Finalement, Klemenov ressortit, referma la porte derrière lui, et l'air sinistre, quitta l'aéroport.

Dans la pièce, Noureev avait maintenant quarante-cinq minutes pour décider de son avenir. Rares sont ceux qui ont vécu une telle situation, qui ont été contraints de faire un choix aussi austère, symbolisé par deux portes identiques.

Naturellement, Noureev songea à sa famille. A sa mère, en particulier. S'il restait à l'Ouest, serait-elle persécutée par le KGB? Probablement. Parviendrait-il à lui procurer de l'argent? Il en doutait, du moins pour le moment. Elle regretterait certainement ce qu'il lui envoyait de Leningrad. Il songea à Rosa, à Rezida et à Lilia. Il plaignit Lilia, sa sœur sourde et muette, mais Rosa lui manquerait plus encore. Il songea à son père. Ce serait lui le plus embarrassé, et le plus furieux, si Rudolf choisissait de demeurer à l'Ouest. Hamet ne s'en remettrait jamais. C'était un homme fort - mais une telle nouvelle pouvait le tuer.

Noureev songea à Pouchkine, à Tseniia, à Tamara, à Liuba et à son frère. Qu'adviendrait-il d'eux s'il passait à l'Ouest? Il songea aux bains publics de Leningrad, à la Noti et à Elizaveta, à Saint Isaac, à l'Ermitage, à la Neva même. Il n'avait jamais voulu être nostalgique de Leningrad, et il savait que s'il voulait survivre à l'Ouest, il devait remiser la Russie dans un coin de son esprit. Comme toujours, quelques vers de Pouchkine lui revinrent à l'esprit :

Privé des choses douces qui ont fait ma joie,
Depuis lors, mon coeur est déchiré;
Au bonheur, j'ai préféré
La liberté et la paix.

Il eut une pensée pour le Kirov. La compagnie lui avait donné un but à atteindre, et une superbe formation. Mais, là encore, la vie n'en était que plus pénible.

Et qu'est-ce qui l'attendait à l'Ouest? Il serait seul. Il l'avait toujours été, mais ce serait différent. Il ne serait membre d'aucune compagnie. Il n'aurait pas de famille, pas de racines, et, selon toute vraisemblance, on le fuirait, ceux-là même qu'il aimait le plus. En tant que danseur, il pouvait tout simplement disparaître. D'un côté comme de l'autre, il y avait des risques terribles.

Il regarda les deux portes jumelles et lugubres qui symbolisaient son avenir. La situation était à la fois absurde et merveilleuse. Le genre de situation qui n'arrivait que dans les contes de fées, à l'opéra - ou au ballet. Pareille chose était impossible en Russie. Il entendit des voix à l'extérieur, des voix françaises, et repensa aux trois semaines qu'il venait de passer à Paris. Il n'avait fait qu'entrevoir l'Ouest, qui lui demeurait encore largement inconnu. Mais il comprit aussi que cette crainte n'était rien comparée à sa crainte de la Russie, morne, conformiste, collectiviste. L'Ouest pouvait bien être inconnu, pour un individualiste, la vie y serait plus facile. On y encourageait même l'individualisme.

Il ne restait que quelques minutes, mais sa décision était prise. Il se leva et ouvrit la porte. En face de lui les deux policiers levèrent les yeux, et, pour la première fois, lui sourirent.

A une heure dix de l'après-midi, le Tupolev quitta Le Bourget pour Moscou. Il avait quarante-cinq minutes de retard. Noureev n'était pas à bord.

• • • • •

arranger. La présence de Clara à Londres était requise pour rassurer Noureev et le réconforter durant cette épreuve. James, bien sûr, était parfaitement bien placé pour conseiller Noureev sur le travail qui lui serait proposé à l'Ouest. Le dossier du KGB consigne le fait que Wilson a été vu donnant 250 dollars à Clara Saint, à Paris, en juillet 1961. Ce renseignement fut communiqué à Moscou de deux façons : par un rapport de Paris après que la rencontre elle-même ait été observée, et par un résident du KGB à Washington, D.C., qui prétendit avoir été informé des mêmes détails par une taupe infiltrée à la CIA ayant également confirmé la somme.

Quoique puisse suggérer le dossier du KGB, Clara Saint dément complètement toutes ces accusations. Elle n'a jamais couché avec Noureev, dit-elle. Elle n'a jamais été payée par la CIA et elle n'a jamais eu de conversation à propos de la défection de Rudolf avant le coup de téléphone de l'aéroport du Bourget, que ce soit avec lui ou avec quelqu'un d'autre. Les noms de Wilson et James n'évoquent rien pour elle. Elle affirme, avec irritation, que toute cette histoire est pure invention et que lors de leur dernière nuit à Paris, avant que Noureev ne soit censé s'envoler pour Londres, ils ont marché dans les rues toute la nuit, ne se couchant pas du tout, et que Noureev lui a dit qu'il pensait qu'il ne verrait peut-être jamais plus Paris. Que les informations contenues dans le dossier du KGB soient vraies ou fausses, Clara Saint est à plaindre d'une certaine manière. Si elles sont fausses, elle doit faire face à la frustration de ne pouvoir donner les preuves que certaines choses ne sont jamais arrivées. Si elles sont vraies, même si elle n'a rien à se reprocher, c'est alors la frustration de ne jamais avoir la liberté de dévoiler son histoire qu'elle doit affronter.

Il y a une autre question qui n'a jamais été réellement abordée, et surtout pas par Noureev lui-même. Pourquoi les autorités soviétiques voulaient-elles le renvoyer en

Russie depuis Le Bourget ? Pourquoi tout est-il arrivé si soudainement ? Pourquoi ne pas attendre la fin de la tournée ? Noureev avait été la star du spectacle à Paris, il avait fait sensation. De nombreux Londoniens attendaient sa venue avec impatience. S'il dansait, le succès était assuré. Et la « saison » ne durait que quelques semaines. S'il se mêlait aux Londoniens comme il s'était mêlé aux Parisiens, ce serait certes maladroit de sa part, mais qu'était-ce à côté du bénéfice qu'il y avait à tirer de sa présence sur scène ? En 1961, il était encore plus important de « réussir » Londres que Paris.

Le soudain changement de politique qui se manifesta au Bourget était dû à la découverte par le KGB que Noureev avait l'intention de passer à l'Ouest à son arrivée à Londres. Comment l'ont-ils su ? Youri Soloviev le leur a dit. Il avait fouillé les affaires de Noureev dans leur chambre la dernière nuit, et découvert les noms de Wilson et James. Noureev n'ayant même pas pris la peine de rentrer à l'hôtel après la dernière représentation, mais ayant passé toute la nuit dehors, le KGB avait eu tout le temps de vérifier qui étaient M. Wilson et M. James. En 1961, les services de sécurité russes avaient pénétré les réseaux de renseignements anglais et français, et, après qu'ils aient découvert que Wilson était impliqué, le plan de Noureev n'était plus un mystère. Soloviev se sentit toujours coupable de ce qu'il avait fait.

Il y avait encore d'autres questions. Selon le dossier, Rudolf avait passé la nuit avec Pierre Lacotte, un danseur-chorégraphe français, et Raymondo de Larrain. Strizhevsky, le plus âgé des hommes du KGB pour cette tournée, avait certainement appris par Moscou le 14 juin, deux jours avant le départ pour Londres, que Rudolf allait être rappelé. On lui dit également que Rudolf ne devait être informé de cette décision qu'au dernier moment, à l'aéroport du Bourget. Enfin, dernière pièce au puzzle, fournie par Joan Thring : elle confirme que Rudolf lui avait dit son intention de passer à l'Ouest une fois à Londres.

Ainsi la situation à laquelle dut faire face Noureev à l'aéroport du Bourget est-elle quelque peu différente de celle qu'il évoque dans son autobiographie... Quand, à l'hôtel, le vendredi matin, il parla à Soloviev, il comprit tout ce que le KGB savait de lui. C'est pourquoi son visage se décomposa lorsqu'il apprit qu'il devait reprendre un avion pour la Russie. Tout était bien plus sérieux qu'il n'avait pu le croire. S'il rentrait dans ces circonstances, c'était peut-être la prison qui l'attendait - ou pire. C'est pour cela qu'il montra son poignard à Lacotte. Il ne plaisantait pas.

Mais, avec l'esprit vif qui était le sien, il comprit également qu'il y avait une solution toute prête. S'il marquait son brusque refus de rentrer, si sa défection avait lieu au Bourget, alors une partie de la situation pouvait encore être sauvée. Cela pourrait avoir l'air d'une décision aussi impromptue que sincère. Au fond, le KGB a suggéré malgré lui cette solution. Dans tous les cas, Rudolf n'avait plus le choix. Ou bien il rentrait en Russie, et se vouait à l'oubli, ou bien il faisait le grand saut ici-même, au Bourget.

En un sens, pour Noureev, prétendre que son geste était spontané n'était pas mentir tout à fait Surtout, cela protégeait tout le monde : sa famille et ses amis, parce que cela impliquait qu'il n'y avait eu ni préparation ni complicité de leur part. Paradoxalement, le KGB fut protégé lui aussi grâce à cela : en apparaissant comme un geste spontané, sa défection ne pouvait être considérée réellement comme politique.

Cela marcha. L'Ouest accepta l'histoire telle qu'elle était, et le KGB ne fit rien pour démentir. La seule chose dont l'organisation devait tenir compte était de ne pas s'en prendre trop à la famille Noureev, sans quoi elle risquait des questions.

Mais à l'intérieur du gouvernement, du KGB, et bien sûr, du Parti, la vérité avait toujours été connue. Ceci explique le traitement sévère infligé à Noureev lors de son retour à Oufa en 1987. Il y eut d'autres conséquences, dont l'une peut être mentionnée ici. Hamet, le père de Noureev, fut une des rares personnes à avoir su la vérité très tôt. C'est pourquoi Rudolf ne se rendit pas sur sa tombe en 1987. Hamet méprisait son fils, et Rudolf le savait.

• • • • •

Héros fervent

Brûlant des feux d'une passion pure,
Notre héros fervent,
Toujours prêt à bondir pour se sacrifier

Tandis que Noureev était en train de réfléchir à sa décision dans le bureau du premier étage de l'aéroport du Bourget, le *Vicomte BEA* pour Londres avait décollé. La foule présente à l'aéroport s'était dissipée en partie seulement, les journalistes attendant des nouvelles du transfuge. Quand les quarante-cinq minutes furent écoulées, Clara Saint monta l'escalier qui menait au bureau, où la police l'avait fait appelée. Les inspecteurs voulaient savoir si Noureev avait un endroit où loger, et ce qu'il ferait pour assurer sa subsistance. Clara avait anticipé leurs questions et songé à un endroit où Noureev pourrait passer la semaine à venir. Elle rassura les policiers, et ils acceptèrent d'officialiser la situation. Noureev devait se rendre au ministère de l'Intérieur, place Beaubourg et remplir les formulaires nécessaires. C'était fastidieux, mais important et, pour épargner à Noureev les questions des journalistes impatients, la police de l'aéroport accepta de le laisser sortir par une porte de derrière. Clara servit d'appât. Elle retourna se mêler à la foule des journalistes, et s'entretint avec eux pendant que Noureev s'échappait. Puis, lorsqu'elle fût certaine que c'était fait, elle révéla toute l'histoire. C'est ainsi que sa version, et non celle de Noureev, apparut dans les journaux le lendemain.

En route vers le ministère, Noureev eut un moment d'inquiétude lorsque l'escorte de police changea brusquement de direction pour éviter un embouteillage.

- L'ambassade russe? demanda-t-il nerveusement.

Le visage impassible, le policier assit à côté de lui répondit simplement :

- Non.

Noureev resta au ministère de l'Intérieur environ deux heures cette après-midi-là. Il téléphona à Clara de là-bas, mais elle eut la présence d'esprit de lui dire de ne pas venir à l'appartement qu'elle partageait avec sa mère sur le Quai d'Orsay. Comme elle s'en était douté, le KGB savait déjà où elle vivait et avait placé deux hommes devant chez elle. Ils portaient un imperméable et un feutre.

Clara était restée en liaison avec Olivier Merlin, qui s'était hâté de traverser Paris sur sa moto. Ils avaient un ami commun, Jean-Loup Puznat, qui avait quitté Paris et laissé libre un grand appartement que Noureev pouvait utiliser. L'appartement donnait sur les jardins du Luxembourg. C'était parfait, parce qu'il n'y avait là apparemment aucun lien avec Noureev et, pourvu que ses nouveaux amis s'arrangent pour ne pas être suivis, il était en sécurité. Il arriva à l'appartement en début de soirée et, peu après, Clara et Claire Motte l'y rejoignirent avec les journaux du soir. Il découvrit qu'il faisait la Une de plusieurs d'entre eux, même à Londres (en même temps que le « Sommet des K », la rencontre de Kennedy et Khrouchtchev à Vienne.) Claire dut lui lire les articles, car son français était loin d'être au point.

A 450 kilomètres de là, le reste de la compagnie du Kirov était descendu au Strand Palace Hotel à Londres, tout près de Covent Garden. Toute la compagnie resta sous le choc en apprenant la nouvelle de la défection de Noureev, qui leur fut communiquée à leur arrivée à l'aéroport d'Heathrow. Une fois de plus, les responsables russes avaient donné des explications confuses sur les raisons du rappel à Moscou de Noureev. Bogdanov répéta ce qu'il avait dit à Paris, à savoir que Rudolf était attendu pour danser devant Khrouchtchev au Kremlin, au retour de ce dernier de Vienne. La BEA dit qu'on lui avait signalé qu'un passager était « souffrant ». Un autre responsable, Feodorov, avait avancé comme principale raison la mauvaise santé inquiétante de Farida. Comme le remarqua le *Standard* de Londres, il était difficile de savoir qui disait la vérité. A ce moment-là, même Sergeev ne sut pas que Noureev était passé à l'Ouest avant qu'il n'atterrisse à Londres. Aussitôt qu'il apprit la nouvelle, il comprit également que la saison du Kirov à Covent Garden allait perdre de son attrait. Tout le monde voudrait voir le danseur qui, ainsi que les journaux l'avait écrit, « avait fait le bond vers la liberté ». Quand le Kirov avait ouvert les ventes de billets en avril, les gens avaient fait la queue durant trois jours, et il s'était vendu près de 10 000 billets le premier jour.

Au-delà des gros titres, la première nuit d'exil de Rudolf fut remarquablement calme. Il était fatigué, non seulement à cause du tourbillon d'émotions de cette journée, mais aussi parce que, la veille, il ne s'était pas couché de la nuit, bavardant avec Clara jusqu'à l'aube. Il trouva un réconfort chez son bien-aimé Pouchkine. Dostoïevski, prononçant un éloge à l'occasion du 50e anniversaire de la mort de Pouchkine, avait comparé Onéguine à un éternel errant, voyageur insatisfait d'une contrée à une autre. *Eugène Onéguine* contient ce vers : « Il erre de par le monde, sa lyre derrière lui.» En tant que Russe, et, si cela est possible, Sibérien, Noureev savait mieux que quiconque que l'exil est rarement facile.

Le lendemain, les journaux du matin un peu partout dans le monde annonçaient la nouvelle de sa défection. Partout, il faisait la Une, de *L'Humanité* à Paris au *Daily Express* de Londres et au *New York Times* aux Etats-Unis. En Russie, c'était le black-out total.

Plus tard dans la matinée, le ministère de l'Intérieur envoya une voiture pour le prendre, afin de compléter quelques formalités, dont la délivrance de son *titre de voyage**, un document d'identité qui remplacerait son passeport qu'il n'avait plus maintenant. Noureev se souvint plus tard que, avant de lui remettre ce document, l'employé du ministère lui posa une question importante : quelle serait la source de revenue du danseur pendant son séjour en France ? Noureev avait en fait une réponse toute prête à cette question ; il en avait discuté avec Clara, Claire et Olivier Merlin la veille au soir. Claire avait parlé à Raymondo de Larrain, et Rudolf était certain qu'on lui proposerait quelque chose avec les Ballets du marquis de Cuevas. La réponse parut satisfaire l'employé du ministère, qui lui délivra son *titre de voyage**.

Ce week-end-là, la presse fit toutes les spéculations et tous les commentaires possibles sur la désertion de Noureev. *Le New York Times*, qui raconta à ses lecteurs que Noureev était avec le Kirov depuis dix ans, et n'avait été promu premier danseur que l'année précédente, dit également qu'il était clair que le danseur était arrivé à Paris avec l'idée de passer à l'Ouest. Il avait, poursuivait le journal, parlé de désertion avec plusieurs de ses amis (non cités) français. Le journal ne poursuivait pas sur sa lancée, ni ne disait que l'aventure sentimentale avec Clara Saint était un piège. *Le Sunday Telegraph* en Angleterre avançait de son côté que le véritable appât pour Noureev était Serge Lifar, qu'une carrière avec le Russe qui dirigeait l'Opéra de Paris était ce qui l'avait décidé. L'article citait également un porte-parole de Covent Garden qui minimisait le talent de Noureev. Le porte-parole concédait que Noureev devait danser *La Belle au bois dormant* et *Le Lac des cygnes*, mais insistait sur le fait qu'il n'était pas prévu qu'il danse le premier soir de l'un ou l'autre des deux ballets.

A Leningrad, Tamara Myasciorva apprit la nouvelle sur *BBC World Service*, qui, avec *La Voix de l'Amérique*, constituait la source principale d'information « non officielle » pour les Russes en ce temps-là. La presse russe et les services de radiodiffusion étaient encore silencieux sur la question, mais Tamara apprit la nouvelle le jour même de la défection : « D'abord, je n'y ai pas cru. Personnellement, je ne comprenais pas ce qu'était « l'asile politique ». Je trouvais que tout cela était absurde, sachant que Rudik ne s'était jamais intéressé à la politique de près ou de loin. Il s'intéressait à tout sauf à à la politique.»

De la même manière, Sorokin apprit la nouvelle par la BBC. Il en fut affligé, mais moins surpris que d'autres. « Je m'attendais à ce que Rudolf reste à l'étranger un jour ou l'autre, mais, pas si tôt.»

A Oufa, Pamira Sulemanovna apprit la nouvelle « de quelqu'un qui me la murmura... Ils l'ont lu à la radio, le fait qu'il restait en France. Tout le monde en parlait, mais en murmurant. Les gens disait qu'il avait jeté le discrédit sur le pays, que, s'il revenait, il serait jeté en prison. Je n'arrivais tout bonnement pas à comprendre pourquoi il avait fait cela, pourquoi il était resté là-bas. Plus tard, j'ai appris qu'il était allé en Turquie, et que personne ne voulait de lui dans sa compagnie. J'ai eu peur qu'il ne devienne misérable, un pauvre homme qui erre par les rues. Ça m'a bouleversée. Je ne savais pas qu'il était installé là-bas et qu'il travaillait. Généralement, nous ne parlions pas de cela. Nous avions peur.»

La désertion fut un coup particulièrement sévère pour Rezida. La famille apprit par téléphone, le jour- même, ce qui était arrivé. Rezida se mariait cette année-là, et la nouvelle gâcha l'événement. C'est elle qui fut choisie pour aller à Leningrad débarrasser l'appartement de son frère de ses effets personnels. Elle le trouva rempli de cartes postales de tous les pays où il avait voyagé, ainsi que de partitions. Elle jeta presque tout. Rosa, de son côté, apprit la nouvelle à Hamet et Farida, qui en furent bouleversés. Hamet prit de l'âge; ses cheveux blanchirent, ses traits se durcirent, et il devint plus taciturne que jamais. (Lui, bien sûr, en savait plus que les autres, mais devait garder tout cela pour lui-même.) Farida s'efforça de ne pas montrer combien cette nouvelle la touchait, et d'affronter la réalité avec courage, Plus que tout elle s'inquiétait pour son fils, se demandant s'il aurait suffisamment de travail, plutôt que ce qu'en pensaient les gens ou bien s'il portait un discrédit à son pays.

Rezida, qui espérait encore que Rudolf revienne à temps pour assister à son mariage, lui téléphona en France. D'abord, elle appela simplement le KGB à Moscou, se présenta, et demanda s'ils avaient le numéro de son frère à Paris. Son interlocuteur lui dit : « Ne quittez pas, je vérifie.» Il lui donna un numéro, mais celui-ci n'était pas le bon. Le lendemain, elle téléphona à nouveau et demanda à parler au même homme, pour s'entendre dire seulement qu'il avait été renvoyé pour lui avoir, la veille, communiqué des informations, même si elles étaient fausses. Après quoi, on lui raccrocha au nez.

Rezida finit par découvrir le numéro de Rudolf et lui téléphona. Il eut du mal à lui faire comprendre qu'il n'était pas un traître, et lui expliqua ce qui s'était passé. Elle lui dit que les Russes essaieraient de le convaincre de rentrer. « Il dit qu'il rentrerait quand il aurait vu les " feux de la rampe ". Il dit qu'il rentrerait quand il aurait vu le monde entier. Dans son autobiographie, il a écrit que les autorités soviétiques avaient " arrangé " ces conversations, mais dans mon cas, ce n'était pas vrai. Je ne sais pas si les autorités ont organisé les conversations que ma mère a eues avec lui. Je ne pensais pas qu'il aurait une meilleure vie là-bas. Nous avons souffert. Nous étions désorientés. Nous étions encore sous l'emprise de la propagande qui disait que la vie était meilleure ici que là-bas. Nous ne savions pas que les choses étaient meilleures là-bas qu'ici, qu'il y avait plus de possibilités. Nous étions persuadés qu'un homme pouvait mourir de faim là-bas, alors que ça n'était pas possible ici... »

Après la défection de Noureev, Farida arrêta de travailler. Elle souffrait déjà de polyarthrite, et le mal commençait à s'étendre à tout son corps. Ses mains et ses bras lui avaient déjà causé du souci, mais d'autres parties du corps étaient maintenant touchées. Il y eut un moment le projet d'envoyer Farida en France pour qu'elle ramène son fils, mais le KGB, finalement, s'opposa à cette idée. Nul doute qu'avec sa santé fragile, Rudolf eût tout fait pour garder sa mère avec lui à l'Ouest, un développement de l'affaire dont les autorités soviétiques souhaitaient se passer. Mais Farida et Rezida se rendirent à Moscou pour voir Ekaterina Furtseva, le ministre de la Culture, afin d'évoquer les habitudes personnelles et les préférences de Noureev, au cas où ces informations pourraient aider à le ramener d'une manière ou d'une autre. Mais il n'en sortit rien.

Arslanov apprit la nouvelle par quelqu'un du théâtre d'Oufa. « Je me souviens qu'on m'a dit qu'il était passé à l'Ouest en Angleterre, et ce n'est que plus tard que j'ai découvert que la désertion avait eu lieu en France, avant qu'il n'aille en Angleterre. J'ai appris tous les détails par Rosa lorsque je suis allé à Leningrad en 1962. Elle était dans son appartement, celui qu'il avait partagé avec Sizova, où elle dirigeait un jardin d'enfants. Bien entendu, tout le monde à Oufa savait et c'était psychologiquement très difficile pour la famille. Les autorités ne les empêchaient pas de faire leur travail, mais ne les aidaient pas non plus, et Hamet, en particulier, trouva cela dur à supporter. Ils déménagèrent ensuite, de la rue Zentsova à la perpective d'Octobre. Hamet subit également des pressions à la cellule locale du Parti.» D'après une voisine, Nailya Maerlyatova : « L'organisation du parti a commencé à mener une campagne contre lui. Lors des meetings, il subissait les railleries des autres, qui lui retournaient le couteau dans la plaie. " Il a élevé un traître, qu'ils disaient. Tu n'as pas élevé ton enfant comme il faut, tu n'as donc pas ta place parmi nous, Communistes." Les choses allèrent jusqu'au point où certains dirent qu'il ne devait plus faire partie de la section. Mon mari est intervenu en son nom, mais il a été le seul. Je crois que la pression exercée par le Parti est responsable de la mort précoce d'Hamet (en 1966, à l'âge de 61 ans).» Hamet se rendit au KGB, et demanda à pouvoir entrer en contact avec son fils (Arslanov l'accompagna à cette occasion). Il n'eut droit qu'à un coup de téléphone.

L'effondrement de Farida était également du à ces pressions. « Toute la famille vivait dans l'inquiétude, raconte Maerlyatova. Leur courrier était intercepté[6], ils avaient des difficultés financières et vivaient dans la privation.»

Mais, tout le monde ne fuyait pas les Noureev. Leurs amis les Saidishev avaient de la famille à Moscou qui avait accès à la presse étrangère. Ils leur faisaient suivre toutes les informations qu'ils pouvaient. Taisiya Mikhaïlovna Halturika-Ilchinova, l'ancien professeur de Noureev, fut parmi les rares personnes à approuver son geste. « En restant ici, tout ce qu'on lui aurait offert, c'est un appartement de trois pièces.»

A Leningrad, au Kirov, selon Arkharova, le bureau du Parti convoqua exceptionnellement le directeur, Rachinsky, et le directeur artistique Sergeev, et leur demanda un rapport complet sur ce qui était arrivé, et pourquoi c'était arrivé. Sergeev fut suspendu, mais momentanément. Naturellement, toutes les photographies de Rudolf furent enlevées des murs. Son existence même allait être ignorée par les autorités du ballet soviétiques durant la décennie suivante.

Ni Farida ni Rezida n'avaient à craindre que Rudolf ait faim, ou qu'il ne puisse gagner sa vie en tant que danseur. Dans les trois jours qui suivirent l'incident du Bourget, il signa son premier contrat avec une compagnie de l'Ouest. Il devait recevoir 30 000 FF (6000 dollars) par mois pour apparaître dans les Ballets du marquis de Cuevas à Paris. Le marquis de Cuevas, un chilien, possédait deux fortunes

6 - Le dossier du KGB confirme ce point.

dont il pouvait faire profiter le ballet - la sienne et celle de sa femme, la fille de John D. Rockefeller. Ayant dirigé un ballet en Amérique, il décida, en 1953, de s'attaquer à l'Europe et dépensa un demi-million de dollars pour donner une fête à Biarritz, au cours de laquelle il arriva vêtu d'une perruque de raisin, avec Renée (Zizi) Jeanmaire paradant quasi nue sur un chameau emprunté à un cirque. A Paris, de Cuevas habitait au 7, Quai Voltaire, où il recevait ses visiteurs au lit, entouré de pékinois et encadré par deux nus, l'un de Salvator Dali, l'autre de Botticelli. Rosella Hightower se souvient d'avoir assisté à un dîner pour vingt personnes donné par de Cuevas, dîner au cours duquel il lui murmura brusquement qu'il n'avait pas d'argent pour payer l'addition. Elle n'avait que quelques francs sur elle, mais il les lui emprunta, prit un taxi jusqu'au casino le plus proche et gagna suffisamment pour revenir avant la fin du dîner et éviter tout ennui.

De Cuevas venait de mourir quelques mois avant la défection de Noureev, et sa compagnie était maintenant dirigée par son neveu, Raymondo de Larrain, avec lequel Noureev avait discuté de costumes une semaine auparavant. Il fut présenté à ses futures partenaires, dont, parmi les plus célèbres, Nina Vyroubova et Rosella Hightower. Vyroubova était d'origine russe. Elle était plus âgée que Noureev, et avait suivi les cours, à Paris, d'exilés qui avaient enseigné aux propres professeurs de Noureev. Rosella Hightower avait grandi dans l'Oklahoma, mais préférait l'Europe. Les répétitions débutèrent immédiatement dans une salle située près de la salle Pleyel, ce qui arrangea Noureev, qui avait besoin de se maintenir en forme. Afin de garder secrets les lieux où il se rendait, ils prenaient tous un taxi pour l'Hôtel Plaza, où logeaient à l'époque de nombreux Sud-Américains, et traversaient les cuisines jusqu'à la porte de service, où le même taxi les attendait pour les conduire ailleurs. Ainsi, ils s'assuraient qu'ils n'étaient pas suivis.

Mais, les conséquences de l'acte de Rudolf continuaient de se faire sentir et, bien que les autorités françaises aient eu la bonté de l'autoriser à demeurer dans leur pays, il ne faut pas oublier qu'en France, à cette époque, le Parti communiste était puissant, et favorisait les bonnes relations avec l'U.R.S.S. Les Communistes commençaient maintenant à faire des ennuis. Ils menèrent contre Rudolf, au cours des mois qui suivirent son arrivée, une campagne intermittente mais déplaisante. Elle commença la première semaine. Raymondo de Larrain se mit à recevoir des coups de téléphone injurieux et anonymes, l'accusant d'abriter le « traître » Noureev dans sa compagnie. De Larrain était la cible de ces appels parce que Noureev restait introuvable. Sauf pour le KGB, qui n'était pas un service de sécurité pour rien. Deux jours après son installation dans l'appartement donnant sur les jardins du Luxembourg, les hommes en feutre mou et imperméable étaient de nouveau en surveillance là où il fallait.

C'était une situation éprouvante et nouvelle pour de Larrain, mais, comme Noureev, il n'était pas homme à se laisser intimider facilement. Il engagea rapidement - et sans regarder à la dépense - deux gardes du corps pour sa nouvelle star, afin que Rudolf ait de la « compagnie » quand il fallait quitter l'appartement pour aller en salle de répétition. Au début, la vie de Noureev fut très régimentée. Il se rendait directement au théâtre le matin, répétait, allait déjeuner au restaurant d'à côté, puis rentrait chez lui, où il passait le reste de la journée. A ce moment-là, personne ne savait exactement ce que les agents du KGB étaient capables de lui faire, et personne ne tenait à prendre le moindre risque. La presse continuait de suivre ses moindres mouvements, et il accorda un certain nombre d'interviews dans lesquelles il disait que sa vie actuelle était très différente de celle qu'il menait en Union soviétique. Ne voyant aucune ironie là-dedans, plus d'un journaliste laissa entendre que Noureev avait le mal du pays et était déçu de la vie à l'Ouest. Rien n'aurait pu être plus faux. Pendant ce temps, les autorités soviétiques n'entendaient pas accepter aussi facilement sa défection. Elles informèrent le gouvernement français que si Noureev était autorisé à danser au Ballet de l'Opéra de Paris, qui était une compagnie totalement subventionnée et nationale, alors il n'y aurait plus d'échange culturel entre la France et l'Union soviétique. Etant donné l'influence du Parti communiste en France à l'époque, c'eut été une décision bien peu populaire.

A Londres, au Strand Palace Hotel où le Kirov était descendu, les sentiments s'étaient durcis à l'égard de Noureev. La presse à sensation anglaise s'était mise à raconter que Noureev était passé à l'Ouest pour être avec Clara Saint. Marina Ilicheva se souvient que les autres danseurs trouvèrent cela fâcheux et offensant. Et la personne qui en fut le plus touchée, d'après tous les témoignages, fut Alla Sizova. Elle avait tellement dansé avec Noureev! Bien qu'elle le détestât en-dehors de la scène, elle réalisa brusquement qu'elle n'avait plus de partenaire. Il y eut une réunion à Londres pour briser la glace et prévenir toute idée de défection parmi les autres danseurs. Des réunions du Komsomol furent également organisées. Le secrétaire, Chernichev, insista pour que l'on y parle de Noureev; son comportement fut disséqué et ses motifs critiqués. Si les membres ordinaires du Kirov virent quelque chose de Londres, Sergeev et Dudinskaya, les rôles principaux et les solistes n'en virent rien. Comme Dudinskaya l'expliquera plus tard, Rudik avait remporté un immense succès. Suite à son départ, Sergeev était à cours de danseurs. Rudik était censé danser *Le Lac des cygnes*, *La Belle au bois dormant* et *La Bayadère* à Londres. Sergeev et moi dûmes faire répéter Vikulov pour *La Bayadère*, Soloviev pour *Le Lac des cygnes* et Oleg Sokalov pour *La Belle au bois dormant.* » Sergeev en tira de la gloire : les représentations eurent un baucoup de succès. On rendit hommage au niveau remarquable de la compagnie du Kirov. Soloviev en particulier obtint un énorme succès. « Il est possible, dit Ilicheva, qu'il ait sauté plus haut même que Rudolf. Il s'envolait vraiment, montait en flèche, sans efforts.»

Ironie du sort, tandis que le Kirov donnait *La Belle au bois dormant* à Londres, Noureev interpréta le même ballet avec la compagnie de Cuevas le mercredi 22 juin. Pour ce premier soir, le Théâtre des Champs-Elysées était cerné par la police, et tout Babylone, tout Paris, était là, selon Roger Grenier de *France-Soir* : Serge Lifar, Alicia Markova, Liane Daydé. La salle était également remplie de policiers en uniforme, juste au cas où. Noureev était tendu, et pas seulement parce que c'était sa première apparition avec une compagnie de l'Ouest. Toute la journée, des télégrammes étaient arrivés, venant des danseurs du Kirov à Londres, à raison d'un toutes les quinze minutes. Tous le suppliant de rentrer. Tous le pressant de ne pas tomber en disgrâce, ni de déshonorer la compagnie qu'il avait quittée. Il était difficile d'ignorer une pareille pression.

Les représentations de de Cuevas étaient arrangées de telle sorte que Noureev dansât le Prince un soir, et l'Oiseau Bleu le suivant. Ce premier soir, après le second entracte, écrivit Grenier, il y eut un silence, un fracas de cymbales, et Noureev bondit dans la lumière. C'était le saut le plus « insolent » que Grenier avait jamais vu. Pouchkine aurait été fier de voir pareille entrée. Son apparition, dans un costume bleu et or, et avec une perruque blonde, était une autre affaire. Il avait l'air ainsi d'un arbre de Noël, comme il le dira plus tard, et son maquillage le faisait ressembler à Elizabeth Taylor dans *Cléopâtre.* C'était le genre d'effet que de Larrain adorait, mais que Noureev haïssait. Sa prestation fut interrompue quatre fois par un « tonnerre d'applaudissements ». Il revint saluer trente fois, et les applaudissements durèrent quinze minutes. A la fin, il était en larmes. En plus des célébrités présentes dans le public, Grenier remarqua un certain nombre d'exilés russes, qui avaient élu domicile à Paris une décennie plus tôt. Il écouta les deux vieilles femmes russes qui bavardaient en quittant le théâtre après la représentation.

- Il est tellement beau!

- Franchement, je suis heureuse qu'il soit ici, pauvre garçon. Mais, il ne s'est pas encore trouvé lui-même.

- Non, il semblait inquiet.

- Oui, ça va être difficile pour lui.

- Quand je pense à tous ces gens qui étaient là ce soir, et qui ne connaissent rien à la danse...

- Ah, et pourtant, il a bien dansé, le traître.

En dépit de ce succès initial, Noureev eut très vite l'impression qu'il manquait quelque chose dans la compagnie française. Ce qui manquait, pensait-il, c'était l'espèce de dévouement à la danse qu'il avait lui-même et qui allait de soi à Leningrad. Il avait aussi le sentiment que ceci s'appliquait autant au public qu'aux danseurs. Il était habitué aux rapports qui existaient entre les artistes et le public au Maryinski, et leur absence à Paris l'ennuyait. Ce n'était pas de sa part de simples exigences sentimentales, mais un souci réel. Durant cette première semaine en France, l'idée que sa défection était peut-être une terrible erreur lui traversa plus d'une fois l'esprit.

Son seul rayon de soleil était Rosella Hightower. Il trouva en elle une « âme sœur ». Star internationale déjà, Noureev découvrit qu'elle avait néanmoins le souci d'apprendre davantage, et surtout d'assimiler cette partie de la technique du Kirov qui, avait-elle l'impression, lui faisait défaut, et dont elle voulait bénéficier. Elle était, dira Noureev, une « partenaire inspirante». De son côté, elle le trouvait distant. Son saut était bon, pensait-elle, mais pas naturel. Il admit la chose en lui avouant : « Pouchkine m'a brisé avant de recoller les morceaux. » Mais elle adorait son *port de bras**, et s'y adapta au mieux.

Des deux rôles qu'il dansa dans *La Belle au bois dormant*, l'Oiseau Bleu fut celui qui intéressa le plus Noureev. Il avait toujours trouvé que c'était un rôle difficile, techniquement, mais son intérêt principal allait à l'interprétation. A Leningrad, on n'avait guère dansé le rôle autrement que ne l'avait fait Petipa un siècle plus tôt. L'oiseau était toujours gracieux, avec des bras légers et flottants, ou des ailes. Noureev avait d'autres idées. Il voulait donner à l'oiseau plus d'énergie, et une légère maladresse, comme si l'Oiseau Bleu ne voulait pas vraiment s'envoler, quitter un monde familier. Une situation qui ne lui était pas tout à fait étrangère, et qui le rendait deux fois plus impatient d'essayer sa nouvelle interprétation maintenant qu'il s'était libéré du Kirov.

Sa première prestation pour de Cuevas fut le rôle de Florimond. Les circonstances n'étaient pas idéales. Normalement, les jours où il dansait, Noureev s'astreignait à une stricte routine. Il se levait tard, s'entraînait durant deux heures, déjeunait d'une viande rouge pour les protéines et l'énergie, puis se reposait. Il insistait alors pour être seul. Il ne voyait aucun ami, ne lisait aucun journal, ne passait aucun coup de téléphone avant la représentation. Il se retirait en lui-même, pensait uniquement au rôle qu'il s'apprêtait à danser. Se couper ainsi du monde extérieur l'aidait à créer le sien propre.

Mais, à Paris, en 1961, Noureev était une célébrité. Il était l'homme du moment, l'homme qui attirait les foules vers les Ballets de Cuevas, et de Larrain n'était pas prêt à le laisser gâcher cela. Noureev fut contraint de donner interview sur interview. Parlant de la France, il confia à un journaliste : « Je ne retournerai jamais dans mon pays, mais je ne serai jamais heureux non plus dans le vôtre. » A un autre, il expliqua qu'il n'avait pas l'intention d'aller en Amérique, et qu'il n'était pas attiré par la danse moderne. Il dit qu'il resterait en France avec de Cuevas. A un autre encore, il confia qu'il réfléchissait à une offre que lui avait faite George Balanchine de rejoindre le New York City Ballet. Il se montrait courtois avec chacun, mais trouvait agaçante la tendance de la presse française à faire de lui un phénomène rare. Le second soir où il dansa, avant l'Oiseau Bleu, il dut donner une autre interview dans sa loge. La journaliste arriva juste avant la représentation, et, comme la plupart des autres, s'intéressa davantage à son apparence et à son adaptation à la vie de l'Ouest qu'à sa danse. Mais elle était aussi plus qu'une journaliste : en plus de son carnet de notes, elle avait également apporté avec elle trois enveloppes de l'ambassade soviétique à Paris, qu'elle lui tendit. Elle dit qu'une enveloppe contenait une lettre de son père, la seconde un télégramme de sa mère, et la troisième un mot de Pouchkine.

Noureev était abasourdi. C'était la première communication directe qu'il recevait de Russie, ou de sa famille, depuis sa désertion. Lui remettre les lettres juste avant qu'il n'entre en scène interpréter un rôle difficile était une manœuvre calculée destinée à lui causer un choc. Fallait-il laisser les enveloppes fermées pour les lire après la représentation? Pas Rudolf. Il déchira la première enveloppe qui contenait un mot de Pouchkine : « La lettre de Pouchkine était accablante. Le seul homme qui me connaissait vraiment semblait ne pas me comprendre. Il m'écrivit que Paris était une ville décadente dont la pourriture finirait par me corrompre; que je ne perdrais pas seulement ma technique de danse, mais toute mon intégrité morale si je restais en Europe. La seule chose qu'il me restait à faire était de rentrer chez moi immédiatement.»

Bouleversé, Rudolf lut ensuite la lettre de son père. Elle était brève et directe. Typique. Hamet lui disait qu'il trouvait difficile de croire qu'un fils pouvait trahir sa terre natale, et qu'il n'y avait pas d'excuse pour ce qu'il avait fait. Noureev se tenait debout en lisant cela. Il s'assit. Son père n'avait pas changé. Fier, dur, sans pardon. Il n'utilisait pas le mot « traître », mais faisait clairement comprendre à son fils qu'il en était un. Rudolf se caparaçonna contre les attaques paternelles. Lui et son père n'avaient jamais eu de relations normales. Ce n'était pas maintenant que les choses allaient changer.

Restait le télégramme de sa mère. Il glissa son pouce dans l'enveloppe. Allait-elle se montrer plus gentille? Il sortit le papier. Le message était bref. Elle n'y plaisantait pas, mais ne lui faisait pas non plus de remontrances. « Rentre, disait-elle. Rentre chez nous, suppliait-elle. Rentre, Rudik.»

« Chez nous »? Mais, où était-ce? Se pouvait-il que même sa mère ne le comprît pas? Il ne s'était jamais senti chez lui à Oufa. Il avait toujours rêvé de s'en échapper. Alors, Leningrad? Pour y faire quoi? Le Kirov ne le reprendrait jamais, et aucune autre compagnie de première importance ne voudrait de lui maintenant. Ses parents lui manquaient, il l'admettait. Mais, ils ne connaissaient pas l'Ouest. Nul doute que les autorités avaient dû se charger de leur en parler, à leur façon, à la façon de Pouchkine. Mais, au fond, qu'étaient ses parents sinon des paysans ignorants qui ne connaissaient rien du monde en-dehors de l'Union soviétique? Par haut-parleur, une voix lui annonça qu'il restait trois minutes avant l'entrée en scène. Durant un instant, son cœur s'attendrit à la pensée de sa mère si loin de lui, dans un monde différent. Elle pensait à lui, tout comme il pensait à elle. Puis, son cœur se durcit à nouveau. Ils ne l'embrassaient même pas dans leurs lettres, pas même sa mère. Ils ne lui donnaient aucune nouvelle du reste de la famille. Ils ne voulaient pas savoir s'il allait bien. En fait, qui pouvait dire si le télégramme émanait réellement de sa mère? C'était peut-être le KGB qui l'avait envoyé.

Il mit les lettres de côté et demanda à la journaliste de partir. Il avait oublié qu'elle était là. Il devait finir de se maquiller. Il devait se concentrer.

En se regardant dans le miroir, ajoutant un trait sombre autour de ses yeux, il en vint à être convaincu que les autorités soviétiques avaient dû faire pression sur ses parents pour qu'ils envoient ces lettres, s'ils ne les avaient pas écrites eux-mêmes. Elles étaient si laconiques. N'importe qui aurait pu les écrire. Sa mère, certainement, aurait su trouver quelques détails réconfortants. Tout semblait en revanche si contrôlé, si calculé, si froid. Il ajouta un peu de fard à joue sur ses pommettes. L'Oiseau Bleu devait avoir l'air dramatique. Il se laissa aller contre le dossier de son siège, et regarda dans le miroir l'impression générale qu'il produisait. Le costume de de Cuevas était plus saisissant que celui qu'il avait utilisé dans la production du Kirov, et il était ravi du résultat. Il était résolu à faire de son premier Oiseau Bleu avec une compagnie de l'Ouest un événement mémorable. Il s'imposerait comme un artiste dramatique, et non plus seulement comme un superbe technicien. Il n'avait aucune intention de devenir un « décadent », comme l'avait écrit Pouchkine.

Dans *La Belle au bois dormant*, l'Oiseau Bleu n'apparaît qu'au troisième acte. Noureev faisait aussi belle impression ce soir-là que le soir précédent, tandis qu'il attendait dans les coulisses, répétant, chauffant ses muscles. En plus de la perruque blonde, il portait une petite couronne et une tunique bleue *diamantée** ornée de pointes de satin qui lui descendaient sur la taille. Une autre création de de Larrain. 2 000 personnes se pressaient à l'intérieur du Théâtre des Champs-Elysées, espérant un feu d'artifice.

Ce qu'il eurent, mais pas exactement de la manière attendue. A peine Noureev apparut-il sur scène ce soir-là qu'un fracas de cris et de sifflements s'éleva dans le théâtre. Il ne s'agissait pourtant pas de fans saluant une nouvelle star, mais de membres du Parti communiste désireux de mettre Rudolf mal à l'aise, ou pire. Ils étaient environ une vingtaine à avoir acheté des billets et faisaient un vacarme effroyable. « Traître !, hurlaient-ils, retourne à Moscou ! » Ils jetèrent également des programmes et répandirent du gaz lacrymogène dans les loges dans le but d'irriter les yeux des plus riches. Sans que Noureev le sut, un second groupe avait pris d'assaut la porte des coulisses du théâtre à l'instant même où il entrait en scène. Après que la police eut débarrassé le théâtre des vingt premiers perturbateurs, ceux des coulisses ajoutèrent au grabuge, lançant des bouteilles de verre sur la scène.

Noureev était résolu à ne pas se laisser intimider, et il continua de danser malgré le danger des tessons de verre. Nombreux étaient ceux dans le public qui partageaient cette détermination, et essayaient maintenant de couvrir le bruit des manifestants en applaudissant bruyamment et joyeusement. La musique de Tchaïkovsky disparaissait quelque peu entre les braillements et les acclamations, mais Noureev parvint malgré tout à danser. Certaines parties, qui durent normalement trois minutes, durèrent quinze minutes ce soir-là. En continuant sans se soucier du reste, Noureev faisait une déclaration politique à sa façon.

Il arriva encore autre chose ce soir-là, à laquelle il ne fit jamais allusion. Obsédé par le souci de son impact sur le public, il changea son dernier pas sans prévenir le reste de la distribution. Soudain, et sans le moindre avertissement, il abandonna *La Belle au bois dormant* et dansa le coda de *Tarass Boulba.* Dans l'atmosphère électrique de ce soir-là, seuls les connaisseurs et les autres danseurs comprirent ce qu'il faisait. Le coda de *Tarass Boulba* est bien plus spectaculaire que la partie finale de *La Belle au bois dormant*, et produisit exactement l'effet recherché. Mais Nina Vyroubova, sa partenaire, était furieuse. Quand le rideau retomba, elle s'en prit à lui, lui reprochant à grands cris de manquer de professionnalisme, d'être un voleur de vedette, un bon à rien égoïste, et bien pire. Il se figea complètement, dit-elle, et ils ne s'adressèrent plus la parole durant cinq ans.

Bien entendu, quand la nouvelle du grabuge de la seconde soirée s'étala dans la presse, les derniers billets restants pour les représentations de de Cuevas furent aussitôt vendus. En fait, les protestations continuèrent - sporadiquement - tout au long de la semaine. Noureev était inquiet, surtout à cause des lettres de menaces qu'il recevait. Mais il savait qu'il ne devait pas montrer ses sentiments en public, et il confia à un journaliste qu'il trouvait ces troubles stimulants. « Toute cette excitation est amusante », dit-il.

Moins amusante fut l'attaque de Serge Lifar contre lui. Quelques jours plus tôt, au moment où Noureev avait annoncé sa défection, Lifar avait tenu un discours différent, disant de lui qu'il était la star incontestée du Kirov, lui décernant même le prix Nijinski. Cette fois, ce fut un autre son de cloche. Dans une interview accordée à l'*Izvestia*, qui fut bientôt relayée par l'Ouest, il décrivit Noureev comme un « traître et un opportuniste », qui tomberait bientôt dans l'oubli. Ce fut la seule mention que fit la presse soviétique de l'épisode, et il est probable que les propos de Lifar aient été quelque peu déformés. En tant que directeur d'une compagnie nationale, qui avait beaucoup à perdre si l'Union soviétique interdisait tout échange culturel, il s'était peut-être montré diplomate en critiquant Noureev, mais il ne pensait peut-être pas ce qu'il disait. Ses propres mémoires, publiées en 1983, ne mentionnent pas cet épisode.

Un autre genre de critique émana d'un historien de la danse, Arnold Haskell. Haskell tenait alors une chronique, en forme de journal, dans le magazine *Dancing Times.* Il commença un de ses papiers en disant que la désertion de Noureev n'avait pas fait l'ombre d'une différence quant à la qualité des représentations du Kirov à Londres. La compagnie était si forte, dit-il, qu'elle pouvait aisément survivre à la perte d'un soliste. Haskell, au cours de ces premiers mois du moins, était enclin à voir en Noureev un «danseur complètement désorienté », passé à l'Ouest sur un coup de tête à cause de l'adulation dont il avait fait l'objet à Paris et qui lui avait tourné la tête. Il ne lui voyait guère d'avenir; le problème de Noureev, selon Haskell, était qu'il aurait moins de liberté à l'Ouest pour s'exprimer qu'il n'en avait eue en Russie. « Un danseur qui est passé à l'Ouest il y a quelques années, et qui, durant un temps, remporta un grand succès et fit sensation, se produit aujourd'hui dans des cabarets! » A mesure que l'on avançait dans la lecture de son article, Haskell se montrait de plus en plus sombre et pessimiste. « On l'a cité (Noureev) en disant qu'il avait suivi l'exemple de Nijinski qui avait quitté la Russie en 1912, et qu'il voulait lui aussi danser sans la tunique réglementaire! Il n'est que trop évident que la tête lui a tourné, et que certains journalistes, imprésarios et danseurs français, qui se targuent d' "aider la liberté", ont prouvé qu'ils étaient inconscients, sinon franchement irresponsables... J'espère également que le public de Paris et d'ailleurs ne contribuera pas à lui tourner davantage la tête en faisant de lui un héros et un combattant de la liberté. Ce serait faire affront au mot liberté et ridiculiser du même coup le jeune homme.

Il ressort de cette triste affaire une autre leçon encore. Le danseur indépendant, éloigné en permanence de la discipline, du passé de son école et de sa tradition, perd rapidement ses capacités. Les stars ont davantage besoin encore d'une compagnie que les compagnies n'ont besoin des stars. Noureev, si la presse française a correctement rapporté ses propos, cite Nijinski en exemple - mais, le détail est en lui-même significatif. Nijinski a quitté les ballets Diaghilev à une époque où sa réputation était unique : pour beaucoup, il incarnait le ballet russe. Pourtant, les ballets Diaghilev ont continué à se développer, et à une époque où le talent russe était plus rare qu'aujourd'hui. Le danseur qui possède les racines les plus solidement ancrées dans la tradition est aussi celui qui va le plus loin.»

Espérons que Rudolf n'a pas lu cette nécrologie trop tôt après avoir renoncé au Kirov. En fait, son intuition fonctionnait parfaitement et la tête ne lui avait pas tourné (du moins, pas trop). Par exemple, il s'était vu offrir au départ un contrat de trois ans par de Larrain, mais il avait opté à la place pour six mois, ne voulant pas s'attacher de façon trop permanente à une compagnie qui, il le sentait, n'était pas la meilleure. C'était une décision mûrement réfléchie, difficile à prendre dans les circonstances, et qui confirme son excellent jugement concernant sa carrière. En même temps, il était pleinement conscient qu'il risquait de retomber aussi vite dans l'oubli qu'il avait connu le succès. Il évitait cependant de s'inquiéter inutilement. En juillet, profitant d'un intervalle dans le programme de la compagnie, il décida de s'éloigner un peu des feux de la rampe parisiens, avant que la presse ne se lasse de lui. Il se rendit dans le Sud de la France pour quelques jours de vacances.

Raymondo de Larrain, Clara et lui descendirent à *La Réserve*, un hôtel huppé de Beaulieu possédant une plage privée. Des photographes de presse de Paris réussirent à prendre à la dérobée un cliché de lui prenant le soleil avec Raymondo sur la terrasse de *La Réserve*, mais manquèrent totalement le seul épisode dramatique de ces vacances : Noureev faillit se noyer.

Il nageait loin du radeau ancré en mer à environ cinquante mètres du rivage. Théoriquement, Noureev devait être un excellent nageur, du moins s'il faut en croire les histoires racontant comment il remontait à la nage, quand il était enfant, à Oufa, la rivière Bielaïa, dont le courant était très fort. Mais, tandis qu'il s'éloignait de la plage de *La Réserve* ce jour-là, il se trouva en difficulté. Sur le radeau, prenant le soleil, se trouvait un jeune héritier anglais, Robert Sangster. Sangster, bon nageur lui-même, remarqua que quelqu'un se débattait maladroitement dans l'eau, et plongea à son secours. Il ramena le jeune homme jusqu'à la plage, et ce ne fut qu'ensuite que Sangster apprit qui était celui dont il venait de sauver la vie. Noureev fut très embarrassé par cet incident, mais Sangster, modeste, n'en fit jamais grand cas. Après la pause de Beaulieu, Noureev retourna à Paris, quitta l'appartement qui donnait sur les jardins du Luxembourg, et s'installa dans les propres appartements, somptueux, de de Larrain rue des Saints-Pères. Malgré ce changement, il recevait toujours des coups de téléphone anonymes et des lettres de menaces, mais de Larrain avait retiré ses gardes du corps, car l'ambassade soviétique avait rappelé les siens. La prochaine représentation prévue au programme devait avoir lieu à Deauville, durant la saison très prisée des courses hippiques, et, à la fin du mois de juillet, les répétitions reprirent.

A ce moment-là, tandis qu'il attendait le début de la saison de Deauville, Noureev fut surpris de recevoir une communication qui le changea des lettres de menace presque quotidiennes. Elle émanait d'un photographe américain, Richard Avedon, qui voulait faire un portrait de lui. Noureev en fut flatté. Du moins, au début. Il savait déjà qui était Avedon, et eut l'impression que ce désir de le rencontrer, venant d'un artiste aussi éminent, était une manière de reconnaissance. Pendant la séance, selon Clara, Avedon soûla Noureev - une nouvelle expérience pour lui - et lui proposa de faire une série de photos de nu. Noureev accepta, mais, une fois redevenu sobre, regretta immédiatement ce qu'il avait fait. Rudolf dira plus tard qu'il considérait Avedon comme son premier véritable ami « occidental ». Une déclaration « bidon », publiée dans son autobiographie pour flatter Avedon dans l'espoir que celui-ci ne publie jamais les photographies de nu qu'il avait prises ce jour-là. (A ce jour, Avedon ne l'a jamais fait.)

Deauville s'éveille en août, au moment des courses hippiques, attirant une clientèle chic et internationale. Autour de l'événement hippique, on s'active, on se grise, dans les théâtres, sur les tapis vert, à bord de bateaux. Noureev devait danser *La Belle au bois dormant* dans un théâtre situé près du casino et des bains. C'était une étape importante pour lui, car, si Deauville ne pouvait être qualifiée de centre culturel, la ville constituait néanmoins, en août, un lieu où il était important d'être vu. De nombreux bienfaiteurs - de Londres, de Suisse et d'Amérique, aussi bien que de France - y séjournaient à cette période. C'était le genre de public devant lequel il devait réussir s'il voulait véritablement apposer sa marque sur l'Ouest.

Comme d'habitude, le premier soir, il arriva au théâtre deux heures environ avant le début de la représentation pour vérifier son costume et commencer à travailler son maquillage. Noureev aimait prendre son temps pour se maquiller, en partie parce qu'il trouvait la chose relaxante, mais également parce que, tandis qu'il mettait du rouge aux lèvres, du fard à paupières ou de la laque, il entrait dans la peau du personnage qu'il devait danser. Ce rituel favorisait sa concentration.

Tout allait bien jusqu'à ce que, environ une demi-heure avant le lever de rideau, le téléphone sonne dans sa loge. C'était une communication internationale. En 1961, un tel appel ne se passait pas directement, et lorsqu'il entendit l'opératrice lui dire que l'appel provenait de Russie, il sentit la nervosité le gagner aussitôt. Qui était-ce et comment l'avait-on trouvé à Deauville? Étaient-ce de mauvaises nouvelles? Était-ce une coïncidence si l'appel intervenait juste avant son entrée en scène? Il repensa aux lettres que lui avait remises la journaliste, au Théâtre des Champs-Elysées.

- Rudik? Rudik? Est-ce que tu m'entends?

Il entendait parfaitement, et il reconnut la voix. C'était sa mère. Il sentit aussitôt son estomac se nouer sa voix familière, l'enfance qui ressurgissait, les bruits et les odeurs d'Oufa, toute une vie déjà loin de Paris, de Beaulieu et de Deauville. L'expression inquiète de son visage, les rires de ses sœurs. Mais, il était dix-huit heures trente à Deauville, autrement dit vingt-deux heures trente à Oufa. Sa mère n'avait pas le téléphone, alors d'où appelait-elle à cette heure? Elle ne connaissait pas le monde, ne savait pas qu'il y avait quatre heures de décalage horaire entre l'Oural et la France. Elle ne savait même pas où se trouvait Deauville, ni ce qu'était cette ville.

C'était bon d'entendre sa voix. Mais, on avait dû l'amener à passer cet appel.

Ils bavardèrent. Cette fois, elle lui donna des nouvelles du reste de la famille, mais surtout elle le supplia de rentrer. Il écouta, essayant d'imaginer son visage tandis qu'elle parlait, ses sourcils épais, ses yeux marron, ses cheveux avec la raie au milieu. Quand elle eut fini, il dit :

- Maman, tu as beaucoup parlé. Tu m'as donné des nouvelles de mes sœurs. Mais, il y a une chose que tu ne m'as pas demandée.

- Quoi?

- Tu ne m'as pas demandé si je suis heureux.

Noureev avait déjà songé à cela en lisant le télégramme de sa mère à Paris. Maintenant, il était résolu à lui faire voir les choses en face.

- Demande-moi si je suis heureux?

- Rudik, es-tu heureux?

- Oui.

La saison de Deauville fut un succès. Il n'y eut aucune perturbation durant les représentations et de nombreuses invitations à dîner avec telle ou telle personnalité internationale faisant le pélerinage chaque année. Rudolf fut particulièrement séduit par la comtesse de Ribes. Plus important, il rencontra Maria Tallchief, une star de la danse américaine d'origine indienne, qui avait été mariée à George Balanchine, et sortait tout juste d'une aventure avec Erik Bruhn. Au cours d'une scène orageuse, durant un festival à Lee, dans le Massachusetts, le Danois avait mis fin à leur partenariat, hors-scène du moins, et Maria avait répliqué : « Très bien. Je trouverai un autre partenaire. Il y a ce Russe qui vient juste de passer à l'Ouest. Il est à Paris et je le trouverai. Il sera mon nouveau partenaire!»

Elle n'était pas vraiment sérieuse en disant cela, et était en fait en vacances à Deauville avec sa petite fille et la nurse. Mais, par la plus grande des coïncidences, voici que Noureev se trouvait là aussi. Tallchief fut très impressionnée par ce qu'elle vit le premier soir, et s'arrangea pour être présente aux répétitions des Ballets de Cuevas le lendemain. Là, lier contact ne fut pas difficile. Grande et brune, Tallchief avait une présence sur scène magnétique, et en très peu de temps, elle et Noureev devinrent amis. Ils se voyaient après les représentations, et elle le présenta au Ciro ou dans d'autres restaurants à la mode, comme la *Ferme Saint-Siméon* à Honfleur.

Lorsqu'ils dînaient, Rudolf était impatient de parler de Bruhn. Il raconta à Maria comment il s'était retrouvé assis près d'Erik un soir à Moscou, sans avoir l'autorisation de lui parler. Il lui parla du film qu'il avait fait faire sur lui. Maria lui dit qu'elle serait heureuse d'arranger une rencontre dès qu'il aurait un moment à lui.

Après Deauville, la compagnie de Cuevas devait faire une courte tournée en France, avec des étapes à Biarritz et La Baule. Rudolf cependant, décida de ne pas y aller. Il ne voulait pas faire les choses à moitié. Ces villes possédaient de petits théâtres, avec de petites scènes, alors qu'il avait besoin d'une grande scène pour déployer tout son talent. Tans pis si sa réputation y perdait, il serait, après tout, d'autant plus recherché.

En outre, il avait hâte de visiter Copenhague. Bruhn n'était pas la seule raison de son désir de découvrir la capitale danoise. Pour commencer, pour un danseur de ballet, le Danemark n'est pas un lieu insolite et isolé. August Bournonville (1805-1879) naquit à Copenhague, et étudia le ballet à Paris, sous la direction de Vestris et Gardel. A son retour au Danemark, il signa un contrat de huit ans comme directeur, soliste et chorégraphe du Ballet Royal Danois. Là, il créa un nouveau style de danse, puisé à la source parisienne, mais marqué de plus d'entrain et de souplesse, et qui caractérise aujourd'hui encore la danse danoise, faisant du Ballet Royal Danois l'une des cinq ou six meilleures compagnies du monde. Bournonville créa plus de cinquante ballets, parmi lesquels *Napoli*, *La Ventana* et, sa plus célèbre création, *La Sylphide*. Il y a une troisième raison au désir de Noureev d'aller à Copenhague : Vera Volkova. Volkova était une femme extraordinaire qui, quoique très bonne danseuse, était bien plus connue comme professeur. Née à Saint-Pétersbourg en 1904, elle avait étudié à la Vaganova et fait des tournées au Japon et en Chine, où elle enseigna à la jeune Margot Fonteyn à Shangai. En 1936, elle avait épousé un peintre anglais, Hugh Williams, et était venue s'installer à Londres, où elle avait enseigné à toute une génération de danseurs britanniques. En 1950, elle était passée à La Scala, et en 1951, était devenue conseiller artistique au Ballet Royal Danois, où elle resta jusqu'à sa mort en 1975. Pour Noureev, un détail était plus important que tout le reste : Volkova était une amie d'enfance de Pouchkine.Sur la route de Copenhague, Noureev s'arrêta à Francfort, où il avait été envoyé pour danser *Le Spectre de la rose* pour un programme de télévision. L'étape fut une catastrophe, car le producteur avait cru que Noureev connaissait le rôle, ce qui n'était pas le cas. Ils réussirent à bricoler quelque chose ensemble, aidés par Pierre Lacotte, mais ce ne fut pas une heureuse expérience. La musique venait d'un gramophone, et le tempo était loin d'être ce qu'il aurait dû être.

Maria Tallchief avait accompagné Noureev à Francfort - il avait l'air d'une âme en peine alors, et elle pensa que sa compagnie pouvait lui faire du bien. Un magazine américain les traqua et envoya un autre exilé russe, Vaslav Orlikovsky, un chorégraphe, regarder danser Noureev et l'interviewer. Orlikovsky disait le pire et le meilleur : selon lui, sur scène, Noureev était la réincarnation de Nijinski, quelqu'un de très discipliné, alors que, hors scène, « il était son propre et pire ennemi, le plus ambitieux des hommes » qu'il ait jamais rencontré. « Peu soigné, frustre, lunatique... » Il ajouta que Noureev parlait un russe très vulgaire, « témoignant qu'il avait dû être élevé par les plus pauvres d'entre les pauvres ». Dans sa chambre d'hôtel, disait Orlikovsky, Noureev était allongé écoutant *Le Requiem* de Mozart, *La symphonie numéro 4* de Brahms et *La Symphonie divine* de Scriabine, à plein volume, tandis que Tallchief lui massait les pieds. Personne, disait l'interviewer, n'était autorisé à parler quand la musique emplissait la pièce; et Noureev, qui venait de découvrir Scriabine, pouvait se repasser *La Symphonie divine* dix fois de suite.

Orlikovsky ajoutait que Noureev était un enfant, qu'il n'avait aucune notion de la possession et que le sol de sa chambre d'hôtel était jonché de toutes sortes de choses. A cette époque, il ne semblait pas encore certain d'avoir bien fait de passer à l'Ouest. « J'ai peut-être fait le mauvais saut », confia-t-il. Il dit à Orlikovsky qu'il avait eu une idée précise de ce qui l'attendait à l'Ouest, en d'autres termes, il s'était renseigné. Il refusa de répondre aux questions concernant sa famille, disant qu'il ne pouvait que leur causer du tort en parlant d'eux. Il raconta ensuite au journaliste un mensonge compliqué. Il dit que son père lui avait appris la danse folklorique quand il était très jeune, et qu'il avait fait partie d'une troupe qui était allée à Leningrad sept ans plus tôt. « Nous avons dansé au théâtre du Kirov, dit-il, et c'est à cette occasion que Sergeev m'a découvert. Il m'a demandé si je voulais rester. C'est exactement ce que je voulais.»

Il espérait danser à Copenhague et à Londres, dit-il. Il voulait travailler sous la direction de Balanchine, et à Covent Garden. Il ne voulait pas rester en France.

Orlikovsky l'avait emmené dans un restaurant russe, mais « l'enfant » avait à peine touché à sa nourriture. Il avait cependant consommé une énorme quantité de vodka, et avait bu jusqu'à en avoir les yeux vitreux. Puis, Noureev était parti avec Tallchief et, comme Orlikovsky lui faisait ses adieux, il les regarda s'asseoir, main dans la main, sur un banc d'où l'on voyait la rivière et une usine. La rivière avait rappelé la Neva à Noureev. « Quel incurable romantique! avait conclu Orlikovsky. Je l'aime bien, mais il va devoir affronter tellement de problèmes dans sa vie.»

Après la *débâcle** du *Spectre*, Tallchief songea qu'elle pourrait remonter le moral de Noureev en téléphonant à Erik. Elle appela donc son ancien amant et lui dit qu'elle avait l'intention de venir le voir. Puis, elle ajouta : « Devine qui m'accompagne? », avant de lui passer Noureev. Les deux hommes, d'abord, ne surent pas quoi se dire. « Bonjour », se contenta de dire Noureev.

Ils quittèrent Francfort en voiture, et roulèrent jusqu'à Amsterdam, qui se trouvait plus ou moins sur le trajet, afin que Noureev puisse voir le plus possible de l'Europe. A Amsterdam, il appela Tamara. Elle savait déjà qu'il dansait avec les Ballets de Cuevas, parce qu'elle avait réussi à se procurer un exemplaire de *L'Humanité* contenant un article tendancieux à propos de la représentation, de l'Oiseau Bleu, qui avait été perturbée. La conversation fut maladroite. En 1961, tout appel téléphonique pour ou en-dehors de la Russie pouvait être écouté par le KGB. « Tout ce qui pouvait être rapporté en l'occurrence, dit Tamara, c'est qu'il était en vie et travaillait. Heureux ou non, on ne pouvait pas parler de ces choses. Il comprit qu'il ne pouvait pas me dire combien il était heureux à l'Ouest, j'aurais pu en souffrir s'il l'avait fait. Il savait que chaque mot était dangereux. Il me donna simplement les dates et les lieux de ses représentations.»

De même, elle ne pouvait pas lui dire ce qui se passait au Kirov. « Le KGB avait interrogé Sergeev à son retour de Londres, et il avait été suspendu, mais seulement pour un temps parce que l'autre danseur, le remplaçant qu'il avait formé, avait obtenu un grand succès. Et puis, ils ont commencé à s'intéresser à Pouchkine. Ils savaient que Rudik n'avait pas seulement étudié avec Pouchkine, mais qu'il avait également vécu chez lui durant un temps. La rumeur courait même que Rudik avait couché avec Tseniia, la femme de Pouchkine. Ils s'efforçaient de convaincre

Pouchkine d'aller à Paris à ce moment-là, afin qu'il essaie de convaincre à son tour Rudik de rentrer au pays. Mais, Pouchkine avait alors des problèmes de santé. Il n'alla pas à Paris, et ne fut pas puni. Je ne pouvais rien dire de tout ceci à Noureev.»

• • • • •

Cet ange, ce démon cruel

Cet ange, ce démon cruel
Créé par l'enfer ou le ciel,
Cet ange, ce démon cruel,
Qui est-il ?

Lorsqu'ils arrivèrent dans la capitale danoise, Maria et Noureev descendirent à l'Hôtel Angleterre. Ils téléphonèrent à Bruhn du bar et l'invitèrent à venir les rejoindre. Il est important de situer Bruhn dans le monde de la danse classique à cette époque. Né en 1928, âgé par conséquent de dix ans de plus que Noureev, Erik partageait quelques points communs avec le jeune homme. Lui aussi avait trois sœurs plus âgées que lui. Son père, Ernst, ingénieur dans l'irrigation, avait fui la Russie à l'époque de la Révolution. Enfant solitaire et renfermé, Bruhn avait été envoyé par sa mère dans une école de danse que fréquentaient ses sœurs, parce qu'elle pensait qu'il apprendrait ainsi à se faire des amis. Là, il apparut très vite qu'Erik était doué de plus de talent que la plupart, et on le recommanda pour l'Ecolc du Ballet Royal Danois. Ses débuts en tant que danseur eurent lieu le 4 mai 1945. Deux minutes avant son solo, les forces de libération anglaises faisaient leur apparition aux jardins de Tivoli, et le public entier quitta la salle pour aller à leur rencontre. Personne n'assista donc à sa prestation. « Ce fut une bonne chose, dira-t-il plus tard. Je trébuchai plusieurs fois.»

Bruhn fera cependant très vite parler de lui au Danemark et ailleurs, d'abord à Londres, puis à New York, où il rejoindra l'American Ballet Theatre. Il dansa avec les plus grandes ballerines - Sonia Arova, Alicia Alonso, Violette Verdy, Nora Kaye -, mais obtint son plus grand succès dans le rôle d'Albrecht dans *Giselle* face à Alicia Markova en 1955 au Metropolitan Opera House de New York, une soirée qui fit date dans l'histoire du ballet.

En 1959, il fut invité à se joindre au New York City Ballet (NYCB) codirigé par Lincoln Kirstein et George Balanchine. C'est là qu'il rencontra l'ex-femme de Balanchine, Maria. Durant un an, Bruhn obtint un grand succès au NYCB et sa relation avec Maria, sur scène et hors scène, s'approfondit. Puis, les choses commencèrent à se dégrader. D'abord, Balanchine se retourna contre lui, estimant que sa notoriété devenait trop grande, contrevenant par là-même au principe immuable et bien connu du chorégraphe, selon lequel il ne devait pas y avoir de « star system » au NYCB. Le ballet seul comptait. En même temps, Bruhn commençait à se sentir mal à l'aise avec Maria, trouvant qu'elle exigeait trop de lui sur le plan émotionnel. Quelques mois avant la désertion de Noureev, ils avaient décidé tous deux d'une séparation. C'est à ce moment-là que Maria avait fait vœux de se trouver un autre partenaire.Ainsi, lorsqu'Erik arriva au bar de l'Hôtel Angleterre à Copenhague cet après-midi d'été de 1961, la relation entre les trois danseurs était déjà quelque peu compliquée. Pour commencer, Noureev avait remplacé Erik à plus d'un titre. L'après-midi touchait à sa fin, et le bar était sombre. Noureev, dira plus tard Bruhn à John Gruen, auteur d'une biographie du Danois, portait un pull et un pantalon de sport. « Je m'assis, le regardai plus attentivement et je m'aperçus qu'il était très séduisant. Il y avai t du style chez lui... une certaine classe. Ce n'était pas une élégance naturelle, mais l'effet était certain.» Ce fut une heure embarrassante, durant laquelle Erik et Maria masquèrent leur gêne en riant beaucoup. Sur le moment, Noureev ne fut pas aussi séduit par Erik que ce dernier l'avait été par lui. Il commença d'abord par détester son rire.

Malgré tout, une des raisons pour lesquelles Noureev se trouvait à Copenhague était qu'il voulait voir Erik en classe et en répétitions. Bientôt, ses journées lui permirent de voir Erik *et* Maria. Le matin, Rudolf assistait à la classe de la compagnie, où il pouvait s'entraîner et voir Bruhn, et où Maria était également présente. L'après-midi, il suivait un cours privé avec Volkova, tandis qu'Erik et Maria répétaient quelquefois tous les deux pour un ballet à venir qu'ils avaient décidé de danser ensemble. Le soir, enfin, Rudolf et Maria allaient au Ballet Royal Danois où Erik se produisait quelquefois.

Noureev avait des sentiments mêlés pour Copenhague à ce moment-là. Il pensait, après s'être entraîné avec les Danois, que le style de Bournonville n'était pas pour lui, et il était secrètement déçu par les cours (à l'ancienne) de Volkova. Pour ajouter à sa confusion, il commençait à s'apercevoir que ses sentiments pour Erik bousculaient imperceptiblement ceux qu'il avait pour Maria. Les deux autres passaient de plus en plus de temps ensemble maintenant, à mesure que leur représentation approchait (ils devaient danser *Mademoiselle Julie* et *Don Quichotte*). Noureev n'était pas heureux de cette situation. Un matin, il regardait Erik et Maria répéter sur scène. Il y eut une pause, et Maria retourna dans sa loge pour changer de tenue. Pendant qu'elle était partie, Rudolf s'approcha d'Erik et lui demanda s'il voulait déjeuner avec lui, seul, sans Maria. Il avait quelque chose à lui dire, lui confiat-il. Erik accepta, et Noureev rejoignit Maria dans sa loge. Là, il fut aussi direct avec elle qu'il le put, et lui dit que lui et Erik allaient déjeuner seuls, sans elle. Elle demanda pourquoi. A nouveau, Noureev se montra direct, brutal même. Il était tombé amoureux d'Erik, dit-il. C'est pourquoi il voulait déjeuner seul avec lui. Il fallait qu'il le lui dise. Maria explosa. Elle se mit à crier et même à hurler. Elle jura. Elle lui jeta ses tubes de maquillage, essaya de le frapper. Jusque-là, un équilibre avait pu être possible entre le trio parce que Maria, repoussée par Erik, avait jeté son dévolu sur Rudolf. Elle avait couché avec les deux hommes. Maintenant, ils la repoussaient tous les deux, et l'un pour l'autre. Hurlant toujours, elle sortit de sa loge, et Rudolf courut après elle. Erik, qui les vit partir tous les deux, courut après Noureev. Par malchance, ceci arriva juste au moment où le reste de la compagnie terminait ses cours du matin. Cette scène étrange eut par conséquent une quarantaine de témoins.

Quand les uns et les autres eurent cessé de se courir après, Maria resta inconsolable. Elle menaça de partir. C'eut été très embarrassant pour Erik aussi, pour faire un geste, il accepta d'annuler son déjeuner avec Noureev ce jour-là. Il supplia Maria de rester, et accepta même de la voir plus souvent dorénavant entre les représentations. Il suggéra qu'ils aillent dîner tous les trois ce soir-là. Les torts étaient pour le moment réparés. Leurs représentations terminées cependant, Bruhn et Tallchief, ne dansèrent plus jamais ensemble.

En tombant amoureux d'Erik, Noureev fut à peine moins traumatisé que Maria. Il avait 23 ans, et débutait tardivement sa vie sexuelle, comme il avait débuté tardivement dans la danse classique. Mikhaïl Barychnikov, qui allait un peu remplacer Pouchkine dans le cœur de Rudolf, se souvient que Tseniia Iurgenson lui raconta que même à l'âge de 20 ans, Rudolf s'allongeait sur le sol de leur appartement et jouait au train électrique en écoutant du Bach. Rudolf savait depuis sa conversation avec Gyckova qu'il n'était « pas un homme au sens où elle (Gyckova) l'entendait.» Et il était probablement resté sur cette idée durant quelques temps.

En Russie, il avait réfréné son homosexualité pour une raison simple : c'était dangereux. Noureev avait détesté la Russie stalinienne, mais, en matière de sexe, les choses n'avaient guère changé sous Khrouchtchev. La meilleure façon d'être suborné par le KGB était de se faire prendre pour homosexualité. Noureev aimait bien trop sa liberté pour courir un tel risque.

En arrivant à l'Ouest, Noureev était encore très inexpérimenté sur le plan sexuel. Clara Saint le confirme. Il coucha avec Maria pour des tas de raisons. Elle était séduisante, elle était consentante, et elle avait couché avec Erik. Noureev était seul et avide de relations sexuelles. Il était conscient malgré tout que, même en Europe en 1961, il était plus facile - et moins dangereux - d'être hétérosexuel qu'homosexuel. Et puis, Maria était un moyen d'atteindre Erik, le seul danseur qui pouvait lui donner non seulement des conseils techniques, mais aussi des conseils sur sa carrière. Bruhn devait être capable de l'aider, surtout maintenant qu'il avait dansé avec la compagnie de Cuevas et qu'il n'avait pas fait de projet à long terme avec cette dernière.

Bruhn n'était pas seulement un homme séduisant physiquement, c'était aussi quelqu'un de bien plus complexe que Noureev ne pouvait le soupçonner, avec son côté sombre et son côté lumineux. C'était un ange, comme aurait dit Pouchkine, et un démon à la fois. Il avait à la fois un humour espiègle, vif, sarcastique, et une tendance, toute danoise et nordique, à sombrer dans une humeur dépressive. Comme tous les bons danseurs, il mangeait copieusement, et buvait immodérément : du whisky, de la vodka, du vin. En plus, il fumait beaucoup.

Il était sincèrement bisexuel. Il avait eu de longues relations avec des femmes, dont les danseuses Sonia Arova et Maria. Mais, il prenait aussi plaisir à la compagnie des hommes. Pour Noureev, comme pour beaucoup d'autres danseurs, Erik était irrésistible. En plus de son charme personnel, pour Noureev, il semblait avoir tout ce qui compte dans la vie. Il était célèbre et respecté dans son propre pays, le Danemark. Il avait dansé avec les plus grandes compagnies du monde, dont le NYCB de Balanchine, l'ABT, le Ballet de l'Opéra de Berlin, et avait eu pour partenaire des ballerines comme Sonia Arova, Alicia Markova et Yvette Chauviré.

Noureev s'était privé, sexuellement parlant, durant des années. Le Danemark, comme la plupart des pays scandinaves, était très libéral, en matière d'homosexualité notamment. Noureev se sentait enfin soulagé, mais ne savait pas encore contrôler le flot d'émotions qui l'assaillait. Il n'était encore jamais tombé amoureux.

Quoique Rudolf émît des réserves personnelles sur les méthodes d'enseignement de Vera Volkova, il n'en restait pas moins qu'elle était Russe, qu'elle avait passé sa vie dans le ballet et qu'elle connaissait tout le monde. Aussi prenait-il plaisir à sa compagnie malgré tout. Bruhn l'adorait également, et considérait qu'elle était sa première influence réelle. Etant russe, et ayant beaucoup voyagé, elle comprenait parfaitement ce qui troublait Noureev, et s'aperçut qu'il avait autant besoin d'Erik sexuellement que dans d'autres domaines. Noureev et Erik pouvaient se détendre chez Volkova mieux que nulle part ailleurs.

Il existe deux versions des événements qui suivirent. D'après celle de Rudolf, il se trouvait chez Vera un soir, le téléphone sonna. Elle alla dans une pièce attenante prendre l'appel, puis revint aussitôt lui dire que c'était pour lui, une communication « longue distance». Il avait appris à redouter ces mots, après les appels, pas toujours opportuns, qu'ils avaient reçus de Russie. Mais Volkova le rassura et lui dit que l'appel venait de Londres.

Noureev ne voyait pas de qui il pouvait s'agir. Londres aurait pu jouer un rôle important dans sa désertion, mais, puisque ça n'avait pas été le cas, pour autant qu'il sache, il ne connaissait personne en Angleterre. Il passa dans la pièce et prit le combiné.

- Oui?

« C'était une voix calme et posée, écrira-t-il plus tard. Aucunement affectée. »

- Ici Margot Fonteyn. Voudriez-vous danser à mon gala à Londres? Ce sera en octobre, à Drury Lane.

Noureev était surpris, mais flatté. C'était assurément un honneur, car Fonteyn jouissait d'une réputation mondiale, du moins pour les fans de danse. Le ballet anglais était, avec le russe, le meilleur du monde à ce moment-là. Cependant, ses premières pensées furent d'ordre pratique. La guerre froide était à son apogée. Les voyages étaient contrôlés, et des lois réglementaient sévèrement le fait de gagner de l'argent à l'étranger et de le transférer d'un pays à un autre. Obtiendrait-il la permission de de Cuevas d'aller à ce gala? Et, surtout, les Anglais l'autoriseraient-ils à venir dans leur pays?

Fonteyn fit preuve de diplomatie. Le gala, dit-elle, était quelque chose qu'elle organisait chaque année, avec le concours de l'Académie Royale de Danse. Tous ceux qui acceptaient de se produire le faisaient gratuitement. Noureev n'y voyait aucun inconvénient. En fait, il se dit même que l'absence de rémunération faciliterait les choses, cela éviterait toute une paperasserie fastidieuse. Mais tous les deux étaient conscients qu'ils auraient d'autres questions compliquées à résoudre, et elle suggéra qu'il prenne l'avion pour Londres afin d'en discuter.

Noureev fut contre cette idée. D'abord, il était las du cirque médiatique incessant qui entourait chacun de ses déplacements (on l'avait retrouvé à Copenhague et sa photographie, ainsi que celle d'Erik, s'étalait partout). En Grande-Bretagne, il le savait, la presse à sensation de Fleet Street était plus incontrôlable que partout ailleurs. Il ne tenait pas à attirer leur attention. Et puis, en second lieu, il n'avait pas les moyens de s'offrir le billet d'avion. Le salaire que lui versait de Cuevas n'avait rien de princier, et ne lui permettait pas en tout cas de prendre l'avion chaque fois qu'il en avait envie. En 1961, les voyages aériens coûtaient très cher. Ici, Fonteyn se montra égale à elle-même. A sa première objection, elle suggéra qu'il vienne incognito pour leur premier contact. Elle ne parlerait à personne de sa venue, et enverrait son propre chauffeur le prendre directement à l'aéroport pour le ramener chez elle. Ensuite, elle expliqua qu'elle ne contacterait qu'un seul journal anglais, l'*Observer*, où le spécialiste de la danse était un bon ami à elle. Elle dit qu'elle pensait que si Noureev était d'accord pour ne donner qu'une seule interview exclusive, ils lui paieraient le voyage, et il n'aurait pas à ses trousses la meute des journalistes. L'interview pourrait ne paraître qu'après son départ de Londres.

Rudolf fut impressionné par le sens pratique de Fonteyn, et il dit oui à presque tout. Il ajouta qu'il lui faudrait quelques jours pour obtenir un visa, mais qu'il ferait de son mieux.

Tout se passa comme prévu. Fonteyn fut fidèle à sa parole. La nouvelle de son arrivée ne filtra pas. Malheureusement, quand il arriva à Heathrow, le chauffeur de Fonteyn, Linley, n'était pas en vue. Il n'y avait personne pour l'accueillir, pas même la presse, et il resta assis dans la salle des arrivées d'Heathrow durant trois heures. A ce moment-là, il avait appris à connaître l'aéroport mieux que celui du Bourget.

Au bout d'une heure, il avait téléphoné chez Fonteyn à Thurloe Square (face au Musée Victoria) et annoncé simplement : « Ici Noureev ». Fonteyn avait été choquée d'apprendre que son chauffeur n'avait pas réussi à établir le contact, et elle le fut plus encore lorsque, une heure plus tard, Noureev téléphona à nouveau, son appel coïncidant cette fois avec le retour bredouille du chauffeur à Thurloe Square. Linley fut renvoyé à Heathrow une seconde fois et, de nouveau, manqua Rudolf, peut-être parce que celui-ci, las d'attendre, avait pris un taxi pour Londres. Ce n'était pas un bon début.

Fonteyn comptait au départ avoir Ulanova dans son gala, mais les autorités russes s'étaient prononcées contre, celle-ci devant danser à Moscou lors d'une occasion importante. Colette Clark, qui coorganisait le gala avec Fonteyn, lui avait alors suggérer le nom de Noureev, ajoutant qu'il venait juste de finir sa saison avec les Ballets de Cuevas. Margot Fonteyn trouva l'idée excellente. Elles mirent plusieurs semaines à le retrouver, chez Volkova.

Ce qui est arrivé ensuite ne colle pas avec les propres souvenirs de Rudolf. Vera Volkova avait agi en qualité d'émissaire de Rudolf, tandis que Colette Clark joua le même rôle pour Fonteyn. En fait, les deux stars ne se sont pas parlées au téléphone.

Au départ, Noureev insista pour danser avec Margot, mais elle ne l'avait jamais vu et ne voulait pas risquer sa réputation sur un inconnu. De plus, elle avait déjà demandé à John Gilpin de danser avec elle dans *Le Spectre de la rose.*

Colette revint et dit à Margot :

- Vera dit qu'il tient absolument à danser avec toi, et qu'il est merveilleux.

- Il m'a l'air plutôt ennuyeux, dit Margot.

- Non, elle dit qu'il est extraordinaire, insista Colette. Michael Wishart dit qu'il a une telle présence qu'il lui suffit de marcher sur scène et de lever un bras pour qu'on voie les cygnes au bord du lac. Je trouve que ce serait merveilleux si tu dansais avec Noureev aussi bien qu'avec Gilpin.

- Plus j'entends parler de lui, et plus l'idée me parait mauvaise, reprit Fonteyn, qui ne se laissait pas convaincre facilement. Je ne veux pas dire qu'il soit mauvais en tant que danseur, mais pourquoi devrait-il décider de danser avec moi alors qu'il n'a que 23 ans et que je ne l'ai même jamais vu?

Colette ne démordit pas.

- Vera pense que c'est un génie. Elle dit qu'il a « l'étoffe ».

Finalement, selon cette version, Rudolf renonça et demanda s'il pouvait danser à la place avec Rosella Hightower . Au moins, elle avait dansé avec lui et savait ce qu'il valait. Mais il avait une autre requête à formuler : Frederick Ashton voudrait-il lui chorégraphier un solo? Ashton accepta, mais avec circonspection, ne connaissant pas davantage Noureev que Margot.

Quand il descendit du taxi à Thurloe Square, Noureev eut la surprise de découvrir que la maison de Fonteyn était en fait une ambassade dont la porte d'entrée était surmontée d'un petit blason rouge, bleu et or. En plus d'être une ballerine mondialement célèbre, Margot Fonteyn était également la femme de Tito de Arias, l'ambassadeur du Panama en Grande-Bretagne. Elle se tenait sur les marches lorsque Rudolf arriva. « Il paraissait plus petit que je ne m'y attendais, peut-être parce que je me tenais au-dessus de lui sur les marches du perron. Il avait un drôle de petit visage, avec cette curieuse pâleur si caractéristique des danseurs russes.»

Ils prirent le thé (cinq sucres pour Noureev), et s'observèrent. Il était très poli, écrivit-elle dans ses mémoires, assis bien droit mais s'efforçant de paraître détendu. Son anglais était limité, mais il se fit parfaitement comprendre. Ce n'est que lorsqu'il rit soudain d'une chose qu'elle avait dite qu'elle le vit sous un jour différent. « Tout son visage changea. Il perdit son air d'être "sur ses gardes", et son sourire généreux me fascina.»

Rudolf, pour sa part, avait eu des appréhensions. Il avait craint qu'elle ne cherche à lui en imposer. Mais tout se passa merveilleusement. Il la trouva chaleureuse, directe, et pas tatillonne pour un sou. Elle avait beau être la plus célèbre danseuse de son temps, elle n'en était pas moins consciente des aspects pratiques de la vie. Elle lui donna une chambre et le laissa mener sa vie à sa guise. Cela plut à Noureev. « Dès le premier instant, j'ai su que j'avais trouvé une amie, écrivit-il plus tard. C'était le plus beau moment de ma vie depuis mon arrivée à l'Ouest.» Le lendemain, Margot dansait *Giselle* à Covent Garden, et lui obtint un billet. Nigel Gosling (alias Alexander Bland pour la presse), le critique de danse de l'*Observer*, l'accompagna à cette occasion. Noureev fut surpris en découvrant Covent Garden, qui n'avait pas la décoration fastueuse des théâtres qu'il avait pu voir jusque-là. Il découvrit aussi que, dans le ballet, la principale différence entre le style anglais et le style russe résidait principalement dans l'expression dramatique. Le style anglais était à la fois moins naturel, moins « pur » que le russe, et en même temps, plus saisissant et, quelquefois, plus émouvant.

Mais l'important n'était pas là. Il fut très impressionné en fait par Fonteyn elle-même. Elle était la danseuse musicale par excellence, bougeant presque instinctivement en rythme avec la musique ; chacun de ses muscles vibrait de toutes les nuances musicales. Il fut également impressionné par le haut niveau général de la compagnie, dont il connaissait, pour avoir fait des recherches dans l'excellente bibliothèque du Kirov, presque tous les membres par leur nom. Londres était bien l'endroit où il fallait danser. Le Kirov avait là son seul rival, du moins en Europe.

Quand elle ne travaillait pas, Fonteyn était une hôtesse attentive, et, les jours suivants, elle présenta Rudolf à la plupart des personnes qui comptaient au Royal Ballet. Il rencontra Sir Frederick Ashton, Dame Ninette de Valois et Sir David Webster, et il fut conduit à l'Ecole de Baron's Court, où il participa à la classe. Cependant, il était là, en principe, sous une fausse identité. Margot lui avait donné le nom de Roman Jasman, qui était le véritable nom d'un danseur polonais qui devait faire une apparition dans son gala. Très peu furent dupes, surtout lorsqu'un jour, Rudolf s'écarta soudain et fit une série de pas stupéfiante. L'assistance, dont faisaient partie Svetlana Beriosova et David Blair, regarda, étonnée, avant d'applaudir spontanément. Noureev les charma en disant :

- Je fais l'intéressant.

Il s'arrêta, sourit, puis :

- Je n'y arrive qu'une fois. Ensuite, je trébuche.

Curieusement, pendant ce séjour à Londres, aucun journaliste ne découvrit qui il était. Il retourna à Copenhague aussi incognito qu'il était arrivé. Et Gosling eut son scoop.

Noureev craignait autant son retour au Danemark qu'il avait craint son arrivée à Londres. Il était pleinement conscient qu'il ne devait pas laisser ses sentiments pour Erik intimider ce dernier. Bruhn n'aimait pas ce genre d'attention envahissante. En fait, c'était une des raisons de sa séparation d'avec Maria Tallchief quelques temps plus tôt. En même temps, Noureev était un exilé, seul, sans famille, ni compagnie pour lui servir de port d'attache. Il fut par conséquent autant surpris que flatté lorsque, à son retour de Londres, Erik lui demanda de venir vivre chez lui, dans sa maison de la banlieue de Copenhague. C'était une façon d'épargner à Rudolf bien des dépenses, évidemment, mais la raison principale était que Bruhn avait décidé qu'il était plus prudent, pour leur sécurité à tous les deux, de garder leur vie privée secrète. S'ils devaient partager le même lit, il était plus simple de vivre sous le même toit.

Durant les trois mois qui suivirent, les deux hommes ne se quittèrent pas. On les apercevait dans les meilleurs restaurants de Copenhague, à des réceptions, des vernissages ou des premières de théâtre. Et ils s'entraînaient ensemble. A ce moment là, Erik était plus connu que Noureev. Et Noureev était plus amoureux de son aîné que celui-ci ne l'était de lui. Ce n'était pas seulement une question d'âge; la technique de Bruhn était plus raffinée, plus polie, moins frustre. En cours, ils faisaient les mêmes pas, mais leurs danses étaient foncièrement différentes. Ce que Noureev appréciait le plus chez Erik, c'était son assurance, son équilibre, sa maîtrise de soi. En cours, ils ne se parlaient jamais, ne se corrigeaient jamais. Erik avait sa façon de faire les choses, une façon qui l'avait rendu célèbre de par le monde, et qui n'était pas celle de Noureev. Plus il admirait l'art et la technique d'Erik, plus il voulait être comme lui. Quand il se laissait aller à exploser en classe, se plaignant que les Danois ne faisaient pas les choses comme les Russes, Erik le calmait toujours et lui expliquait qu'il y avait l'école danoise et l'école russe, et qu'elles étaient différentes. L'une n'était pas nécessairement meilleure que l'autre. Noureev trouva cela très dur à admettre au début.

Des rumeurs sur le couple commencèrent bientôt à circuler à Copenhague. Ces rumeurs n'étaient pas toujours flatteuses, et pas toujours vraies. Nombreux étaient ceux qui pensaient que leur amitié n'était pas sincère, qu'elle n'avait d'existence que pour les caméras et visait à promouvoir leurs carrières respectives. Ils étaient si différents, à la fois comme hommes et comme danseurs, alors, comment auraient-ils pu être amis? D'autres encore pensaient que Rudolf, le jeune homme, prenait tout à Erik, plus âgé, sans rien lui donner en échange.

Tout cela était faux. Durant presque trois mois, les deux hommes prirent plaisir à être ensemble, et Noureev, du moins un moment, se sentit « amarré ». Erik devenait l'ancre affective qui lui avait toujours manquée. Pour la première fois, il éprouvait de la tendresse. Sexuellement, sa position préférée était celle du partenaire passif (ce qui ne sera plus le cas plus tard). C'était important psychologiquement. En adoptant cette position, il découvrait et s'avouait qu'il était un homosexuel né, instinctif.

Seuls deux problèmes perturbèrent cette idylle à Copenhague. Le premier fut la mère d'Erik, Ellen. Noureev ne s'entendait pas avec elle - ils eurent une violente dispute la première fois qu'ils se rencontrèrent, et en restèrent là. Erik mettait cela sur le fait qu'elle était du signe du Scorpion, et Noureev du Poisson (encore une chose que Noureev tiendra d'Erik; une fascination pour l'astrologie et les horoscopes qui ne le quittera jamais.) Le second problème apparut le jour où Erik reçut une lettre de l'ambassade soviétique à Copenhague. Environ un an plus tôt, alors qu'il était en tournée en Russie avec l'ABT, Bruhn avait reçu une invitation de la part de Gosconcert, l'agence chargée des contacts culturels avec l'étranger, à apparaître lors d'une saison avec le Bolchoï. Il avait accepté avec plaisir, trouvant cela très flatteur. La lettre arriva écrite en russe. Erik la tendit à Rudolf pour qu'il la lui traduise. Le Bolchoï avait changé d'avis. La participation d'Erik était « remise à plus tard ». Il comprit alors que sa relation avec Rudolf n'était pas passée inaperçue des services du KGB.

Toute cette histoire contraria beaucoup les deux hommes, et ils commencèrent à songer à quitter Copenhague pour une ville plus cosmopolite et plus grande, où leur relation serait moins évidente. Comme par hasard, la lettre de l'ambassade fut suivie d'un coup de téléphone, cette fois d'Anton Dolin à Londres, demandant à Erik s'il était prêt à danser avec Sonia Arova pour partenaire, une danseuse d'origine bulgare qui avait suivi l'enseignement de Serge Lifar à Paris, dans une troupe que Dolin mettait sur pied pour une saison de deux semaines à Londres. Arova ayant été le premier amour d'Erik avant Maria, la proposition n'était pas dénuée de risques, du point de vue affectif. Elle vivait à Paris à cette époque, et ils pouvaient répéter ensemble là-bas. Paris était à bonne distance de Copenhague, c'était une ville que Noureev connaissait et appréciait, et sur le plan sexuel, elle était aussi libérée que possible. Erik accepta.

Ils passèrent un moment merveilleux à Paris, et cela pour deux raisons. D'abord, Erik et Sonia s'entendirent très bien et dansèrent mieux que jamais ensemble. Ensuite, maintenant qu'il était loin de Copenhague, et de sa mère, Erik était beaucoup plus détendu. Tout allant si bien, il tomba alors encore plus amoureux de Rudolf que celui-ci n'était tombé amoureux de lui quelques temps plus tôt. Arova n'avait aucune demande amoureuse à son égard (elle savait qu'Erik était un vrai bisexuel); aussi, pour la première fois de sa vie, Noureev fut sincèrement aimé. Ce n'était pas exactement pour cette raison qu'il était venu à l'Ouest, mais ça n'en était pas moins libérateur.

Tous se retrouvèrent à Londres à la fin du mois de septembre. Erik et Sonia se produisirent les premiers, au Golders Green Theatre et au Streatham Hill Theatre. Ninette de Valois assista à une des représentations, et, après le spectacle, demanda à Erik de se joindre au Royal Ballet pour la saison à venir. Rudolf était vert de jalousie.

Le mois suivant, Rudolf était de retour à Londres pour le gala de Fonteyn. Il avait choisi lui-même la musique, le *Poème tragique* de Scriabine, et Ashton avait imaginé pour lui une chorégraphie totalement nouvelle. La représentation eut lieu l'après-midi, non pas à Covent Garden mais au Drury Lane Theatre situé à proximité. Avant le lever du rideau, Margot visita toutes les loges pour souhaiter bonne chance aux artistes et voir s'ils ne manquaient de rien. Rudolf était paniqué. « Ils ont envoyé la mauvaise perruque!» cria-t-il. Et c'était vrai. Il devait danser le pas de deux du *Cygne noir* avec Rosella Hightower, et il tenait à la main une perruque blonde, semblable à celle qu'il avait portée la première soirée avec les Ballets de Cuevas et qui l'avait fait ressembler à un arbre de Noël. Il était trop tard pour changer, mais Noureev ne porta plus jamais de perruque.

C'était une représentation en matinée, mais le public était scintillant. Cecil Beaton et Diana Cooper se trouvaient dans une des loges.

Noureev fit grande impression cet après-midi-là sur la musique de Scriabine. Le public fut comblé, et pas seulement le public. « Voir Rudik sur scène fut un choc, racontera plus tard Erik, qui ne l'avait jamais vu « en situation ». Il avait une présence formidable. Je dois avouer que je n'étais pas particulièrement séduit par son *Cygne noir* (avec la perruque blonde) - il manquait quelque chose. Mais, le travail d'Ashton était superbe.»

D'autres le pensaient également. Cecil Beaton confia dans son journal qu'il se sentit « rajeuni » par l'expérience (il avait 57 ans), comme si un courant électrique l'avait traversé. « Tout mon système sanguin fut perturbé par la magnifique prestation qui avait lieu sur scène.» A la fin du gala, une foule assaillit littéralement Noureev et Rosella à la sortie du théâtre. Les gens n'étaient pas satisfaits d'un simple autographe de Noureev. C'est le transfuge russe qu'ils voulaient toucher, et ils étaient prêts à tout pour ça. Rosella portait son costume sur son bras, et il fut gravement déchiré dans la cohue. Il fallut toute l'habileté de Margot pour entraîner Rosella dans la voiture qui les attendait.

Ce soir-là, une petite fête fut organisée dans la maison des Fonteyn à Thurloe Square, pour rendre hommage à la distribution et lui permettre de se détendre. Beaton avait été convié. Il embrassa Noureev sur les joues et le front à la grande surprise de ce dernier.

Margot se souvient que Noureev resta très tard à cette soirée, faisant de son mieux pour parler avec son anglais limité. Finalement, quand les derniers invités furent partis, il s'approcha d'elle et lui demanda si son chauffeur pouvait le conduire à King's Road. C'était un quartier à la mode de Londres, dans Chelsea, plein de boutiques de vêtements, de restaurants et de boîtes de nuit. Noureev savait déjà où l'on sortait à Londres.

Quand Margot se retrouva seule avec Tito autour d'un dernier verre, elle lui demanda ce qu'il pensait du Russe. Tito lui parla d'une chose étrange qu'il avait dite.

Qu'avait-il dit ?

- Je lui ai demandé ce qu'il faisait à Copenhague, dit Tito. Il a froncé les sourcils et répondu : « C'est mieux ne pas raconter l'histoire.»

• • • • •

Le dossier KGB

Le procès secret

Témoignage de l'estime et de l'affection que certaines personnes lui vouaient encore à Leningrad, Noureev avait reçu, avant de danser au gala de Fonteyn, un télégramme à Drury Lane lui souhaitant bonne chance. Le télégramme avait été envoyé par des balletomanes qui avaient entendu parler des quarante télégrammes qu'il avait reçus des danseurs du Kirov à l'occasion de sa première soirée avec les Ballets de Cuevas à Paris, le pressant de rentrer au pays. Le 17 mars 1962, jour du vingt-quatrième anniversaire de Rudolf, un groupe de fans - des femmes, pour l'essentiel - se rassembla en son honneur au café *Sever* (« Nord »), sur la perspective Nevsky. C'était un hommage, une commémoration. Ils parlèrent de Rudolf, mangèrent sa glace préférée, et laissèrent parler leurs souvenirs. Dix ou douze de ces fidèles afficionados maintiendront ce rituel durant plusieurs années.

En automne 1961, cependant, Noureev fut jugé - par contumace - à Leningrad. En tant que transfuge, il était accusé de trahison. Ce fut un procès « ouvert », en ce sens que des témoins y étaient admis, à l'exclusion pourtant du public en général. Les témoins furent entendus au moins du 19 septembre au 3 novembre, et plus de quatre-vingt dix pages de témoignages ont été mises à la disposition de l'auteur. Dans le système judiciaire utilisé, il y avait un juge et deux jurés ; les jurés n'avaient qu'un demi-vote chacun, tandis que le juge en avait un ; ainsi, un jugement était obligatoirement rendu. Parmi les témoins présents se trouvaient, dans l'ordre : Pouchkine, Sergeev, Alla Osipenko, un certain Terasov, machiniste et probablement agent du KGB, Grosinsky, administrateur en chef, Virsalodzy, maître de ballet, Fidler, un soliste, Tseniia Iurgenson, Strizhevsky, un « employé du KGB » (un des « hommes en civil » qui assura la surveillance de la tournée parisienne), et Korkin. Dix témoins, au moins.

Pouchkine rappela que Noureev avait vécu avec lui, « comme un membre de sa famille ». Il dit à la cour que le garçon avait « les nerfs à fleur de peau », qu'il était maladroit dans ses rapports avec les gens, mais qu'il n'avait jamais noté chez lui « un quelconque point de vue politique... » Et il ajouta : « Je crois qu'il a décidé de rester (à l'Ouest) dans un élan de passion.»

Osipenko dit que Noureev « n'était pas respecté par les autres en tant que personne. Nous l'avons puni pour son culot, son impudence, sa prétention et bien d'autres choses. Il traitait les gens autour de lui avec dédain. Pour tout le monde, c'était quelqu'un de frustre et de malpoli. L'autorité n'existait pas pour lui. C'était un danseur doué, plein de talent. Il le savait. Il se croyait irremplaçable... En France, il a tout de suite manifesté son manque de discipline. Il avait pris l'habitude de sortir seul et de rentrer tard à l'hôtel... Il avait des relations avec des homosexuels. *Bockadoro*[7] dit qu'il (Noureev) avait raconté à des Français que le théâtre ne lui donnait pas de travail, qu'il n'était pas libre de faire ce qu'il voulait.»

Terasov, le machiniste et l'agent du KGB infiltré au Kirov, témoigna comme les autres que Noureev était un danseur talentueux, mais qu'il s'était lié d'amitié avec des Français. Il pensait que Noureev était plus proche de Claire Motte que de Clara Saint. Grosinsky affirma qu'on

7 - L'autre agent du KGB sans doute, chargé de la surveillance de la tournée.

l'avait prévenu la veille du départ pour Paris que Noureev n'irait pas à Londres, et que lorsque celui-ci l'apprit à l'aéroport, il répéta encore et encore « Kak Tak ? » (Comment est-ce possible? Comment cela se peut-il?). Tseniia Iurgenson répéta ce que Pouchkine avait dit, mais ajouta qu'entretemps, c'est-à-dire depuis la défection, Noureev l'avait appelée. Les raisons de cet appel ne ressortent pas clairement de son témoignage : la Russie manquait-elle à Noureev? Ses amis? Ou simplement voulait-il garder le contact?

Mais le témoignage le plus intéressant vint de Strizhevsky, l'homme du KGB pendant la tournée. Il dit qu'on l'avait prévenu, le 14 juin - quarante-huit heures avant le départ pour Londres - que Noureev serait renvoyé à Moscou. Ces ordres, qui émanaient du ministère de la Culture à Moscou, relayés par l'ambassade soviétique à Paris, stipulaient que Noureev ne devait être mis au courant de cela que le jour de son départ. Korkin confirma ce point dans son témoignage, ajoutant que Moscou lui avait demandé de ne prévenir Noureev qu'au dernier moment, à l'aéroport du Bourget. Quand il apprit la chose, selon Korkin, Noureev dit : « Etoro ne mozket but (Ca ne peut être ainsi) ».

La Cour entendit également deux témoignages indirects curieux. Il s'agissait d'enregistrements. Le premier était une conversation entre Karbopel, Secrétaire général du Département français au ministère soviétique des Affaires étrangères, et un certain Nemchun, un employé de l'ambassade soviétique à Paris. L'autre conversation réunissait Mikhaïl Klemenov, Premier secrétaire de l'ambassade soviétique à Paris, et un rédacteur en chef des *Nouvelles Russes*, qui n'était pas nommé dans le dossier. D'après ces discussions, il ressortait que Noureev avait fait savoir, aux gens de théâtre qu'il rencontrait aussi bien qu'aux journalistes, qu'il ne voulait pas retourner en Union soviétique; qu'il avait eu des relations sexuelles avec Pierre Lacotte, lequel essaya de le persuader de rester en France. Lacotte, apparemment, fut celui qui conseilla avec le plus d'insistance à Noureev de passer à l'Ouest, l'accusant d'être « pusillanime ». Ces témoignages prétendaient également que Noureev avait eu des relations avec Claire Motte, et avec Raymondo de Larrain. Apparemment, dans ses discussions avec de Larrain, il était entendu qu'après son retour en Union soviétique, ce dernier l'inviterait à danser avec les Ballets de Cuevas. Etant donné les relations que la France entretenait avec l'Union soviétique, il y avait des chances que cela marche. D'après ces témoignages toujours, même Rosella Hightower déclara à Noureev, quand il était à Paris : « L'Ouest t'attend ».

Les jurés de ce procès étaient bien évidemment membres du Parti, et avaient un point de vue « ouvertement » communiste. Ils le prouvèrent par leur verdict : non seulement ils reconnurent Noureev coupable de trahison, mais ils réclamèrent également une lourde condamnation, de quatorze à vingt ans d'emprisonnement.

Curieusement, cependant, le juge décida d'alléger la condamnation, en partie grâce au témoignage de Tseniia Iurgenson. Le juge prit note que, Noureev lui ayant téléphoné, la Russie lui manquait probablement, et qu'il hésitait peut-être à rentrer. La condamnation fut ramenée à six ou sept ans, avec l'assurance que, si Noureev rentrait au pays, son affaire serait rouverte et « réexaminée.» C'était une façon d'envoyer un signe à Noureev, une façon de lui faire savoir que, s'il faisait ce qui s'imposait, il pouvait espérer l'indulgence de la cour.

Quoique l'affaire fût close, les autorités savaient parfaitement que Noureev finirait par connaître le verdict. Les témoins - Pouchkine, Tseniia, Sergeev, Osipenko - se chargeraient de relayer l'information, et la nouvelle se répandrait vite dans le monde du ballet.

Elle parvint effectivement aux oreilles de Noureev. Il était conscient que la cour, en rendant un verdict aussi clément, l'invitait au retour. Pourtant, s'il décidait de décliner la proposition déguisée, que se passerait-il? Cela ne faisait aucun doute dans son esprit. Peut-être n'avait-il pas entendu parler du Département OS2, les « bourreaux du voyage » comme on les appelait, mais il était pleinement conscient que s'il restait à l'Ouest, ses chances d'être enlevé, ou pire, étaient loin d'être inexistantes.

• • • • •

Déesse des mystères

Comme une lune au ciel désert,
Déesse des soupirs, des mystères.

Bien que le *Poème Tragique*, le morceau qu'il avait dansé au gala de Margot sur une chorégraphie d'Ashton, fût bref, Noureev n'en fit pas moins parler de lui dans la presse anglaise. « Un véritable génie », ce fut ainsi qu'Oleg Kerensky le décrivit dans le *Telegraph*. Alexander Bland, dans l'*Observer* l'appela le « missile du ballet ». Richard Buckle, le plus flamboyant des critiques londoniens, compara Noureev, non pas à Nijinski, mais à Chaboukiani, l'appelant le « Rimbaud des Steppes » et laissant entendre que, selon lui, Noureev devrait rejoindre le Royal Ballet. Buckle répondait ainsi à une campagne, organisée par la galerie de Covent Garden, visant à amener Noureev au Royal Ballet. La campagne avait déjà recueilli deux mille signatures.

Les critiques ne furent pas toutes aussi enthousiastes, évidemment, mais, au fond, les critiques importaient peu, et le public pas davantage. Il n'y avait qu'une personne qui importait à Noureev. Il voulait danser pour le Royal Ballet et devait par conséquent faire impression sur Ninette de Valois, chargée de la direction artistique. Sa réaction, de façon caractéristique, ne ressembla à aucune autre. Elle avait assisté au gala bien entendu, et plus tard, elle raconta ce qu'elle avait ressenti en voyant danser Noureev dans son livre de souvenirs *Step by Step* : « Les danses qu'il exécuta à cette occasion me laissèrent insatisfaite. Elles ne me disaient rien sur le danseur. En fait, il inclina le buste devant le rideau rouge. Je vis un bras se lever avec une noble dignité, une main se tendre expressivement avec cette discipline contenue qui est le produit d'un long entraînement classique. Lentement, sa tête tourna d'un côté du théâtre à l'autre, et la structure osseuse de son visage slave, au modelé si merveilleux, me donna l'impression d'être un sculpteur inspiré plutôt que la directrice du Royal Ballet. Je le vis brusquement et clairement dans un rôle, Albrecht dans *Giselle*. C'est alors que je décidai que lorsqu'il danserait pour la première fois avec nous, ce serait avec Fonteyn dans ce ballet.»

Quelques jours plus tard, de Valois appela Fonteyn dans son bureau et lui demanda si elle voulait qu'il soit son partenaire. Le premier sentiment de Fonteyn fut de dire non, mais quelque chose en elle lui commanda d'attendre, et de ne donner à de Valois sa réponse que le lendemain. Quand elle rentra chez elle ce soir-là, elle en discuta avec Tito. Il était clair, lui dit celui-ci, que le jeune Russe allait connaître un immense succès la saison suivante. Il valait mieux prendre le train en marche; sinon, c'était pour elle risquer de connaître une éclipse dans sa carrière. C'était là davantage le discours d'un homme de spectacle que celui d'un diplomate, mais Fonteyn téléphona à de Valois le lendemain et accepta son offre. Rudolf n'avait pas même été consulté.

Après un séjour à Hambourg où il rejoignit les Ballets de Cuevas, Rudolf passa par Munich pour voir danser Erik dans *Le Lac des cygnes*, puis revint à Paris. Ce fut là qu'il apprit, pour sa plus grande joie, qu'il allait danser dans *Giselle* avec Margot Fonteyn et Yvette Chauviré, la star française qu'il avait vu danser en Russie. Il devait tenir le rôle du prince, Albrecht.

L'accord passé avec de Valois fut que Rudolf danserait trois représentations de *Giselle* avec Fonteyn et aurait presque un mois pour répéter. C'était parfait pour Noureev.

C'était le genre de délai auquel il avait été habitué au Kirov, mais il danserait trois soirs cette fois, et non un seul.Noureev se sentait plus détendu maintenant, davantage en paix avec lui-même, et Margot n'était pas étrangère à ce sentiment. Le contact était passé entre eux dès le premier jour. Et maintenant, ils dansaient ensemble - ici, la nature exceptionnelle de Margot fut d'une importance cruciale. Elle était bien sûr, et de loin, son aînée dans la danse, avait beaucoup d'expérience, et était plus âgée. La situation n'était pas sans rappeler celle que Noureev avait connue avec Dudinskaya. Dans le foyer de Covent Garden, près des guichets, un panneau laissait entendre clairement que les soirées coûtaient plus cher les soirs où Fonteyn dansait. Elle n'était peut-être pas loin de la retraite, mais personne n'attirait les foules comme elle.

Giselle était un ballet particulier pour Rudolf. Il l'avait déjà dansé six fois à Leningrad, dans une version assez différente de celle du Royal Ballet, et dans laquelle il avait introduit quelques modifications. Il espérait seulement obtenir à Londres autant de succès qu'à Leningrad quelques temps plus tôt.

Fonteyn et Noureev eurent droit à douze répétitions pour cette première représentation de *Giselle*, un nombre inhabituellement élevé, qui leur donna tout loisir d'explorer le style et l'endurance, les forces et les faiblesses de l'autre.

Il la surprit. Il était jeune, il était sauvage, il n'avait pas d'éducation au sens commun du terme. Mais, il avait des dispositions naturelles pour son rôle, il était instinctivement dramatique ; il avait en outre fait des recherches historiques sur *Giselle* et connaissait le ballet dans ses moindres détails.

Plus les répétitions avançaient, plus il était détendu et confiant, et plus son amitié avec Fonteyn s'approfondissait. Tito s'en aperçut et les laissa le moins souvent possible seuls ensemble. Rudolf ne cachait pas son homosexualité ni son amour pour Erik devant Fonteyn, qui ne s'en offusquait pas, pas plus qu'elle ne semblait déconcertée par son exceptionnelle grossièreté. L'un de ses mots anglais préférés était *Shit !* Si quelque chose n'allait pas pendant les répétitions, il explosait :

- C'est de la merde, Margot ! C'est merdique, merdique, merdique, merde !

Elle se tenait là, dans ses vêtements mouillés de transpiration, les mains sur les hanches.

- Rudi, disait-elle doucement. Dis-moi seulement de quelle façon j'ai été merdique.

Ce n'était pas le genre de langage auquel elle était habituée, ni qu'il avait coutume d'entendre dans sa bouche. Alors, son visage s'épanouissait d'un large sourire, et les choses en restaient là.

« Ce qui m'importait le plus, dira Fonteyn, c'était l'intensité qu'il mettait à interpréter ce rôle. Deux heures passaient en un rien de temps. J'étais Giselle et lui Albrecht. »

Ballet Today nota qu'il y avait plus d'intérêt autour de *Giselle* « que pour aucun événement comparable depuis la guerre ». Noureev devait faire face à une demande grandissante d'interviews et de photographies de la part des journaux. Frederick Ashton fit encore monter la pression en déclarant, interviewé peu avant la première, que des « changements avaient été faits », ajoutant qu'il aurait été vain de vouloir couler Noureev dans un moule préconçu d'Albrecht.

Finalement, le grand soir arriva, le mercredi 21 février 1962. Ce soir-là, Noureev resta fidèle à l'interprétation qu'il avait travaillée à Leningrad. Elle n'était pas de son invention propre, d'autres danseurs avaient essayé plus ou moins la même chose, mais c'était la première fois qu'on la voyait à l'Ouest. Au lieu de faire d'Albrecht un jeune et fringant héros, Noureev en fit quelqu'un de plus vulnérable. John Percival, pour le *Times*, écrivit : « Le naturalisme détaillé de son jeu au premier acte fut une véritable révélation; comme la façon dont il exécuta les solos du deuxième acte. Ses *cabrioles** en particulier n'allaient pas seulement plus haut et plus loin que celles de n'importe quel danseur anglais, mais donnaient également l'illusion qu'un temps d'arrêt était marqué en l'air au plus haut point » (il avait, en d'autres termes, soutenu la comparaison avec Nijinski qu'avait faite à son propos Karsavina).

Mais, il y avait plus encore. Comme plusieurs critiques allaient le remarquer, Rudolf avait développé une manière de préparer ses bonds spectaculaires. Il ne ressemblait pas à un impala ou une gazelle, bondissant sans effort, mais plutôt à un lion, rassemblant ses forces, de sorte que l'on appréciait autant l'effort que le résultat. Il apporta quelque chose à la danse qui n'existait pas avant.

Il avait également réussi la synthèse parfaite des styles russe et anglais en danse. Ses mimes, son jeu d'acteur et ses pas fonctionnaient ensemble. Il ne se mettait pas brusquement à danser; il bougeait toujours de la même façon, complètement dans son personnage. Le résultat était un Albrecht inoubliable.

Noureev avait également entraîné une transformation chez Fonteyn. Jusqu'à cette soirée, elle n'avait jamais obtenu un succès total avec *Giselle*. Elle n'avait jamais dansé ce rôle comme les autres. C'était une femme mûre, elle n'avait plus cette intensité fragile de la jeunesse, elle n'était plus cette Giselle vulnérable, presque enfant. Mais, ce soir-là, la conviction de Noureev, son attention au détail, la façon entière qu'il eut d'interpréter son rôle, la mit au défi et la stimula en même temps, et la symbiose fut totale. Elle était de nouveau une jeune fille insouciante, confuse et finalement anéantie par le sort qui est le sien.

A la fin du ballet, Albrecht est seul en scène, étendu, épuisé, près de la tombe dc Gisclle. La musique meurt avec le tomber du rideau. Ce soir-là, comme le rideau de velours rouge et or retombait, le Royal Opera House de

8 - « Lovely » (« merveilleux ») N.D.T.)

Covent Garden observa un silence complet durant quatre secondes. Dans cet intervalle, quelqu'un entendit Lydia Lopokova murmurer deux mots avec son profond accent russe, ou plutôt le même mot qu'elle répéta deux fois. « Lurvely[8], dit-elle, Lurvely.»

Puis, vinrent les applaudissements. Ce fut un tonnerre interminable, mais pour une fois, les applaudissements ne marquèrent pas la fin de la soirée. Ce soir-là, il y eut trente rappels. Comme le couple se tenait sur scène, le souffle court, reconnaissants devant les applaudissements, les cris et les battements de pieds, quelqu'un tendit un bouquet de roses rouges à Fonteyn. Les acclamations reprirent de plus belle, Fonteyn sourit à Noureev, détacha une rose du bouquet et la lui donna.

« Le jeune Russe ébouriffé regarda cette rose avec le plus profond ravissement et soudain, les yeux emplis de larmes, posa un genou à terre, prit la main de Fonteyn et la baisa avec ferveur. Durant cet instant, il n'était plus seulement Rudolf, mais Albrecht de nouveau, qui venait de voir ses prières exaucées : sa bien-aimée Giselle venait de lui être rendue.»

Ce fut un geste, ajoutait Clive Barnes, l'auteur de cette citation, qui entraîna de nouveaux rappels. *Dance and Dancers* écrivit plus tard que ce simple geste, plus que tout autre chose, avait créé la sensation dont on allait parler durant presque deux décennies.

Seules deux personnes ne se joignirent pas à l'adoration générale. Erik était le premier. Erik pouvait être très jaloux, et ce soir-là, il sentit que quelque chose d'important arrivait, quelque chose dont il ne faisait pas partie. Aussitôt que la représentation terminée, il se précipita hors du théâtre.

L'autre personne était David Blair, le danseur qui avait espéré devenir le partenaire de Fonteyn quand Michael Somes avait pris sa retraite. Il se trouvait dans un pub en face de Covent Garden, buvant verre sur verre et se lamentant : « Ça devrait être moi là-bas, ça devrait être moi!» Blair eut un destin tragique, car il ne supporta pas l'arrivée de Rudolf, se mit à boire beaucoup et mourut jeune.

Mais, si Noureev avait captivé Londres, il était de plus en plus captivé par Fonteyn. Comme il allait bientôt en faire l'expérience, elle allait devenir la femme la plus importante de sa vie.

• • • • •

Rumeurs, injures et tracas

Pars vers les rives de la Neva
Ma jeune œuvre à peine née.
Avec la gloire, tu ramèneras
Rumeurs, injures et tracas.

Après le succès euphorique de *Giselle*, Rudolf s'envola pour New York à la mi-mars pour faire ses débuts officiels en Amérique. La représentation eut lieu non pas dans un grand théâtre de Manhattan, mais à l'Académie de Musique de Brooklyn, où il avait été invité avec la Compagnie de Chicago de Ruth Page. Ce soir-là, il eut Sonia Arova pour partenaire et ils dansèrent le pas de deux de *Don Quichotte.* Entourée de l'habituelle couverture médiatique et publicitaire, cette représentation obtint un grand succès, loin pourtant d'être comparable à celui de *Giselle* à Covent Garden.

De retour à Londres, Noureev quitta la maison de Fonteyn à Thurloe Square et s'installa dans un appartement avec Erik à Eaton Place. A mesure que les semaines passaient cependant, Erik était de plus en plus mal à l'aise sur le plan professionnel. Jusqu'à présent, il avait été une star, le centre d'attention. Il avait dix ans de plus que Noureev et pensait qu'il méritait sa célébrité. Maintenant, au début de l'été 1962, il dansait les mêmes rôles que Noureev - dans *Giselle*, *Le Lac des cygnes*, *La Belle au bois dormant*,

Les Sylphides, *Don Quichotte* -, et quoiqu'il soit toujours autant acclamé par la critique, c'était Noureev qui semblait attirer en permanence l'attention des médias. Et puis, Erik avait un autre problème, avec sa partenaire, Nadia Nerina. Il n'y avait pas grand chose à lui reprocher en tant que danseuse (comme l'écrivit *Dance News*) mais elle n'avait pas le charisme de Fonteyn, et, en tant qu'égal de Noureev, Erik se sentait floué d'une certaine manière. Enfin, pour compliquer le tout, Rudolf entretenait des rapports conflictuels avec Nerina, qui l'accusait d'avoir une mauvaise influence sur Erik.

A la fin du printemps 1962, Ninette de Valois et Frederick Ashton décidèrent d'offrir à Rudolf de devenir l'artiste invité permanent du Royal Ballet. Erik avait beaucoup espéré se voir proposer la même chose. Il n'était heureux ni au Danemark ni à New York, et Paris était loin de valoir Londres. Mais de Valois et Ashton décidèrent de n'avoir qu'un danseur étranger, et, comme l'écrivit Clive Barnes, « Rudolf était plus utile ».

« Je me souviens d'avoir vu Erik alors, raconte Barnes. Nous devions faire une interview avec lui pour *Dance and Dancers*. C'était juste au moment où il venait d'apprendre cette décision, et il en était bouleversé. Je ne l'ai jamais vu ressembler autant au prince du Danemark. Erik était profondément blessé et se sentait rejeté... il avait le sentiment que sa carrière internationale était brisée.»

Néanmoins, en dépit de la rivalité qui existait entre eux, les trois mois que Rudolf et Erik passèrent à Londres leur permirent d'approfondir leur relation, une relation dont l'intensité commençait même à effrayer Erik. L'explication était toujours la même : Rudolf était bien plus jeune, bien moins expérimenté, bien plus ouvertement passionné; et il avait vécu sous un régime autoritaire où l'homosexualité était encore plus criminelle et stigmatisée qu'en Europe de l'Ouest.

A l'automne 1962, un journal polonais rapporta dans un bref article que Noureev avait acheté une villa à La Turbie dans le sud de la France, sur les hauteurs de Monte Carlo. L'article disait qu'il l'avait payée 1,2 millions de dollars, mais, si l'achat était réel, le prix cité était mensonger - la villa lui ayant coûté 42 000 dollars, soit 300 000 francs français. Des amis de Rezida à Moscou lui transmirent ce journal, et la nouvelle fut pour beaucoup dans le changement d'attitude de Farida à cette époque. Jusqu'alors, elle avait cru sincèrement à la propagande soviétique sur l'Ouest, et avait vécu avec la pensée que son unique fils risquait de souffrir de la pauvreté et même de mourir de faim. Mais, après que Rezida lui ait lu l'article, elle s'exclama : « Eh bien alors, qu'on le laisse vivre là-bas, au nom du ciel ! » Elle n'était pas staliniste comme son mari l'était.

Hamet ne discuta jamais de la question. D'après Rezida, qui était mariée et vivait loin de chez ses parents à cette époque, son père ne pensait pas un instant que Rudolf reviendrait un jour. « Peut-être que père, tout simplement, en savait plus sur l'Ouest qu'il ne le disait. » Rudolf réussit à leur faire passer un message, invitant sa mère (mais pas son père) à venir le voir à l'Ouest mais, explique Rezida, « les autorités ne voulaient pas la laisser partir. » Rezida se rendit alors avec elle au quartier général local du KGB afin d'étudier l'éventualité d'un voyage. « Dites-lui de venir ici s'il vous manque, leur répondit-on. Laissez-le venir lui-même. » Mais Farida voyait bien ce que les hommes du KGB avaient en tête. « Vous voulez vous servir de moi pour l'envoyer en prison, dit-elle. Je ne lui demanderai pas de venir. » Elle avait, bien sûr, entendu parler du verdict rendu par la cour de Leningrad.

La situation économique et les conditions de travail des Noureev à Oufa ne changeaient pas beaucoup, mais ils étaient surveillés. « Personne ne m'a dit les choses clairement, explique Rezida, mais j'étais sous la surveillance des services de sécurité. A l'usine où je travaillais, j'étais assistante de direction et un jour, je suis tombée malade pour une période assez longue. Je pensais récupérer mon travail ensuite, mais ils avaient engagé quelqu'un à ma place, et ils me firent bien comprendre que j'étais indésirable parce que mon frère était un traître et qu'il vivait à l'étranger. A cause de Rudik, mon fils souffrit plus encore. A l'école, tout le monde lui répétait que son oncle était un traître, et son professeur et son directeur s'en prirent à lui eux aussi. Ils l'empêchèrent de faire partie des Pionniers. J'appris plus tard que même le directeur de l'Ecole numéro 2 avait subi des pressions après la défection de Rudik. Nombreux étaient ceux qui voulaient savoir, dans le parti local, quel genre d'enseignant il était pour avoir formé un traître.»

L'achat de la villa de La Turbie par Noureev montrait que tout allait bien pour lui, économiquement parlant. Il débordait de travail, avait passé une partie de l'été en Italie à danser avec le Royal Ballet et Fonteyn, puis était retourné passer quelques jours en Amérique, à New York et Chicago. De retour à Londres, on lui demanda d'apparaître dans une version filmée des *Sylphides*, mais ce que tout le monde attendait vraiment, c'était l'annonce d'un nouveau ballet d'Ashton, créé spécialement pour Noureev et Fonteyn. Après le gala de Margot, après *Giselle*, c'était une progression naturelle, le parfait enchaînement en terme de théâtre. L'annonce fut faite comme il se doit. Le nouveau ballet s'appelait *Marguerite et Armand*, d'après *La Dame aux camélias* d'Alexandre Dumas. La musique était de Liszt, les décors de Cecil Beaton et la première du ballet devait avoir lieu le 15 décembre 1962. Covent Garden fut littéralement assiégé. La date du 15 décembre dut pourtant être annulée. Covent Garden annonça que Rudolf s'était blessé au pied. La première fut donc reportée en mars.

Entre temps, Noureev publia son autobiographie. La chose pouvait sembler prématurée étant donné qu'il n'avait que 25 ans, mais il était persuadé que ce serait bon pour sa carrière, et il ne se trompa pas. Quoique le livre ne fût évidemment pas long - son histoire, en outre, avait été quelque peu « arrangée » dans la forme -, il donnait néanmoins une image très claire de Rudolf, de ses idées sur les différences entre le ballet russe et celui de l'Ouest, ainsi que sur les pressions qui avaient conduit à sa défection. Le livre fut écrit en collaboration avec « Alexander Bland », c'est-à-dire Nigel Gosling.

Tout le monde attendait avec impatience la première différée de *Marguerite et Armand.* Marguerite Gautier, l'héroïne du livre de Dumas, avait toujours fasciné Frederick Ashton, qui se considérait comme un romantique obsédé par les personnages romantiques. Il avait lu énormément de choses sur Marguerite, la belle courtisane atteinte de la tuberculose, qui renonce à son amant aristocratique pour préserver sa réputation, puis meurt avant qu'il puisse se racheter à ses yeux. Ashton eut l'idée de ce ballet tout à fait par hasard, en écoutant un jour à la radio une sonate de Liszt. « Je me rendis compte brusquement que tout était dans cette musique. Margot me semblait par ailleurs la quintessence de Marguerite, et Rudolf celle d'Armand.»

La musique de Liszt, sonate en si mineur pour piano, était orchestrée par Humphrey Searle, et l'éclairage était de William Bundy. Mais, pour le public en général, *Marguerite et Armand* était la création de quatre personnes : Ashton, Fonteyn, Noureev, et le concepteur des décors et des costumes, Cecil Beaton.

La première eut lieu le 12 mars 1963 avec Margot, Rudolf, Michael Somes et Leslie Edwards dans les rôles principaux. La Reine mère et la Princesse Margaret étaient dans la loge royale. Deux heures environ avant le lever du rideau, Rudolf rendit visite à Margot dans sa loge et lui offrit un petit camélia blanc. Elle fut très touchée par l'attention. Ils dansaient ensemble depuis à peine un an et cette fleur, pour elle, « semblait symboliser la grande simplicité de notre relation au milieu de tant de fureur.»

Comme pour *Giselle*, le succès fut stupéfiant ; quand le rideau retomba, ce fut un tonnerre d'applaudissements, et un déluge de fleurs sur la scène. Tandis que les rappels succédaient aux rappels, et que l'émotion était à son comble dans la salle, le couple, ému, échangea quelques mots discrets sur scène. Margot dit à Rudolf :

- Eh bien, est-ce que tu resteras une année de plus, malgré que tu sois si malheureux avec nous ?

Souriant au public, Rudolf répondit presque du bout des lèvres :

- Margot, tu sais que je ne serai jamais heureux nulle part.

Marguerite et Armand avait été un choix excellent sur le plan théâtral, pour Ashton, pour Fonteyn, pour Rudolf et pour Covent Garden. Mais, il y avait encore une autre raison de faire ce ballet. Ce printemps-là, le Royal Ballet partait pour une tournée américaine avec cent soixante personnes et cinq cents tonnes de matériel. L'Amérique était prête. Clive Barnes, dans son livre sur Rudolf publié en 1982, raconte un histoire très drôle sur l'enchaînement des événements en mars 1963 : « Je me souviens de l'avoir rencontré (Rudolf) à un déjeuner tardif dans un café de South Kensington en 1963. J'écrivais une histoire sur lui pour le magazine du dimanche du *New York Times* en vue de sa prochaine venue à New York avec le Royal Ballet. Il m'expliqua qu'il ne pouvait pas manger, tout en jouant sans y penser avec son cocktail Negroni - une boisson dont il raffolait à ce moment-là. Il avait, dit-il, prit deux déjeuners déjà ce jour-là - un avec un envoyé du magazine *Time*, et l'autre avec un journaliste de *Newsweek*. Tous les deux voulaient sortir un article sur lui, et Noureev comprit immédiatement que si *Time* sortait quelque chose, *Newsweek* ne ferait rien, et vice versa. Il réalisa alors qu'il valait mieux pour tout le monde - en particulier pour lui-même - que chaque partie ignore tout des activités de l'autre jusqu'à ce qu'il soit trop tard.»

L'intrigue fonctionna. Noureev fit la couverture à la fois de *Time* et de *Newsweek* la même semaine. En dehors des politiciens, la double couverture restait d'une extrême rareté.

Joan Thring l'aida à organiser ces déjeuners. Australienne, elle était arrivée à Londres dans les années 50, et, comme son mari était acteur, elle avait travaillé comme agent de publicité (commençant en haut de l'échelle, avec les Olivier). Elle s'était occupée de la publicité du Kirov lors de la tournée londonienne de 1961, accueillant la compagnie à l'aéroport après la défection de Rudolf. Maintenant, c'était pour Rudolf qu'elle travaillait.

Les relations de Rudolf avec Margot s'épanouissaient au cours de la tournée nord-américaine. « Le petit Gengis Khan », comme l'appelait maintenant Fonteyn, « grandissait en fait comme un lion. J'appris que le secret, lorsqu'il râlait, était de le faire rire, et Dieu merci, les choses les plus simples l'amusaient.»

Bien que David Blair ouvrît la saison américaine du Royal Ballet, avec Fonteyn dans *La Belle au bois dormant*, ce fut Rudolf qui attira l'attention, dans *Marguerite et Armand*, *Le Corsaire* et *Giselle*. New York n'eut rien à envier à Londres dans l'accueil qu'il fit au couple déjà célèbre. Après le premier soir de *Marguerite et Armand*, les bravos firent trembler le théâtre et 10 000 œillets furent répandus sur la scène. Après *Giselle*, « les fans se levèrent et hurlèrent durant une demi-heure.» Au marché noir, les billets coûtant 15 dollars se vendaient jusqu'à 73 dollars.

Mais *Le Corsaire* surpassa toutes les autres prestations. Tiré du poème de Byron, *Le Corsaire* est l'histoire d'un pirate qui libère les femmes qu'il aime de l'esclavage. Le ballet était au départ une œuvre en trois actes, mais les compagnies russes et le Royal Ballet ne donnaient que le pas de deux. Présenté par Fonteyn et Noureev à Londres en 1962, *Le Corsaire* connut un immense succès à New York.

Normalement, la tournée américaine du Royal Ballet passait par Washington, mais pas cette année-là. Cependant, Fonteyn et Noureev, ainsi que Frederick Ashton, Michael Somes et John Lanchbery, le chef d'orchestre et directeur musical, furent invités par Jackie Kennedy à venir prendre le thé à la Maison Blanche. Un avion privé vint les chercher à New York, et la femme du Président elle-même leur fit visiter les appartements publics et privés de la première résidence du pays. Après le thé, Jackie Kennedy dit : « Je vais voir si le Président est occupé.»

« Tandis qu'elle allait dans le Bureau Ovale, dira plus tard Fonteyn, Rudolf en profita pour voir quelle impression cela faisait d'être assis dans le fauteuil du Président.» Kennedy se joignit au petit groupe et fit quelques remarques pleines de tact à Fonteyn concernant la compréhension qu'avait son mari de la politique en Amérique centrale. Pour Jackie, qui avait entendu parler de Rudolf par sa sœur Lee à Londres, c'était le début d'une longue amitié.

De retour à New York, le succès continua. La saison new yorkaise durait du 17 avril au 19 mai. La tournée passait ensuite par Baltimore, Philadelphie, Boston, Detroit, Toronto, Chicago, Seattle et Portland, pour finir au Hollwood Bowl à Los Angeles le 7 juillet. A Chicago, ils descendirent à l'hôtel Shuma, rendu célèbre par Al Capone. A Toronto, Rudolf, au cours d'une de ses promenades nocturnes, essaya quelques pas de danse au milieu d'un boulevard et se fit arrêter par la police canadienne, qui l'enferma jusqu'au matin.

Comme Fonteyn le dit, ces longues tournées, où cent soixante personnes vivaient et travaillaient ensemble pendant des semaines, favorisaient les rivalités aussi bien que les aventures amoureuses à l'intérieur de la compagnie. Et aucune relation n'éveillait davantage la curiosité que celle qu'elle partageait avec Rudolf. Elle écrivit plus tard : « Comme j'aimais manifestement beaucoup Rudolf, et que je passais énormément de temps avec lui, nous faisions une proie facile pour les amateurs de scandale. Je me rendis compte qu'il n'y avait pas grand chose à faire contre cela, sinon de ne pas répondre. La vérité finirait par se savoir. Je travaillais beaucoup avec Rudolf, et sortais souvent avec lui. Mais, je ne le voyais rentrer chez lui que très rarement. Il disparaissait toujours dans la nuit, silhouette solitaire s'éloignant dans la perspective d'une rue déserte. Il y avait quelque chose de tragique dans ces départs après le tumulte joyeux et les rires du souper. Il en va souvent ainsi avec les gens du spectacle, qui paient leur passage sous les feux de la rampe en rentrant chez eux sous la pluie.»

C'était typique de Fonteyn : une observation pénétrante, mais en partie juste seulement, et un jugement intentionnellement déformé. Car il y a plusieurs choses que Fonteyn oublie dans son analyse. La première est que Rudolf était toujours tellement surexcité après une représentation, tellement grisé, qu'il ne pouvait dormir que longtemps après que le rideau fût retombé. Il devait sortir, où qu'il se trouvât. Il était le parfait noctambule, errant d'une boîte de nuit à une autre. Il aimait toujours Erik, mais passait maintenant beaucoup de temps sans lui. Rudolf était célèbre, en parfaite santé et séduisant, et trouvait plus d'une personne pour répondre à ses demandes, y compris sexuelles. Aux Etats-Unis, s'il existait de nombreux endroits où l'on était bien moins libéral, sur le plan sexuel, qu'en Europe, ce n'était pas le cas pour les grandes villes où le Royal Ballet se produisait, bien au contraire. Durant cette première tournée américaine, Rudolf commença à faire l'expérience d'une promiscuité qui allait devenir un des aspects essentiels de sa vie privée dans les années à venir. Quand il partait seul le soir pour aller draguer, il avait peut-être l'air solitaire, mais il ne le restait pas longtemps.

Une des raisons, peut-être la principale, pour lesquelles Rudolf ne parlait pas de sa vie intime, était qu'elle n'avait rien à voir avec le reste de son existence. Il était peut-être un homosexuel aux mœurs légères dans le privé, mais sur scène il redevenait un prince monogame et hétérosexuel, et c'était pour lui naturel. De même, tout cela n'était pas lié à ses sentiments pour Fonteyn. Les sentiments qu'ils avaient l'un pour l'autre étaient très forts. Margot confia elle-même à Colette Clark qu'il fallait qu'elle soit « à moitié amoureuse de Rudolf » pour danser avec lui aussi bien qu'elle le faisait. Et Clark raconte qu'ils « étaient toujours à se blottir l'un contre l'autre et à s'embrasser.» Il semblait donc que la tournée de 1963 marquait le début d'une relation amoureuse entre Fonteyn et Noureev. Fonteyn était encore assez jeune pour attirer, et être attirée par des hommes plus jeunes; Rudolf mûrissait rapidement et, la chose vaut d'être précisée, Tito, le mari de Margot, jouait de son côté au Don Juan avec d'autres femmes depuis plusieurs années. Rudolf confia à des amis que Margot avait le genre de corps qu'il aimait chez une femme. Il la trouvait « très féminine.»

Le 3 octobre 1963, Erik fêta ses 35 ans. C'est un âge crucial sur le plan psychologique pour un danseur, qui sait que désormais ses forces vont décliner. C'est l'une des ironies de l'art de la danse qu'au moment où le danseur est le plus mûr intellectuellement et émotionnellement, ses forces physiques doivent l'abandonner. Ce fut cependant une grande chance pour la carrière de Rudolf que lui et Erik fussent amants à cette époque. Il allait pouvoir bénéficier du fait qu'Erik prenait de l'âge, puisqu'il n'avait que 25 ans. Autre chance pour lui, en septembre 1963, Ninette de Valois se retira de la direction artistique du Royal Ballet et Frederick Ashton prit sa place. Pour sa première production en tant que directeur, il demanda à Rudolf de monter sa propre version de *La Bayadère*. Quand le Kirov s'était produit à Londres, après la défection de Rudolf à Paris, l'un des ballets les plus populaires avait été la scène du Royaume des ombres dans *La Bayadère*, où il aurait dû figurer en vedette (la même scène qui avait tant fasciné Olivier Merlin à Paris.)

Le problème de Rudolf, ou plutôt le défi qu'il avait à relever, était d'enseigner au Royal Ballet non seulement les pas du ballet, mais un nouveau style également. Il voulait obtenir l'effet le plus proche possible de celui produit par le Kirov, un effet auquel la compagnie anglaise n'était pas habitué : plus d'attaque de la part des solistes, plus de discipline dans le corps. Pas trop de lyrisme ; le ballet était bien assez mystique comme cela. Il fallait le danser avec force.

Margot jouait Nikita, Rudolf était Solor - bien entendu - et Merle Park, Lynn Seymour et Monica Mason étaient les trois solistes. Presque tout le monde eut le sentiment, ce soir-là, que toute la compagnie avait absorbé la manière russe, produisant un ballet d'une simplicité classique qui allait faire date. La popularité de Rudolf à l'intérieur de la compagnie n'en fut que plus grande. Une nouvelle carrière s'ouvrait également pour lui, celle de répétiteur et de producteur.

Le succès de Rudolf dans *La Bayadère* contrastait nettement avec la situation d'Erik. Celui-ci travaillait à nouveau avec Balanchine à New York. Malheureusement, ce dernier, ayant des problèmes de santé, dut quitter prématurément le New York City Ballet. Au début de 1964, Erik fit alors ses débuts tant attendus à l'Opéra de Paris au côté d'Yvette Chauviré, dans *Giselle.* Là, il fut plus ou moins décrit comme le professeur de Noureev. C'était un compliment, mais qui le faisait se sentir vieux en même temps.

Rudolf vint le voir, non le soir de la première, mais le deuxième soir. C'était une attention plus délicate qu'il n'y paraît, car il était une telle célébrité maintenant, que sa seule présence aurait pu distraire l'attention et gâcher la première d'Erik. Rudolf se rendit dans les coulisses après la représentation, où Erik ne le trouva pas très en forme. « Il évita la presse, et dit qu'il ne voulait voir personne d'autre que moi.» Une fois avec Erik cependant, Rudolf se détendit et les deux hommes décidèrent d'aller dîner chez

Maxim's. Au cours du dîner, Rudolf fut très calme. Il dit à Erik qu'on lui avait demandé de danser *Giselle* avec Margot en Australie. Erik lui demanda où était le problème, et Rudolf lui répondit que, depuis qu'il l'avait vu danser *Giselle*, il ne pensait plus pouvoir danser ce ballet. Rudolf avait toute la célébrité qu'il voulait, mais il n'était pas aveugle au point de ne pas voir la profondeur de l'interprétation d'Erik. Cette profondeur qui, avait-il l'impression, faisait défaut à sa propre interprétation. Il admirait Erik et était en même temps jaloux de lui.

En fait, ils étaient jaloux l'un de l'autre.

• • • • •

Chacun, à sa façon, fait face

De son père survint le trépas,
Autour d'Onéguine s'attroupa
La meute des créanciers rapaces :
(Chacun, à sa façon, fait face).

En Australie, étape épuisante où ils dansèrent Giselle et Le Lac des cygnes trois fois par semaine, à Sydney et Melbourne, Rudolf passa plus de temps avec Margot qu'il n'en passait avec Erik. Margot, de son côté, passait plus de temps avec lui qu'elle n'en passait avec Tito, qui, elle l'avait découvert, avait une liaison avec la femme d'un de ses collègues politiciens.

Quand les deux danseurs arrivèrent à Sydney, ils furent véritablement assaillis, comme ils l'étaient partout, par la presse qui voulait connaître le « secret » de leur partenariat. Dans ses mémoires, Fonteyn avoue qu'elle ne connaissait pas la réponse. Noureev nia toujours en public qu'ils avaient couché ensemble, ajoutant que s'ils l'avaient fait, leur danse en aurait souffert; l'étincelle brillait entre eux sur scène précisément parce qu'ils n'avaient pas consommé leur relation en dehors de la scène. C'était net, trop net (bien que plusieurs de leurs amis, dont Joan Thring et le photographe de ballet et écrivain Keith Money, étaient persuadés qu'il n'y avait rien de sexuel entre eux.) Par deux fois, Margot nota dans ses écrits que Rudolf était heureux durant cette tournée australienne, plus heureux qu'elle ne l'avait jamais vu. En fait, c'était elle qui était heureuse durant cette tournée : heureuse d'être avec Rudolf, loin de Londres et des autres danseurs du Royal Ballet, loin des histoires sentimentales sordides de Tito.

Rudolf ne pouvait pas être plus différent de Tito. Celuici, sophistiqué, mondain, et charmeur n'aimait pas tant sa femme que la renommée et l'argent de celle-ci. Rudolf avait peut-être mauvais caractère parfois, il préférait peut-être - sexuellement parlant - les hommes aux femmes, c'était peut-être l'une des personnes les plus grossières qu'elle ait rencontrées, et il venait certes de nulle part, mais il était follement drôle, étonnamment honnête, perfectionniste dans son art et, avec elle, généreux de son temps, de son affection et de son argent, qui lui appartenait en propre.

Un soir à Sydney, la dernière semaine d'avril, ils retournèrent à pied jusqu'à leur hôtel, se tenant la main comme ils le faisaient parfois. En arrivant devant la chambre de Margot, celle-ci ouvrit la porte d'une main, mais de l'autre ne le laissa pas repartir. Durant les trois semaines et demie qui suivirent, ils furent effectivement mari et femme. Noureev fera plus tard un commentaire sur cette période de sa vie. « Faire l'amour en tant qu'homme et en tant que femme, déclarera-t-il un jour à un journaliste, est une expérience particulière.» Ce qu'il ne disait pas, c'est qu'en 1964, il avait fait cette expérience, avec Margot et avec Erik.

Le 9 juin 1964, Margot et Rudolf avaient accepté de danser un pas de deux spécialement chorégraphié par Kenneth MacMillan pour l'ouverture du festival de la musique de Yehudi Menuhin à Bath. La veille, ils répétèrent comme d'habitude, puis sortir déjeuner avec Joan Thring. Quand ils revinrent à l'hôtel Saint Francis, les Menuhin vinrent à leur rencontre. Diana Menuhin s'approcha de Joan Thring d'abord et dit, très calmement, que Tito avait été victime d'un attentat, mais qu'il était encore vivant. Joan se tourna d'abord vers Rudolf.

- Monte dans ta chambre, lui dit-elle, et restes-y jusqu'à ce que je monte te voir.

Rudolf n'avait pas l'habitude de faire ce qu'on lui disait, mais cette fois-ci, quelque chose dans la voix de Joan le convainquit de ne pas discuter. Dans le hall de l'hôtel, Joan mit alors Margot au courant.

- Il y a un problème avec Tito, dit-elle simplement.

Elle ne donna pas davantage de détail, mais dit à Margot qu'elle devait appeler le frère de Tito au Panama.

Margot prit la nouvelle avec calme et, accompagnée de Kenneth MacMillan et Barry Kay, le décorateur, monta dans sa chambre. Il n'y avait pas de téléphone alors dans les chambres de l'hôtel, et Joan dut appeler du hall. Elle réussit à joindre le frère de Tito qui lui apprit qu'on opérait ce dernier à l'instant même où ils parlaient. Il ajouta que si Margot voulait le voir vivant, elle ferait mieux de prendre le premier avion en partance. Joan lui demanda alors s'ils savaient qui était l'assassin, et pourquoi il avait voulu tuer Tito. Le frère lui dit ce qu'il savait et répéta le nom de l'assassin deux fois, pour être sûr qu'elle avait bien compris. Il avait demandé à ce que ce fût Joan qui l'appelle, et non Margot, dit-il, afin qu'il puisse lui expliquer pourquoi on avait tiré sur Tito. Il ne s'agissait pas d'un assassinat politique.

Joan rejoignit ensuite Margot dans sa chambre. Comment allait-elle lui apprendre la nouvelle ? Devait-elle tout lui dire quand elle serait seule avec elle, ou en présence des autres ? Elle décida que les autres pouvaient rester. C'était une erreur. Aussitôt qu'elle commença à lui raconter ce que le frère de Tito venait de lui apprendre, Margot se mit à crier et à hurler. Elle se précipita hors de la chambre, criant toujours, et traversa le long couloir qui menait jusqu'à la salle de bal. Joan courut après elle, et demanda aux autres d'aller chercher Rudolf.

Quand Joan rattrapa Margot, elle se tenait au milieu de la salle de bal plongée dans le noir, gémissant. Rudolf arriva et la prit dans ses bras. Elle se calma. Rudolf n'aimait pas Tito et, comme Joan, ne savait pas si Margot pleurait pour son mari ou pour elle-même, mais elle se calma quand il la prit dans ses bras.

Joan s'approcha. La première question de Margot fut alors :

- Qui a fait cela ?

Joan hésita, puis répondit :

- Alfredo Jiminez.

Margot se mit à hurler à nouveau.

- Non! C'est impossible. Non! Non!

- C'est le nom qu'on m'a donné, en me le répétant, confirma Joan dans un murmure.

Margot eut alors la confirmation de ce qu'elle avait déjà soupçonné, à savoir qu'il ne s'agissait pas d'un assassinat politique du tout. C'était la conclusion logique des années de donjuanisme affiché de Tito.

Joan s'arrangea pour lui trouver un billet d'avion, et téléphona à Covent Garden pour prévenir Lynn Seymour qu'elle aurait peut-être à remplacer Margot le lendemain soir à Bath.

Margot partit bien sûr le lendemain. Dans ses mémoires, elle raconte que dans l'avion, elle lut le compte-rendu des journaux sur l'attentat, et que c'est ainsi qu'elle apprit la terrible vérité : Tito était paralysé. La presse, constata malgré tout avec soulagement Margot, croyait à un attentat politique, et ne savait rien du reste. Leurs amis panaméens avaient dû se tenir les coudes.

En arrivant au Panama, elle fut accueillie par l'archevêque McGrath, le chef religieux du Panama, et conduite directement auprès de Tito. Elle arriva à l'hôpital vers huit heures du soir. La chambre était gigantesque, vide et sombre. Tito était allongé, pas sur un lit, mais sur une sorte de table, recouvert d'un drap. Son bras droit était dans le plâtre, et il semblait y avoir des perfusions partout. En approchant de la table, elle vit le tube relié à son cou par lequel il respirait.

- Chéri, je suis là, murmura-t-elle.

Tito ouvrit les yeux et les tourna vers elle sans bouger la tête. « Leur expression indiquait qu'il m'avait reconnue et qu'il avait comprit mes paroles. Il essaya même de produire l'esquisse d'un sourire », écrivit-elle plus tard.

Margot resta au Panama durant deux semaines. L'état de santé de Tito s'améliorait doucement; du moins, elle en avait l'impression. Elle allait le voir tous les jours et s'entretenait avec les médecins. Elle découvrit bientôt une chose choquante, une chose dont il était étonnant que la presse n'ait rien su. La femme de Jiminez se trouvait dans la voiture avec Tito au moment de l'attentat. Joan Thring et leurs amis panaméens furent aussi étonnés qu'elle que cette nouvelle n'ait pas filtré.

Dans ses mémoires, Fonteyn dit que le médecin qui avait sans aucun doute sauvé la vie de Tito, le Dr. Gonzalez-Revilla, lui suggéra de faire transférer Tito aussitôt que possible à l'hôpital de Stoke Mandeville en Angleterre, un établissement spécialisé dans le traitement des paraplégiques. Un tel transfert représentait des risques pour Tito, mais Margot préférait les prendre plutôt que de le voir risquer un nouvel attentat. Si le mobile du premier attentat était la vengeance passionnelle, Jiminez ne voudrait pas voir sa femme se lamenter pour Tito. Margot n'était cependant pas préparée à ce qui arriva ensuite. Durant le voyage de retour en Angleterre, Tito attrapa une pneumonie et l'infection se répandit, attaquant ses cordes vocales et endommageant ses facultés d'expression.

Un mois après les événements, Margot vivait encore une détresse profonde, mais la vie ne s'arrêtait pas à ce drame et elle devait continuer à danser. En outre, elle devait affronter maintenant les soucis financiers. Tito était sans revenu, et son traitement coûtait cher.

Elle ne songea jamais à l'abandonner. Elle aurait pu le faire, et parmi ses amis, beaucoup pensaient qu'il aurait été mieux pour elle qu'elle dévoile toute la vérité sur les raisons de l'attentat, et qu'elle vive ensuite sa propre vie. Pour certains même, Tito n'avait que ce qu'il méritait. Il était surprenant que le mari d'une autre femme n'ait pas fait la même chose bien plus tôt. Mais non, Margot n'avait aucunement l'intention d'abandonner son mari.

Rudolf, à cette époque, était son plus sévère critique. Comme le raconte un ami, « il l'engueula vraiment.» Mais, elle se montra implacable, et Rudolf fut contraint d'accepter sa décision, même s'il la désapprouvait complètement. Il l'aimait, et savait qu'elle l'aimait, mais il savait également qu'il ne serait plus question de sexe entre eux. Pour sa part, elle n'avait jamais totalement accepté ses propres sentiments pour Rudolf. Maintenant, elle les niait plus que jamais.

Les conséquences pour Rudolf furent complexes. Margot est certainement la dernière femme avec laquelle il ait couché, bien que Joan Thring dise qu'il ait eu une ou deux petites amies sans lendemain par la suite. Mais, la fin de toutes relations sexuelles avec Fonteyn signifiait qu'il y avait là quelque chose que lui, Rudolf, n'était pas capable de contrôler ni de déterminer. En conséquence, il resta toujours à moitié - et peut-être plus que cela - amoureux de Margot. La façon dont celle-ci faisait face au malheur l'impressionnait beaucoup. Et il était assez rare qu'il soit impressionné.

A l'automne 1964, après avoir dansé *Raymonda* en Italie, au Teatro Nuovo de Spoleto, avec Doreen Wells (qui remplaça au pied levé, mais avec succès, Margot Fonteyn) Rudolf se rendit à Vienne où on lui demanda de mettre en scène *Le Lac des cygnes*. Lui, Fonteyn et Nicholas Georgiadis, le décorateur, devaient se partager un cachet de 600 000 shillings autrichiens. Maintenant, Noureev entraînait le ballet dans des directions nouvelles. Par exemple, il conserva la structure de base du *Lac des Cygnes* telle que Petipa l'avait conçue, parce que « c'était la logique même », mais introduisit des changements qui convergeaient vers un même but : donner à l'homme un plus grand rôle.

Son *Lac des cygnes* fut extrêmement luxuriant. Les décors et les costumes étaient somptueux, dans les couleurs automnales qu'il préférait. Margot dansa superbement - elle n'avait jamais aussi bien dansé, d'après certains critiques locaux -, et un jeune danseur nommé Anthony Dowell fut « remarquable » dans le rôle de Benvoglio. Durant ces représentations, en Octobre, Margot et Rudolf eurent droit à quatre-vingt neuf rappels - pas seulement à la fin, mais dans toute la soirée - un record qui tient encore aujourd'hui.

L'année 1965 marqua le début de la décennie Noureev. Agé de 26 ans, allant sur ses 27 ans, c'était une célébrité majeure. Il était celui qui, presque tout seul, avait commencé à attirer un nouveau public vers le ballet. En dépit des succès qu'il avait connus pendant la guerre et après, le ballet à Covent Garden était alors, en terme strictement commercial, supplanté par l'opéra. Le prix des billets d'opéra était plus élevé que celui des ballets, et le public était un public plus riche et plus chic. Les soirs d'opéra, le bar de Covent Garden vendait trois fois plus de champagne que lors des soirées de ballet. Tout cela changea avec l'arrivée de Margot et de Rudolf. Les prix des soirées où ils dansaient, ainsi que la consommation de champagne devinrent les mêmes qu'à l'opéra. De Valois accorda une interview à cette époque dans laquelle elle expliquait que, grâce à Rudolf, les candidatures de garçons à l'Ecole de Ballet Royale avaient presque doublé.

De façon assez étonnante, ce fut seulement après l'arrivée de Rudolf que Margot gagna vraiment beaucoup d'argent - tournant providentiel étant donné ce qui était arrivé à Tito. Rudolf avait le don des affaires, et il était en plus habilement conseillé par son imprésario, Sandor Gorlinsky.

Après Vienne, Rudolf retourna à Londres où il dut se faire opérer des amygdales. Ce fut un cauchemar pour Joan Thring. Quand il ne dansait pas, Rudolf avait besoin d'être diverti. Dans l'appartement d'Eaton Place, il avait un vieux train avec lequel il jouait. Le train marchait au pétrole lampant, et ils manquèrent mettre le feu à l'appartement un soir.

Rudolf partit en convalescence après l'opération à Toronto, où il passa Noël. Erik dansait à ce moment-là avec le Ballet National du Canada avec Lynn Seymour. Il rejoignit ensuite Margot à Washington, où ils furent invités à danser pour une soirée inaugurale en l'honneur du président Johnson. C'était un grand honneur, mais pas aussi enthousiasmant que lorsque les Kennedy étaient à la Maison Blanche. Les autres artistes invités étaient Harry Belafonte, Carol Channing, Julie Andrews et Barbra Streisand, mais les applaudissements les plus longs et les plus intenses furent pour Margot et Rudolf. Cela en dépit du fait que Rudolf avait dansé avec un pied dans un bandage. Il avait en effet glissé sur une flaque d'eau gelée à Toronto et s'était blessé à la cheville. De retour à Londres, il s'était blessé à nouveau le même pied en descendant d'un bus! C'était plus qu'ennuyeux. Rudolf avait toujours été superstitieux à propos de ses chevilles et était persuadé que les natifs du poisson avait une faiblesse dans cette partie de leur anatomie. Il décida de sauter deux représentations à Londres, parce qu'il ne voulait pas manquer la grande création du printemps à venir, à savoir le nouveau ballet de Kenneth MacMillan, qui était prévu pour la tournée en Amérique de 1965 : *Roméo et Juliette.* La première devait avoir lieu le 9 février.

A ce moment-là, les appels téléphoniques de Farida ou de Rosa étaient devenus réguliers. Rudolf n'en était pas particulièrement contrarié, et Joan Thring s'était même liée d'amitié avec Rosa au téléphone (il en ira tout autrement lorsqu'elles se rencontreront). Rosa était d'un tempérament énergique et obstiné, comme son frère. Le message était toujours le même : « ils », c'est-à-dire les autorités, avaient promis de pardonner à Rudolf, si seulement il rentrait. Rudolf utilisait autant que possible ces conversations pour obtenir des informations et évaluer les conditions de vie matérielles de sa famille, mais ce n'était pas facile.

Une ou deux fois, il essaya de leur envoyer des présents. Il ne pouvait leur envoyer d'argent; c'était trop dangereux. Il réussit un jour, grâce à Maude Lloyd (Gosling) et à un danseur du Kirov, à faire porter un manteau de vison à sa mère. Mais Joan reçut ensuite un appel de Rosa, qui se plaignait que ce qu'ils avaient fait était très dangereux. Farida ne pouvait ni porter le manteau ni le vendre. Rosa leur fit promettre de ne plus jamais risquer ce genre de choses.

Lee Radziwill, la sœur de Jacqueline Kennedy, profita un jour d'un voyage à Leningrad pour rencontrer Rosa et sa fille, Guzelle, et elles purent échanger quelques objets sans valeur, cachés dans des boîtes.

La première de *Roméo et Juliette* fut un triomphe. Margot et Rudolf ne comptèrent plus les rappels ce soir-là, et les applaudissements, menés par la princesse Margaret, durèrent une éternité. Le premier et le dernier rappel de Margot furent dirigés vers Tito, qui avait été amené de Stoke Mandeville dans une chaise roulante.

Les critiques s'extasièrent. Le *Times*, faisant référence à la récente blessure de Rudolf, nota qu'il avait mieux dansé avec un pied diminué que la plupart des hommes avec deux. Le ballet connut en outre le même succès en avril, lors de la tournée en Amérique du Nord. Cette année-là, le Royal Ballet se produisit dans dix-sept villes nord-américaines, terminant avec Vancouver le 25 juillet. Plusieurs critiques de danse américains confirmèrent les arguments de Ninette de Valois concernant l'influence que Rudolf avait sur la danse en citant des statistiques autrement impressionnantes. Dix ans plus tôt, les États-Unis comptaient

75 compagnies de danse; elles étaient maintenant 225. Washington et Los Angeles avaient maintenant leur propre compagnie, ainsi que Boston qui, en 1929, avait interdit les jambes nues pour les femmes sur scène. Une part de ce succès était imputable également, et à juste titre, à Martha Graham, Balanchine, Cranko et Béjart. Et, essentiellement grâce à Rudolf, la proportion de garçons dans les écoles de ballet américaines, était passé de 1 sur 50, à 1 sur 15.

Il y avait bien sûr les mécontents et les râleurs, le lot anonyme des danseurs du Royal Ballet qui ne se gênaient pas, comme d'habitude, pour critiquer Rudolf. Quelqu'un dit par exemple que lorsque Rudolf et Margot dansaient *Giselle*, on ne savait pas, des deux, qui était la ballerine. Pour quelqu'un d'autre Rudolf était, tout simplement, « l'antéchrist ». Ces médisances faisaient partie du rituel de la saison du Royal Ballet à New York au même titre que le reste.

Un danseur qui ne se cacha pas derrière l'anonymat fut Michael Somes, qui, dans une interview, dit qu'il pensait que l'influence de Rudolf sur Margot était mauvaise. Il avait, expliquait Somes, contribué à améliorer la technique de Fonteyn, mais pas l'aspect émotionnelle de sa danse. La presse américaine, quant à elle, attaqua Margot aussi bien que Rudolf, trouvant que la publicité du Royal Ballet tournait beaucoup trop autour de ces deux-là, au détriment d'autres danseurs aussi talentueux.

Rudolf avait besoin de cette publicité. Il ne vivait pas sur un salaire, ses revenus n'étaient pas garantis, et il y avait toujours le risque qu'une blessure mette un terme à sa carrière de danseur. En 1964, Rudolf gagnait 500 dollars par représentation en Europe, et entre 1 000 et 2 800 dollars aux États-Unis, alors que le salaire de Lynn Seymour au Royal Ballet la même année était de 40 dollars par semaine, ou environ 2 100 dollars par an. Rudolf fut toujours intéressé par l'argent. Il était avare, ou prudent, selon les points de vue. Il n'emportait par exemple jamais d'argent avec lui au restaurant. Il savait qu'il y aurait toujours quelque riche suiveur qui se ferait un devoir et un honneur de payer l'addition.

La tournée remporta donc autant de succès que les autres. Les trois sœurs Kennedy assistèrent à la première de New York, où Rudolf et Margot eurent droit à trente-trois rappels. Ashton, lui, eut droit à des éloges pour avoir porté la qualité de la danse masculine à un niveau plus élevé encore que ne l'avait fait Ninette de Valois. Sur le plan social, Margot et Rudolf aidèrent au succès de la première soirée chez Arthur, la nouvelle discothèque de Sybil Burton à Manhattan, soirée au cours de laquelle un journaliste soucieux de bonne santé demanda à Rudolf comment il pouvait danser et boire du whisky. « Nous ne sommes pas des nonnes » rétorqua sèchement le danseur.

Il savait l'importance du bon mot, de la phrase toute faite. « Je n'aime pas beaucoup faire des déclarations », confia-t-il un jour, mais c'était faux. « Si je suis un salopard, dit-il à un journaliste cet été-là, alors je suis un salopard. » A un autre, il déclara : « Il faut sacrifier des gens pour survivre.» Et à un troisième : « Est-ce que tout est arrivé trop vite ?» (Il ne donna jamais la réponse).

En même temps, il craignait plus que jamais que les Russes essaient de l'enlever. Souvent, parce qu'il se sentait plus en sécurité en compagnie de quelqu'un, il restait chez Joan dans sa maison de Earl Court. Un soir, alors qu'ils attendaient l'arrivée du masseur de Rudolph, le téléphone sonna. C'était un homme du nom de John Merry, qui leur dit que la maison était surveillée par des agents envoyés par l'ambassade soviétique. Il ajouta que leur téléphone était sur écoute et que leurs allées et venues étaient photographiées. Rudolf était enclin à croire ce genre de choses, mais pas Joan - dans les circonstances habituelles. Cependant, elle avait remarqué un certain nombre de « clic » et autres bruits inhabituels dans son téléphone récemment, aussi écouta-t-elle ce que Merry avait à dire. Il ajouta qu'il pouvait les aider; il voulait venir lui-même s'expliquer. Il sonnerait trois fois en arrivant. Tout ceci était très curieux, pour ne pas dire comique. Quoi qu'il en soit, Joan accepta mais appela John Tooley, le directeur-adjoint de Covent Garden, lui expliqua la situation et lui demanda s'il pouvait envoyer quelqu'un pour leur tenir compagnie. Tooley envoya Margot et Keith Money.

Ils arrivèrent avant Merry, qui, lorsqu'il arriva, se proposa pour être le garde du corps de Rudolf. Il n'impressionna ni Joan ni Rudolf, mais Margot lui demanda discrètement s'il travaillait en mercenaire. Personne parmi ceux qui étaient présents ne comprit ce qu'elle voulait dire au début, mais il apparut qu'elle voulait que Merry aille au Panama et tue Alfredo Jiminez, qui n'avait jamais été poursuivi pour son geste (détail qui confirmait le fait que les panaméens considéraient l'attentat contre Tito comme un crime *passionnel**). Joan en fut sidérée, mais elle se souvient qu'en une autre occasion, Merry présenta une note à Margot, qu'elle refusa de payer. Ainsi que le comprit Joan, Merry était bien allé au Panama avec l'intention de tuer Jimenez, mais n'avait pu réussir. La note était une note de frais.

Cet été-là, Margot, Rudolf et Joan Thring passèrent quelques temps à bord du bateau d'Aristote Onassis, le *Christina*, avec lui et sa nouvelle femme, Jackie. Puis, il y eut une courte tournée en Italie. Rudolf en profita pour s'arrêter en chemin à La Turbie, dont il faisait refaire la charpente, la toiture et les cheminées à l'ancienne. Il passa ensuite quelques jours de vacances à Monte Carlo. Là, à un journaliste, il déclara : « Les hommes sont comme les poissons; ils se rencontrent, puis s'éloignent. La seule chose qui compte, c'est de s'aimer soi-même.» A côté de certaines autres déclarations, celle-ci le faisait passer pour un philosophe. Ce que le journaliste qui l'interrogeait ne savait pas, c'était ce qui se passait dans sa vie privée. En disant cela, il pensait à Erik, et à ce qui était arrivé avec Margot. Il dit de Margot qu'elle était « la meilleure partenaire que j'aie jamais eue ». L'homme présuma qu'il parlait de danse.

Pendant leur séjour en Italie, Margot et Rudolf assistèrent à une réception où l'ambassadeur panaméen était également invité. Margot s'en prit à lui et insista pour savoir pourquoi l'homme qui avait tiré sur son mari n'avait pas été poursuivi. Joan fut surprise de voir l'ambassadeur perdre son sang froid avec Margot.

- Madame Fonteyn, dit-il, vous savez parfaitement bien pourquoi aucune charge n'a été retenue. Maintenant, je vous en prie, arrêtons ici ! S'il-vous-plaît !

L'allusion était claire.

Après la tournée italienne, Rudolf dansa avec le Ballet Australien dans plusieurs villes d'Europe. Erik, de son côté, connaissait une situation moins encourageante. Il avait toujours le sentiment que le Ballet Royal Danois n'avait pas atteint le niveau qui pouvait être le sien, et il recommençait à traverser des phases dépressives. Les critiques ne l'aidaient pas, qui avaient l'impression que la compagnie danoise était engluée dans la tradition de Burnonville et avait besoin que quelqu'un insuffle une nouvelle vie au répertoire. Le vieux directeur, Niels Bjorn Larsen, ayant eu semble-t-il la même impression, annonça sa retraite. Malheureusement, Erik ne se vit pas offrir sa place, qui échut à Flemming Flindt. Erik garda ses sentiments pour lui. Mais, le gouffre entre lui et Rudolf continuait de se creuser.

• • • • •

Comme loi des passions, l'ordre arbitraire

Et moi, me donnant, comme loi
Des passions, l'ordre arbitraire
Offrant à la foule mes émois,
Menais ma Muse primesautière
Aux fêtes bruyantes, aux querelles,
Aux fous orages de la nuit.

1966 commença mal. Erik tomba malade, souffrant de violentes douleurs à l'estomac, et Rudolf apprit que son père venait de mourir. La nouvelle lui fut communiquée par Joan Thring. Elle avait intercepté le télégramme de Rosa, arrivé pendant que Rudolf était à l'étranger et, quoiqu'il fût en russe, Joan était presque sûre de son contenu. Elle se rendit à Heathrow en Mercedes et, sur le chemin du retour, raconta à Rudolf ce qui s'était passé. Elle savait qu'il haïssait son père, et ne pensait pas que la nouvelle le bouleverserait vraiment. Mais, en lisant le télégramme, il pâlit et ses lèvres tremblèrent légèrement. Il demanda immédiatement s'il pouvait voir Fred Ashton, et passa un long moment avec lui à parler et à boire. Joan comprit alors que si Rudolf détestait son père, il détestait tout autant le fait de le détester.

Les autres pensées de Rudolf furent pour sa mère. Comment allait-elle s'en sortir maintenant? Avec qui vivrait-elle? Il comprit alors qu'il devrait faire plus d'effort pour maintenir le contact avec elle.

Alors que Rudolf et Erik étaient en guerre émotionnellement, créativement, les choses se passaient beaucoup mieux. Cette année-là, Rudolf se vit proposer de monter trois nouvelles productions. Deux étaient des productions de classiques (*La Belle au bois dormant* et *Don Quichotte*), mais l'une était quelque chose de totalement nouveau, et où tout était à faire. Il s'agissait de *Tancredi*, à Vienne. Tancredi est une histoire étrange, à l'intriguet complexe, que l'on peut résumer ainsi : *Tancredi*, le personnage central, né d'une mère Ur, « mère de tout », rencontre deux images de femme, représentant l'amour sacré et l'amour profane. Pour affronter ce dilemne, Tancredi se divise en deux. Mais les deux moitiés ainsi créées se livrent un combat mortel et retournent au néant. Produit pour la première fois à Munich en 1952, *Tancredi* fut écrit par Hans Werner Henze sur un livret d'Otto Herbst. Rudolf apporta des modifications à l'histoire et réduisit la durée du spectacle d'une demi-heure. Les costumes, inspirés des peintures de Dante Gabriel Rossetti, conféraient à toute la production une atmosphère surnaturelle. Rudolf mit non seulement au point la chorégraphie, les pas du ballet, mais toute son architecture. Les critiques et le public furent franchement perplexes, mais trouvèrent le niveau de danse très élevé. Rudolf était ravi de ses talents de chorégraphe.

Il monta également *Don Quichotte* à Vienne, puis séjourna à Monaco au printemps, où il acheta un appartement. Il était toujours apatride, et Joan Thring eut mille problèmes administratifs à régler pour que l'achat puisse être réalisé. A cette époque, Rudolf songea même à devenir monégasque. Il avait rencontré les Rainier quand lui et Margot avaient donné *Roméo et Juliette* dans la cour du Palais en juin, et le contact s'était très bien passé. Cela aurait pu être une solution idéale.

Le 18 juillet, l'imprésario Sol Hurok annonça une surprise de New York. Il dit que son organisation avait déjà reçu un demi million de dollars d'avance sur les recettes pour la tournée nord-américaine du Royal Ballet qui ne commençait pas avant le 18 avril 1967, soit neuf mois plus tard exactement. C'est probablement le meilleur indice de l'immense stature de Noureev et de Fonteyn à cette époque.

En septembre, Rudolf monta *La Belle au Bois Dormant* à Milan avec Carla Fracci puis, le même mois, *Raymonda* à Covent Garden. Il n'accompagna cependant pas le Royal Ballet dans sa tournée d'automne à Prague, Bratislava, Belgrade, Sofia, Bucarest et Varsovie. La situation politique était telle que sa présence eût entraînée des complications certaines. A la fin de l'année, il reprit *Giselle* avec Margot pour quelques représentations en même temps que la sortie du film de Paul Czinner, *Roméo et Juliette* tourné juste après la première du ballet à Covent Garden. Cela ne fit qu'augmenter la demande du public d'un nouveau ballet pour Rudolf et Margot, laquelle, de plus, allait fêter au début de l'année suivante ses trente-cinq ans de danse. La nouvelle saison démarrerait avec un double gala.

Frederick Ashton annonça finalement la nouvelle. Le nouveau ballet, dit-il, serait *Le Paradis perdu* par le chorégraphe français Roland Petit, l'amant de Fonteyn à une époque. Margot raconte elle-même que lorsque Marius Constant, le compositeur et chef d'orchestre commença la première répétition avec l'orchestre, il s'adressa aux musiciens en ces termes :

- Messieurs, je suppose que vous avez tous entendu parler du *Paradis perdu* de Milton?

Des murmures d'approbation montèrent de la fosse.

- Eh bien, messieurs, reprit Constant, je tenais simplement à vous dire que ce ballet n'a rien à voir avec *Le Paradis perdu* de Milton.

Petit avait en fait pris un poème de Jean Cau pour thème et, au lieu de donner à Fonteyn et à Noureev un autre ballet classique, il monta une œuvre résolument moderne, avec des décors pop art et des lumières au néon. A la fin du premier acte, Rudolf, jouant Adam, était censé plonger entre les lèvres gigantesques d'une pin-up inspirée des peintures de Roy Lichtenstein.

La première du *Paradis perdu* surprit tout le monde. Ce n'était pas ce que le public attendait de Margot et de Rudolf et, bien que les applaudissements fussent nombreux et que la réaction critique fût bonne, le bouche à oreille autour du spectacle dans Londres ne fut pas aussi efficace que d'ordinaire.

La tournée nord-américaine du Royal Ballet en 1967 fut probablement, après la toute première en 1949, celle qui connut le plus grand succès et fut la mieux accueillie. Le Met 1 avait déménagé de Broadway et de la 39e rue en avril 1966 pour s'installer au Centre Lincoln sur Broadway et la 65e rue. Là, en mai, à quelques mètres les uns des autres, les balletomanes purent voir se produire en même temps le NYCB de Balanchine, avec Edward Villela, l'ABT avec Erik Bruhn, et le Royal Ballet avec Noureev. C'était, comme le dira Rudolf, un supermarché du ballet. L'ABT et le Royal Ballet donnaient tous les deux *Le Lac des cygnes* et *Les Noces.* Ce fut un moment extraordinaire. Fonteyn et Noureev furent ovationnés durant dix-sept minutes. On aurait pu s'attendre à ce que New York réponde avec plus d'enthousiasme que Londres au *Paradis perdu*, les New Yorkais étant davantage familiers de la danse moderne, mais le ballet de Petit fut éclipsé par *Roméo et Juliette*, qui représentait un ballet nouveau pour beaucoup d'américains.

Durant la saison à New York, la rumeur courut que c'était peut-être la dernière tournée de Fonteyn, et le dernier soir ressembla à un adieu. C'était un dimanche et, après la représentation, tout le monde se leva dans la salle pour applaudir Fonteyn. Il plut des fleurs sur la scène, et Margot en attrapa une mieux que ne l'aurait fait Jœ di Maggio, la star de baseball, commenta quelqu'un. Sol Hurok savourait son triomphe, lui qu'on appela avec à propos « le dernier imprésario ». Lui seul savait les efforts qu'il avait fallu déployer pour que cette soirée soit un tel succès.

Cet été-là, à la suite de changements politiques en Union soviétique, le nom de Rudolf fut à nouveau sur la liste du KGB en tant que candidat à l'assassinat. Au départ, il fut désigné comme cible par Nikita Khrouchtchev lui-même. Ce dernier, qui avait fait mille éloges sur lui à Ekaterina Furtseva après qu'il ait dansé pour lui ce fameux jour où Voroshilov avait chanté, avait pris sa défection comme un affront personnel. Khrouchtchev avait adhéré à la politique de « l'assassinat sélectif » dès 1959, et avait personnellement autorisé la liquidation d'un certain nombre de personnes, dont plusieurs Ukrainiens en Allemagne. Il avait d'abord autorisé l'élimination de Rudolf en octobre et novembre 1962, un an après le procès secret, quand il était devenu clair que le danseur n'allait pas répondre à l'« invitation » du juge de rentrer afin que son affaire soit réexaminée.

Khrouchtchev fut destitué en 1964 et sa politique largement discréditée. Mais, sous Brejnev, en juin 1967, au moment même où le Royal Ballet était en Amérique, Youri Andropov fut nommé directeur du KGB. C'était un homme intransigeant, et il remit à l'ordre du jour la condamnation de Rudolf.

En juin, Rudolf dansa à Paris avec Claire Motte dans *Notre-Dame de Paris* de Roland Petit, sur une musique de Maurice Jarre. Les costumes étaient d'Yves Saint-Laurent.

La séparation entre Rudolf et Erik ne se fit pas brutalement. En fait, il était difficile d'appeler cela une séparation. Mais, au début de 1967 ils s'éloignèrent l'un de l'autre. Il semble y avoir eut deux raisons à cela. La première, c'était une version du *Lac des Cygnes* qu'Erik avait montée à Toronto l'année précédente avec le Ballet du Canada, et qui contenait des idées que Rudolf avait trouvées trop proches des siennes, pour ne pas dire copiées. Et puis, plus ou moins au même moment, l'idée avait été lancée que Rudolf, Erik, Margot et Carla Fracci pourraient danser ensemble. Il semble cependant que Margot, (qui n'avait jamais dansé avec Erik), n'était pas impatiente d'apparaître avec Carla Fracci qui, pensait-elle, risquait de lui voler la vedette. Rudolf voulait qu'Erik danse avec Margot, pensant qu'ils étaient faits l'un pour l'autre, mais Erik, qui était heureux de sa collaboration avec Fracci, manifesta de la froideur à l'égard de Fonteyn à cause de Clara. La réunion n'eut jamais lieu, Erik ne dansa jamais avec Margot, et il commença à prendre ses distances avec Rudolf, surtout quand Fonteyn était dans les parages.

1967 fut une année importante dans la vie privée de Rudolf et, à long terme, et pour une autre raison, dans sa relation avec Erik. En Angleterre, le 27 juillet, la loi sur les délits sexuels, qui légalisait l'acte homosexuel entre adultes consentants de plus de 21 ans, reçut l'assentiment royal. Comme sa relation avec Erik n'était plus aussi intense, et qu'il voyageait toujours autant, Rudolf se mit à céder de plus en plus à la promiscuité sexuelle.

Avec le recul, Joan Thring s'étonne de cette époque. Rudolf levait des garçons tous les soirs en tournée et les ramenait à l'hôtel, contraint souvent de les faire entrer clandestinement par une porte dérobée. Mais, autant il voulait faire l'amour avec eux, autant il détestait les trouver dans son lit en se réveillant le matin. Joan, sur un coup de téléphone de Rudolf, devait parfois payer certains de ces garçons qui vidaient les lieux à la première heure.

A l'automne 1967, Rudolf acheta finalement une maison à Londres, ou plutôt, Joan Thring la lui acheta. Elle lui coûta £ 45 000, c'était un manoir de six chambres à East Sheen, avec une vue sur sur Richmond Park. Il l'acheta à John Guillermin, le réalisateur, et il eut pour voisins David Jacobs, le disc-jockey, et Cyril Smith, le pianiste.

A la fin de l'année, Erik, qui s'était installé à Stockholm pour quelques temps afin d'aider à la renaissance du Royal Ballet Suédois, invita Rudolf à monter sa propre version de *Casse-Noisette.* Rudolf accepta avec empressement, disant qu'il préférait remettre en scène des classiques parce qu'il n'y avait « pas assez de temps » pour créer de nouveaux ballets à partir de rien. Mais, il n'avait peut-être pas réalisé, à la différence d'Erik, que le ballet suédois ne vivait pas ses plus grandes heures, et que c'était la raison pour laquelle, après tout, Erik se trouvait là-bas.

Rudolf obtint tout de même un grand succès à Stockholm, et, en raison même de ce succès, on lui demanda de monter *Casse-Noisette* à Covent Garden en février de l'année suivante. Avant cela, il devait danser dans le nouveau ballet d'Ashton, *Jazz Calendar.* Quand eut lieu la première de *Casse-Noisette,* Noureev dansa avec Merle Park dans le rôle de Marie, l'héroïne. Le couple reçut un excellent accueil, et cette soirée marqua le début de la fin d'une époque avec Fonteyn. Ils devaient danser encore ensemble, de temps à autre, durant quelques années, mais Rudolf, désormais, danserait surtout avec Monica Mason, Antoinette Sibley et Merle Park.

L'année avait bien commencé, et promettait d'autres surprises. La tournée de 1967 du Royal Ballet avait été un tel succès que Sol Hurok décida de briser le rythme habituel et de monter, non pas une tournée complète, mais une saison à New York, du 18 avril au 26 mai, au Metropolitan Opera House.

Pendant ce temps-là, plusieurs enjeux se jouaient dans les coulisses de Covent Garden qui, à long terme, allaient avoir des conséquences importantes pour Rudolf. Depuis quelques temps, Frederick Ashton faisait savoir qu'il songeait à prendre sa retraite en 1970. Kenneth MacMillan devait en principe prendre sa place.

A New York, Fonteyn et Noureev furent plus impressionnants que jamais, et leur *Lac des Cygnes* particulièrement acclamé. En novembre, ils furent invités à une immense fête à Téhéran donnée pour l'anniversaire du Shah. Rudolf devait aller à Vienne d'abord, et insista pour que Joan

Thring le rejoigne là-bas. La raison en était aussi simple que de mauvais goût. Rudolf adorait les magazines pornographiques, mais savait qu'en les emmenant à Téhéran, il risquait de se faire arrêter avec. Joan dut par conséquent prendre un avion au départ de Londres pour Vienne - où elle récupéra les magazines - avant de rallier Téhéran. Rudolf ne supportait pas d'être sans ses magazines trop longtemps.

En janvier 1969, il dansa à Paris. Il débordait tout autant d'énergie et d'appétit pour la danse. Son contrat stipulait qu'il aurait une nouvelle partenaire tous les soirs. « Je les ai usées une par une » dira-t-il. A la fin du mois de mars, Margot fêta à Covent Garden ses 35 années de danse, gala durant lequel la compagnie présenta sa nouvelle création pour la prochaine tournée en Amérique du Nord : *Pelléas et Mélisande*, de Roland Petit. Le gala fut un immense succès. Tito était là. Erik dansa, tout comme Carla Fracci et Marcia Haydée. Margot elle-même fut merveilleuse et annonça que contrairement aux rumeurs, qu'elle n'avait pas l'intention de prendre sa retraite. La maladie de Tito n'était pas étrangère à cette décision.

Quand la compagnie arriva à New York, la soirée donnée sur le toit du St Regis fut aussi somptueuse que d'habitude. Le Jockey Club organisa une célébration spéciale pour Margot et Rudolf ; ils firent 180 000 dollars de recette à Mexico la première fois qu'ils se produisirent là-bas, et leur *Giselle* à San Francisco fut, selon l'*Examiner*, rien moins que « sensationnel ».

La tournée ne fut cependant pas aussi réussie que les précédentes. L'une des raisons en était que le nouveau ballet de Roland Petit avait encore moins marché que *Le Paradis perdu*. En fait, il est même décrit dans l'histoire officielle du Royal Ballet comme « pompeux et trop long. » Seul *Le Lac des cygnes* sauva la tournée de 1969.

Pour Rudolf, l'événement le plus significatif de cette tournée eut lieu de 27 juin, alors que le Royal Ballet se produisait au Jones Hall à Houston, Texas. Ce soir-là, neuf policiers en uniforme firent une descente au Stonewall Inn, un bar homosexuel illégal de Christopher Street, dans Greenwich Village, à New York. Alors que le barman et trois travestis étaient arrêtés et emmenés, une bagarre éclata dehors et quelqu'un essaya de mettre le feu au bar alors que certains policiers étaient encore à l'intérieur. Ce soir-là, et les deux soirs suivants, des manifestations de violence eurent lieu autour de Christopher Street : les policiers se vengeaient de la tentative d'incendie du Stonewall Inn en s'en prenant aux homosexuels qu'ils croisaient sur leur chemin. Plusieurs d'entre eux furent roués de coups et laissés en sang sur le trottoir. Quelqu'un témoigna que la Septième Avenue ressemblait ce soir-là à « un champ de bataille au Vietnam ». La presse se fit l'écho de ces événements, mais mésestima la force et la signification de ce qui venait d'avoir lieu. Deux semaines plus tard, le premier meeting du « Gay Power » se tint à Greenwich Village. Le Mouvement de Libération Homosexuel (Gay Liberation Movement) était en marche.

Le 7 janvier 1970, une conférence de presse présidée par Lord Drogheda se tint à Covent Garden. Celui-ci annonça formellement qu'à la fin de la saison (à la fin du printemps), Sir Frederick Ashton prendrait sa retraite et serait remplacé par deux co-directeurs, Kenneth MacMillan et John Field.

En pratique, l'année 1970 marquait la fin d'une époque. Ashton était le dernier lien avec le premier groupe qui avait créé la compagnie dans les années 30, et il était maintenant remplacé par non pas un, mais deux directeurs. Des changements n'allaient pas manquer d'intervenir, et le premier fut l'annonce d'une saison à New York ce printemps-là pour le Royal Ballet. La nouvelle œuvre - Sol Hurok insista comme d'habitude pour qu'il y en eût une - serait confiée au talent créateur de Rudi van Dantzig, directeur du Ballet National Néerlandais. Ce ballet, *The Ropes of Time*, n'avait pas Margot Fonteyn en vedette. A la place, Rudolf dansa avec

Monica Mason et Diana Vere. La première eut lieu le 2 mars, mais *The Ropes of Times* n'était pas du tout le ballet romantique que le public attendait. Il s'agissait en fait d'un morceau de danse moderne sur fond de musique électronique. Rudolf y manifesta sa virtuosité technique habituelle, mais le ballet ne fut vraiment pas un succès.

En mars, on évoqua l'idée d'un film sur Nijinsky, avec Tony Richardson comme metteur en scène, mais pour Rudolf la nouvelle la plus importante ce mois-là fut la mort de son bien-aimé Pouchkine. Rudolf fut choqué par ce décès, qui eut lieu quatre jours avant qu'il n'envoie un émissaire par avion à Leningrad pour prendre contact avec sa famille et ses amis là-bas.

L'émissaire s'appelait Monique van Vooren. Van Vooren était belge. Elle avait rencontré pour la première fois Rudolf à Paris, quelques jours avant sa défection. Son curriculum vitae disait : « Monique van Vooren est une personnalité stellaire, parfaitement à son aise des deux côtés de l'Atlantique, où elle a pour amis des millionnaires, des superstars, des potentats et des membres de la famille royale. Pourtant, cette fille de bonne famille (son père était l'un des plus talentueux négociant d'art d'Europe) fut élevée dans la rigueur d'un couvent. Monique montra très tôt des talents intellectuels et athlétiques prodigieux, écrivant avec succès de la poésie et devenant trois ans de suite championne junior de Belgique en figures imposées de patinage artistique.»

La raison pour laquelle Rudolf voulait que Monique aille en Russie était qu'il pensait que Rosa allait épouser un Juif. Toute sa vie, Rudolf dut faire face à des accusations d'anti-sémitisme, bien qu'il fût entouré lui-même de gens qui étaient Juifs - Gorlinsky, Hurok, et plus tard Jane Hermann -, mais Monique était persuadée qu'à cette époque de sa vie, il ne voulait pas que Rosa épousât un Juif. Quoi qu'il en soit, à cette occasion, il s'avéra que la nouvelle était fausse.

Monique resta trois semaines à Leningrad. L'ami d'une femme rencontrée dans l'avion, un certain Igor, lui servit d'interprète et l'aida à trouver Rosa, qui habitait toujours avec sa fille Guzelle et une autre famille dans un appartement du quartier de Sizova sur Cherny Roszka. Rosa fut son guide, et lui fit visiter Leningrad. Les deux femmes allèrent tous les soirs au ballet, où la mini-jupe et le long manteau blanc de Monique attirèrent presque autant l'attention que ce qui se passait sur scène.

Monique eut trois surprises à Leningrad. La première fut l'arrivée de Farida. Elle avait pris le train depuis Oufa, pour un voyage de trois jours. Monique la trouva plus grande et plus belle qu'elle ne s'y attendait, malgré ses cheveux gris et sa mise paysanne. Le soir de son arrivée, Monique l'emmena voir une représentation au Kirov de *La Belle au bois dormant* avec Mikhaïl Barychnikov. La seule autre fois où Farida était allée au Kirov, c'était dix ans plus tôt, pour voir son fils dans le même rôle. Elle pleura tout le long de la représentation.

La seconde surprise de Monique fut de découvrir combien se montrèrent amicaux à l'égard de Rudolf les danseurs du Kirov. Rudolf lui avait donné le nom d'un danseur de la compagnie qui parlait français. Ils entrèrent en contact. Lorsque la nouvelle se répandit que Monique et Farida se trouvaient au Maryinsky, toute la distribution de *La Belle au bois dormant* signa un programme et le donna à Monique pour qu'elle le remette à Rudolf. Elle fut très touchée de l'attention, et Rudolf le sera également.

La troisième surprise de Monique fut Tseniia Iurgenson. Bien que Tseniia eût dépassé la soixantaine, elle était toujours très séduisante, pleine de vie, malgré le deuil qui venait de la frapper. Plus que quiconque, elle était fière de ce que Rudolf avait réussi à l'Ouest, et elle était fière du rôle qu'elle y avait joué. Elle confia librement à Monique qu'elle et Rudolf avaient été amants.

Avant qu'elle ne quitte Leningrad, Farida donna à Monique quelques photographies de Rudolf enfant, et un train avec lequel il avait joué plus jeune et qu'elle avait conservé depuis. Elle savait à quel point il aimerait avoir ces choses. Monique repartit ensuite à Londres, passa voir Rudolf dans sa maison d'East Sheen, mais celui-ci était en Argentine, aussi elle laissa chez lui le train et les photographies et lui écrivit une longue lettre où elle lui raconta en détail ce qui s'était passé à Leningrad. Il fut ravi de trouver le jouet à son retour.

Quelques semaines plus tard, il rejoignit Monique à New York. Là, la nouvelle production du Royal Ballet, la création de van Dantzig, fut éclipsée par les créations plus traditionnelles, les classiques d'Ashton, *Giselle*, *le Roméo et Juliette* de MacMillan, *La Belle au bois dormant* et la version de Rudolf de *La Bayadère*. Antoinette Sibley, qui dansait la création de van Dantzig avec Rudolf, dira que la musique ressemblait à ce qui se passe quand on envoie un verre dans un miroir.

Le public tenait à voir des visages familiers dans des rôles familiers, Fonteyn et Noureev plus que tout. En dépit des changements qui survenaient autour d'eux, la magie était toujours là. Un critique dit qu'ils étaient toujours « aussi explosifs que de la nitroglycérine », et *Newsweek* décrivit Rudolf comme « le danseur ultime ». La perfection de Margot et de Rudolf était encore soulignée par les incidents qui avaient lieu quelquefois quand Rudolf dansait avec d'autres partenaires, comme avec Merle Park dans *La Belle au bois dormant* à la même époque.

Au mois d'octobre 1970, le duo MacMillan-Field produisit un énorme succès, sous la forme du ballet de Jerome Robbins, *Dances at a Gathering*. Robbins, qui avait mis en scène *West Side Story*, était un chorégraphe plus chaleureux que Balanchine et ce ballet, qui avait été présenté à New York en 1969 par le New York City Ballet, en était le parfait reflet. La musique consistait en une succession de morceaux de Chopin, et bien que le ballet n'eût pas d'intrigue, et il qu'il fût très « abstrait », il était ensoleillé et lyrique, intelligent et très inventif. Le public londonien l'adora. Cinq parmi les dix danseurs de la distribution étaient du signe du poisson - Rudolf, Lynn Seymour, Antoinette Sibley, David Wall et Ann Jenner. Antoinette Sibley pensait que c'était une des raisons de leur entente immédiate.

Malgré ce succès cependant, la veille de Noël, John Field annonça qu'il quittait sa fonction de co-directeur artistique du Royal Ballet. Il jugeait impossible de travailler avec Kenneth MacMillan. Une nouvelle production, *Anastasia*, fut reportée. Une crise était de nouveau dans l'air. Field ne fut pas remplacé, mais Peter Wright fut nommé directeur associé, aux côtés de MacMillan. Wright avait rencontré Rudolf trois ans plus tôt à Stuttgart alors qu'il travaillait avec John Cranko, et l'avait trouvé exaspérant et d'une brutale franchise. Il admirait cependant son appétit de travail et sa générosité. L'association de MacMillan et Wright allait s'avérer riche d'implications pour Noureev.

Rudolf était indubitablement dérangé par ces changements dans la direction du Royal Ballet, mais en tant que star et fier Tartar, il n'en montra rien; du moins il ne fit pas étalage de son désarroi. Mais, de nouveau, il envoya des signaux. Il donna trois interviews, ce qui ne lui ressemblait pas. Dans l'une, il laissa entendre qu'il avait « travaillé dur » pour être un bon membre du Royal Ballet, et qu'il n'avait jamais insisté pour ne danser qu'avec Margot. Il affirma qu'une année, on lui avait dit qu'il devrait danser avec toutes les solistes de la compagnie. Il avait donné son accord, dit-il, mais la chose ne s'était jamais réalisée. Dans la seconde interview, il dit qu'il avait l'impression qu'il avait besoin d'être découvert par un chorégraphe. Quelque chose en lui qui ne s'était pas encore manifesté; personne ne le surprenait plus. La remarque était certainement destinée à MacMillan. Dans la troisième interview, il répondit à une critique qui lui avait été faite d'avoir refusé de danser dans des tournées en province. Ce n'était pas vrai, dit-il. On lui avait demandé trop tard à chaque fois, son emploi du temps était déjà rempli. La dénégation était importante, car c'était Peter Wright, le nouveau directeur associé, qui était chargé des tournées en province. Rudolf mettait les choses au point avec lui aussi.

Il avait raison de le faire et d'être inquiet. Au cours des six premiers mois de 1971, la nouvelle politique devint très claire : le Royal Ballet ne monta pas une seule version d'un classique du dix-neuvième siècle, et la fréquentation du théâtre commença à décliner. Pendant ce temps, Rudolf dansa avec le Ballet de Marseille (où Rosella Hightower était maintenant maîtresse de ballet), avec Maurice Béjart à Bruxelles, et avec le Ballet Australien en Amérique du Nord, une tournée épuisante de dix-huit villes où il dansa chaque représentation. C'était ce que le public voulait (et Rudolf prétendit toujours qu'il dansait mieux quand il était fatigué - parce que ses muscles lui obéissaient), mais il y eut des plaintes de la part de certains danseurs. En fait, quand le programme de la tournée fut annoncé, plusieurs membres importants de la compagnie australienne menacèrent de démissionner. Ils ne regrettaient pas que Rudolf tienne le haut de l'affiche - ils reconnaissaient qu'il était « probablement le plus grand danseur du monde » -, mais ils ne voulaient pas non plus se contenter de faire de la figuration.

De retour à Londres, il dansa de nouvelles créations de Paul Taylor et apparut dans un gala au Colisée organisé par Richard Buckle destiné à recueillir de l'argent pour un musée du spectacle. Le gala présentait également des œuvres d'Henry Moore et de David Hockney, et organisait une vente aux enchères dirigée par Andy Warhol.

A la fin de l'année, la nouvelle politique du Royal Ballet à l'égard de Rudolf était on ne peut plus claire. En 1969, Rudolf avait dansé quatre-vingt sept représentations avec le Royal Ballet. En 1970, l'année du changement de direction, cinquante six représentations. En 1971, le nombre était tombé à vingt-trois.

Par chance, il fut occupé cet hiver-là par la préparation d'un film qui lui était consacré, intitulé *I am a Dancer* (« Je suis danseur »). Le projet était né sous la forme d'un documentaire télévisé, en France, qui devait être maintenant rallongé en même temps qu'il fallait lui trouver une ligne narrative plus solide pour pouvoir l'exploiter en salle, où il y avait plus d'argent à gagner. Rudolf avait ses propres idées pour le film, mais EMI, qui s'intéressait au projet, fit appel à Bryan Forbes pour en évaluer le potentiel. Forbes se rendit à Paris pour voir le film déjà existant, et on lui montra quelques séquences d'interview de Rudolf et des extraits de *Marguerite et Armand*. La « salle de projection » était un bureau minable, des cageots de fruits servaient de siège et un mur blanc servait d'écran. Il n'y avait pas de matériau suffisant pour faire un film, il était clair que de nouvelles scènes de danse devraient être filmées. Forbes se vit accorder un budget et, après d'âpres négociations avec Sandor Gorlinsky, l'agent de Rudolf, le projet eut le feu vert.

Les nouvelles séquences furent tournées sur la scène du Colisée un dimanche, et Forbes fut loin d'apprécier la rencontre. D'abord son équipe, prête à tourner avec cinq caméras, attendait au Colisée depuis huit heures du matin lorsque Rudolf arriva... après le déjeuner. Puis, après avoir annoncé d'emblée que la position de toutes les caméras était mauvaise, Rudolf s'en prit au photographe de plateau. D'après Forbes, il n'était pas satisfait de sa propre prestation et c'est pourquoi il interpella sèchement le photographe, prétendant que le bruit de l'obturateur de son Nikon l'avait distrait. « Il aurait suffi qu'il dise ça à un des électriciens et il se serait probablement retrouvé étendu à terre, et ça aurait été la fin du film.» Mais Rudolf s'excusa, et ils poursuivirent.

Le nom de Forbes n'apparaît pas au générique du film. Tout le prestige revint au réalisateur français Pierre Jourdain.

Noureev n'autorisa pas que l'on utilise son nom pour le titre, et dans une interview accordée à Terry Coleman du *Guardian*, il expliqua candidement ce qui, selon lui, n'allait pas dans le film et qu'il était prêt à payer 30 000 dollars pour le voir détruit.

A la fin du mois d'avril, le Royal Ballet fut de nouveau à New York. C'était la treizième tournée de la compagnie, et Fonteyn et Noureev, malgré la nouvelle direction, attiraient toujours les foules. Monique van Vooren donna une petite fête pour Margot et Rudolf au Pen & Pencil. Rudolf et van Vooren étaient maintenant très proches, au point qu'elle jetait un œil sur ses contrats. Certains étaient, dirons-nous, originaux. Dans l'un, Gorlinsky ne touchait aucune commission, mais Rudolf le laissait utiliser ses gains pendant trois mois. C'était à Gorlinsky d'investir l'argent et de faire ce qu'il pouvait. (Jack Lanchbery demanda un jour à Rudolf s'il arrivait à dormir malgré la responsabilité qu'il confiait à Gorlinsky. « Je n'y pense pas, repondit Rudolf. Je préfère dormir. »)

De retour à Londres, Rudolf fut contacté par Harry Saltzman, un des producteurs des films de James Bond, à propos d'un autre projet Nijinsky. Saltzman l'invita à dîner pour discuter du film avec le réalisateur qu'il avait choisi, Ken Russell. Russell avait déjà fait des films sur Isadora Duncan et Claude Debussy, et Rudolf admirait son travail. Cependant, au cours du dîner, Russell expliqua que si Rudolf faisait le film, cela prendrait plusieurs semaines de son temps ; il faudrait donc qu'il renonce à la tournée d'automne qu'il projetait de faire en Amérique du Nord avec le Ballet National du Canada. Rudolf ne voulut pas renoncer à plusieurs semaines de danse pour, comme il le dit « un simple film ». Il ne pouvait être plus clair. En outre, Rudolf trouvait Russell condescendant. Il admirait le metteur en scène, mais pas l'homme ; et il dit non au projet. Russell prétendit plus tard que la discussion avait tourné autour du salaire de Rudolf (il aurait demandé un million de dollars). Mais peut-être était-ce pour celui-ci une façon de dire non.

Le Kirov était de nouveau à Londres cette année-là, et Rudolf s'arrangea pour rencontrer secrètement Barychnikov. Il envoya une voiture le chercher très tôt afin de tromper le KGB. Rudolf et Barychnikov passèrent la journée ensemble, marchant dans Richmond Park, discutant du Kirov et de la danse en général. Rudolf montra tous ses costumes à Mikhaïl - contrairement à la plupart des danseurs, ce dernier aimait les costumes qui s'ouvraient sur le devant parce qu'il était terrifié d'être pris dans un incendie. Au déjeuner, Barychnikov ne but pas, parce qu'il dansait ce soir-là, aussi Rudolf qui but toute la bouteille, se retrouva quelque peu éméché pendant le repas. Il offrit à son cadet un livre sur Michel-Ange et une écharpe. Une amitié, plutôt qu'une rivalité, était née.

Pendant l'été, Rudolf passa plus de temps que d'habitude à La Turbie, où il eut pour invités Franco Rosselini, Dino de Laurentis, Sylvia Mangano, Maria Callas et Monique van Vooren, qui revenait tout juste d'un autre voyage en Russie. Là, dans son immense chambre de l'hôtel Astoria à Leningrad, elle avait rassemblé la famille de Rudolf et ses amis pour un appel téléphonique marathon, où il eut une conversation avec une douzaine de personnes à la suite.

Monique trouvait l'atmopshère de La Turbie oppressante. C'était le genre de maison qui aurait pu servir de cadre à *Histoire d'O*, disait-elle. Rudolf avait ajouté à la décoration de la ferronnerie et des meubles de style gothique. Un soir, s'apprêtant à dîner, Maria Callas arrêta Rudolf devant un miroir. Elle resta là sans bouger, fixant du regard leur reflet.

- Rudolf, vous ne pourriez jamais faire du cinéma, dit-elle. Vous n'avez pas les pommettes.

Elle trouvait ses pommettes pâles en comparaison des siennes. Il vit également passer Mick Jagger. Ils s'étaient rencontrés pour la première fois au milieu des années 60, quand Jagger était allé le voir danser avant de le rejoindre en coulisse avec sa petite amie Marianne Faithful. D'après le biographe de Jagger, Christopher Andersen, Faithful fut frappée par la ressemblance physique - les lèvres et les pommettes - entre les deux hommes. Jagger avait la réputation d'être aussi bisexuel que Rudolf l'avait été autrefois, mais les deux hommes semblent surtout avoir passé beaucoup de temps à parler.

- Avec Noureev, on se dispute pour savoir ce qui demande le plus de talent et de discipline : être danseur de ballet ou chanteur pop? dit Jagger à Faithful. Il m'a donné de solides arguments, mais je crois que l'ai convaincu.

Ils se retrouvèrent plus tard cet été-là chez la star de télévision Geraldo Rivera, dans son appartement du Lower East Side. A un moment, raconte Rivera, il laissa les deux hommes dans son salon, dansant et fumant de la marijuana, tandis que lui allait à la cuisine préparer des cocktails : « Soudain, quelqu'un se pelotonna contre moi par derrière. Je sentis un bras autour de ma taille, et je me retournai. C'était Noureev, il bougeait en rythme avec la musique tout en se collant contre moi. Il était joyeusement suggestif, ouvertement sexuel, et avant que j'aie une pu dire quoi que ce soit, Jagger s'approcha de moi à son tour par devant et se mit à faire la même chose. Ils faisaient les idiots et rigolaient, mais il y avait une sorte de concurrence entre eux.»

Jagger caressa la joue de Rivera pendant que Rudolf caressait ses cheveux. Puis, Rudolf aurait dit à Jagger :

- Il est vierge, tu sais.

- Oh, eh bien, rétorqua Jagger, on pourrait le forcer.

Rivera resta convaincu qu'en dépit du caractère enjoué de la rencontre, c'était une tentative de séduction sérieuse.

En juin 1972, la première « Semaine de l'homosexualité » officiellement proclamée eut lieu à Ann Arbor, dans le Michigan.

• • • • •

D'une vie odieuse le faux éclat

Pour moi, Onéguine, ce brillant
D'une vie odieuse le faux éclat,
Mes succès dans ce monde clinquant,
Cette maison, cet apparat,
Qu'y a-t-il entre eux ?

Au cours de l'hiver 1972-1973, après une tournée en Amérique du Nord avec le Ballet National du Canada, Rudolf prit part à une série de galas à l'Opéra de Paris en hommage à Serge Diaghilev, dont c'était le centenaire de la naissance. Il y dansa en un seul programme trois ballets : *Les Sylphides*, *Apollon Musagète* et *Pétrouchka.* Son endurance et sa polyvalence étaient exceptionnelles.

Le Royal Ballet, quant à lui, démarra l'année 1973 avec au programme trois ballets de Balanchine, dont *Le Fils prodigue*, que dansa Noureev (un ballet que Diaghilev n'aimait pas). Le mélange de mime et de virtuosité technique exigés par ce ballet convenaient à la perfection à Rudolf, qui eut pour partenaire cette fois-là Deanne Bergsma.

Au printemps, il reprit *Roméo et Juliette* à Londres avec Natalia Makarova, puis dansa avec la compagnie - très moderne - de Paul Taylor dans un autre théâtre de Londres. Il se rendit ensuite à Paris avec Makarova, où il donna treize représentations du *Lac des cygnes* sur une scène érigée en plein air dans l'une des cours du Louvre. Le premier soir, un 14 juillet, fut gratuit pour les parisiens.

L'itinéraire fou continua durant l'hiver 1973-1974. Après Paris, Noureev fit une tournée en Israël, se produisit à Copenhague, Oslo et Milan, où il fut renvoyé de son hôtel pour avoir amené un garçon dans sa chambre. Il y eut d'autres voyages en France, à Versailles et Monte Carlo, un voyage d'une journée à New York, puis à Milan de nouveau, et au Canada. Le 5 mai, le dernier soir de la tournée du Ballet National du Canada, avec lequel dansait Rudolf, se déroula au Met. Deux jours plus tard, le Royal Ballet débutait sa tournée américaine dans le même théâtre. Noureev passa simplement d'une compagnie à l'autre. Il garda la même loge.

Deux autres événements tristes eurent lieu à New York à la même époque. La mort de l'imprésario Sol Hurok d'abord, qui fut un coup dur autant pour Rudolf que pour le Royal Ballet. Ensuite, l'absence de Margot Fonteyn dans le programme du Royal Ballet. Elle n'avait pas été invitée.

Le 29 juin 1974, Mikhaïl Barychnikov quitta le Kirov et passa à l'Ouest à Toronto. Barychnikov avait remplacé Rudolf dans l'affection de Pouchkine, et sa défection fut particulièrement traumatisante pour lui et le Kirov. La compagnie, qui stagnait déjà à la fin des années 60, s'effondra davantage. Roland Petit était allé à Leningrad quelques mois plus tôt, et, comme Rudolf, Barychnikov s'était aperçu qu'il aurait beaucoup plus d'occasions intéressantes à l'Ouest. Il est intéressant de noter que le théâtre lui-même s'était opposé à ce que Barychnikov fasse partie de la tournée de 1974, mais Moscou en avait décidé autrement. Aussi, quand la défection eut lieu, le théâtre ne fut-il pas tenu pour responsable.

Après sa défection, l'intention initiale de Barychnikov était de danser avec Makarova, pour le Ballet National du Canada, la version de *La Belle au bois dormant* créée par

Rudolf. On ne sait pas vraiment si Rudolf mit son véto au projet, ou si Barychnikov lui-même le trouva finalement trop provocateur, mais il ne se réalisa jamais. L'arrivée à l'Ouest de Barychnikov fit que très vite, les deux ex-stars du Kirov allaient être attentivement comparées. Tout comme Rudolf avait stimulé les autres pour qu'ils donnent le meilleur d'eux-mêmes, Barychnikov, de dix ans son cadet, allait maintenant jouer le même rôle à son égard.

A l'automne 1974, les revenus de Rudolf étaient enviables pour quelqu'un qui avait le talent de Barychnikov. Ils oscillaient entre 5 000 et 10 000 dollars par représentation. Une des personnes que Rudolf avait rencontrées à Londres était Jacob (plus tard Lord) Rothschild, qui l'aida à investir son argent en achetant de l'or, des toiles de maître ou des biens immobiliers. Rudolf aimait investir dans l'immobilier, et commença à songer à acheter à Manhattan. Il ne vivait plus chez Monique lorsqu'il était à New York, mais chez Christopher Allen, un ami d'Erik, qui possédait un appartement sur la 72e Rue Est, ou bien à l'Hôtel Pierre.

Au début de 1975, pour la première fois depuis 1961, Rudolf chercha activement du travail. Le cauchemar devenait réalité. Le premier coupable ici était bien sûr le Royal Ballet. Il était évident depuis quelques temps que MacMillan, Peter Wright et les autres avaient leur propre calendrier, et que celui-ci, qu'il fût juste ou non, ne faisait plus aucune place à Rudolf. La dure vérité était qu'après le 22 mars cette année-là, où il apparut dans *Dances at a Gathering*, il n'avait plus d'engagement prévu à Covent Garden avant le 4 décembre, dans *Pétrouchka*. En 1975, il dansa vingt et une représentations à Covent Garden, encore moins qu'en 1974. On le vit en Angleterre avec le Ballet National du Canada, qui avait connu un tel succès avec lui en Amérique qu'il vint pour une saison de deux semaines. Rudolf dansa Franz dans *Coppélia* et Erik interpréta le Dr. Coppélius. C'était la première fois qu'ils dansaient ensemble sur une scène londonienne. En août, Rudolf dansa *Le Corsaire* avec Gelsey Kirkland. L'ayant vu sur scène avec Margot cinq ans plus tôt, quand elle travaillait encore avec Balanchine, elle était depuis passée à l'American Ballet Theatre et dansait avec Barychnikov. Elle invita Rudolf à être son partenaire. Elle nourrissait un respect mêlé de crainte à son égard et la rencontre fut, pour elle, « inoubliable ». « Ce fut moins l'énergie brute qu'il déployait sur scène que les tendres moments qui suivaient la danse qui me touchèrent. Rudi paraissait sincèrement fier de moi comme danseuse. J'ai entendu dire qu'il pouvait être extrêmement désagréable avec ses ballerines, mais ce soir-là, il se montra un parfait gentleman. Il me donna l'impression durant les rappels que j'étais son égale en art, et non une béquille nécessaire à l'expression de son talent. Comme j'aurais voulu qu'il ait dix ans de moins !»

Van Dantzig vint également à la rescousse cette année-là. En octobre, Rudolf dansa seize représentations sur trois semaines d'engagement avec le Ballet National Néerlandais à Amsterdam et à Utrecht. Puis, Martha Graham créa la chorégraphie moderne de *Lucifer* pour lui à New York. Les billets pour ce gala se vendirent jusqu'à 10 000 dollars.

Le 1er novembre 1975, aux Etats-Unis, parurent les mémoires de Tennessee Williams. Celles-ci évoquaient dans le détail son aventure amoureuse (et tumultueuse) homosexuelle avec Frankie Merlo, et racontaient comment, durant la seconde Guerre mondiale, dans Times Square à Manhattan, il « draguait » les GI's et les ramenait au « Y » pour faire l'amour avec eux. Les critiques littéraires étaient parfaitement au fait de l'homosexualité de Williams, mais ils trouvèrent un tel déballage public étonnant de la part de l'écrivain.

Le milieu des années 70 fut une période de transition sur le plan sexuel. Les bars homosexuels et les clubs proliférèrent, tout comme les médias « gay ». Plusieurs Etats américains rendirent caduques leurs lois discriminatoires à leur égard. En même temps, de nombreux Etats résistaient avec tenacité à ce mouvement général, et plus d'un bar homosexuel fut incendié à travers le pays. En janvier 1976, le Pape sortit une encyclique sur l'éthique sexuelle dans laquelle l'homosexualité était qualifiée de « dépravation sérieuse ». Au début de l'année 1976, la police de Los Angeles, armée et accompagnée d'une escorte héliportée, fit une descente dans une vente de charité homosexuelle organisée aux *Mark IV Baths* par la « communauté cuir » de la ville. Quarante personnes furent arrêtées pour avoir violé la loi de l'Etat concernant la « servitude involontaire ». Rien n'illustre mieux que cet incident l'atmosphère de cette époque.

Etre homosexuel dans les années 70, c'était comme habiter un étrange pays. Rudolf s'en rendait compte. Comme Tennessee Williams, il « draguait », pas seulement à Times Square, mais partout où il se trouvait. Comme Williams, son homosexualité était bien connue, pourtant, à l'exception d'une fois, il n'en parla jamais en public. L'exception était un numéro du magazine *Christopher Street* - nommé ainsi en souvenir des émeutes qui avaient été à l'origine du mouvement de libération homosexuel -, lequel contenait un portrait de lui. Les trois articles étaient en fait purement informatifs, mais Rudolf fut mécontent d'être identifié de cette manière à la vie homosexuelle.

Joan Thring quitta Rudolf à cette période, ayant supporté ses frasques une fois de trop. La dernière fois, ce fut lors d'un voyage à Beyrouth où Rudolf insista pour draguer sur la plage, en dépit du fait que la baie et le port étaient pleins de navires appartenant à la flotte soviétique. Une partie de lui s'inquiétait d'être enlevé par le KGB, mais l'autre - plus forte maintenant - ne pensait qu'à une chose : trouver des garçons, où qu'ils soient. Joan décida un soir qu'elle en avait tout simplement assez.

L'énergie sexuelle de Rudolf, son besoin urgent de garçons, était capable de passer avant tout le reste, à n'importe quel moment. La meilleure illustration en est sans doute le bref séjour qu'il fit chez Franco Zeffirelli, le metteur en scène italien, à Treville, dans sa villa située sur les falaises de Positano, en Italie du Sud. Ils devaient discuter d'un nouveau projet Nijinski. De nombreux invités étaient présents, dont Gregory Peck, ce qui mit Rudolf de mauvaise humeur : Peck était une plus grande star que lui, et on lui avait réservé la meilleure chambre d'invité. Le soir en question, Zeffirelli avait donné sa soirée à son cuisinier, aussi emmena-t-il tout le monde dîner dans un restaurant de Positano. La quinzaine de personnes qui composaient le groupe dut descendre une série de marches jusqu'à l'eau, puis prendre le bateau de Zeffirelli pour longer la côte jusqu'à la ville.

La première chose que chacun remarqua ce soir-là fut la manière dont Rudolf était habillé. Il portait un turban, une chemise flottante, un short très court, coupé comme un pagne, et des bottes à talons hauts. Il était également très maquillé. Il y avait un garçon parmi les invités et, au cours du dîner, Rudolf flirta ouvertement avec lui. Après le dîner, dans le bateau qui les ramenait vers la villa, il s'assit avec lui à l'arrière. Quand ils atteignirent la jetée et commencèrent la longue ascension vers la villa (il y avait une centaine de marches environ) Rudolf traîna derrière avec le garçon.

Un peu plus tard, après que tout le monde eût regagné la maison, comme il s'y attendait, le majordome de Zeffirelli avait fermé à clé la porte en métal qui se trouvait en haut des marches, afin d'empêcher toute intrusion indésirable en provenance de la mer. Ce n'est qu'une heure plus tard seulement que Zeffirelli remarqua que ni Rudolf ni le garçon n'étaient rentrés à la villa. Dyson Lowell, un producteur d'Hollywood, se porta volontaire pour aller à leur recherche. Il les trouva à la porte, Rudolf criant et hurlant, furieux d'être enfermé. Lowell trouva la clé et ouvrit la porte, mais Rudolf ne se calma pas. Une fois de l'autre côté, il se tourna vers Lowell et dit :

- Vous pourrez dire à Zeffirelli ce que je pense de sa villa.

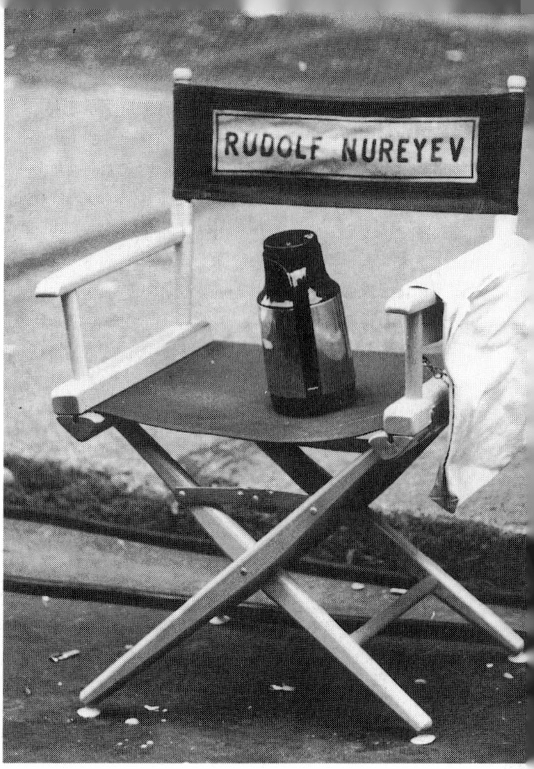

Le compagnon de Rudolf sur le plateau de *Surexposé*.

Avec Michelle Phillips dans *Valentino*. Un partenariat difficile.

Maquillé en Valentino. Rudolf fut enterré dans ses habits de soirée.

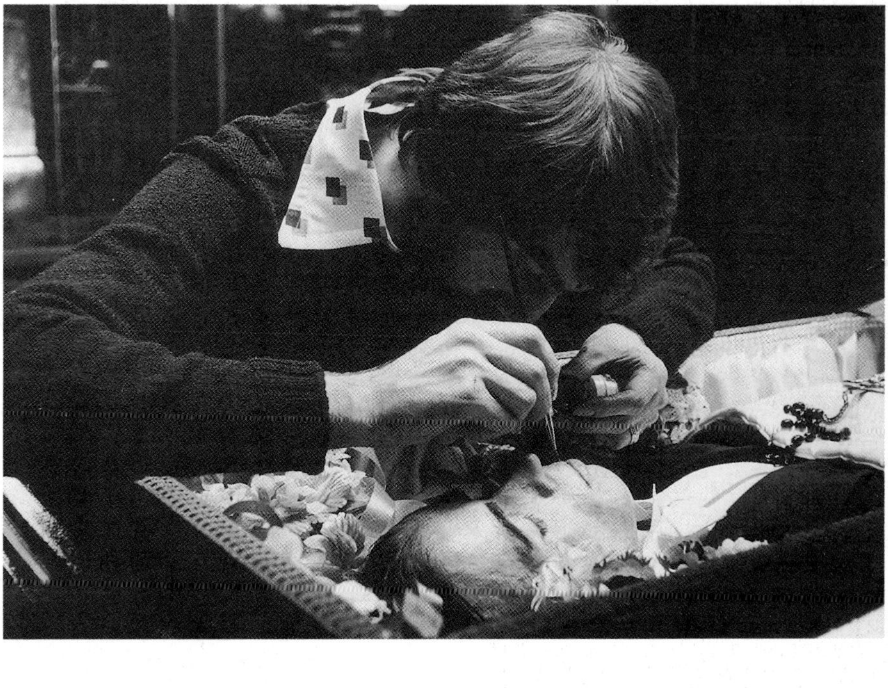

Avec Mikhaïl Barychnikov

Robert Tracy, à l'extrême droite, avec Rudolf dans *Don Quichotte* à Brodway en 1983. Rudolf l'appelait son "Ganymède", mais aussitôt que la menace du Sida se profila, Robert changea ses habitudes sexuelles et ne coucha jamais plus avec Rudolf.

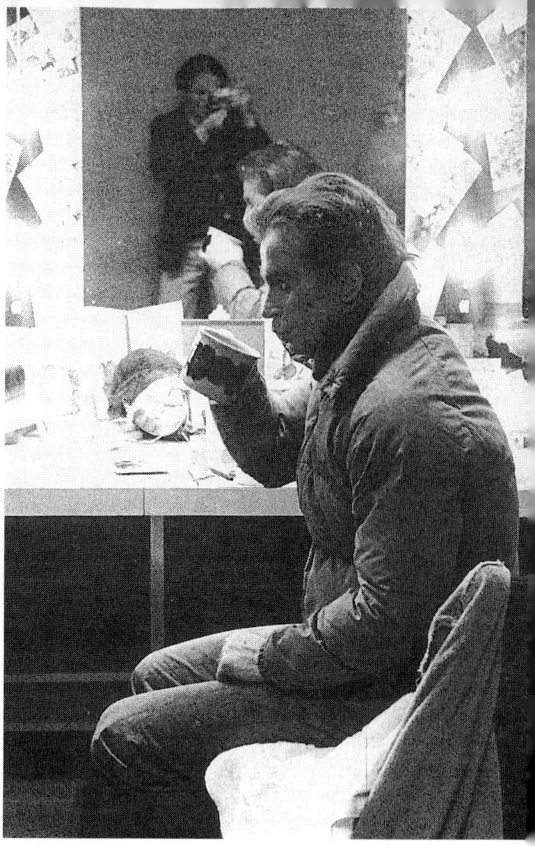

Hommage à Martha Graham, huée à Paris dans les années cinquante. Rudolf lui redonna la place qu'elle méritait, sous les acclamations du public.

Le thé, avec cinq sucres.

Les stars françaises que Rudolf découvrit : Isabelle Guerin et Laurent Hilaire.

Lee Radziwill :
la "princesse de rien".

Avec Monique van
Vooren, chez Régine,
à New York en 1983.

Avec Merce Cunnigham (extrême gauche), Barychnikov et Bob Fosse (extrême droite).

En 1987, devant le théâtre de l'opéra et du ballet d'Oufa, où il vit son premier ballet.

Sur les hauteurs d'Oufa, avec vue sur la rivière Bielaïa, en 1987. Son retour fut un désastre du début à la fin. "Ils parlent une autre langue ici."

Avec Linda Mabeduke et Margot Fonteyn, au concert donné pour le cinquantième anniversaire de Margot à New York.

Avec Natalia Dudinskaya, à Saint-Pétersbourg en 1989. “A la différence de Barychnikov, dit-elle, il n’a jamais dit de mal de la Russie”.

St. Bart. La vue depuis la maison de Rudolf.

Sur la terrasse de sa maison à St. Bart.

Le salon de son appartement dans l'immeuble Dakota. Comme au quai Voltaire à Paris, il était décoré principalement de nus masculins.

Rudolf sur scène après *La Bayadère*. Il trébucha trois fois.

Une façon élégante d'apprendre à son public combien il était malade.

Fait Commandeur des Arts et Lettres par Jack Lang.

Soutenu par Luigi Pignotti.

Gravement malade, et pourtant toujours séduisant et “très, très heureux”.

Avec Marie-Hélène de Rothschild et Pierre Bergé.

Dirigeant l'orchestre au Metropolitan, à New York. "Vouloir, c'est pouvoir."

Dans sa loge de l'Opéra de Paris, le 8 octobre 1992. Le première de *La Bayadère*. "Pour de nombreuses personnes, Rudolf mourut ce soir-là".

Les funérailles de Rudolf. Sa dernière sortie du Palais Garnier.

Un dernier adieu, sur la musique de *Giselle*.

Il baissa alors son short et déféqua sur les marches en béton. Il arriva ensuite sur une terrasse où se trouvaient des vases anciens, de valeur, remplis de géraniums. Rudolf en poussa plusieurs par-dessus la terrasse, qui allèrent se briser au bas des falaises.

A ce moment-là, Zeffirelli avait eu vent de ce qui se passait, et vint lui-même trouver Rudolf. Quand il réalisa ce qui était arrivé à ses précieux vases, il s'en prit au Russe. Rudolf esquiva son attaque, et lui jeta une lampe au visage. Il s'ensuivit une vraie bagarre. Plusieurs parmi ceux qui étaient présents crurent que Zeffirelli allait tuer Rudolf, jusqu'à ce que Dyson Lowell intervienne pour les séparer. Le danseur dut faire ses bagages et quitter les lieux immédiatement. Malheureusement, la villa était à bonne distance de Positano et il était déjà plus de minuit. Aussi, on fit venir un taxi de Naples, à 50 kilomètres de là. Zeffirelli ne voulant plus de Rudolf une minute de plus chez lui, celuici dut attendre son taxi dehors.

Le 10 janvier 1976, Rudolf dansa *Roméo et Juliette* avec Margot à Covent Garden. C'était leur dernière apparition ensemble dans un rôle principal sur cette scène. Après presque quatorze ans, une époque prenait fin. Pendant les rappels, elle lui tendit une rose rouge. Il lui baisa la main. C'était le même geste qu'après *Giselle* en 1962.

• • • • •

Du feu de la jalousie

Et du feu de la jalousie
Nous rallumerons son ardeur.

Toute sa vie, même quand il était jeune, Rudolf porta un chapeau, un béret généralement, ou une casquette. Il avait froid et craignait le froid. Que ce fût lié au fait d'avoir été pauvre dans son enfance, au fait d'avoir manqué de vêtements pendant la guerre, ou à quelque maladie infantile dont personne ne savait rien, il était obsédé par la chaleur. Du moins s'évita-t-il ainsi bien des blessures dans son métier. Il craignait aussi d'attraper une pneumonie. En attaquant les poumons, cette maladie était particulièrement dure pour ceux qui faisaient un métier physique, comme la danse. Quand il était jeune, la pneumonie faisait des victimes, et il avait peut-être garder ses craintes d'enfant face à cela.

Aussi lorsque, souffrant d'une pneumonie, il fut admis à l'Hôpital St. John de Los Angeles au milieu du mois de février 1976, était-il très déprimé. La maladie l'avait finalement atteint. Il resta à l'hôpital une semaine - un laps de temps très long pour lui, mais trop court peut-être pour être tout à fait guéri. D'aucuns, comme Michael Brown, le costumier de Covent Garden, pensent que Rudolf ne fut plus jamais le même après cet épisode, que ses sauts, en particulier, n'eurent plus jamais la même ampleur. Il quitta l'hôpital non pour remplir un engagement de spectacle prévu de longue date, mais pour régler une affaire qui, avec le temps, était devenue particulièrement éprouvante. C'était le refus implacable des autorités soviétiques de délivrer à sa mère ou à sa sœur Rosa, un visa de sortie pour venir à l'Ouest lui rendre visite. Bien que Monique se rendît à Leningrad en son nom chaque année depuis cinq ans, cela ne suffisait pas. Il avait également découvert que les autorités soviétiques retenaient quarante pour cent de l'argent qu'il envoyait maintenant à Farida, une espèce de « taxe de transfuge ». Cet été-là, il apporta son soutien politique au premier ministre britannique Harold Wilson, et au président américain Gerald Ford dans une campagne visant à faire changer l'attitude des russes à l'égard de l'Ouest.

Un jour de 1975, Rudolf reçut un coup de téléphone de son agent, Sandor Gorlinsky, qui lui demanda s'il voulait réfléchir à l'idée d'interpréter le rôle de Nijinski dans un nouveau film. Produit par Robert Chartoff et Irwin Winkler et réalisé par Ken Russell, le film devait décrire la vie de l'une des premières légendes du cinéma, l'acteur Rudoph Valentino. C'était le quatrième projet depuis 1961 où il était question de Nijinski, aussi ne fut-il pas particulièrement enthousiaste. C'était un petit rôle cependant, qui ne lui prendrait que deux jours de son temps, et il accepta, à condition que cela n'entrave pas son travail de danseur.

Quelques jours plus tard, Ken Russell lui-même le rappela avec la plus stupéfiante des nouvelles, à savoir qu'après réflexion, les deux producteurs et lui-même voulaient qu'il joue le rôle principal de Valentino. C'était une toute autre proposition. En tant que star du film, sa présence sur le plateau serait requise presque chaque jour durant cinq mois. Or, son emploi du temps ne lui permettait pas ce genre de liberté avant plus d'un an. Russell, cependant, était maintenant si convaincu que Rudolf était parfait pour le rôle qu'il était prêt à attendre. Il réfléchit plusieurs jours à la proposition et en discuta avec Sandor Gorlinsky. Il connaissait bien sûr le travail de Russell, en particulier son film pour la télévision sur Isadora Duncan et *Tommy*, son opéra-rock. Il n'était pas étranger non plus à Valentino. Pas simplement parce qu'il était un mordu de cinéma, ou parce que sa mère avait choisi son prénom en souvenir de l'acteur, mais aussi parce que c'était une des stars dont les films étaient aussi connus en Russie qu'à l'Ouest.

Un des problèmes de Noureev était la conception que se faisait Russell du film. Ce dernier considérait Valentino comme « un acteur homosexuel sans talent, exploité par Hollywood.» Rudolf dit à l'époque, non sans ironie : « Il est difficile pour moi de jouer un homosexuel, et presque impossible de jouer quelqu'un qui n'a pas de talent.»

Il donna son accord pour faire le film. Il avait le sentiment qu'il pouvait apporter quelque chose au personnage de Valentino. Après tout n'était-il pas, à l'instar de Valentino en son temps, et ainsi que le dira Russell lui-même, « peut-être l'homme le plus séduisant et le plus mystérieux du monde actuellement.»

Le tournage débuta au mois d'août 1976 à Almeria en Espagne. Durant les vingt et une semaine qui suivirent, l'équipe se rendit dans d'autres villes d'Espagne, Barcelone notamment, puis Blackpool en Angleterre, et finalement aux studios d'Elstree près de Londres. Rudolf, lui, arriva directement sur le tournage de New York où, la veille, il avait dansé au Metropolitan Opera House dans sa propre production de *La Belle au bois dormant* pour le Ballet National du Canada. Il avait reçu une « standing ovation » au milieu de la représentation, après un spectaculaire solo.

Bien entendu, Rudolf espérait devenir une star de cinéma quand *Valentino* sortirait sur les écrans. Le tournage du film attira l'attention de la presse comme on pouvait s'y attendre, en particulier la scène où Valentino est en prison et est obligé d'uriner sur son pantalon. Mais l'attention se concentra surtout sur la relation, ou la non-relation, de Noureev avec sa partenaire à l'écran, Michelle Phillips. Elle était très différente de Noureev, physiquement, moralement et de par son parcours. Elle avait d'abord fait partie d'un groupe rock, *Les Mamas and Papas.* Quand le groupe s'était séparé en 1969, elle s'était tourné vers le cinéma, et spécialisé dans les rôles de femmes dures et sexy, telle la petite amie du gangster dans *Dillinger.*

Ils ne travaillèrent pas ensemble aussi bien que prévu et, peu après, dans une interview accordée à la presse, Phillips critiqua franchement Rudolf. Elle dit qu'il était petit et qu'elle devait porter des chaussures plates pour ne pas le dépasser; elle avoua qu'au début du tournage, il s'était montré arrogant, grossier et égoïste. Elle ajouta que Russell l'avait avertie de la tendance qu'avait Rudolf à essayer de voler la vedette. Il voulait toujours que la caméra soit sur lui, dit-elle.

Bientôt, la situation sur le plateau fut difficilement contrôlable, même pour Russell. Phillips avait déjà tourné avec Nicholson et Warren Beaty, et savait comment il fallait réagir avec les fortes personnalités. Aussi, le jour où elle fit une suggestion à propos d'une histoire de costume et que cette suggestion fut mal accueillie par Rudolf qui s'en prit à elle verbalement, elle sut comment réagir. Elle ne s'attendait pourtant pas à ce qu'il lui giffle la main et lui demande de se mêler de ses affaires. Alors qu'il s'éloignait, elle lui donna un coup de pied aux fesses et lui lança qu'il pouvait lui dire ce qu'il voulait, mais qu'il ne devait plus s'aviser de la frapper. Heureusement, comme elle le dit plus tard, ils avaient déjà tourné leur grande scène romantique, parce qu'ils ne furent plus jamais proches après cette altercation. Rudolf ne s'excusa pas. Phillips n'y comptait d'ailleurs pas, sachant quel orgueilleux il était. A la fin du film, il n'y eut aucun échange de mots, aucun au revoir. Elle dit ausssi qu'elle ne le trouvait ni sexy ni sensuel, mais qu'il était une figure romantique. Ils n'avaient vraiment rien en commun.

A la fin de l'année, Rudolf fut de retour au Royal Opera House, mais on ne lui donna toujours pas de nouveaux ballets à danser, ce qu'il attendait pourtant avec impatience. Cette année-là, il ne dansa que dix huit représentations au Garden, encore moins que l'année précédente.

Au début de 1977, il recommença ses actions en vue d'obtenir que sa mère et sa sœur Rosa puissent se rendre à l'Ouest. Ses deux autres sœurs étaient mariées et n'exprimaient pas le souhait de venir. Le résultat fut le même. Ce que Rudolf ignorait, c'est que le KGB avait informé sa mère qu'elle ne serait jamais autorisée à quitter le pays. Rudolf écrivit une lettre au *Times* pour attirer l'attention sur le fait que, l'année précédente, les Russes avaient fait partie des trente-cinq nations ayant assisté à la conférence des droits de l'homme à Helsinki, au cours de laquelle les pays avaient donné leur accord pour qu'il y ait davantage de voyages autorisés entre les pays de l'Ouest et de l'Est. La Russie ne donna aucune réponse à sa lettre. La seule réponse vint d'un employé de l'ambassade soviétique à Londres qui lui suggéra d'aller lui-même voir sa mère. Quand Rudolf lui demanda s'il serait autorisé à repartir après sa visite, le diplomate répondit : « Personne ne peut le garantir.» Rudolf avait le sentiment que ses efforts ne faisaient qu'empirer les choses.

Cette année-là, il fêta ses 39 ans. En avril de la même année, le studio 54 ouvrit ses portes à Manhattan. Presque immédiatement, cette discothèque devint, selon un journaliste, « un paradis pour les drogués, les danseurs obscènes et les beaux gosses.» Parmi les habitués, on trouvait Truman Capote, Halston, Andy Warhol, Roy Cohn, Liza Minelli et Rudolf. Des videurs à l'entrée refusaient avec arrogance tous ceux dont la tête ne leur revenait pas.

Le même mois, Rudolf annonça qu'il allait monter une production de *Roméo et Juliette* au Colisée pour le Festival du Ballet. Il avait en tête une conception totalement nouvelle. Au début, il songea à utiliser de la musique du seizième siècle, puis revint vite à Prokofiev. Le ballet bénéficierait néanmoins d'une chorégraphie inédite, créée par lui-même. C'était, d'une certaine manière, une démarche provocatrice. *Roméo et Juliette* avait été le premier ballet de Kenneth MacMillan pour Covent Garden. Par ailleurs, Barychnikov devait danser lui aussi *Roméo et Juliette* en mars à Londres avec le Royal Ballet. La première de Rudolf aurait lieu trois mois plus tard. C'était une invitation à la comparaison.

Avant cette première, lui et Margot retournèrent brièvement sur la scène de leur gloire passée, où ils dansèrent *Le Prélude d'Hamlet*, une chorégraphie spécialement mise au point par Fred Ashton à l'occasion d'un gala donné en l'honneur de la reine le 30 mai. Au même moment, Rudolf persuada quarante deux membres du Congrès américain de signer une pétition pour que l'on autorise sa mère à sortir de Russie. En tout, la pétition obtint 108 000 signatures, provenant de quatre-vingts pays et regroupant notamment des danseurs et des musiciens de deux cents compagnies à travers le monde. La pétition fut présentée à l'ambassade soviétique de Washington par les membres du Congrès et, simultanément, à l'ambassade de Londres par Margot, mais elle n'eut aucun résultat probant.

Peu avant la première de *Roméo et Juliette*, Rudolf accorda une interview intéressante à plus d'un titre. Il commençait à sentir, concédait-il, à travers des petites choses, qu'il vieillissait. Pas sur scène, mais dans la vie de tous les jours. Par exemple, il ne pouvait plus manger de steak, c'était trop dur à digérer. Il mangeait plutôt de la volaille. Il surveillait aussi ce qu'il buvait. Plus important, il critiquait ouvertement le Royal Ballet. Il ne mentionnait pas directement MacMillan ou Peter Wright, mais ne cachait pas non plus ses sentiments. « On ne veut plus me donner de travail ici, dit-il. On fait traîner les choses. Je trouve que c'est presque un péché. Quand on a à sa disposition des danseurs de qualité exceptionnelle, on ne les met pas au rancart.» Il rappela au journaliste qui l'interrogeait qu'il avait donné quatorze ans de sa vie à Covent Garden ; et qu'aucun autre « artiste invité » ne pouvait se vanter d'autant de loyauté.

Roméo et Juliette, lors de la première, produisit une réaction intéressante. Clive Barnes jugea le ballet révolutionnaire. D'autres, quoique moins à l'aise avec la chorégraphie, s'enthousiasmèrent pour le drame et la passion que Rudolf avait su révéler, trouvant néanmoins que les grandes scènes étaient ratées. D'autres encore comparèrent avec méchanceté la version de Rudolf à celle de MacMillan à Covent Garden. Il faut toutefois noter que, malgré sa réputation d'égoïste, Rudolf, à qui Jack Lanchbery faisait remarquer que son propre rôle était le moins développé de tous, répondit :

- Oui, vous avez raison. Je n'ai eu que quelques semaines pour le préparer. Je me suis concentré sur le rôle de chacun d'abord, et quand il a fallu que je pense à moi, toutes les idées qui me venaient étaient merdiques.

Au beau milieu de la première de *Roméo et Juliette*, le 13 juin 1977, Covent Garden annonça une nouvelle qui fit l'effet d'une bombe, bien que dans le monde fermé du ballet, on s'attendît à cette nouvelle depuis quelques temps déjà. Kenneth MacMillan démissionnait de son poste de directeur artistique au Royal Ballet.

C'était enfin la chance de Rudolf. Il était le plus grand nom de la danse. Il se produisait, que ce fût dans le ballet classique ou la danse moderne, à guichets fermés, non seulement à Londres, mais à Paris, Vienne, Milan, New York, Toronto, Los Angeles, Sydney et même Manille. C'était la seule figure du ballet dont le nom était immédiatement reconnu à travers le monde - à l'égal, par exemple, de Frank Sinatra, Grace Kelly ou Fred Astaire. Il avait 39 ans, l'âge idéal pour prendre en main une compagnie comme le Royal. Il avait dépoussiéré des classiques pour le Royal Ballet, et avait fait la preuve, et même plus que cela, qu'il était capable de chorégraphier de nouveaux ballets, de *La Belle au bois dormant* à *Roméo et Juliette* en passant par

Tancredi, pour les plus grandes compagnies du monde. Il connaissait les plus grands chorégraphes du moment et était respecté d'eux : Petit, Béjart, van Dantzig, Glen Tetley, Paul Taylor, Martha Graham. Il n'était certes pas le préféré de Balanchine, mais on ne pouvait pas tout avoir. Et surtout, il voulait ce travail.

Le fait qu'il ne fût finalement pas choisi compte au nombre des plus grands scandales de cette époque. Sa candidature fut envisagée mais, après qu'il eût fait savoir qu'il continuerait à danser, même une fois nommé directeur artistique (on craignait qu'il n'efface tous les autres danseurs en terme de publicité), on lui préféra Norman Morrice. Ce n'est pas manquer de respect à Morrice que de dire que, comparé à Rudolf, c'était un parfait inconnu. Il avait rejoint le Ballet Rambert en 1955, travaillant d'abord comme danseur puis comme chorégraphe. Il avait produit une œuvre pour le Royal Ballet, *The Tribute*, en 1965, avant de transformer le Ballet Rambert, qui était une compagnie classique, en une troupe de danse moderne, qu'il avait apprise durant une courte période à New York, l'année de la défection de Rudolf. Depuis 1974, il travaillait à plein temps comme chorégraphe indépendant.

Rudolf garda ses réactions pour lui. Cet été-là, il fit une tournée en Australie avec le Festival du Ballet, présenta *Marguerite et Armand* à Manille (Margot était une amie d'Imelda Marcos), et revint en Amérique du Nord avec le Ballet National du Canada. Parmi les ballets qu'il dansa avec les Canadiens, il y avait *Le Lac des cygnes*. C'était bien sûr la production d'Erik, celle qui avait mis en colère Rudolf autrefois parce qu'il trouvait qu'il lui avait emprunté ses idées. Cette fois, il changea deux des pas de deux d'Erik pour de nouvelles chorégraphies de son invention. Erik sembla ne rien trouver à y redire.

A Leningrad, Rosa commençait à s'impatienter. Elle avait, comme Rudolf, nourri de grands espoirs de pouvoir faire le voyage à l'Ouest avec Farida. Elle ne voulait pas rester définitivement - mais seulement rendre visite à Rudolf et voir l'Ouest. Elle désespérait cependant de voir la chose arriver, voyant la façon dont elle était traitée par la bureaucratie, cela en dépit des tentatives de Rudolf de faire des vagues. Elle n'avait obtenu qu'une seule promotion dans son travail en vingt-cinq ans, et encore : à peine avait-on découvert qui elle était que l'offre fût annulée. Toutes ses tentatives d'obtenir un visa échouaient, soit parce que ses papiers étaient périmés, ou parce qu'elle n'avait pas utilisé la voie postale officielle, ou encore parce que le rapport de personnalité qui datait du temps où elle était encore à l'école n'était pas favorable. Elle avait exactement 49 ans à l'époque.

A Londres, Rudolf ne put s'empêcher de dire ce qu'il pensait des changements à Covent Garden. Lorsqu'on lui demanda, dans une interview, quel était le rôle qu'il aimait le moins, il répondit sans hésitation que c'était Siegfried dans *Le Lac des cygnes* du Royal Ballet. « Vous restez assis sur votre cul pendant vingt minutes, et alors vous devez vous mettre à bouger. C'est impossible. Je ne danserai plus jamais dans cette production. » Il ne cachait pas le fond de sa pensée. Il savait qu'il devait danser trois représentations de *La Belle au bois dormant* à Covent Garden en novembre avec Lynn Seymour, mais après cela, étant donné la tournure que prenaient les choses, il se pourrait bien qu'il ne danse plus jamais pour le Royal Ballet.

La sortie de *Valentino* à l'automne ne fût pas pour lui remonter le moral. Si lui eut droit à des éloges de la part de la critique sur sa présence à l'écran, il n'en alla pas de même pour Russell. Le *Time* trouva que le film était « une suite de clichés ». *Newsweek* fut plus sévère encore en écrivant que « ce que le sénateur McCarthy a fait à la réputation de certains n'est rien comparé à ce qu'a fait Russell.»

Pour compliquer les choses, le même mois marqua la sortie du film *Le Tournant de la vie*, un drame sur le monde du ballet avec Anne Bancroft, Shirley MacLaine et...

Barychnikov, qui fut sélectionné (mais sans l'obtenir) pour l'Oscar du meilleur second rôle. Dans le même temps, le *Women's Wear Daily* surprenait Rudolf « s'encanaillant avec l'androgyne Bianca Jagger dans la célèbre mecque orgiaque homosexuelle de New York, l'*Anvil.* » Cette publicité n'était pas la bienvenue. L'*Anvil* était probablement l'apothéose, ou le nadir, cela dépend du point de vue, de la révolution sexuelle. Tout le monde dans les années 70 avait entendu parler de *La Retraite de Platon*, le club de Manhattan. L'*Anvil*, situé dans le Lower East Side, était bien moins connu, mais poussait les choses plus loin. C'était un club à prédominance homosexuelle, avec une clientèle « chaînes et cuir » venant là réaliser ses fantasmes les plus fous. Il y avait à l'*Anvil* un grand urinoir où les hommes s'allongeaient et urinaient les uns sur les autres. Il y avait aussi un mur avec des trous dans lesquels les hommes inséraient leur pénis, tandis que des inconnus leur faisaient des fellations.

Cet automne-là, simultanémént à la sortie de son film et ses visites à l'Anvil, Rudolf fut baptisé grossièrement à Hollywood, en référence au grand Valentino « The Great Vaselino » (Le Grand Vaselino). C'était une mauvaise période pour lui.

La période qui va de l'annonce, en juin 1977 par MacMillan de sa démission de Covent Garden, à la fin de 1978, fut peut-être la plus dure de toute la carrière de Rudolf. Il était très atteint par la décision de nommer Norman Morrice à sa place. C'était le genre de décision qu'il aurait pu attendre des Russes. Il ne dit rien publiquement, mais à ses amis proches - Joan Thring, les Gosling, Margot -, il ne put cacher combien tout cela le contrariait et le décourageait. Une partie de lui ne s'en remit jamais vraiment.

1979 fut une meilleure année. Rudolf se sentit encouragé par des célébrités qui prêtèrent leurs noms à une dernière tentative de « sauver » sa mère de Russie. En Amérique, Eli Wallach, Zubin Mehta, Constance Cummings, Yul

Brunner et Tennessee Williams cosignèrent une lettre envoyée au Président Brejnev, le pressant de laisser Farida voir son fils. Au même moment, en Angleterre, Yehudi Menuhin, André Previn, Alan Ayckbourn, John Gielguld et Ken Russell (entre autres) envoyèrent la même lettre. Comme les fois précédentes, il n'y eut pas de réponse immédiate, mais Rudolf ne s'en inquiéta pas trop cette fois-là. Il avait un autre plan. On était à un peu plus d'un an des Jeux Olympiques de Moscou. L'Union soviétique allait certainement devoir relâcher la pression et trouver des compromis en matière de voyage pour un tel événement. C'est alors qu'il pourrait agir, il en était persuadé.

Mais, au début de 1979, une chose importante arriva. Sans qu'il s'y attende le moins du monde, il reçut une invitation à danser à New York... de Balanchine. C'était la dernière porte à franchir.

• • • • •

La folle mouvance

Guettant dans le bruit, le silence,
De son âme la folle mouvance

Durant les premières semaines de 1979, un jeune pianiste-concertiste allemand mourut à Cologne. Il avait 42 ans, était homosexuel et, au cours de la décennie précédente, avait voyagé un peu partout en Europe, les concerts se succédant. Son corps commença par subir les atteintes d'une maladie très rare, en fait une maladie de vieillard, une forme de cancer de la peau que l'on observait généralement en Europe du Sud ou sur les Côtes moyen-orientales de la Méditerranée, une forme bénigne jusqu'alors, connue sous le nom de sarcome de Kaposi. Quelques mois plus tard, le pianiste multiplia les infections les plus diverses, perdit la moitié de son poids, tandis que sa peau se couvrit de lésions. Son corps ne pouvait plus lutter. Après sa mort, les médecins conclurent que c'était comme si son système immunitaire n'avait plus rempli son rôle.

La chance de Rudolf de danser pour Balanchine venait d'une idée de Julius Riddle et John White, qui en attendaient un bénéfice commun, pour le New York City Opera et le New York City Ballet. Balanchine voulait monter *Le Bourgeois gentilhomme* d'après Molière. Les répétitions commencèrent en février, la première étant prévue le 8 avril. Balanchine, qui avait fait un infarctus l'année précédente, demanda l'aide de Jerome Robbins, et Peter Martins travailla également à la chorégraphie. Rudolf jouait Cléonte, Patricia McBride était Lucile, et Jean-Pierre Bonnefous monsieur Jourdain. Les étudiants de l'Ecole du Ballet Américain servaient de corps.

Parmi les douze garçons choisis pour le corps se trouvait un étudiant de Boston âgé de 23 ans, Robert Tracy. Il avait étudié avec Melissa Hayden au Skidmore College et avec Maria Tallchief. Dans la production, Tracy jouait un laquais. Plus tard, il dira : « Je n'ai cessé de jouer les laquais depuis.»

Un jour qu'ils répétaient *Le Bourgeois gentilhomme*, Tracy arriva en retard à la répétition, en même temps que Rudolf. Il avait entendu dire que Rudolf revenait d'un voyage en Grèce, et il l'interrogea sur ce voyage. Ayant fait des études classiques, Tracy comprenait le grec et connaissait bien la culture grecque. La rencontre s'avéra décisive; après la classe, Rudolf s'approcha de Tracy et lui demanda s'il savait où il pouvait acheter des piles pour son lecteur de cassette portatif : « Vous savez, les grosses piles ». Rudolf emmenait son lecteur de cassette partout avec lui, mais il ne passait que de la musique classique, jamais de rock ni de disco. Tracy le conduisit chez un droguiste de Colombus Avenue et ils achetèrent les piles. Sur le chemin, ils parlèrent de la Grèce. C'était une situation amusante parce que Tracy en savait plus que Rudolf sur ce pays, sans jamais y être allé. Le jeune homme l'impressionna par ses connaissances et sa culture générale, et après qu'ils eurent acheté les piles, Rudolf l'invita à venir prendre le thé à l'Hôtel Navarro, au sud de Central Park. Après le thé, ils couchèrent ensemble.

La première du *Bourgeois gentilhomme* eut lieu un mercredi et resta au programme une semaine complète. Bien que Balanchine fût ravi du résultat final, et que le rôle convînt merveilleusement à Rudolf, les critiques ne furent pas enthousiastes. Anna Kisselgoff pour le *New York Times* et Arlene Croce pour le *New Yorker* manifestèrent leur déception. Croce dit que Rudolf n'était rien de plus qu'un spécialiste des transformations rapides, et que l'on ne sentait pas la collaboration entre les danseurs et les chorégraphes.

Rudolf eût certainement préféré plus d'éloges, mais au moins il avait dansé avec Balanchine. Au cours des années suivantes, il présentera *Le Bourgeois gentilhomme* dans plusieurs pays, fier que Balanchine ait créé le rôle pour lui.

Après un passage au Centre Kennedy de Washington un mois plus tard avec Robert Tracy dans la distribution, Rudolf retourna en Europe, et envoya un billet d'avion à Tracy pour qu'il vienne le rejoindre à Londres à l'occasion du festival qu'il montait. C'était la première fois que Tracy venait en Europe, et il réalisait ainsi un de ses désirs les plus chers. Lui et Rudolf s'installèrent dans un appartement au rez-de-chaussée de la maison des Gosling à Kensington. Rudolf possédait toujours sa maison d'East Sheen, mais d'autres amis y résidaient à l'époque.

Après le festival de Londres, Robert et Rudolf retournèrent ensemble à New York, et Tracy découvrit pour la première fois à quel point Rudolf avait peur de l'avion. Cette fois-là, il se soûla complètement pour le décollage et garda la tête entre les genoux jusqu'à ce que l'avion ait atteint son altitude de croisière. A New York, Rudolf dansa avec le Ballet National du Canada. Tracy retourna à l'école.

En juillet, Farida dut subir une opération de la cataracte pour son œil gauche. Elle souffrait également de graves rhumatismes. La chirurgie des yeux était l'une des quelques spécialités dont la médecine russe pouvait s'enorgueillir, mais Rudolf fut très inquiet malgré tout. Il s'efforçait de garder l'espoir de revoir sa mère au moment des Jeux Olympiques, mais après son opération, il était peu probable qu'elle puisse voyager avant quelques temps.

Cet été-là, Rudolf prit deux fois des vacances. Il passa quelques jours avec Monique van Vooren en Sardaigne, avant de s'envoler avec Robert pour la Grèce, où ils étaient attendus au Pirée sur le yacht de Perry Embiricos, homosexuel lui aussi. Rudolf voyageait avec quatorze valises. Ils naviguèrent le long des côtes turques et grecques, et passèrent quelques temps avec Ahmet et Mica Ertegün à Bodrum.

En voyant les amis proches de Rudolf, Robert fut frappé par le fait qu'à quelques exceptions près, il s'agissait de femmes. Rudolf avait une femme, une « nounou », ou une sœur qui veillait sur lui, dans presque chaque ville du monde. Il y avait Monique à New York, Linda Mabeduke à Toronto, Jeanette Etheridge à San Francisco (elle et sa mère tenaient le Café Tosca où venaient manger les plus grandes stars de l'opéra, du ballet et du baseball), il y avait enfin Douce François à Paris, une chilienne, comme Clara Saint, qui avait été autrefois amoureuse de Raymondo de Larrain et qui, comme les autres, était l'abnégation même face à Rudolf.

Il y avait un second groupe d'amis, de nouveau dominé par des femmes, comme Jackie Kennedy, Lee Radziwill, Phyllis Wyeth, la femme du peintre, Judy Peabody et Tessa Kennedy, une femme ambitieuse qui avait fait la décoration du yacht de Niarchos, et avait présenté ce dernier à Rudolf. Ce qui amusait et étonnait Tracy, c'était que la moitié de ces femmes, la plupart du temps (Douce, par exemple, ou Lee) semblaient être amoureuses de Rudolf. La plus curieuse de toutes était Jane Herrman. En 1979, elle était quelqu'un qui comptait dans le monde du ballet. Elle avait remplacé Sol Hurok au Met et avait accès aux principales scènes d'Amérique. Rudolf l'invitait régulièrement en vacances, y compris pour les croisières méditerranéennes. C'était un peu donnant donnant.

Herrman ne manquait pas de charme, avec de grands yeux écartés (comme Farida ou comme Jackie Onassis) et des cheveux blonds bouclés. Elle était, cependant, plutôt vulgaire, se soûlait facilement et pouvait traiter quelqu'un de « connasse », utilisant un langage masculin dans l'espoir de se gagner l'intérêt de Rudolf. Paradoxalement, tout ceci allait de pair avec une haine de l'homosexualité en général, et elle se demandait : « Je ne sais pas ce que je ferais si mon fils devenait homosexuel.» Cette remarque était dirigée contre Tracy, qui était justement le jeune fils qui venait de céder à ce penchant.

Au début de 1979, Rudolf et Robert étaient séparés, mais se parlaient presque chaque jour au téléphone. C'était une situation qui leur convenait à tous les deux. Tracy était fidèle à Rudolf, bien que Rudolf n'en espérât pas tant. En fait, il aurait été soulagé si Tracy lui avait été infidèle, parce que lui-même n'avait pas l'intention de faire preuve de fidélité. Il venait juste de découvrir les *Lettres d'Egypte* de Flaubert. Il avait fait le même voyage lui aussi, quand il était au Kirov, qui avait produit sur lui la même réaction, les mêmes sentiments. « J'ai vu l'érotisme en Egypte comme Flaubert l'a vu, dit-il. Le sexe a été libérateur pour Flaubert... Eh bien, pour moi aussi.»

C'était l'époque où Noureev mettait en scène *Manfred* avec l'Opéra de Paris, qu'il espérait reprendre au Met en 1980. Au cours de la préproduction et des répétitions, Rudolf tomba amoureux de Charles Jude. Il vivait alors chez Douce Francois rue Murillo, près du parc Monceau à Paris, et cela ne fit que compliquer la situation. Car Douce, comme Lee Radziwill et Jane Herrman, était amoureuse de Rudolf, et toutes les trois espéraient le mettre dans leur lit. Jude était tout le contraire de Rudolf : il était bourgeois, ne voulait que les attributs du succès (comme une piscine, une voiture de rêve ou des vêtements dernier cri), et en aucun cas ne voulait partager de vrais sentiments avec lui. Pour la tendresse, Rudolf avait Tracy, mais il était à 5 000 kilomètres de là.

En 1980, Rudolf acheta un appartement dans l'immeuble Dakota à New York, à Central Park West. En dehors de Noureev en 1980, le Dakota était le lieu de résidence de John et Yoko Lennon, Leonard Bernstein, Lauren Bacall et Paul Goldberger, le critique d'architecture du *New York Times.* L'appartement situé au cinquième étage coûta à Rudolf 350 000 dollars. Il avait enfin un logement aux Etats-Unis, mais il n'était pas sûr de se sentir vraiment chez lui avec les Américains, pour deux raisons. Il avait le sentiment qu'ils ne l'avaient jamais vraiment accepté, et pensait également qu'ils s'étaient emballés pour Barychnikov en partie pour l'humilier.

Même maintenant, avec Tracy vivant dans l'immeuble Dakota (il était de la plus extrême discrétion de ce côté-là), il y avait des tas de garçons qui gravitaient autour de Rudolf. C'était une situation comme les aimait ce dernier. Il aimait la stabilité que donnait le fait d'avoir un seul partenaire qu'il respectait et avec lequel il pouvait mener une vie sociale, prendre des vacances, discuter littérature, musique et histoire, mais il aimait aussi l'excitation que procurait un partenaire différent tous les soirs. Certains étaient très jeunes et découvraient l'univers de la sexualité, mais Rudolf préférait croire que tout le monde était fondamentalement bisexuel.

A cette époque, Rudolf demandait 10 000 dollars par représentation, tout en faisant quelques exceptions pour les compagnies qu'il appréciait le plus, comme l'American Ballet Theatre. D'autres compagnies étaient cependant résolues à faire sans lui. La plus célèbre était l'Opéra de Paris, qui devait faire une tournée en Amérique du Nord l'année suivante, avec Rudolf et Peter Schaufuss en « guest stars ». Schaufuss était un jeune danois qui avait dansé avec le New York City Ballet et le Ballet National du Canada. Cette tournée était très attendue à New York, car ce serait la première visite des Français aux Etats-Unis depuis 1948.

Les Français attendaient la chose avec impatience eux aussi, mais une polémique éclata quand *Le Figaro*, le journal qui était le plus hostile à Rudolf, sortit un article intitulé : « Le Ballet de l'Opéra de Paris, Tombe du Soldat inconnu.» C'était faire insulte à la France, disait le journal, que les danseurs français soient éclipsés par des danseurs étrangers. Il était inconcevable que le New York City Ballet, par exemple, prenne des étrangers dans ses tournées, alors pourquoi les Français devraient-ils le faire? *Le Figaro* rappelait à ses lecteurs que le Ballet Royal Danois avait refusé de prendre Rudolf avec lui lors de sa tournée à New York en 1975.

Les provocateurs gagnèrent la partie. En France, où les danseurs sont employés par l'Etat, il existe un droit de grève. La compagnie avait quinze *étoiles**. Les danseurs protestèrent contre la participation de Rudolf et de Schaufuss à la tournée nord-américaine et furent soutenus par toute la compagnie lors d'un vote qui aboutit à 112 « contre » la participation des deux danseurs, 6 « pour » et 12 abstentions. Rudolf ne manifesta pas sa colère alors. Il connaissait l'argument, qui avait déjà été utilisé, à une époque ou à une autre, par Le Royal Ballet, les Danois, les Canadiens et les Australiens. Pourquoi les Français feraient-ils exception à la règle? Il proposa finalement de ne danser que certains soirs. Les Français refusèrent le compromis. Ça n'avait rien de personnel, dirent-ils à Rudolf, et il était le bienvenu à Paris pour danser en tant que star invitée. Mais, pour cette tournée, la compagnie française devrait rester française.

A la fin de l'année, Rudolf fut satisfait lorsque Clive Barnes prit sa défense contre le Royal Ballet. Il y avait maintenant presque trois ans que Morrice était aux commandes, écrivait Barnes, et la compagnie était en piteux état. Elle l'était déjà, ajoutait Barnes, avant même la nomination de Morrice, mais maintenant le niveau était au plus bas. « Il a essayé de toutes ses forces, mais à part la fragile Merle Park, il n'y a pas une seule ballerine classique qui lui soit attachée.» Anthony Dowell et David Wall étaient maintenant les seuls artistes invités, et le Royal Ballet, pour la première fois depuis longtemps, n'était plus une compagnie de stars.

A ce moment-là, Rudolf s'était réconcilié avec Zeffirelli, qui organisa une fête en son honneur à New York. Rudolf s'habilla modestement, et se conduisit impeccablement. Il avait l'espoir de faire une nouvelle carrière dans le cinéma. La MGM venait juste d'annoncer un projet de film avec Rudolf. Il s'agissait de *Surexposé*-avec Nastassja Kinski.

Le 3 juillet 1981, le *New York Times* signala le déclenchement d'une forme rare de cancer, à nouveau le sarcome de Kaposi, chez quarante et un homosexuels jusque-là en parfaite santé. Le Dr. Alvin Friedman-Kien du Centre Médical de l'Université de New York annonça qu'au moins neuf de ces hommes présentaient de « graves anomalies du système immunitaire.»

Huit semaines plus tard, le 28 août, le Centre de Contrôle des Maladies d'Atlanta révéla que les cas de sarcome de Kaposi, ainsi qu'une forme parasite très rare de la pneumonie - la pneumocystis - étaient inexplicablement en hausse à travers le pays. Plus de 90% de ces cas ont été diagnostiqués chez des homosexuels. Un chercheur avança que la maladie était peut-être liée au mode de vie sexuel de ces hommes, ou à l'usage de la drogue.

Certaines personnes prirent ces rapports très au sérieux. Le Royal Ballet, par exemple, avant sa tournée en Amérique cette année-là, fut contacté discrètement par un des membres du personnel de l'ambassade américaine à Londres, qui conseilla aux membres homosexuels de la compagnie d'éviter les bars homosexuels. « Une forme de maladie sexuelle très particulière sévit actuellement, dit-il, il vaut mieux que vos danseurs soient prévenus.»

Cependant, pour la plupart des homosexuels, y compris Noureev, qui menaient une vie de plaisir effréné telle que rien ne pouvait les convaincre d'en changer. Ces rapports étaient trop vagues, trop dispersés, trop techniques pour être entendus. Tracy était différent. C'était un universitaire, familier des tâtonnements de la science, et il savait que derrière les gros titres et les statistiques se cachait une vérité bien plus complexe et peut-être beaucoup plus menaçante. Aussi restait-il attentif à ce qui se passait. Il savait par exemple que la presse homosexuelle, le *Sentinel* de San Francisco et le *New York Native*, avaient publié des articles sur une nouvelle forme mortelle de pneumonie qui touchait les homosexuels. Certains de ses amis étaient déjà morts. Quelque chose était en train de se passer.

Tracy décida de changer son mode de vie. Il considéra la situation et décida que, quelque admiration qu'il pouvait avoir pour Rudolf en tant que danseur et brillante personnalité, il n'aimait pas sa fantastique promiscuité sexuelle. Il fallait qu'ils cessent de coucher ensemble. De façon prévisible, sa décision fit l'effet d'une bombe. Ils étaient à Caracas en août, dansant *Giselle*, lorsque Tracy fit part de cette décision à Rudolf. Rudolf explosa et s'en prit à Tracy, le frappant au visage et lui pochant un œil. Le lendemain, ils quittèrent le Venezuela et prirent un avion pour Vérone, via le Portugal. Dans le vol pour Lisbonne, Tracy s'endormit. Lorsqu'il se réveilla, il trouva Rudolf qui lui caressait le visage, impatient de se faire pardonner. Quand ils arrivèrent à Vérone, l'hôtel n'était pas du goût de Tracy, et Rudolf veilla à en changer. Cela les mit en retard pour la première répétition, mais Rudolf en accepta tous les torts, protégeant Tracy. Tandis qu'ils s'entraînaient ensemble, Rudolf s'approcha de Tracy et lui murmura : « A toi pour toujours».

Mais, Tracy était inflexible. C'était maintenant la dernière semaine d'août et, le mois précédent, à nouveau,certains de ses amis homosexuels étaient morts de ce mystérieux cancer qui frappait la population homosexuelle masculine. Quelque chose se passait ; il ne savait pas quoi, mais si le sexe avait quelque chose à voir là-dedans, alors il fallait qu'il coupe les liens avec Rudolf. Les habitudes sexuelles de ce dernier n'allaient pas changer. Il était peut-être déjà trop tard.

Ainsi, à Vérone ce soir-là, il y eut une nouvelle dispute. Cette fois pourtant, avant d'en venir aux coups, Tracy fit sa valise et partit. Il prit un train pour Venise et, de là, s'envola pour Rome où il séjourna chez une amie, Giovanna Augusta. Elle et Tracy étaient amants, et elle était également attirée par Rudolf.

Rudolf poursuivit Tracy et essaya de le persuader de le rejoindre à Athènes, où ils étaient censés danser *La Belle au bois dormant* en plein air au théâtre Hérode Atticus avec le Ballet de l'Opéra de Vienne. Rudolf devait interpréter le rôle du prince et Robert celui de l'Oiseau Bleu. Tracy avait une chance de devenir une star. Il refusa. Il passa le reste de l'été tout seul et ne coucha plus jamais avec Rudolf.

A l'automne, Monique van Vooren publia un roman, *Sanctuaire de Nuit.* C'était l'histoire d'une star de ballet russe qui passait à l'Ouest, à Londres, dans les années 50. C'était aussi, évidemment, une version à peine déguisée de l'histoire de Rudolf. Du moins, les lecteurs étaient-ils invités à le croire. *Village Voice* qualifia le roman de « stupéfiant », mais ce qui était stupéfiant dans ce livre, c'était à quel point l'histoire empestait le sexe. Presque tous les personnages, hommes et femmes, se prostituaient d'une manière ou d'une autre. Presque tous étaient bisexuels. Presque tous, hommes et femmes, avaient des préférences sexuelles particulières, domination, cuir, orgies, avec ou sans drogue. Le personnage central, le danseur qui passait à l'Ouest, était entouré d'admirateurs des deux sexes qui voulaient tous le mettre dans leur lit. En Russie, le danseur avait eu une aventure amoureuse avec son professeur de musique, une référence déguisée de van Vooren à la liaison de Rudolf avec Tseniia Iurgenson.

Rudolf détesta le livre. Il était furieux. « Si vraiment elle m'aimait, dit-il, elle ne l'aurait jamais publié. Comment Rex Reed (un journaliste du monde du spectacle) peut-il conseiller à tout le monde de le lire? C'est un ramassis de conneries. Les femmes sont plus cruelles que les hommes.» Ce qu'il détestait bien sûr, c'était l'insistance mise sur le sexe. Car il était toujours paradoxal concernant sa propre sexualité. Il ne cachait ni son homosexualité ni son comportement à ses proches - en fait, il aurait été difficile de dissimuler le genre de liberté qu'il se permettait. Mais, il ne voulait pas en parler publiquement. Cela pouvait nuir à sa carrière. Monique était bannie.

Une semaine plus tard, son film avec Nastassja Kinski sortit en salle, et fut sévèrement critiqué. *Surexposé* est un thriller d'espionnage sur fond de guerre froide, avec une intrigue compliquée au cours de laquelle Rudolf, un virtuose du violon juif et macho capture Nastassja Kinski, un top model. Un critique de cinéma alla jusqu'à dire que le film était si mauvais qu'il risquait « d'endommager vos facultés mentales ». Mais, ce fut surtout contre James Toback, le scénariste et réalisateur du film, que les critiques furent dirigées. *Surexposé* n'améliora pas l'image de Rudolf Noureev.

En décembre 1981, lui et Robert se retrouvèrent dans un même cours sans se parler. A New York, Rudolf aimait assister à la classe de Stanley Williams au Centre Lincoln. Williams était né en Angleterre mais avait étudié au Danemark, et son cours à New York était devenu légendaire. C'est un homme tranquille - on l'entend à peine en classe et le secret de son succès réside dans le timing : il apprend aux danseurs à devancer légèrement la musique. Ainsi, leurs pas ont une attaque et un effet de surprise maximum.

Peu après cette rencontre silencieuse au cours de Williams, Robert, qui se produisait à Puerto Rico dans un ballet avec Marcia Haydée, reçut un coup de téléphone de Violette Verdy, qui fut directrice du Ballet de l'Opéra de Paris, et avec laquelle Rudolf avait dansé *Manfred* à Zurich. On lui avait demandé, dit-elle, de retrouver Robert. Elle dit que Rudolf souhaitait rétablir le contact et qu'il demandait à Robert de le rappeler à Zurich quand il aurait un moment. Tracy fut conscient que cette approche indirecte était la seule forme d'excuse dont Rudolf était capable, aussi l'appela-t-il comme il le lui demandait. Quand il l'eut au bout du fil, Rudolf se montra très gentil et dit qu'il acceptait le refus de Robert de coucher avec lui, mais qu'il voulait malgré tout être avec lui. Robert retourna s'installer dans l'immeuble Dakota.

Alors que Rudolf approchait de ses 44 ans, sa carrière ressemblait quelque peu aux montagnes russes. Les bonnes périodes étaient suivies de mauvaises de façon régulière. Après les désagréments du *Sanctuaire de Nuit* de Monique et l'échec de *Surexposé*, 1982 commença sur une note meilleure. Non seulement parce que Robert était de retour au Dakota, mais parce qu'en janvier, à Vienne, Rudolf se vit offrir la citoyenneté autrichienne. Il s'était décidé pour l'Autriche en partie à cause du temps qu'il avait passé à la Maison de l'Opéra de Vienne, mais aussi parce que l'Autriche était techniquement neutre dans la sphère politique.

Puis, après que les Autrichiens l'aient aussi agréablement surpris, à Paris, le ministre de la Culture Jack Lang émit le premier l'idée que Rudolf pourrait être promu au poste de directeur du Ballet de l'Opéra de Paris. Quoique Rosella Hightower ait pris la relève de Violette Verdy, il apparaissait qu'un nouveau changement était nécessaire.

Sa propre compagnie! Enfin. Sa satisfaction fut complète lorsque le Royal Ballet lui demanda de danser à Covent Garden. A Londres, on avait enfin admis que la politique de Morrice de n'avoir aucun artiste invité ne donnait rien. Rudolf fut invité à danser *Le Lac des cygnes* et *La Bayadère*, avec pour partenaires Lesley Collier et Lynn Seymour.

Les soirs où il dansa à Covent Garden, il avait naturellement l'intention de montrer à tous ce qu'ils avaient perdu en l'éloignant à une époque. Et il y réussit. Les critiques furent merveilleuses. Le *Times* écrivait que même à son âge, il sautait plus haut que n'importe qui. Le *Guardian* le trouva en superbe forme physique, et dit qu'il ne sortait jamais de son rôle même lorsqu'il se contentait de regarder les autres : « Ses yeux reflètent les événements avant qu'ils n'arrivent.» Le *Daily Telegraph* écrivit qu'il avait prouvé qu'il était toujours un grand artiste, que son charisme était toujours le même. Le critique ne se souvenait pas d'avoir vu Rudolf donner une meilleure représentation. Le public fut d'accord avec cela. C'était exactement comme par le passé, écrivit quelqu'un. Les gens applaudissaient, jetaient des fleurs et « refusaient de partir ». Ils adorèrent le moment où Rudolf s'inclina vers une femme plus âgée dans sa loge. Margot Fonteyn.

Puisqu'il allait manifestement devoir passer du temps en France, et puisque lui et sa mère avaient finalement accepté l'idée qu'elle ne pourrait pas venir le voir à l'Ouest, Rudolf changea de tactique. Guzelle, la fille de Rosa et la nièce de Rudolf, avait surpris tout le monde en épousant un Sud-Américain - en partie pour pouvoir émigrer. Curieusement, les autorités soviétiques étaient davantage disposées à laisser quelqu'un qui s'était marié à un étranger quitter le pays. Cela donna par conséquent l'idée à Rudolf d'arranger un mariage de commodité pour Rosa, et le frère de Douce François, Pierre, se laissa convaincre d'accepter cet honneur. Ce fut une réussite, en ce sens que Rosa arriva comme prévu à l'Ouest. Ce fut un échec, en ceci que Guzelle insista pour être avec sa mère et créa une situation cauchemardesque, faisant mine de vouloir devenir danseuse alors qu'en réalité tout ce qui l'intéressait, c'était d'être à la mode et de dépenser l'argent de Rudolf. Rosa ne faisait guère plus d'effort, et Rudolf l'envoya dans le sud de la France. Elle ne maîtrisa jamais le français, et se vit même refuser le permis de conduire français parce que son langage était trop limité. Plus tard, quand Rudolf viendra en visite à La Turbie, ils s'éloigneront l'un de l'autre. Un mois après son succès à Covent Garden, Rudolf eut la confirmation qu'il prendrait la direction artistique du Ballet de l'Opéra de Paris en septembre 1983, à plus d'un an de là. Enfin, il était à la tête d'une compagnie de ballet majeure. Ce serait le sommet de sa carrière. En conséquence, à la fin du mois de mars 1982, il acheta un appartement à Paris, au 23 Quai Voltaire, avec vue sur la Seine et le Louvre. A peine eût-il déménagé, cependant, qu'il apprit que Nigel Gosling était sérieusement malade. A l'époque, Rudolf se trouvait à New York, mais il interrompit son travail pour aller lui rendre visite à l'hôpital. Gosling avait pris sa retraite de l'*Observer* en 1975, alors qu'il n'était pas encore si vieux (il avait 72 ans en 1982). Après sa visite, Rudolf repartit pour les Etats-Unis où il devait danser *Quichotte* avec le Ballet de Boston à Chicago. Là, à la fin du mois de mai, il apprit la triste nouvelle. Gosling était mort. Pour Rudolf, c'était comme de perdre un second père. Robert songea alors à changer de carrière et à devenir écrivain. Un de ses premiers livres serait une anthologie des critiques de Gosling. Rudolf en fut très touché. Cet été-là, Rudolf se produisit en Turquie et en Grèce et passa des vacances avec Niarcos. Robert l'accompagna. Les choses allaient mieux entre eux, car Rudolf disait maintenant à Tracy ce qu'il avait dit à Gyckova des années plus tôt : « Comme c'est bien que nous ayons dépassé tout cela.»

En vacances, Rudolf pouvait rendre les autres nerveux. Comme beaucoup de gens célèbres, il avait une attitude ambivalente concernant le fait d'être reconnu. Il pouvait être furieux si on le reconnaissait, lorsque cela voulait dire voir sa vie privée envahie, mais il pouvait également être furibond dans le cas contraire. Plusieurs personnes racontent qu'en vacances en Grèce et en Turquie, il posait près des ruines célèbres jusqu'à ce que quelqu'un le reconnaisse. Puis, une fois qu'une partie de son égo était satisfait, et alors seulement, il se détendait vraiment. C'était la même chose dans les aéroports. Si les employés à l'enregistrement ne le reconnaissaient pas, il les aidaient, en parlant de ballet, ou de Russie, jusqu'à ce qu'ils voient qui il était. Il acheta un second appartement dans l'immeuble Dakota. C'était un meilleur choix, puisque l'appartement se trouvait au deuxième étage et donnait sur le parc. Il lui coûta un 1 800 000 dollars. Il garda quelques temps son appartement du cinquième étage, mais finit par le vendre pour 700 000 dollars. A Londres, il vendit également sa maison d'East Sheen, faisant là encore un bon profit : il l'avait payée 45 000 livres dans les années 60 ; il la vendit presque dix fois plus.

Un matin de février 1983, une réunion eut lieu dans les bureaux du professeur Luc Montagnier à l'Institut Pasteur de Paris. Présents à cette réunion, en plus de Montagnier, se trouvaient les docteurs Willy Rosenbaum, Françoise Barre, Françoise Brun-Vezinet et Jean-Claude Chermann. Ce matin-là, Montagnier annonça qu'un nouveau virus humain avait été découvert. Il était cytophatique, c'est-à-dire qu'il tuait certains types de cellulles, dans ce cas particulier les lymphocytes T, supports de l'immunité cellulaire du corps humain.

Sa déclaration fit un choc sur tous les médecins présents à la réunion, en particulier sur Rosenbaum, qui était celui qui en savait le plus sur le « fléau » qui frappait les homosexuels, et il fit part aux autres de ses observations. Il avait assisté désespérément, dit-il, au développement des maladies qui se déclaraient les unes après les autres dans le corps des victimes. Il s'avérait inutile de traiter une maladie en elle-même, car une autre apparaissait peu de temps après, et tuait le malade. Calmement, il ajouta que la seule chose qui pouvait expliquer tout cela était un virus attaquant le système immunitaire, rendant celui-ci incapable de lutter contre les infections qui se déclaraient. L'idée d'un virus qui attaquait les lymphocytes T paraissait tenir debout. Il n'avait aucune preuve, mais il était sûr que ce virus pouvait expliquer le déclenchement de la maladie avec laquelle il n'était que trop familier déjà.

Quelques jours plus tard seulement, le 7 mars, le *New York Native* titrait en première page : « 1112 ». C'était le nombre de personnes qui étaient mortes de la « peste homosexuelle » aux Etats-Unis. Le journal reçut un flot de lettres, dénonçant les articles comme étant « alarmistes » et « anti-sexe ». Une autre information statistique à l'époque montrait qu'une personne homosexuelle ayant vingt partenaires par an avait 1 chance sur 10 de souffrir du Syndrome ImmunoDéficitaire Acquis, ou Sida, comme on appelait maintenant la maladie.

Une étude réalisée le même mois par trois psychologues homosexuels de San Francisco produisait des statistiques alarmantes d'une autre manière. Ils avaient ainsi découvert qu'alors que la plupart des homosexuels étaient parfaitement au fait du Sida, et de ce qui le causait, 62% continuaient malgré tout de s'engager dans un acte sexuel à haut risque à la même fréquence, sinon plus, qu'avant d'avoir été mis en garde contre le danger encouru. L'étude montrait également l'importance grandissante des bains publics : les hommes qui les fréquentaient étaient moins enclins que les autres encore à se protéger. Et la pratique sexuelle qui avait le moins changé était la copulation orale : plus de 60% des homosexuels interrogés continuaient de la pratiquer sans protection. La chose la plus effrayante pour Robert Tracy fut que, dans toutes ces statistiques, Rudolf était absolument typique.

A la fin de l'été 1983, Rudolf prit finalement la direction du Ballet de l'Opéra de Paris. C'était une compagnie prestigieuse, mais difficile, dans laquelle tous les danseurs, comme le savait bien Rudolf par expérience, étaient employés par l'Etat. Au cours de son existence, depuis 1661, la compagnie avait établi un certain nombre de pratiques très complexes et rigides. Même Napoléon avait eu des problèmes avec l'Opéra de Paris, qui avait compté vingt-trois administrateurs durant les quatorze ans où il fut empereur. Depuis la démission de Serge Lifar en 1958, il y avait eu huit directeurs artistiques, un tous les trois ans. Deux avaient à peine fait un an, et un autre, Roland Petit, abandonna avant d'avoir commencé. C'était un défi, mais c'était également, à n'en pas douter, une chance.

Deux événements coïncidèrent avec sa nomination à Paris. L'un était d'ordre public, l'autre extrêmement privé. L'événement public eut lieu à Manchester lorsque sa prestation en tournée avec le Ballet de Boston fut huée par une certaine partie du public. A 45 ans, le temps réclamait finalement son dû sur son corps. Il avait désormais besoin non plus d'un mais de deux massages par jour. Le second événement, d'ordre privé celui-là, fut qu'il commença à souffrir de sueurs froides la nuit.

• • • • •

La cicatrice des passions

Mais dans l'âge avancé, stérile,
Lorsque nos ans tournent et vont,
Triste est la cicatrice des passions.

Au cours de l'été 1983, le danger du Sida commença à faire son chemin dans les consciences. En mai, l'émission *20/20* de la chaîne de télévision ABC fut entièrement consacrée à ce sujet. En juin, le *New York Times* évoqua le problème en première page. Et le « Hothouse », le légendaire bain public de San Francisco, qui selon Leigh Rutledge, était « le lieu consacré des formes d'expression homosexuelles les plus *outrées**, comme la domination ou le fist-fucking », ferma ses portes alors que se manifestait une inquiétude grandissante autour de la propagation du Sida.

Tracy fut déconcerté lorsque Rudolf commença à souffrir de sueurs froides, mais pas vraiment surpris. Lui, Tracy, avait suivi les informations diffusées sur la maladie depuis le début, et il était l'un des rares homosexuels à avoir changé immédiatement de comportement et à avoir adopté un style de vie chaste. A ce moment-là, un des partenaires de Rudolf était Arthur Mitchell du Dance Theatre d'Harlem, qui avait également couché avec Rock Hudson et Calvin Klein. Quand il était à New York, Rudolf fréquentait habituellement le Bain Saint Mark, l'un des plus grands bains publics du monde où avaient lieu régulièrement, au début des années 80, des orgies homosexuelles. Tracy essaya de persuader Rudolf de ne pas y aller, mais celui-ci ne voulut rien entendre. En mai 1983, la direction du Saint Mark placarda des avis informant ses clients que « certains » médecins pensaient que le Sida était une maladie sexuellement transmissible, mais Bruce Mailman, le propriétaire des lieux, déclara : « Les gens sont libres de faire ce qu'ils veulent. Je n'ai pas le droit de leur dicter leur comportement.» Robert n'avait pas manqué de lire l'étude publiée par le *New York Native* quelques temps plus tôt, qui montrait que la pratique sexuelle qui avait le moins changé était la copulation orale. Rudolf était typique de ce point de vue là aussi. Un soir, il leva une « tapette » au Rounds, un bar homosexuel. Plus tard, de retour au Dakota, Rudolf demanda à Tracy :

- Tu crois que j'ai risqué d'attraper le Sida avec ce type? Il ne voulait pas ôter sa bouche de ma queue.

Connaissant les habitudes de Rudolf, et sachant qu'il avait déjà des sueurs froides la nuit, la réponse de Tracy fut brève.

- Et lui, Rudolf? dit-il. Est-ce que tu penses à ce que lui a risqué?

Les problèmes auxquels Rudolf devait faire face à l'Opéra de Paris étaient considérables, et n'impliquaient pas seulement les danseurs et leur unique et inviolable statut. Le répertoire était très limité. Comme l'expliqua Rudolf, il y avait une série de spectacles, mais seulement quatre vrais ballets. Bien que Roland Petit et Maurice Béjart fussent deux brillants chorégraphes français, ni l'un ni l'autre ne s'était encore associé avec le Ballet de l'Opéra de Paris très longtemps, de sorte qu'il n'y avait pas de tradition chorégraphique à Paris du genre de celle d'Ashton à Londres, Bournonville à Copenhague ou Balanchine à New York. Serge Lifar avait créé de nombreux ballets, maix ceux-ci avaient été laissés à l'abandon. Un dernier problème était que Rudolf n'allait être à Paris que six mois par an. Le contrat qu'il avait réussi à négocier avec Jack Lang (qui avait tenu à l'avoir à la direction de l'Opéra) stipulait qu'il ne travaillerait à Paris que cent quatre-vingts jours par an, le libérant ainsi de l'obligation de payer des impôts en France ; il pourrait ainsi monter une nouvelle production par an, et améliorer le statut du ballet vis-à-vis de l'opéra. Il devait en outre danser trente ou quarante représentations par an, et seulement une première sur quatre.

Le premier jour de Rudolf à l'Opéra ne fut pas un succès. Un employé du ministère de la Culture, Paul Paux, avait démissionné parce que, à une période d'austérité pour le reste de la France, Rudolf avait négocié trois salaires pour lui-même - un comme directeur, un comme chorégraphe et un autre comme danseur. Le chiffre ne fut jamais révélé, mais l'employé le trouva « obscène ». Erik, qui avait été récemment nommé directeur artistique du Ballet National du Canada, téléphona de Toronto le premier jour pour souhaiter bonne chance à Rudolf, et lui demander comment cela se passait.

- Pas mal, répondit Rudolf. Je ne me suis mis en colère que trois fois.

Dans l'ensemble pourtant, Rudolf fit un excellent début au Palais Garnier, l'Opéra de Paris, une petite ville de 3 000 âmes avec sa propre banque, son bistro, ses odeurs, sa façon de faire les choses. Les *étoiles** par exemple ont leurs propres loges, ce qui est impensable dans la plupart des théâtres.

Les trois premières productions de Rudolf furent *Raymonda*, le *Marco Spada* de Pierre Lacotte et *Le Bourgeois gentilhomme* de Balanchine. Chacune de ces productions avaient été créées pour lui, et avait obtenu un grand succès. L'une des chorégraphies était de lui, l'autre était française et l'on devait la troisième au plus grand chorégraphe contemporain. En outre, Rudolf annonça qu'il y aurait bientôt un nouveau *Lac des cygnes*, un nouveau *Don Quichotte* et un ballet de Petit, *Le Fantôme de l'opéra*.

Il avait également le projet d'une soirée moderne avec les ballets de Glen Tetley, Rudi van Dantzig et Karol Armitage, le premier d'une longue série de programmes qui allaient donner aux Français une vue complète du développement du ballet contemporain. Enfin, un voyage aux Etats-Unis était à l'étude, et un certain nombre d'artistes étrangers seraient invités.

Rudolf décida de conserver l'organisation des danseurs créée par Rosella Hightower. Ils étaient divisés en trois groupes : l'un dansait les rôles traditionnels et les ballets contenus dans les opéras ; l'autre était un groupe de jeunes danseurs ; et le troisième un groupe expérimental, qui essayait toutes les nouvelles chorégraphies. Mais, le casse-tête principal de Rudolf Noureev serait toujours l'organisation du Palais Garnier, le fait que sur cent quarante deux danseurs, moins de la moitié dansaient régulièrement. C'était beaucoup de monde pour rien.

Une première difficulté vint de l'annonce par Roland Petit qu'il retirait tous ses ballets du Ballet de l'Opéra de Paris parce que Rudolf avait insisté pour introduire ses propres pas dans *Notre-Dame de Paris* alors qu'il était l'invité du Ballet National de Marseille l'année précédente. La vieille accusation d'être cavalier avec la chorégraphie ressurgissait. *Le Fantôme de l'opéra* était reporté pour le moment.

Malgré tout, les premières productions de Rudolf pour Le Ballet de l'Opéra de Paris, *Raymonda* en novembre 1983, *Don Quichotte*, le mois suivant, Le *Rêve de Phèdre* (de Martha Graham) en janvier 1984 et *Bourgeois gentilhomme*, *La Tempête* et *La Bayadère*, tous en mars, obtinrent un grand succès. Les Français applaudirent autant l'extension du répertoire que le niveau de danse, qui vit un certain nombre de stars émerger - Manuel Legris, Laurent Hilaire, Charles Jude, Isabelle Guérin et Elisabeth Platel, parmi d'autres.

Raymonda en particulier était un choix intelligent, avec trois grands rôles principaux, douze solistes et plusieurs danseurs pour le corps. Rudolf fit reprendre du service également à Yvette Chauviré pour l'aider dans la production et danser le rôle de la comtesse. Chauviré étant la plus grande danseuse française du siècle, c'était un acte de respect de la part de Rudolf que les Français apprécièrent. Le *Times* écrivit que la compagnie de Paris était maintenant la plus grande et la meilleure du monde.

Rien n'illustre mieux le nouvel esprit qui régnait en France, et que Rudolf avait créé, que la réception donnée en l'honneur de Martha Graham en février 1984. Elle avait 90 ans. Sa compagnie fut la première compagnie de danse américaine à s'être produite sur la scène de l'Opéra de Paris, et, trente ans plus tôt, son travail avait été grossièrement hué par les balletomanes français quand elle était apparue dans un autre théâtre parisien. Cette fois, les parisiens chics l'applaudirent follement, elle et ses danseurs (Rudolf jouait le rôle de l'Hippolyte presque nu du *Rêve de Phèdre*). Jack Lang lui décerna la Légion d'honneur sur la scène du théâtre après la représentation, et un souper de gala eut lieu ensuite dans la promenade voûtée du théâtre.

Des célébrités parisiennes comme Pierre Cardin et Sonia Rykiel se répandirent en éloges de toutes sortes à l'égard de Rudolf, qui annonça ce mois-là que la saison de 1984 présenterait treize programmes différents, deux fois plus que l'année précédente, dont des œuvres de Merce Cunningham, William Forsythe et Karol Armitage. *Ballet News* écrivit : « L'Opéra de Paris n'a jamais semblé si brillant depuis l'époque de Serge Lifar. »

Le seul problème, mais déjà ancien, fut que si Rudolf était directeur artistique, chorégraphe, administrateur, enseignant, il n'en restait pas moins toujours et avant tout danseur. Le 22 mars, *Le Figaro* écrivit : « Le rideau ne se lèvera peut-être pas ce soir.» Rudolf, disait-on, avait provoqué la « colère » des *étoiles**, les stars du Ballet de l'Opéra de

Paris. Son péché, bien entendu, était de vouloir danser toutes les premières. Il était doublement coupable aux yeux des danseurs, parce qu'il avait promis de ne pas le faire en prenant la direction du Palais Garnier. De nouveau, les danseurs dirent qu'il ne fallait voir là rien de personnel, mais Rudolf avait dansé trois des quatre premières, contrairement à ce que stipulait son contrat. Il abandonna donc ses positions.

Quand ses six mois à Paris prirent fin cette année-là, il se rendit à New York et à Toronto. A New York, il apparut dans un gala de célébration du centenaire du Met, une soirée nostalgique en dépit du prix des billets - environ 1 000 dollars - où Margot, Frederick Ashton, Lynn Seymour, Erik Bruhn et Carla Fracci firent également une apparition. (La soirée était produite par Jane Herrman). Il alla ensuite à Toronto voir comment Erik s'en sortait, et dansa avec Karen Kain dans *La Belle au bois dormant.* Les critiques le trouvèrent « bien conservé pour 46 ans ». C'était, dirent-ils, « un technicien accompli et un athlète », il était « au sommet de sa forme physique ». S'ils avaient su.

Rudolf ne s'était pas inquiété outre mesure quand il avait commencé à avoir des sueurs froides la nuit. Quoique l'on commençât à parler du Sida en dehors de la presse spécialisée, les articles n'étaient pas aussi nombreux ou aussi alarmistes qu'il l'aurait fallu. Les directeurs de programmes de télévision ou les directeurs de journaux, qui avaient plus ou moins un parti-pris contre les homosexuels, refusèrent d'abord de reconnaître le sérieux de la situation. C'est à chacun aujourd'hui d'imaginer le prix de ce refus, en terme de vies humaines, mais, quoi qu'il en soit, de nombreux homosexuels eux-mêmes ne voulaient pas connaître la vérité, en partie par crainte d'être déjà infectés, et en partie parce qu'ils répugnaient à abandonner les libertés récemment acquises dans le domaine du sexe. Une troisième raison est le fait qu'à l'époque, il n'existait aucun test de dépistage du Sida. Mais, deux événements, en l'espace de quelques semaines attirèrent enfin l'attention de Rudolf. Le 23 avril 1984, Margaret Heckler, la secrétaire du ministère de la Santé aux Etats-Unis, annonça que la cause « probable » du Sida avait été découverte. Il s'agissait, dit-elle, d'un virus transmissible qui avait été récemment isolé par des chercheurs français et américains.

Il ne fait aucun doute que cette nouvelle entraîna une vraie prise de conscience chez de nombreux homosexuels qui, jusque-là, avaient refusé de voir un lien entre le sexe et le Sida. Pour certains, l'échange de fluide corporel, le sperme en particulier, avait été l'acte érotique suprême. Maintenant, ils ne pouvaient plus ignorer les risques qu'ils encouraient. Pour Rudolf, cette conférence fut suivie d'une communication privée qui le toucha encore plus directement. Le 27 mai, un mois après la conférence dramatique de la secrétaire Heckler, Rock Hudson alla consulter son dermatologue à Beverly Hills à propos d'une petite grosseur persistante sur la nuque. Le médecin lui apprit qu'il souffrait du sarcome de Kaposi et, quelques jours plus tard, confirma que la star de cinéma avait le Sida.

Quand il apprit pour Hudson, avec lequel il avait partagé un partenaire - et maintenant que les scientifiques avaient annoncé qu'ils avaient isolé la cause de la terrible maladie-, Rudolf se décida finalement à agir. Un an plus tôt, au début de 1983, à Bordeaux, au cours d'une tournée en France avec le Ballet du Théâtre de Nancy, il était tombé malade. Grâce à son ami Charles Murdland, directeur du Festival du Ballet de Londres, il avait été présenté à un médecin français, Michel Canesi, qui l'avait soigné avec succès. Il reprit donc contact avec lui.

Etant français, Canesi offrait certains avantages pour Noureev. En premier lieu, bien sûr, Rudolf habitait maintenant Paris. Ensuite, comme l'avait clairement indiqué la déclaration d'Heckler, les Français étaient aussi en avance dans cette branche que les Américains. Enfin, et surtout, il voulait éviter les médecins américains. Devrait-on lui confirmer le pire, la nouvelle pourrait se répandre et il risquerait de se voir refuser l'entrée aux États-Unis, ce qu'il voulait éviter à tout prix. Canesi, un dermatologue de 30 ans, était bien informé. Noureev lui dit qu'il ne se sentait pas bien, mais qu'il ne pouvait pas être plus précis que cela quant aux symptômes. Canesi trouva Noureev très au-fait de la maladie et manifestement très inquiet. Il l'envoya consulter le Docteur Willy Rosenbaum, peut-être le plus expérimenté des médecins français sur le Sida en France, et l'un des membres de l'équipe de l'Institut Pasteur qui avait été appelés auprès de Luc Montagnier lorsque le virus avait été isolé pour la première fois. Rosenbaum travaillait à l'Hôpital de la Salpêtrière.

Il n'exista pas de test officiel de dépistage du Sida avant le 2 mars 1985, mais bien sûr, pour un spécialiste expérimenté comme Rosenbaum, il ne fut pas particulièrement difficile de détecter dans le sang de Noureev ce qu'on appelle aujourd'hui le HIV 1. La Salpêtrière était cependant le seul endroit en France où ce genre d'examen médical pouvait avoir lieu, et il était difficile d'éviter que Noureev fût reconnu au cours d'une de ses visites à la clinique. En un rien de temps, la nouvelle que Noureev avait le Sida fit le tour de la communauté homosexuelle de Paris - avant même qu'il n'ait eu le résultat de son examen.

Après quelques jours, Rosenbaum communiqua à Canesi les résultats de l'examen sanguin, et il revint au dermatologue le soin d'annoncer la triste vérité à Rudolf - oui, il était séropositif. Maintenant, avec les nouvelles statistiques qui étaient publiées régulièrement, Canesi dit à Rudolf que, à sa connaissance, seulement dix pour cent des personnes séropositives développaient vraiment la maladie. C'était un pourcentage important d'un point de vue rationnel, mais, d'un autre côté, Rudolf avait 90% de chance d'échapper au Sida. Rudolf insista alors pour que Tracy fasse le test à Paris, ce qu'il fit. Quand il sut que le teste était négatif, Rudolf se rendit compte que Tracy avait eu raison et lui tort, que le mode de vie d'un homme avait beaucoup à voir avec le Sida. Sur la suggestion de Rosenbaum, il accepta de suivre un traitement au HPA-23, un médicament expérimental que Rock Hudson utilisait.

Le HPA-23 avait été développé en France au début des années 70 par le Docteur Jean-Claude Chermann. En faisant des recherches sur des souris, il avait découvert que le HPA-23 réussissait à empêcher la propagation du virus de la leucémie. Il pensait que cela valait la peine de l'essayer sur des patients atteints du Sida, qui, de toute façon, n'avaient rien à perdre. A la fin de 1983, soixante patients furent ainsi traités de façon expérimentale avec le médicament. Ils recevaient chacun ou bien des doses relativement massives d'HPA-23 sur une courte période (quelques semaines), ou bien suivaient un traitement plus long avec des doses réduites.

Début 1984, les premiers résultats de Rosenbaum paraissaient prometteurs. Le HPA-23 semblait avoir réussi à empêcher la reproduction du virus du Sida dans le corps humain. Le cas le plus étonnant fut celui d'un hémophile atteint du Sida qui connut un regain de santé spectaculaire après avoir pris du HPA-23. Hudson avait entendu parler de ce médicament à San Francisco en août 1983, et était arrivé à Paris en septembre, le mois où Rudolf prenait la direction du Palais Garnier. On prescrivit à Hudson des doses massives du médicament. Il était attendu en Amérique pour tourner une nouvelle série de *Dynastie*. Il quitta Paris en croyant qu'il était guéri.

Rudolf, lui, reçut des injections à la Salpêtrière pour commencer. Puis, Canesi l'accompagna en Espagne avec le Ballet du Théâtre de Nancy et Sylvie Guillem, puis en Allemagne. Rudolf avait l'air de se porter bien, aussi Canesi réduisit-il le nombre des injections de une par jour à trois ou quatre par semaine. Après cela, le traitement devait être poursuivi de façon discontinue, parce que le médicament lui-même devenait toxique. Durant cette période,

Rudolf ne perdit ni ne prit du poids. C'était caractéristique de la façon dont le HPA-23 marchait, mais son effet était surtout d'empêcher le virus du Sida de se propager. Autrement dit, il ne travaillait pas à une guérison, mais empêchait la maladie d'empirer.

Dans le cas de Rudolf, cela sembla suffisant, du moins à ce moment-là. En tant que danseur, il était en très bonne condition physique, comme l'avaient observé les critiques de Toronto, et était doué d'une fantastique volonté. Comme Hudson, après son traitement au HPA-23, Rudolf crut qu'il était guéri.

De retour à Paris à la fin de l'été 1984, Rudolf continua de subir la pression des danseurs. Dans une interview, le danseur Patrick Dupond le décrivit comme un *monstre sacré**, peut-être le seul, dit-il, maintenant que la Callas était morte. Il reconnut les réussites de Rudolf, il admit que c'était un bon professeur, que le nouveau studio, le plus grand d'Europe, les nouvelles salles de répétition et la nouvelle cafétéria avaient forcé le gouvernement français à apprécier et à valoriser ses danseurs. Mais, poursuivit-il, Rudolf dansait trop. Et il laissa entendre que s'il ne changeait pas de comportement de ce point de vue, il risquait une autre grève.

Mais, Rudolf était un homme passionné, et une star. Il était extrêmement difficile pour lui de changer de comportement, que ce fût dans sa vie publique ou privée. A peine eût-il regagné Paris et son appartement Quai Voltaire qu'il dut livrer un autre combat. Cette fois, il donnait un cours lorsque Michel Renault, le professeur du cours suivant, entra dans la salle. Lorsque la classe eut cinq minutes de retard, il attira l'attention de Rudolf sur ce fait. Rudolf lui demanda cinq minutes de plus. Après quinze minutes supplémentaires, Renault commença tout bonnement son cour sans attendre que Rudolf ait fini. Rudolf lui demanda ce qu'il faisait. Renault expliqua le mouvement particulier qu'il faisait répéter.

- Mais, c'est de la merde ! grogna Rudolf.

- Peut-être, mais je le fais depuis dix-neuf ans. J'ai été une star dans cette compagnie...

Il n'eut pas le temps d'aller plus loin. Rudolf le frappa à la mâchoire, et sortit en fulminant.

C'était là, bien entendu, le genre de faux pas qu'attendaient impatiemment les anti-Noureev, en particulier lorsque la radiographie de la mâchoire de Renault révéla une légère fracture. Il annonça qu'il allait poursuivre la compagnie et demander la démission ou le renvoi de Rudolf. Son cas fut porté à l'attention de l'union des danseurs, dont le responsable officiel fit ensuite une déclaration pompeuse dans laquelle il disait que l'administration du Ballet de l'Opéra de Paris avait « signé un chèque en blanc quand elle (avait) engagé Rudolf Noureev. Maintenant, elle (n'avait) plus le courage de crever l'abcès. Nous avons laissé entrer un dictateur au Palais Garnier.» Il maniait la métaphore aussi bien que Rudolf dansait. Ou cognait.

Tandis que l'hiver 1984-1985 approchait, de nouvelles opportunités se présentèrent pour Rudolf. Il y avait, notamment, sa première tournée en Inde, en Corée, au Japon. Pendant qu'il était au Japon, il fit renouveler totalement son sang par une technique que l'on disait avoir été adoptée par une star du rock anglaise pour surmonter une de ses dépendances. Rudolf ne parla de sa transfusion qu'à quelques amis très proches.

La grande production parisienne cet automne-là fut une nouvelle version du *Lac des cygnes.* Après les ennuis qu'il avait accumulés à Paris (notamment l'affaire Renault) et l'échec de sa tentative de faire revivre l'*Icare* de Serge Lifar, l'enjeu de cette production était important pour Rudolf. La première eut lieu trois jours avant Noël, et *le Tout Paris** fit la fête pour l'occasion. Marie-Hélène de Rothschild présida le dîner de charité qui suivait la représentation, la princesse Thurn und Taxis, la « princesse punk », portait talons hauts et cheveux dressés sur la tête, et sept cent quatre-vingts amoureux de la danse dînaient, accompagnés par des violonistes russes, dans un décor fait de cygnes glacés. Une partie du Palais Garnier était transformée en discothèque pour la soirée. Quant à la représentation elle-même, elle suscita des réactions mitigées. Marie-Hélène déclara qu'elle « souffrait » que Rudolf ne danse pas. La compagnie elle-même avait du mal à abandonner la version traditionnelle de Vladimir Bourmeister. Pourtant, la critique principale fut que la chorégraphie de Noureev était quelque peu sabotée par les décors d'Ezio Frigerio, qui avait installé sur scène des murs blancs austères et transformé le lac en aquarium. Le seul succès indubitable ce soir-là fut l'émergence d'une nouvelle star nommée Sylvie Guillem. La tradition française veut que le directeur de la compagnie - en l'occurence Rudolf - fasse une apparition sur scène après la représentation et, de temps à autre, annonce la promotion de tel danseur ou telle danseuse. Ce soir de décembre, Rudolf fit une annonce de ce genre pour Guillem. Elle avait dix-neuf ans.

Durant la nouvelle année, après que la compagnie fut revenue d'une tournée en Inde, l'affaire Renault arriva finalement à son terme - il reçut environ 6 000 dollars de dommages et intérêts.

Au début de l'année 1985, des rumeurs commencèrent à circuler, à New York, disant que Noureev était atteint du Sida. Il en fut contrarié, mais il travaillait sur son nouveau ballet, *Washington Square*, et ne pouvait consacrer le temps qu'il aurait voulu à démentir les rumeurs. Mais certains se chargèrent de le faire pour lui, comme Clive Barnes dans le *New York Post*. Barnes écrivit que, depuis quelques mois, des « new yorkais *chic** » et d'autres personnes gravitant autour du monde de la danse spéculaient sur la mort imminente de Rudolf. Il notait que, dernièrement, Rudolf avait manqué une ou deux représentations, dont une de *Giselle* (il avait été remplacé à la dernière minute et avec succès par Barychnikov lui-même). On avait parlé de mononucléose et de bronchite. Barnes ajoutait : « Ceux qui sont attentifs à Noureev auront sûrement remarqué que pour la première fois en plus de vingt ans, cet été, Noureev ne fera pas une seule apparition à New York.» Barnes annonçait par conséquent qu'il était allé voir Rudolf, à Miami - et pouvait confirmer que les rumeurs étaient fausses. Rudolf, admit-il, avait souffert d'une « légère bronchite » mais, pour le reste, il était « en vie et se portait bien ». Que l'enquête de Barnes n'ait mené nulle part en dit long sur la volonté de Rudolf, et sur la loyauté de ses proches.

La première de *Washington Square* eut lieu le 7 juin 1985. En théorie, c'était un bon choix, une histoire américaine écrite par un auteur américain devenu européen par naturalisation (Henry James). Il y avait par conséquent assez d'éléments pour attirer les spectateurs des deux côtés de l'Atlantique - et Rudolf avait déjà fait le projet d'emmener la compagnie de Paris en Amérique en 1986. Il y avait également des éléments biographiques. James, comme Rudolf, était un exilé. Et l'histoire parlait d'un père autoritaire qui, en essayant d'émousser les sentiments de sa fille pour un soupirant indésirable, ne réussit qu'à détruire les sentiments de celle-ci à son égard. Il y avait de quoi enflammer la passion et l'intelligence de Rudolf.

Malheureusement, beaucoup trouvèrent le ballet ennuyeux. Le premier soir, il fut hué, les anti-Noureev sifflant plus fort que les autres. La résidence des Sloper (le nom de la famille principale de l'histoire) était comparée à la banque d'Angleterre, et la musique de Charles Ives à de la musique « folk » américaine (la comparaison se voulait tout sauf flatteuse). Les décors n'aidèrent en rien non plus, qui divisaient la scène en deux, de sorte que de nombreux spectateurs ne la voyaient pas en entier. Un agitateur cria « C'est un demi-opéra!» C'était la seconde fois que Noureev était désservi par les décors. Néanmoins, à la petite fête organisée après le spectacle, dans un nouveau bistrot du coin,

Rudolf mangea « un million » d'huîtres. Qu'est-ce que savaient les critiques? Qui se souviendrait des critiques?

1986 commença bien. Rudolf put annoncer que le Ballet de l'Opéra de Paris ferait une tournée en Amérique cette année-là; une nouvelle salle de répétition, auquelle on donna le nom de Lifar, fut inaugurée par Jack Lang en février, indiquant ainsi l'importance accordée par le gouvernement à la réussite du ballet du Palais Garnier; et, tandis que la compagnie serait à New York, il y aurait un gala commun entre l'American Ballet Theatre et le Ballet de l'Opéra de Paris au cours duquel Rudolf et Barychnikov danseraient ensemble le troisième acte de Raymonda.

En attendant, Rudolf dut subir deux coups durs à peu près au même moment. Le premier fut une attaque au vitriol lancée contre lui par Maurice Béjart. La chose arriva d'une manière curieuse. Un soir, après une représentation d'un de ses ballets, Béjart était monté sur la scène et avait promu au rang d'*étoiles** Manuel Legris et Eric Vu An, un danseur vietnamien. Rudolf, cependant, annula immédiatement la décision. Dans ce cas précis, Rudolf avait raison, car de telles promotions devaient toujours être discutées à l'avance entre le chorégraphe, le directeur artistique et la direction, et étant donné qu'il s'ensuivait automatiquement une augmentation de salaire, le budget général et le nombre total d'*étoiles** devaient être pris en considération. Béjart, cependant, prétendit avoir déjà abordé le sujet avec Rudolf, et le traita de menteur. Il dit que Rudolf l'avait déçu. Deux jours plus tard, Béjart fut invité sur un plateau de télévision et parla lugubrement d'un « personnage aux joues creuses et à la casquette de cuir qui hantait les couloirs de l'Opéra... » et il ajouta : « Je n'ai pas besoin de vous dire de qui il s'agit.» Il prétendit que Rudolf était responsable de la baisse de niveau de l'Opéra de Paris, et il demandait sa démission. Noureev était, dit-il, en reprenant un mot déjà utilisé, un intrus. *Le Figaro* prit à ce moment-là le parti de Béjart, et mena une campagne visant à remplacer Noureev par ce dernier quand le moment viendrait du renouvellement du premier contrat de trois ans de Rudolf.

Le second coup dur, qui survint en pleine affaire Béjart, fut la mort d'Erik. Erik était un gros fumeur, et la cause officielle du décès était un cancer des poumons. Cependant, quand il était à Toronto, il vivait avec un danseur d'origine grecque plus jeune que lui, un certain Constantine Patsalas, qui allait mourir du Sida quelques années plus tard. De nombreuses personnes, dans le monde de la danse et à Toronto, sont convaincues qu'Erik est mort du Sida.

Après la tristesse, Rudolf connut la joie et l'immense satisfaction de voir le Ballet de l'Opéra de Paris accueilli triomphalement au Met, à New York, au mois de juillet. Ils dansèrent *Le lac des cygnes*, *Raymonda* et *Washington Square*, au cours duquel Patrick Bart et Sylvie Guillem furent acclamés comme de véritables stars, dans la lignée, peut-on dire, de Fonteyn et Noureev. Après New York, les trois années suivantes de Noureev à Paris étaient assurées.

Rudolf avait 48 ans, et les portes s'ouvraient pour lui autant qu'elle se fermaient. En septembre, Claire Motte mourut. Il prit alors conscience de sa propre fragilité et se rapprocha du veuf de Claire, Mario Bois. Bois, éditeur de musique, agissait maintenant en tant qu'agent pour les droits chorégraphiques de Rudolf.

Le mois suivant eut lieu la première de *Cendrillon*. Rudolf choisit de situer ce ballet à Hollywood, prenant ainsi de grands risques. Le décor était composé d'agrandissements sur carton de photographies de Betty Grable en talons hauts et maillot de bain, ou encore de King Kong. En fait, *Cendrillon* fut le plus grand succès de Rudolf. Même *Le Figaro* fut contraint d'admettre qu'en l'occurence, « triomphe » n'était pas un mot trop fort. La première avait eut lieu le 24 octobre, et le ballet resta au programme durant trois semaines.

Comme tout le monde, Rudolf était conscient depuis quelques temps que les choses étaient en train de changer en Union Soviétique. Mikhaïl Gorbatchev avait succédé à Andropov et Tchernenko au pouvoir en mars 1985, et la double politique de la *glasnost* et de la *perestroïka* fut mise en route l'année suivante. Début 1987, un journaliste demanda à Noureev s'il aimerait retourner danser en Union soviétique, et il répondit que oui, si l'invitation venait de Gorbatchev lui-même. Il laissa entendre en même temps qu'en 1983, les Russes avaient essayé d'empêcher sa nomination à la direction artistique du Ballet de l'Opéra de Paris, mais que Mitterrand en personne avait apporté son soutien à Jack Lang.

Il se sentit par conséquent snobé lorsque, à peine quelques jours plus tard, il apprit que le gouvernement soviétique avait invité Barychnikov à danser au Bolchoï et pas lui. Comme il le fit remarquer, Barychnikov avait pourtant fait un film anti-soviétique, *Soleil de nuit*; il en concluait que l'invitation avait quelque chose à voir avec la politique : l'Union soviétique devait, dit-il, « faire du pied » aux Etats-Unis. La France ou l'Autriche passaient après.

Les rumeurs disant que Rudolf avait le Sida se remirent bientôt à circuler. Lors d'une tournée à Détroit, un journaliste lui demanda s'il était vrai qu'un sponsor de Chicago lui avait refusé son soutien pour cette raison-là. Rudolf, furieux, répondit : « Non, ce n'est pas vrai! Arrêtez avec ça. Je suis en vie, je vais bien, je n'ai pas le Sida. Aujourd'hui, c'est la mode d'avoir le Sida, poursuivit-il amèrement. S'il n'y a pas de chiens pour vous aboyer après, vous ne valez rien.» *Detroit News* sortit l'interview en titrant : « La forteresse Noureev ».

En vérité, il était très inquiet, bien que son style de vie ne changeât pas beaucoup. L'AZT commençait d'être utilisé en France, mais Canesi ne voulait pas qu'il prenne ce médicament de peur que celui-ci n'ait des effets secondaires sur son métier. Mais Rudolf insista, bien qu'il sût qu'à trop fortes doses, l'AZT pouvait être dangereux. Il n'en prit cependant pas régulièrement, mais seulement quand il sentait qu'il en avait besoin. « Il partait avec des tonnes de médicaments, raconta Canesi, et quand j'allais le voir, je trouvais un peu partout des boîtes même pas ouvertes.»

Le 5 mai 1987, le dernier bain public homosexuel de San Francisco, le 21 Street Baths, ferma ses portes.

Le 9 mai, Robert Jacobson, directeur de *Ballet News*, le magazine qui avait toujours défendu Rudolf et tout ce qu'il fit pour la danse, mourut du Sida, à l'âge de 46 ans.

Le 16 juin, le Ballet de l'Opéra de Paris ouvrit la saison au Metropolitan Opera House de New York avec *Cendrillon*. La compagnie se produisit tous les soirs à guichets fermés. Il n'échappait à l'attention de personne, nota un Clive Barnes enthousiaste, que dans les années 60, le Royal Ballet avait fait une tournée triomphale en Amérique. Dans les années 70, ce fut le tour du Ballet National du Canada, et dans les années 80, c'était maintenant le Ballet de l'Opéra de Paris. Qu'est-ce que ces trois compagnies avaient en commun? La réponse était évidente. Londres avait manqué une belle occasion.

Le 2 juillet, Michael Bennett, metteur en scène, chorégraphe et producteur du grand succès musical de Broadway en 1975, *A Chorus Line*, mourut du Sida, à l'âge de 44 ans.

En octobre 1987, Rudolf dansa de nouveau avec Barychnikov, dans *Appalachian spring*, lors d'un gala donné en l'honneur de Martha Graham, qui avait 93 ans.

Au cours de l'été, on lui avait demandé s'il tenait toujours à voir sa mère. Il avait répondu qu'il avait essayé de nombreuses fois, mais que Gorbatchev, comme les autres avant lui, lui avait refusé son aide. « Je ne suis pas juif, dit Rudolf. Aussi, il n'y a aucun avantage politique à m'inviter.» Barychnikov, quant à lui, avait été réhabilité. Il était conscient d'une injustice dans le cas de Rudolf. Interviewé par le magazine *Rolling Stone*, il déclara qu'il pensait que Rudolf était plus attaché que lui, Barychnikov, à la Russie, même s'il avait toujours dit que son « pays », c'était la scène. « Il a laissé plus de monde derrière lui que moi, dit Barychnikov. Et c'était déjà un personnage culte là-bas, avec des fans qui le suivaient partout.»

Rudolf retourna à Paris, après l'Amérique du Nord, au milieu du mois d'octobre. Il avait besoin de se préparer pour *Casse-Noisette*, dont la première représentation devait avoir lieu la semaine qui précédait Noël. Il commençait également à penser à la tournée de 1988, qui commencerait à New York. Par conséquent, il n'était pas préparé à la nouvelle qui lui fut communiqué via le ministère de la Culture français. Le gouvernement soviétique, lui annonça l'employé du ministère, venait de lui accorder un privilège exceptionnel. Il s'agissait d'un visa de deux jours pour aller en Russie. Il pourrait aller à Oufa et voir sa mère.

• • • • •

Le temps qui m'est compté

M'est chère, du jour, chaque seconde,
Mais, dans une vanité profonde,
Je perds le temps qui m'est compté,
Mais, que m'importe, désormais.
Je sais, mon siècle est entamé.

Le jour même de l'arrivée de Rudolf à Oufa, la liste des best-sellers du *New York Times* présenta pour la première fois un livre intitulé *And the band played on.* Randy Shilts y retraçait les grandes phases du développement de l'épidémie du Sida entre 1976 et 1987, et montrait comment la sexualité, la politique et la rivalité scientifique avaient en fait permis que l'épidémie se répande plus vite et plus secrètement qu'elle n'aurait pu. La même semaine, le *Wall Street Journal* sortait un article en première page racontant en détail comment la peur et les préjugés à l'égard du Sida perturbaient la vie américaine. Un Texan avait tué par balle son neveu parce qu'il pensait que celui-ci avait le Sida. Un propriétaire avait tenté de faire expulser une femme de son appartement après que celle-ci ait hébergé chez elle une amie atteinte du Sida. A Dallas, un bureau de poste avait ordonné à certains postiers de se désinfecter chaque jour parce qu'ils délivraient du courrier à un hospice local soignant des malades du Sida.

Quand Rudolf atterrit à Moscou, il était bien plus inquiet du froid, et il avait pris soin d'emmener avec lui plusieurs manteaux, bérets et écharpes. Il fut accueilli à l'aéroport international de Sheremetevo par des centaines de demandeurs d'autographe, une demi-douzaine d'équipes de télévision et quelques membres du personnel des ambassades française et autrichienne. Bien que dans ses déclarations à la presse Rudolf déclarât qu'il pensait que Gorbatchev avait quelque chose à voir avec le visa spécial que l'on venait de lui accorder, il savait que ce n'était pas entièrement vrai. Oui, il y avait un aspect humanitaire dans sa visite, car sa mère était vraiment malade. Mais les autorités soviétiques souhaitaient d'abord être perçues comme étant humaines elles-mêmes ; elles n'avaient cure d'accueillir chaleureusement Rudolf. Il savait aussi qu'il était accompagné par François Léotard, qui avait remplacé Lang au ministère de la Culture. Oleg Vinogradov, le directeur du Kirov, était déjà à Paris. La politique n'était pas absente de cette visite, comme s'en aperçut très bien Rudolf. Il était de nouveau question d'un échange entre le Ballet de l'Opéra de Paris et l'une des meilleures compagnies russes, et le visa de quarante-huit heures de Rudolf faisait en réalité partie d'un processus d'adoucissement des négociations que mèneraient François Léotard à Moscou, tandis que lui serait à Oufa. C'était aussi cynique que cela.

Après avoir signé des autographes et répondu aux questions de la presse, Rudolf rejoignit l'aéroport de Domededovo, au sud de la ville, d'où partaient la plupart des vols intérieurs. Les compagnons de voyage de Noureev étaient un certain Duval, garde du corps, qui ne parlait pas russe, et une interprète. Quand il quitta Oufa, il s'envola pour Paris d'abord, puis pour Las Vegas et Toronto, où il séjourna chez Linda Mabeduke. Elle se souvient qu'il était très perturbé à son arrivée. Sa mère, dit-il, ne l'avait pas reconnu. Ce dut être bouleversant pour lui si, après toutes ces années passées à faire pression sur le gouvernement soviétique, sa mère ne l'avait effectivement pas reconnu, mais Rezida, sa sœur qui l'avait accompagné lors de sa visite à Oufa, contredit cette affirmation. Elle dit avoir été la première surprise de la réaction de sa mère, mais, qu'après le départ de Rudolf, elle avait demandé à Farida si elle savait qui était venu la voir. « Oh oui, avait répondu sa mère. C'était Rudolf.»

Farida avait eu une réaction étonnante envers Rudolf. Si elle avait toute sa tête, ce que Rezida confirme, pourquoi refusa-t-elle de le reconnaître? C'est tout de même un comportement extraordinaire. La meilleure réponse - et peut-être la seule - est à chercher dans la psychologie russe. Les Russes sont des gens très fiers, loyaux et durs. Ils sont aussi très réfléchis. Ils se considèrent eux-mêmes comme des gens très particuliers, pas exactement comme la race supérieure, mais bien meilleure que d'autres races. Aussi, quand la rencontre a eu finalement lieu, Farida a peut-être fait simplement ce qu'elle croyait être son devoir, envers la Russie et la mémoire d'Hamet, qu'elle avait aimé encore plus que Rudolf. Il y a un parallèle dans cette situation avec l'*Eugène Onéguine* de son bien-aimé Pouchkine. Quand Onéguine, ayant tué Lensky dans un duel et ayant fui la région, retourne à Saint Pétersbourg, il y rencontre à nouveau Tatiana. Elle est devenue l'épouse d'un homme plus âgé, mais elle est à l'évidence toujours amoureuse d'Onéguine. Celui-ci insiste pour la voir seul, ce qu'elle lui accorde. A l'Ouest, et certainement à Hollywood, c'eût été là le prélude à un « happy end », mais pas chez Pouchkine, pas dans la triste Russie. Tatiana repousse Onéguine. Elle respectera son devoir d'épouse et sera fidèle à son mari, même si cela signifie qu'elle et Onéguine seront malheureux pour le restant de leur vie. C'est ici qu'il faut chercher un parallèle avec le retour de Rudolf.

Il eut très peu de temps pour se remettre de ce terrible affront et, peu de temps après son retour d'Oufa, sa mère mourut, début 1988. Il apprit la nouvelle alors qu'il se trouvait chez lui un soir, dans l'immeuble Dakota, par une de ses amies, Natasha Harley, qui avait elle-même reçu un coup de téléphone de Guzelle, la fille de Rosa. Une demi-heure après que Natasha l'ait rejoint au Dakota, on sonna à la porte. C'était Barychnikov. Il avait appris pour Farida et deviné que Rudolf aurait besoin d'un peu de compagnie russe. Tous les trois bavardèrent en buvant de la vodka jusqu'à trois heures du matin. Natasha Harley entendait pour la première fois Rudolf évoquer le passé. Lui et Micha parlèrent de Leningrad, Pouchkine (les deux Pouchkine), du Marynsky, de Sergeev. Rudolf succomba ce soir-là à la nostalgie de Saint-Pétersbourg qu'il avait toujours refusé d'éprouver.

Farida fut désespérée, à la fin de sa vie, de savoir qu'elle ne pourrait être enterrée avec son mari. La pierre tombale d'Hamet au cimetière d'Oufa avait en effet été volée, et la famille ne parvenait plus à retrouver le bon emplacement. La Révolution, qui avait tant promis aux parents de Rudolf les abandonnait au moment ultime.

Rudolf fêta ses 50 ans en 1988, à Hollywood. En juin, il revint danser à Londres pour un gala donné en l'honneur du quatre-vingt-dixième anniversaire de Dame Ninette de Valois, puis dans *Orphée* à New York avec le NYCB. Il y eut ensuite, le 27 juin, au Met, l'ouverture de la troisième saison nord-américaine du Ballet de l'Opéra de Paris. Dans le *New York Times*, Anna Kisselgoff écrivit qu'il ne viendrait qu'à un idiot l'idée de demander pourquoi Rudolf continuait de danser. « L'argent est important, mais la danse est sa vie. » Il n'y avait rien d'autre à dire.

Pourtant, s'il continuait de danser, Rudolf commençait à songer à se retirer. La première fois qu'il y pensa, c'est semble-t-il en juin 1988, alors qu'il était à New York avec le Ballet de l'Opéra de Paris. Le 3 juin, Mario Bois nota dans son journal personnel que Rudolf lui avait confié qu'il avait décidé de devenir chef d'orchestre.

Rudolf fut de retour à New York en septembre pour le mariage de Lee Radziwill avec Herbert Ross, qui avait produit le film de Barychnikov *Le Tournant de la vie*, et dont le dernier succès était *Potins de femmes*. La cérémonie, très privée eut lieu dans l'appartement de Lee sur la 72ème Rue. Sa sœur Jackie était là, ainsi que Steve Martin, Veronica Tennant, Stephen Sondheim, Bernadette Peters et Robert Tracy. Lee n'allait pas attendre Rudolf éternellement.

A 50 ans, Rudolf était toujours, pour de nombreuses personnes, une attraction de premier ordre. Cet automne-là, il dansa en Autriche, en Italie, dans le Bronx, en Italie encore et au Caire, en plus de quelques engagements qu'il remplit à Paris. Ou qu'il aille, il obtenait invariablement les mêmes réactions de la presse. Les critiques professionnels écrivaient qu'il avait passé l'âge, tandis que d'autres journalistes nouveaux venus faisaient remarquer qu'il n'en remplissait pas moins les théâtres, et continuait d'enchanter le public. Et il y avait toujours quelqu'un, souvent un correspondant médical, qui demandait : « Combien de temps continuera-t-il? » La réponse de Rudolf était toujours la même : « Est-ce qu'on demande à un peintre ou à un écrivain de s'arrêter? Ne me mettez pas à la retraite!»

Il était de plus en plus amoureux de l'Italie et acheta la vieille île de Léonide Massine, Li Galli, au large de la côte de Positano en Italie. Cela signifiait qu'il allait être le voisin de Zeffirelli. Il la paya 2 000 000 de dollars. En même temps, il avait envie de s'installer à Paris, comme Tracy venait de le faire, qui écrivait maintenant des articles pour l'édition française du magazine *Vogue*.

Pour un homme qui croyait dans l'astrologie et les présages, 1989 commençait sous des auspices aussi heureux que funestes. A la fin de l'année précédente, trois célèbres figures du monde du ballet étaient mortes du Sida - Robert Joffrey, fondateur et directeur artistique du Joffrey Ballet, à l'âge de 59 ans; Arnie Zane, danseur et chorégraphe, âgé de 39 ans; et Gregory Huffmann, ex-premier danseur de la compagnie Joffrey, puis professeur dans la même compagnie, à l'âge de 35 ans. Mais Rudolf continuait de danser : une tournée américaine en janvier 1989, puis en Allemagne en février, en Suisse et en Extrême-orient en avril. Il était maintenant séropositif depuis au moins cinq ans, mais semblait ne pas développer davantage la maladie. Au début de l'année, il fut reconduit dans ses fonctions au Palais Garnier. Il était très important qu'il garde secret son état de santé.

D'une certaine façon, le retour de Rudolf au Kirov en novembre 1989 constitue un épisode étrange. Il avait toujours affirmé : « on ne peut pas revenir en arrière »; c'était exactement ce qu'il faisait. C'était compréhensible, mais cela suggérait aussi que Barychnikov avait eu raison et que lui s'était caché la vérité toutes ces années. Il avait laissé en Russie davantage qu'il n'avait jamais voulu l'admettre, devant les autres ou pour lui-même.

L'invitation du Kirov était arrivée assez fortuitement. Elle émanait de Vinogradov, qui, après le retour de Barychnikov et Makarova, lançait de la même façon une invitation à Noureev. Rudolf choisit *La Sylphide*, un choix raisonnable puisque le rôle de James impliquait quelques sauts mais très peu de portés; c'était en outre un des classiques les plus courts. Le Kirov se montra très prévenant de son côté, puisque la ballerine choisie pour être sa partenaire, Zhanna Ayupova, n'était pas la meilleure danseuse de la compagnie. Ils ne voulaient pas l'humilier.

Il arriva à Saint-Pétersbourg accompagné d'amis, de collègues et d'une équipe de télévision de CBS. A l'aéroport, il fut accueilli par Tamara Myasciorva, qu'il avait rencontrée dans le salon d'Elizaveta. Elle remarqua en premier lieu que Rudolf était soûl. Elle en fut choquée, ainsi que du fait qu'il ne semblait pas reconnaître certains de ses vieux amis venus l'accueillir.

Tout le monde s'installa à l'hôtel Leningrad (aujourd'hui l'hôtel Saint-Pétersbourg), où Rudolf eut droit à une chambre splendide au sixième étage avec bain encastré et vue sur la Neva, la cathédrale Saint Isaac et l'Aurore (le bateau dont les canons ont signalé le début de la Révolution de 1917). Comme à son habitude, il demanda des tas de serviettes, mais la direction garda un œil sur ces extras et insista pour qu'il n'oublie pas de les rendre. « Rien n'a changé », grommela Rudolf, qui refusa de manger des plats russes, se rabattant sur du salami et de la bière (de l'Ouest).

Noureev accorda une interview à un périodique de Saint-Pétersbourg, le *Smena*, interview dans laquelle il confiait qu'il avait bien eu le projet de passer à l'Ouest. Au Bourget, expliqua-t-il, alors qu'ils essayaient de le mettre dans l'avion à destination de Moscou, sa seule pensée avait été pour le Royal Ballet. C'était là qu'il avait toujours, secrètement, voulu se produire. (Manifestement, c'est aussi pour cette raison que son échec à devenir directeur lui fut si cuisant ; c'eût été une fin si conforme à ses ambitions.)

Pour Rudolf, la visite à Saint-Pétersbourg fut, comme il le dira plus tard, une amère déception. Il visita la Vaganova, arpenta la perspective Nevsky et vit combien la boutique « Noti » avait changé (il n'y avait plus de piano à l'intérieur). Mais il trouva le théâtre Marynski inchangé depuis le jour où il l'avait quitté - les mêmes odeurs, le même côté impressionnant, les mêmes *babouchkas* gardant les mêmes portes. Il devait donner trois représentations, mais n'en donna qu'une finalement, parce qu'il s'était blessé au pied avant d'arriver. Il interdit toute caméra, que ce fût en répétition ou dans les coulisses, pendant les représentations.

En août 1990, Rudolf passa quelques jours de vacances dans une maison que possédaient en commun Mario Bois et Jack Lanchbery près de Séville en Espagne. Après avoir défait ses valises, prit une douche, puis un whisky, il demanda à Mario de lui montrer où se trouvaient la « piscine des garçons », c'est du moins ce que comprit Mario, qui ne réalisa pas une seconde que Rudolf voulait parler de l'endroit où se réunissaient les homosexuels. Il le conduisit donc à la piscine où ses propres garçons allaient souvent se baigner.

- Mario! soupira Rudolf avec un sourire. Tu ne connais vraiment rien!

Et il lui expliqua ensuite à propos du *réservoir de garçons** que l'on trouvait dans chaque ville.

Au début de l'année 1990, Patrick Dupond avait remplacé Patrick Bart à la tête du Ballet de l'Opéra de Paris. Rudolf avait entretemps accepté la position de premier chorégraphe du Palais Garnier. Nombreux, parmi ceux qui aimaient la danse de Rudolf, avouaient qu'ils n'appréciaient pas autant sa chorégraphie, mais le fait est qu'au cours de l'été 1990, presque chaque jour, quelque part dans le monde, l'une de ses productions était interprétée. Cela lui suffit pour engager Mario Bois, le veuf de Claire Motte, comme agent afin que ce dernier représente ses intérêts en la matière.

Jusqu'à la fin de l'année et l'année suivante, Rudolf Noureev multiplia les représentations, dansant pour le Ballet de Cleveland, pour le Ballet National de Cuba, et pour le Ballet de Naples. Il fit même une nouvelle tournée en Amérique du Nord, en Allemagne, en Espagne ainsi qu'en Italie. A 52 ans, son succès était toujours aussi grand.

Pendant ce temps, des danseurs, qui étaient aussi ses amis pour certains, continuaient de mourir du Sida à un rythme effrayant.

Le 5 janvier 1990 : Ian Horvath, fondateur du Ballet de Cleveland et ancien soliste du Joffrey. Il avait 46 ans.

Le 2 juin 1990 : Demian Acquavella, qui dansa dans plusieurs compagnies new yorkaises. Il avait 32 ans.

Le 13 février 1991 : Burton Taylor, ex-premier danseur du Joffrey et co-rédacteur de *Dance Magazine.* Il avait 47 ans.

Le 15 février 1991 : Paul Russell, principal danseur du Théâtre de Danse d'Harlem et du Ballet de San Francisco. Il avait 43 ans.

Le 8 mars 1991 : Edward Stierle, premier danseur du Joffrey. Il avait 23 ans.

Rudolf dansait souvent et, dans *Le pardessus,* il ne montra aucun signe des changements qui affectaient son corps. Ce ballet, inspiré d'une nouvelle de Gogol, est l'histoire d'un homme qui, las de subir les moqueries, croit pouvoir transformer sa vie grâce à un nouveau pardessus. Il en fait alors la commande à grand frais à un tailleur, qui profite de lui. Quand il a enfin son manteau, il le revêt pour les soirées de fête, espérant que son image en sera changée. Au lieu de cela, tout le monde rit de lui, et finalement, parce qu'il a un manteau neuf, il est pris pour un riche par des voleurs, qui s'attaque à lui et le dépouille de son manteau. Il en est si bouleversé que la folie le gagne. On lui passe alors une camisole de force - un autre pardessus. Il finit par mourir, mais dans la dernière scène, son esprit exerce sa vengeance. C'est un rôle tragique, mais qui offre de nombreuses occasions de verser dans la comédie chaplinesque, et Rudolf en tira le meilleur parti. Le ballet durait quatre-vingt-dix minutes, mais on ne voyait pas le temps passer. Les critiques furent excellentes. « *Le pardessus* se porte bien », écrivit quelqu'un.

Margot, elle, ne se portait pas bien du tout. En février 1991, elle mourut au terme d'une longue maladie. Rudolf lui avait rendu visite et, s'il est besoin d'une preuve qu'ils furent amants, elle la donna à ce moment-là. Elle se mourait d'un cancer, mais refusa que Rudolf la voit au lit. Les jours où il lui rendait visite, elle refusait les médicaments qui l'aidait à soulager la douleur, mais la rendait somnolente. Elle se levait, s'habillait, se maquillait et recevait Rudolf, assise à table. Elle lui dit combien elle avait été proche, financièrement, du dénuement le plus complet. Si Covent Garden n'avait pas organisé une soirée en son bénéfice en mai 1990, l'argent lui aurait manqué deux mois plus tard. Elle mourut le 21 février, le vingt-neuvième anniversaire de leurs débuts dans *Giselle*.

Alors que les rumeurs sur la maladie de Rudolf semblaient se tairent, Canesi commença à remarquer les premiers changements chez lui. Il se mit à perdre du poids, la couleur de sa peau et de ses cheveux changea. Pour un œil médical exercé, le patient le Canesi commençait à succomber au dernier stade de la maladie.

Un mois après la mort de Margot, Noureev fêta ses 53 ans en Floride, et dansa pour l'occasion. Son endurance était stupéfiante. Il se produisait cependant dans des villes moins importantes maintenant, comme Cambridge, Malvern, Reading, Bristol et Nottingham lors d'une tournée en Angleterre. Il n'y avait pas de décor et la musique était une musique de fond enregistrée.

C'était une fin pathétique pour un homme de son envergure, aussi, alors qu'il était en Australie, il décida de prendre sa retraite. Une des raisons en était qu'il avait subi quelques temps plus tôt une opération des reins, et il avait eu besoin durant une période d'un cathéter. En dépit de la douleur que cela devait lui causer, il continua de danser avec le cathéter à l'intérieur du corps. Après une représentation à Sydney, il sortit de scène couvert de sueur et souffrant manifestement le martyre. Tout ce qu'il dit fut : « Je crois que j'ai touché la plomberie.» Un autre facteur également avait joué dans sa décision de se retirer. Environ six mois plus tôt, il avait révélé qu'il avait pris en secret des cours pour diriger un orchestre en juin 1991, au Palais Auersperg à Vienne, où il avait dirigé du Mozart, du Haydn, du Tchaïkovsky et du Stravinsky. Il révéla qu'il avait l'intention de diriger un orchestre en Bulgarie et à Kazan en Russie, et que l'idée d'être chef d'orchestre lui était venue dix ans plus tôt en rencontrant Herbert von Karajan à Salzbourg. Rudolf ne se sentait pas très bien à l'époque - peut-être contracta-t-il à ce moment-là le virus du Sida -, et il avait fait remarqué à von Karajan, qui avait 73 ans, qu'il avait l'air très en forme. Karajan lui avait parlé de l'art de manier la baguette, et depuis lors, Rudolf avait toujours gardé en tête l'idée de diriger un orchestre quand il mettrait un terme à sa carrière de danseur. Ce n'était d'ailleurs pas seulement une question de santé. Il avait toujours été attaché à la musique, et c'était une façon de continuer à se produire.

Il y avait également le fait que, en dirigeant lui-même un orchestre, il aidait encore le ballet à progresser. D'aucuns avaient le sentiment dans le monde du ballet que les orchestres ne donnaient pas le meilleur d'eux-mêmes dans les ballets, en comparaison de l'opéra. Il était certain que les plus grands chefs d'orchestre s'impliquaient davantage dans l'opéra que dans le ballet. Tout cela n'était certes pas étranger au fait que le répertoire du ballet était plus limité, musicalement parlant. Rudolf, avec sa célébrité et son talent, était en position de changer tout cela.

Le 28 janvier 1992, Clark Tippet, chorégraphe et principal danseur de l'American Ballet Theatre, mourut du Sida à New York. Il avait 57 ans.

A New York, fin 1991 et début 1992, Bob Collacelo (qui avait travaillé à une époque pour le magazine *Interview* d'Andy Warhol) se trouvait avec un ami, Kevin Farley, à Saint Bart, où Rudolf venait d'acheter une maison. Ils marchaient un jour sur la plage de la « Grande saline », une plage quasi nudiste fréquentée par les homosexuels, quand ils tombèrent sur Noureev, seul et complètement nu. Celui-ci s'approcha et dit bonjour, s'étant toujours montré amical avec Colacello depuis que celui-ci lui avait donné un jour une montre Cartier en or. Rudolf, qui était conscient qu'il était séropositif, n'en commença pas moins à faire de l'œil à Kevin, avant de plonger dans la mer et de s'exhiber en réalisant des prouesses acrobatiques dans l'eau. « Il avait l'air magnifique », dira plus tard Colacello. Le fait qu'il fut malade n'empêchait pas Rudolf de chercher de nouveaux partenaires.

Six semaines plus tard, le 24 février, John Wilson, danseur, chorégraphe et membre fondateur du Ballet Joffrey, mourut du Sida à l'âge de 64 ans. Rudolf se trouvait alors à Berlin, où il dansait Carabosse, lorsque de nouveau il eut l'impression d'avoir « touché la plomberie.» De Berlin, il prit l'avion pour Budapest, et c'est là, jouant le rôle de l'ange dans le *Cristoforo* de Gabor Kevehazi, qu'il dansa pour la dernière fois.

Les critiques furent chaleureuses, sans plus, mais Rudolf avait déjà en tête sa nouvelle carrière de chef d'orchestre. Il avait des engagements à Kazan, à l'École des Arts de Virginie, au Met en mai pour diriger un orchestre avec l'American Ballet Theatre et à San Francisco en juillet. A New York et San Francisco, il dirigerait la musique de *Roméo et Juliette.* Et, plus tard, il y aurait une nouvelle version de *La Bayadère*, qu'il devait chorégraphier pour Dupond à Paris. Il dirigerait l'orchestre là encore.

En mars, Rudolf arriva à Kazan pour diriger la musique de *Roméo et Juliette* avec un orchestre russe. Il prit le train de Moscou à Kazan, qui se trouve à quatre cents kilomètres d'Oufa, et durant presque tout le temps du voyage, il resta cloîtré dans son compartiment avec le chef d'orchestre local à répéter les mouvements. Le voyage se faisait de nuit, et dans le train, il recommença à être pris de sueurs froides. Même à cette époque, la volonté dont il faisait preuve et la liberté sexuelle qu'il s'accordait étaient telles que, selon un psychiatre qui fit beaucoup pour informer la communauté homosexuelle russe, on murmurait à Kazan que Rudolf avait infecté pas moins de quatre hommes pendant qu'il était là-bas. Selon Vladimir Nikolaïvitch Zotov, qui travailla avec Rudolf à Kazan, et Vladimir Alexandreiovitch, maître de ballet au Ballet de Kazan, il avait certainement eu la force d'aller « faire la bringue » durant les trois semaines où il était resté là-bas.

La veille de son départ, il alla aux bains publics avec quelques uns des musiciens de l'orchestre. En ressortant (c'était toujours l'hiver en Russie), il attrapa froid. D'abord, il crut que c'était la pneumonie et il répétait « comme mon père, comme mon père ». Il fut alors transféré à l'hôpital militaire du Kirov à Leningrad, où il séjourna une semaine. Le traitement contre la bronchite ou la pneumonie n'eut aucun effet sur lui. Deux nuits avant son cinquante-quatrième anniversaire, ses suées se transformèrent en fièvre, jusqu'à ce que son corps atteigne une température de quarante degrés. Douce, qui l'accompagnait, appela Canesi à Paris, qui ordonna à Rudolf de raccourcir son voyage et de rentrer immédiatement à Paris. Une avion privé fut affrété.

Quelques temps plus tard, l'École des Arts de Virginie annonça que Rudolf avait annulé son engagement pour diriger son orchestre. Ses délégués dirent à la presse que Noureev était malade, qu'il souffrait d'une extrême fatigue et avait un problème au cœur.

• • • • •

Les grandes froidures de l'hiver

En face de lui, il l'aperçoit.
Elle est austère ! Elle ne le voit.
Hou... Elle est comme glacée par l'air
Des grandes froidures de l'hiver.

Quand Rudolf arriva à Paris, il était épuisé. Canesi l'examina et trouva son état « catastrophique.» Il pensa qu'il allait mourir. Il s'arrangea pour que Rudolf soit admis à l'Hôpital du Perpétuel-Secours à Levallois, où l'on diagnostiqua dans l'heure qui suivit son arrivée, une infection virale des parois du cœur. C'était extrêmement rare, mais ce n'était pas la première fois que des malades du Sida développaient cette infection particulière. Rudolf fut transféré d'urgence à la clinique Ambroise-Paré à Neuilly où, le 2 avril, il fut opéré. Il subit un drainage de la membrane du cœur. Par la suite, il retourna au Perpétuel-Secours et fut traité au Ganciclovir.

Là, en quelques temps, il se rétablit de façon spectaculaire. Il devait monter une nouvelle production de *La Bayadère* à l'automne, et il se mit aussitôt au travail, discutant de la question des décors avec Ezio Frigerio et envisageant la possibilité de faire venir de Saint-Pétersbourg Ninel Kurgapkina, la ballerine du Kirov. A son retour de Leningrad en 1989, Rudolf avait réussi à mettre la main sur une copie de la partition originale de *La Bayadère* de

Minkus, ce qui signifiait qu'il aurait la possibilité de monter les quatre actes du ballet, une chose qui n'était pas arrivée depuis la Révolution russe. Avec la partition dans son intégralité, il sentait qu'il était capable non seulement de produire et de mettre en scène le ballet, mais également de diriger l'orchestre.

En attendant, il devait diriger un mois plus tard *Roméo et Juliette*, au Met à New York, avec l'American Ballet Theatre. Même s'il était malade, il savait qu'il n'avait pas le droit à un faux pas. Il s'agissait d'un engagement professionnel dans un des théâtres les plus prestigieux du monde, avec une des meilleures compagnies. Il fallait qu'il soit égal à lui-même pour l'occasion.

Rudolf arriva à New York environ deux semaines avant la représentation et répéta avec l'orchestre chaque matin à dix heures trente. Puis, il rentrait chez lui, prenait un déjeuner léger, faisait un petit somme d'une demi-heure, et étudiait la partition durant le reste de l'après-midi, s'obligeant à surmonter la fatigue. Douce était là pour veiller à ses besoins quotidiens et empêcher autant que possible qu'on le dérange, et Maude Lloyd vint lui apporter son aide à son tour.Quelqu'un attendait avec particulièrement d'impatience le concert de New York : c'était Nicholas Dromgoole, le critique de ballet du *Daily Telegraph* à Londres. Il révéla que, des années plus tôt, alors qu'il n'était qu'un jeune homme, il avait été invité à déjeuner au *Caprice*, un restaurant de Curzon Street (Rudolf y avait dîné un jour avec Marlène Dietrich et Sean Connery) par Sir David Webster, le prédécesseur de John Tooley à la direction générale de Covent Garden. Webster avait dit que le jour où Noureev, alors tout jeune, abandonnerait la danse, sa connaissance de la musique et sa créativité étaient telles qu'il deviendrait sûrement l'un des plus grands chefs d'orchestre du monde. Personne, Dromgoole le premier, n'avait cru que Rudolf danserait si longtemps, mais il allait du moins révélé Webster avait eu raison ou bien s'il s'était trompé.

Bien que, à proprement parler, la soirée de l'ABT ne marquât pas les débuts de Rudolf en tant que chef d'orchestre, c'était la première fois que la plupart de ses amis et de ses fans avaient l'occasion de le voir. Son concert à Vienne avait eu peu de publicité, et Kazan était loin d'être une mecque de la musique comme l'était Manhattan. Marilyn La Vine, l'une des fans les plus loyales de Rudolf, qui se trouvait dans le public ce soir-là, se souvient que, au moment où il s'approcha du pupitre, sous les acclamations du public, il prit appui sur le mur de la fosse. Il ne s'appuyait pas lourdement, mais avançait d'appui en appui. Parmi les autres invités ce soir-là se trouvaient Irina Kolpakova, la première *Giselle* de Rudolf, et Alessandra Ferri, sa dernière.

Les principaux danseurs étaient Sylvie Guillem dans le rôle de Juliette et Laurent Hilaire dans celui de Roméo, deux *protégés** de Rudolf, aussi toute la soirée n'était-elle pas loin d'être une affaire de famille. Il interpréta la partition à l'allure la plus lente, la plus majestueuse, celle que l'on préférait en Russie. L'allure russe n'était pas du goût de tous à Manhattan, mais l'on reconnut du moins que le choix était légitime. D'autres, à l'inverse, furent complètement fascinés par sa lecture de la partition de Prokofiev. Un critique écrivit que Rudolf avait donné la plus belle interprétation qu'il avait jamais entendue, et Clive Barnes écrivit qu'il avait su tirer de cet orchestre particulier le meilleur *Roméo et Juliette* auquel il avait jamais assisté.

Ce fut une grande soirée pour Rudolf, et, un peu plus tard, à la petite fête qu'il donnait au Dakota, ses amis qui ne l'avaient pas revu depuis son retour de Kazan furent choqués par son aspect physique. La liste des invités était toujours aussi étincelante - Jackie Onassis, Jerome Robbins, Natalia Makarova, Pat Buckley, la femme du journaliste William F. Buckley, Jane Herrmann, Robert Tracy, Peter Martins, directeur du NYCB, Monique van Vooren -, mais Rudolf était trop épuisé pour s'asseoir à table. Il prit place dans une *chaise longue**, et se relevait occasionnellement pour prendre quelque chose à manger. Chacun de ses amis fut invité dans sa chambre, avec son lit à baldaquin gothique en chêne massif, pour une petite conversation privée. Linda Mabeduke, sa vieille amie de Toronto, était au bord des larmes. Deux jours avant le concert, elle était sortie avec Tracy pour acheter de l'alcool pour la petite fête, et sur le chemin du retour, ce dernier lui avait appris que Rudolf était atteint du Sida. Ce soir-là, elle s'assit près de lui sur le lit, et dit :

- Rudolf, nous ne savions pas.

Il se contenta de hocher la tête. Il ne discutait pas directement de sa maladie, mais quand Monique prit un polaroid de lui, il n'en voulut pas.

- Garde-le, lui dit-il. C'est peut-être le dernier.

En fait, sa santé, une fois de plus, s'améliora. De New York, il se rendit à Vienne où il se permit de se quereller en public avec le nouveau directeur artistique du Ballet de Vienne, Elena Tchernichova, et plusieurs des musiciens de l'orchestre de Vienne, qui le jugèrent « malade et incompétent ». Sur quoi Franz Moser, le directeur de la compagnie, prit le parti de congédier les sept manifestants, y compris le chef d'orchestre. Rudolf n'avait cure de ces incidents. Les Australiens lui proposaient de diriger un orchestre, ainsi que le Philarmonique de Tokyo. Roland Petit le voulait à la tête de l'orchestre pour *Coppélia* à Marseille en novembre, après *La Bayadère*, et avant tout cela, il avait signé pour diriger l'orchestre de l'Université de Californie à San Francisco. Quand il se rendit là-bas, en juillet, il était presque le vieux Rudolf, portant en répétition un sabot jaune et un sabot bleu. « Ce sont mes chaussures de San Francisco », dit-il. Sa prestation fut bien accueillie, et une longue file d'admirateurs se forma aussitôt après devant sa loge, comme autrefois.

Continuant de montrer une volonté extraordinaire, dans la soirée après la représentation, Rudolf dîna au *Café Tosca* de Jeanette Etheridge, puis se rendit dans une boîte de nuit. Le Kirov était en ville, et, quoiqu'il désapprouvât la durée de leur tournée, disant qu'ils privaient Saint-Pétersbourg de leur présence durant presque un an, il alla les voir. Il rencontra de nouveau Zhanna Ayupova, la ballerine avec laquelle il avait dansé à Leningrad en 1989. Elle remarqua que, quoiqu'on fût au mois de juillet, Rudolf portait un manteau de fourrure. Elle comprit alors que les rumeurs qui circulaient dans le monde du ballet disant qu'il avait le Sida étaient vraies.

L'administration du Ballet de l'Opéra de Paris en vint à la même conclusion, et, très discrètement, avança la date de la première de *La Bayadère*. Les années précédentes, les premières des grandes productions d'automne du Palais Garnier avaient lieu entre la dernière semaine d'octobre et la semaine qui précédait Noël. Cette année-là, ils étaient plusieurs à penser que si la production avait lieu trop tard, Rudolf ne pourrait peut-être pas en assumer la responsabilité. La date fut donc fixée au 8 octobre.

Rudolf apprit la date ferme avant de partir pour de courtes vacances à Saint Bart. C'est alors que Robert Tracy, inquiet pour Rudolf, mais également inquiet pour lui-même quand surviendrait la mort de celui-ci, chargea Marvin Mitchelson, un avocat américain bien connu spécialisé dans les affaires de demande de pension alimentaire, de lui obtenir un dédommagement financier. En la circonstance, cela ne rendit pas Tracy populaire, mais il avait vécu avec Rudolf et avait par conséquent le sentiment que sa demande était légitime. En 1989, un jury de Los Angeles avait accordé à Marc Christian, l'amant de Rock Hudson, 21 750 000 dollars de dommages et intérêts pour la détresse émotionnelle qu'il avait éprouvée en apprenant qu'Hudson avait le Sida. Cette somme fut plus tard ramenée à 5 500 000 dollars. Tracy ne demandait pas tant. Il eut droit à quelque chose comme 500 000 dollars et Rudolf accepta de payer. Bien évidemment, ses relations avec ce dernier et les gens qui l'entouraient s'en trouvèrent dégradées d'autant. Rudolf arriva à Saint Bart le 3 septembre. Canesi l'y retrouva, et ne put cacher le fait qu'il était choqué par son apparence physique. Remarquant la chose, Rudolf demanda : « Est-ce que c'est la fin? »

Les répétitions commencèrent au milieu du mois, de sorte qu'il ne restait que trois semaines de travail avec la distribution complète avant la première. Le quatrième acte de *La Bayadère* avait sauté ; les décors s'étaient révélés trop onéreux et trop difficiles à mettre en scène. A ce moment-là, la vie de Rudolf était divisée en deux : il y avait les bons et les mauvais jours. Il ne se déplaçait plus qu'entre le Quai Voltaire, le Palais Garnier et l'hôpital du Perpétuel-Secours. Ninel Kurgapkina était arrivée de Russie et s'était installée avec Douce, rue Murillo, près du Parc Monceau. Rudolf avait donc opté pour les trois actes complets de *La Bayadère*, qu'il avait dansés pour la première fois à Leningrad en 1961, avec Moiseeva et Sizova. Mais la vérité était que sa mémoire commençait à lui faire défaut et qu'il avait besoin de Kurgapkina pour l'aider à la reconstitution du ballet.

Tout le monde pensait à ce moment-là que Rudolf avait abandonné tout espoir de diriger à nouveau un orchestre. Cependant, alors qu'il restait une semaine encore avant la première, il alla trouver Hélène Tra100line, directrice de la programmation de l'Opéra de Paris, pour lui demander à quel moment il était censé répéter avec l'orchestre. Trailine ne savait pas quoi lui répondre, aussi parla-t-elle pour ne rien dire en promettant de revenir le voir. Elle téléphona alors immédiatement à Canesi, et le supplia d'intervenir. Ce qu'il fit, interdisant à Rudolf de prendre la moindre responsabilité à partir de maintenant. Mais Rudolf ne l'entendait pas de cette oreille. Lorsqu'il revit Trailine, à la répétition en costumes, il était furieux et repoussa le bras d'un homme qui voulait l'aider à descendre l'escalier. Il voulait ainsi montrer qu'il était encore fort.

En dépit de cela, en dépit de tout, le monde ne soupçonnait pas à quel point Noureev était malade. Le matin de la première, dans *Le Figaro*, René Sirvin, qui avait montré de plus en plus de sympathie envers Rudolf, dit que la représentation de la soirée serait l'événement de la saison. Un autre critique faisait savoir à quel point Noureev était fatigué après toutes les répétitions qui avaient eu lieu, mais affirmait qu'il « surmontait » sa maladie. Un autre encore écrivit que son visage exprimait l'émotion qu'il ressentait face au spectacle qu'il avait créé.

Le 8 octobre fut l'une des plus mauvaises journées de Rudolf. Quand il arriva au théâtre, beaucoup furent étonnés par son apparence décharnée. Il semblait avoir oublié le théâtre qu'il connaissait si bien, et il fallut le guider jusqu'à sa loge. Là, une *chaise longue** avait été installée à son intention, avec des coussins sur les bords. De cette loge, il pouvait voir la scène par-dessus le parapet, mais la plupart des spectateurs ne le voyaient pas. Il était épuisé, presque incapable de prononcer un mot.

Comme la plupart des soixante ou soixante-dix fans que Noureev s'était attaché au fil des années et qui voyageaient un peu partout dans le monde pour le voir, Marilyn La Vine était au Palais Garnier ce soir-là. Elle avait une place à l'orchestre et la première chose qu'elle remarqua, avant que les lumières ne s'éteignent, fut qu'il y avait une loge privée, au niveau de la scène, sur la droite, où elle pouvait voir le haut de la tête de Noureev. Elle savait que c'était lui à cause du turban rouge et noir qu'il portait. Des gens venaient le voir dans la loge et se penchaient pour l'embrasser.

Les lumières baissèrent enfin, et la représentation commença. *La Bayadère* avait été le premier ballet grâce auquel Rudolf s'était fait un nom à l'Ouest, quand le Kirov l'avait dansé en 1961. Puis, il l'avait recréé pour Frederick Ashton. A plus d'un égard, sa carrière revenait au point de départ.

Pendant l'entracte, Marilyn décida d'aller présenter ses respects à Rudolf et se dirigea vers sa loge. Mais, en chemin, elle le vit venir vers elle. Elle s'arrêta, sous le choc. Il était soutenu par deux hommes qu'elle ne connaissait pas ; il en avait probablement eu assez de rester allongé dans sa loge. Il remarqua sa présence, et hocha la tête. Ce hochement de tête, le dernier échange qu'elle eut avec lui, c'était tout Rudolf. Cela voulait dire « Oui, c'est moi. On ne dirait pas, mais c'est bien moi. Oui, je suis malade, mourrant. Mais, pour le moment, je suis toujours là ». Il ne pouvait pas parler, en partie parce qu'il était épuisé, en partie parce que sa muqueuse buccale était pleine de muguet.

On le conduisit plus loin, et Marilyn retourna à sa place tandis que les lumières baissaient pour le second acte.

Une des personnes qui se trouvaient avec Rudolf, et que Marilyn ne reconnut pas, était Michel Canesi. Au cours de la représentation, il se pencha vers Rudolf et murmura:

- Rudolf, êtes-vous heureux?

Rudolf leva les yeux.

- Très, très heureux, répondit-il du mieux qu'il put.

Canesi lutta pour ne pas verser de larmes.

Le dernier acte, bien sûr, contenait la fameuse scène du Royaume des ombres qui avait tellement fasciné Olivier Merlin quand il l'avait vue pour la première fois lors de la tournée du Kirov en 1961. C'est également l'acte où Solor danse pour la dernière fois avec Nikiya, qui est déjà morte.

Après que le rideau fut retombé, et que les danseurs eurent salué, Rudolf fut appelé par le public. Cela prit un moment. Il se fit aider pour sortir de sa loge, mais Michel Canesi lui dit qu'il n'était pas forcé d'y aller s'il ne le voulait pas.

- Non, non, dit Rudolf. Je le dois. Je le veux. Mais, que ça ne dure pas.

C'était, songea Canesi, une façon élégante d'apprendre à son public ce qui se passait.

Rudolf fut conduit sur scène par Isabelle Guérin et Laurent Hilaire. Habillé en smoking, avec son turban rouge et noir et son grand foulard rouge et or sur son épaule gauche, il avait l'air élégant et exotique en même temps, comme lui seul savait l'être. Ses yeux étaient comme enfoncés dans son visage et rendaient ses pommettes plus proéminentes que jamais. Il s'avança maladroitement. Il y avait un sourire sur son visage et, oui, le même viel air de défi. Mais il y avait quelque chose de nouveau - le regard sombre et fixe de ceux qui sont proches de la mort et le savent. A son apparition, il y eut, comme le raconte Canesi, quatre secondes de silence absolu. C'était arrivé déjà après son premier *Giselle* à Covent Garden en 1962. Mais, cette fois, il n'y avait pas de Lydia Lopokova à l'orchestre pour murmurer « Lurvely ».

A la place, ce fut brusquement une ovation étourdissante. Tout le monde dans le public comprenait que c'était véritablement un adieu. Comme les applaudissements redoublaient, quelques « au revoir » fusèrent dans le public. On lui jeta des fleurs, mais il était trop faible pour les ramasser. Il était même trop faible pour s'incliner. Il manqua tomber trois fois et dut être soutenu par les ballerines.

Trois fois, le rideau se releva et retomba. Au dernier relevé, la bouche de Rudolf s'était figée, ouverte, le sourire s'était éteint. Il avait le regard sombre et fixe. Il avait l'air effrayé. Le rideau retomba pour la dernière fois. Pour beaucoup, Rudolf Noureev mourut ce soir-là, sur scène. Comme il avait toujours dit qu'il ferait.

Derrière le rideau, Rudolf fut installé dans un fauteuil aussi confortablement que possible. Des tas de gens voulaient lui présenter leurs félicitations. Une fois de plus, Michel Canesi lui dit qu'il n'était pas obligé de s'infliger cela, mais de nouveau Rudolf insista pour le faire. C'était un homme de théâtre, et il y aurait très peu de soirs comme celui-là.

Jack Lang, le ministre de la Culture, s'approcha et présenta à Noureev la médaille d'or et le ruban noir et blanc de Commandeur des Arts et des Lettres. La décoration s'accordait très bien à la tenue exotique de Rudolf. Après une heure et demie, les célébrations sur scène, si on peut les appeler ainsi, prirent fin et Rudolf fut emmené par une porte de derrière. Mais, c'était Rudolf Noureev et il n'allait pas rentrer chez lui parce que quelques amis pensaient que c'était mieux pour lui. Il savait encore se faire entendre et insista pour qu'on le conduise à la petite fête de l'après-première, où il s'assit à côté de Pierre Bergé et discuta de leurs projets pour l'année suivante. De façon surprenante, pour ceux qui l'avait vu sur scène plus tôt dans la soirée, il paraissait maintenant aller mieux. Parmi les gens présents à la petite fête se trouvait Roland Petit.

- Roland! appela Rudolf. Où est la musique?

Il voulait dire *Coppélia*.

Le lendemain matin, on s'intéressa assez peu aux critiques de *La Bayadère*, quoique le spectacle fut bien reçu. Les photographies de Rudolf amaigri se répandirent dans le monde entier à la même vitesse, et avec le même impact, que celles de Rock Hudson quelques années plus tôt. En fait, les deux événements semblaient résumer le phénomène du Sida. Rock Hudson avait été le premier individu internationalement connu à succomber à la maladie, signalant avec force son existence et son importance. Les images de Rudolf soulignaient les atteintes du Sida, sa tenacité, le fait que cette épidémie ne pouvait être ignorée. La vie de Rudolf avait été dévouée à l'accomplissement de la beauté physique. Il fut l'un des plus beaux hommes de son temps, et il n'est pas impossible qu'il ait été le plus grand danseur de tous les temps. Comment imaginer derniers jours plus tragiques?

Suivie une période des plus curieuses durant laquelle ce que chacun savait, à savoir que Rudolf avait le Sida, était démenti officiellement. Le lendemain de la première, le responsable des communications avec la presse du Ballet de l'Opéra de Paris admit seulement que Noureev était très fatigué, et qu'il se remettait encore d'une grave opération chirurgicale. Il donnait ensuite une définition tirée d'un manuel de médecine de la péricardite, et s'en tint là.

Après une soirée si pleine d'émotion, le chorégraphe John Taras se demanda s'il devait aller rendre visite à Rudolf quai Voltaire le lendemain, vendredi. Dans la matinée, il tomba sur Luigi Pignotti, le masseur italien de Noureev, qui lui dit que la santé de Rudolf connaissait des hauts et des bas depuis 1985. Taras passa néanmoins à l'appartement du quai Voltaire cet après-midi-là, où il fut témoin d'une scène « à la Lorca». L'appartement était plein de monde - Douce, le danseur Charles Jude, Rudi van Dantzig, Canesi -, tous marchant sur la pointe des pieds parce que Rudolf s'était assoupi. Taras était sur le point d'entrer dans cette sombre scène lui-même lorsque soudain la porte de la chambre de Rudolf s'ouvrit et que celui-ci en sortit. Aussitôt, il s'adressa à Taras. Il avait décidé, dit-il, de fonder une école chorégraphique à Saint-Pétersbourg - elle éclipserait la Vaganova. Est-ce que Taras voulait être du projet? « Bien sûr », répondit Taras. Ensuite, Rudolf se tourna vers van Dantzig et lui posa la même question. Lui aussi donna son accord. « C'était si émouvant, dira plus tard Taras, de l'entendre faire tous ces projets devant les gens qui étaient là.» Le 9 octobre était une bonne journée.

Douce - discrètement amoureuse de Rudolf depuis des années, prête à jouer le rôle d'amie, à obéir à ses moindres caprices, et même à porter un enfant de lui si seulement il y avait consenti - cherchait maintenant un moyen de prévenir les débordements médiatiques autour de la maladie de Rudolf. Jusque-là, elle avait gardé le silence, mais maintenant elle décida de donner des interviews dans lesquelles elle commentait : « Ce qu'on dit de Rudi est injuste. C'est une légende, et il ne mérite pas d'être traité de cette façon.» Elle insista sur le fait que son apparence émaciée était due au travail intense qu'il avait fourni et aux effets de son opération. « Nous lui avons caché les journaux, mais Rudi commence à sentir qu'il se passe quelque chose. S'il découvre ce qu'on dit de lui, cela peut le détruire.» (Est-ce qu'il ne voulait pas lire les critiques? Et n'était-il pas détruit déjà quoi qu'il en soit?) En fait, un fan allemand lui avait faxé une critique dithyrambique parue dans un journal allemand, qui parlait également du Sida dont il était victime. Douce ne put empêcher le fax de parvenir entre les mains de Rudolf, qui fut très déprimé en le lisant. Elle continua de donner des interviews, affirmant qu'avec du temps, il allait retrouver toutes ses capacités, et elle parla même d'un projet de tournée en Amérique du Sud en décembre. « Très franchement, croyez-vous que je dépenserais tout cet argent si Rudi était sur le point de mourir? »

Ce que Luigi Pignotti n'avait pas dit à John Taras, c'était que les mauvais jours étaient plus nombreux maintenant que les bons, et quelques jours après la première de *La Bayadère*, Rudolf, ainsi que Jude, sa femme et un gros chien, quittèrent Paris pour le soleil de Saint Bart. La presse suivit, bravant l'extraordinaire difficulté d'atterrissage sur la seule piste de l'île, qui obligeait les avions qui arrivaient à couper leurs moteurs au dessus de la chaîne des collines, à se laisser tomber comme une pierre pendant un moment, pour aborder enfin la piste à la bonne altitude.

Rudolf et ses amis restèrent dix jours dans sa maison de bois sur la côte atlantique la moins touristique de l'île. Chaque jour, Rudolf s'obligeait à une baignade. Il était loin le temps où il s'affichait nu devant les touristes sur la plage près de chez lui. Chaque jour, il se forçait à manger des huîtres et à boire du Montrachet. Il était résolu à vivre encore.

Mais, après l'excitation de l'arrivée, les mauvais jours revinrent. Saint Bart étant éloigné de tout, il devint bientôt évident que Rudolf devrait retourner à Paris. Son retour coïncida avec la mort de Melvin Dixon, l'auteur de *Trouble the waters*, mort du Sida à l'âge de 42 ans. C'était le 26 octobre. Suivit un mois d'examens médicaux. Pour cela, il fut admis à l'Hôpital du Perpétuel Secours. Presque chaque jour, Canesi le bourrait de vitamines. Comme tous ceux qui étaient proches de Rudolf, Canesi ne parlait pas de la maladie de son patient, attribuant sa santé fragile aux suites de son opération. Au cours du mois de novembre, la peau de Rudolf commença à devenir aussi fine que du papier et sculpta davantage encore ses célèbres pommettes tartares. Il ressentait le froid plus que jamais maintenant, et portait un bonnet de laine en permanence, même lorsqu'il faisait beau, avec un casque à écouteurs sur ses oreilles, pour écouter son très cher Bach et la musique de *Coppélia*, qu'il devait diriger à Marseille quelques semaines plus tard. Des amis parisiens passaient le voir - Pierre Bergé, Charles Jude, Mario Bois - mais, le plus touchant, c'était les appels téléphoniques qu'il recevait du monde entier - Violette Verdy, Natasha Harley, John Lanchbery. Quand Joan Thring téléphona, elle demanda à Rudolf, doucement, s'il souffrait. « Je n'ai pas à me plaindre, parvint-il à dire, je n'ai pas à me plaindre.»

Un par un, ses amis lui disaient adieu.

Il y avait cependant des jours encore où il allait mieux. Ces jours-là, il lisait les journaux français et anglais, ou s'asseyait sur une chaise recouverte d'un textile coloré et contemplait le quai Voltaire et plus loin le Louvre. Rudolf n'était toujours pas conscient que le monde entier savait qu'il avait le Sida, et ses amis avaient décidé que les choses resteraient ainsi. Ils avaient l'impression qu'il en aurait été trop triste.

En 1984, Mario Bois avait été en partie à l'origine de la création de la Société des Auteurs et Compositeurs Dramatiques, la SACD, une association destinée à protéger les droits des chorégraphes et des adaptateurs, des musiciens et des arrangeurs, dont les ballets ou les morceaux de musique pouvaient être repris dans les plus grands théâtres du monde. Bois était responsable de l'enregistrement des travaux de Rudolf à la SACD, à commencer par *Washington Square.* A ce moment-là, la direction des théâtres n'acceptait pas toujours de payer des royalties pour chaque représentation donnée de telle ou telle œuvre. Mais, l'idée fit rapidement son chemin en Europe et en Amérique du Nord (à l'exception de l'Italie), puis en Autriche et au Japon. Ceci allait être une source de revenus supplémentaire importante pour Rudolf. Par exemple, entre septembre 1991 et l'automne 1992, il reçut au moins 90 000 dollars de droits pour *Roméo et Juliette, La Bayadère* et *Don Quichotte.*

Les bons jours se faisaient se plus en plus rares maintenant, et le 20 novembre, il fut admis de nouveau à l'hôpital du Perpétuel-Secours au nord-ouest de Paris sous un faux nom, Monsieur Potts. Ce n'était pas la première fois qu'il utilisait ce stratagème (il l'avait fait quand il était allé à Londres pour discuter du premier gala avec Margot). A l'hôpital, on l'installa dans la chambre 517, au cinquième étage, et on le mit sous perfusion, en dépit des risques que cela représentait.

Au début, il alla mieux et impressionna ses médecins. Puis, il rechuta de nouveau. Il détestait l'ennui de la maladie. Jerome Robbins, qui répétait au Palais Garnier, venait le voir tous les jours. Maintenant, une part de lui semblait accepter l'inévitable, et il finit par choisir le lieu où il reposerait, le cimetière orthodoxe russe de Sainte-Geneviève-des-Bois, à une heure de Paris. C'était le lieu de repos traditionnel des familles aristocratiques russes exilées en France. Son père l'aurait détesté.

Maintenant, les « nounous » commencèrent à arriver à Paris pour soulager Douce et Marika Bessobrassova, qui avaient supporté le plus gros de la maladie de Rudolf. Linda Mabeduke était là, venant de Toronto, Jeanette Etheridge de San Francisco, Natasha Harley et Monique van Vooren de New York, Liuba Miasnikova de Saint-Pétersbourg.

Rudolf avait acheté un autre appartement Quai Voltaire, qu'il réservait à sa famille, Rosa et Guzelle en particulier. De façon surprenante, celles-ci gardèrent leurs distances. La triste vérité était que les Noureev étaient encore des paysans de cœur et ne savaient pas quoi faire. Une des amies qui ne vint pas le voir à l'hôpital fut Clara Saint. Elle avait perdu le contact des années auparavant. Inversement, Madonna décida qu'elle voulait rendre visite à Rudolf bien qu'elle ne l'avait jamais rencontré. Le projet n'aboutit pas.

Quand l'écrivain italien Ettore Mo vint le voir au Perpétuel Secours la première semaine de décembre, il était incapable de dire si Rudolf était sur le point de renoncer « ou si sa grande âme tartare l'aidait véritablement à s'accrocher à l'espoir que sa vitalité lui serait finalement rendue.» Rudolf ne pouvait plus avaler, et il était nourri par intraveineuses, et pourtant Mo découvrit qu'il avait le projet de monter *Casse-Noisette*, *La Belle au bois dormant* et *Roméo et Juliette* à Milan. Il ne put s'empêcher de remarquer que Rudolf parlait extrêmement lentement et qu'il se passait quelquefois presque dix minutes avant qu'il ne réponde à une question.

Durant sa visite, le téléphone sonna plusieurs fois. Souvent, c'étaient de riches et jolies femmes dont Rudolf s'était fait des amies, en Amérique, en Australie, au Japon, en Grèce, en Amérique du Sud. Puis, les infirmières entrèrent. Rudolf portait un pyjama en pure laine dans les tons marron, rouge et ocre de l'automne. Les infirmières l'installèrent plus confortablement dans ses oreillers et il se mit à se souvenir de Fonteyn. « Elle était ma partenaire idéale, dit-il à Mo. Nous avions des tempéraments différents, et il y avait une différence d'âge de vingt ans entre nous. Mais, nos corps, nos mouvements, nos mains et nos pieds réussissaient à se rencontrer et à s'unir merveilleusement. Je n'aurais plus jamais une partenaire comme elle.» Dans la chambre d'hôpital, la télévision diffusait un vieux western spaghetti. Mo demanda à Rudolf s'il voulait voir une de de ses propres vidéos, montrant une de ses chorégraphies, ou un de ses films, *Valentino* peut-être, ou *Surexposé*. Rudolf eut un geste vague, « comme si tout d'un coup il voulait mettre de côté non seulement son glorieux répertoire, mais tout son passé.»

Les deux heures que Mo passa avec lui prirent fin. Avec l'autorité qui caractérise les gens très malades, Rudolf s'efforça de le rassurer en affirmant qu'il ne manquait pas d'affection, que Douce, Marika ou Liuba venaient chaque jour, et lui apportaient son thé chaud, avec cinq sucres toujours, comme il l'aimait.

Mo l'interrogea sur Rosa. Est-ce qu'elle venait le voir? Rudolf n'avait pas fait allusion à elle.

- Non, murmura Rudolf. Elle ne vient pas. Nous avons perdu le contact.

Il dit autre chose encore. Mo était sur le point de partir et la pluie cognait contre les vitres de l'hôpital. Rudolf n'éleva pas la voix, mais les mots qu'il prononça étaient clairs. Il dit : « Je n'ai jamais été aussi grand que maintenant.»

Quand Luigi lui rendit visite quelques jours plus tard, il était beaucoup plus faible encore. Il se pencha au-dessus du lit et dit :

- Rudolf, si vous m'entendez, fermez les yeux.

Il ferma les yeux.

- Le San Carlo à Naples a changé d'avis. Ils veulent que vous fassiez *Le Lac des cygnes* maintenant. Si vous êtes d'accord, fermez les yeux.

Rudolf ferma les yeux.

Michel Canesi dit que durant ces jours de décembre, Rudolf était comme la marionnette Pétrouchka, brisé et malheureux. Il évoquait maintenant les souvenirs d'Erik. Pas la cruauté, mais la passion qu'ils s'étaient voués l'un à l'autre, une passion que Rudolf n'avait jamais connue alors, ni depuis d'ailleurs. Mais, Rudolf avait une meilleure connaissance de la danse, et des classiques, que Canesi et, au lieu de Pétrouchka, il s'est peut-être souvenu de l'époque de son rôle le plus romantique, le seul ballet créé pour Margot et lui, et que personne n'avait plus dansé depuis : *Marguerite et Armand.* Car dans le livre dont le ballet est tiré, *La Dame aux Camélias*, l'héroïne, Marguerite Gautier, connait une fin étrangement similaire à celle de Rudolf, à la même époque de l'année.

L'histoire se termine sur une lettre en forme de journal, écrite par Marguerite à Armand pour justifier son comportement à son égard, et lui demander pardon.

« C'est aujourd'hui le 15 décembre. Je suis souffrante depuis trois ou quatre jours. Ce matin, j'ai pris le lit ; le temps est sombre, je suis triste ; personne n'est auprès de moi (...) Je puis mourir de cette maladie, car j'ai toujours eu le pressentiment que je mourrais jeune. »

« 20 décembre. Il fait un temps horrible, il neige, je suis seule chez moi. Depuis trois jours, j'ai été prise d'une telle fièvre que je n'ai pu vous écrire un mot (...) Je ne cesse de cracher le sang (...) Aujourd'hui, je me suis levée un peu, et, derrière le rideau de ma fenêtre, j'ai regardé passer cette vie de Paris avec laquelle je crois bien avoir tout à fait rompu. »

« 25 décembre. Mon médecin me défend d'écrire tous les jours. En effet, mes souvenirs ne font qu'augmenter ma fièvre (...) »

« 4 janvier. Je viens de passer une suite de jours bien douloureux. J'ignorais que le corps pût faire souffrir ainsi. Oh ! Ma vie passée ! je la paye deux fois aujourd'hui. On m'a veillée toutes les nuits. Je ne pouvais plus respirer. Le délire et la toux se partageaient le reste de ma pauvre existence. Ma salle à manger est pleine de bonbons, de cadeaux de toutes sortes que mes amis m'ont apportés (...) S'ils voyaient ce que la maladie a fait de moi, ils s'enfuieraient épouvantés. »

Marguerite récupère suffisamment pour aller au Vaudeville. Elle met du rouge sur ses joues (« sans quoi j'aurais eu l'air d'un cadavre »), mais on la ramène à moitié morte chez elle, et elle tousse et crache le sang toute la nuit. « Je ne peux plus parler, à peine si je peux remuer les bras. Mon Dieu ! Mon Dieu ! Je vais mourir. Je m'y attendais, mais je ne puis me faire à l'idée (...) »

Ce furent les derniers mots que Marguerite écrivit dans son journal.

Charles Jude fut l'une des dernières personnes à parler à Rudolf. Le matin du 4 janvier 1993, les deux hommes discutèrent du projet que formait Rudolf de visiter Shangaï l'année suivante, pour enseigner les techniques de danse occidentales aux Chinois. Mais, à quatre heures vingt-cinq cette après-midi-là, il sombra dans le coma. Il mourut deux jours plus tard, à trois heures quarante-cinq de l'après-midi, le mercredi 6 janvier, jour du Noël russe et de la fête des Rois. A la différence de Marguerite Gautier, ou Margot Fonteyn, il connut une fin paisible. Comme le dit Michel Canesi, confirmant les propos de Joan Thring, « Il ne s'est pas plaint. » Mais, lorsqu'on a été comme lui l'un des rares à avoir vécu pleinement jusqu'au bout, l'un des rares à avoir, par ses dons techniques et son charisme dramatique, ému plus de gens que quiconque de sa génération ; lorsqu'on a dansé plus de jours dans sa vie que l'on a eu de jours de repos, que l'on a, comme lui, conquis l'amour des autres et donné de l'amour en retour, que l'on a résisté aux influences dégradantes de la culture populaire, que l'on s'est assis dans le Bureau Ovale, que l'on a eu des amis ayant pour nom Jacqueline Onassis, que l'on est resté fidèle à soi-même et que l'on a su garder en soi, vivante durant plus d'un demi-siècle, l'étincelle du feu virginal, de quoi diable peut-on vouloir se plaindre ?

• • • • •

Du passé me reposer

Me suis repu... et d'abondance,
Assez. Vers une nouvelle voie
D'une âme claire je vais aller
Et du passé me reposer.

Rudolf fut enterré six jours plus tard, le 12 janvier, par une froide journée d'hiver. Il pleuvait quand le cercueil en chêne arriva au Palais Garnier dans un fourgon mortuaire et fut transporté jusqu'au foyer par six danseurs. Les marches du perron de l'Opéra de Paris étaient couvertes de fleurs envoyées par son public. Le cercueil fut ensuite transporté en haut du grand escalier en marbre de l'Opéra, et ce fut là que la cérémonie eut lieu, dans cet espace plus intime, plutôt que dans le théâtre proprement dit. Sur un coussin de velours, deux marches plus bas, étaient accrochées ses deux principales décorations françaises, la Légion d'honneur et son écharpe de Commandeur des Arts et des Lettres. De chaque côté du grand escalier, sur les marches, se trouvaient vingt-quatre bouquets de chrysanthèmes blancs déposés par les petits *rats** de l'école de ballet. Des chandeliers électriques étaient allumés partout.

Entre sa mort et ses funérailles, Rudolf avait reçu de nombreux hommages, mais le plus émouvant vint sans doute d'Oleg Vinogradov, du Kirov. Il dit simplement : « Ce que Noureev a fait à l'Ouest, il n'aurait jamais pu le faire ici ». C'était également une façon de faire savoir que le nom de Rudolf avait été réintégré à l'histoire du Kirov. Certains des effets lui ayant appartenus étaient exposés au musée du Théâtre de Leningrad, et une salle de répétition de la Vaganova fut baptisée d'après son nom (les autres s'appelaient Nijinski et Sergeev). C'était la reconnaissance qu'en fin de compte, le « traître » n'était rien de la sorte.

Ayant précédé les personnes venues rendre hommage au défunt, en haut de l'escalier, se trouvaient Rosa et Rezida, avec les deux neveux de Rudolf, Youri et Victor, ainsi que ses deux nièces, Guzelle et Alysa. Autour d'eux se tenaient les *étoiles** et les autres membres du Ballet de l'Opéra de Paris, beaucoup ne cachant pas leurs larmes. Au pied des marches se trouvait un petit ensemble de cordes, et dans les galeries se pressaient plusieurs centaines d'amis et de personnages éminents du monde du ballet. Le programme de quarante-cinq minutes commença par la première partie de *L'Art de la Fugue* de Bach. Suivirent des morceaux littéraires, choisis par Rudolf, et encore de la musique de Bach, Tchaïkovsky et Mahler. Au nombre des poèmes lus par ses amis, on trouvait le Manfred de Byron, le *L'amour m'a ravi, la beauté m'a enchaîné* de Michel-Ange et un des passages d'*Eugène Onéguine* préférés de Rudolf :

Il faut quitter ces tristes bords
L'hostilité de cette patrie...
Et languir pour la triste Russie,
Où j'ai souffert, où j'ai aimé,
Là où mon âme j'ai enterrée.

Jack Lang fit son éloge. « Vous avez choisi d'être enterré sur le sol de France, dit-il, qui vous sera doux et hospitalier.» Il rendit également hommage aux derniers jours de Rudolf qui, dit-il, rappelaient les anciens sages et leur « art de mourir ». Il fut silencieux, mais lutta. Il souffrit, mais travailla. Quelle leçon de courage et de grandeur! Les dieux, dit-il, avaient accordé à Rudolf des dons exceptionnels.

« La beauté, la puissance, le goût de l'absolu... Il atteint une dimension mythique. Comme le phénix, il renaît chaque matin après s'être exténué chaque soir ». Rudolf, dit Lang, lui avait confié un jour : "Vouloir, c'est pouvoir".»

Le cercueil fut ensuite redescendu par le grand escalier. Dans le foyer en bas, et les galeries au-dessus, les amis de Rudolf et les collègues célèbres regardaient tristement : Carla Fracci, Lynn Seymour, Marika Besobrasova, Yvette Chauviré, Franco Zeffirelli, Patrick Dupond, Jean Babilée, Ghislaine Thesmar, Zizi Jeanmaire, Roland Petit, Anthony Dowell, Linda Mabeduke, Jacob Rothschild, Ruggiero Raimondi, John Neumeier, Rudi van Dantzig, John Taras, Leslie Caron, Lee Radziwill, Maude Gosling, Jeanette Etheridge, l'Aga Khan, Peter Wright, Antoinette Sibley, Merle Park, Jane Hermann, Nicholas Georgiadis, plusieurs membres de la famille Niarchos, John Tooley, Serge Sorokin et les avocats suisses qui allaient administrer les deux Fondations Noureev, l'une en Europe, l'autre en Amérique du Nord, dont on avait annoncé la création entre sa mort et ce jour-là. La fortune de Rudolf, estimée entre 33 et 40 millions de dollars, servirait à aider la carrière de jeunes danseurs et à financier la « recherche scientifique et médicale » en général.

Dehors, le ciel avait changé. Le soleil brillait. Au cimetière orthodoxe russe de Sainte-Geneviève-des-Bois, où Serge Lifar est également enterré, les bouleaux argentés rappelaient quelque peu Oufa, et d'une certaine manière, ce lieu de sépulture semblait plus éloigné de l'Opéra que du Maryinski, ou du Met, ou de Covent Garden. Mais, Rudolf reposait maintenant en terre russe. Son exil avait pris fin.

Comme le cercueil était descendu en terre, un quartet joua la musique d'Adam tirée du dernier acte de *Giselle*. Rudolf fut enterré, comme Valentino, dans ses habits de soirée. Ses chaussons de danse furent jetés dans la fosse également, avec une brassée de lilas blancs, en souvenir de son Albrecht sur la tombe de Giselle. Quoiqu'il ait pu faire d'autre au cours de sa vie, Rudolf n'oublia jamais ses princes. Et ils ne l'oublièrent jamais non plus.

• • • • •

Remerciements

De nombreuses personnes m'ont aidé dans la préparation de ce livre, et je tiens à leur exprimer ici toute ma gratitude.

En Russie, m'ont servi d'interprètes et aidé dans mes recherches Paul Greenwood, Genna Antonovitch Druzhinsky et Alannah Langton. A Oufa, je remercie tout particulièrement Rezida Evgrafova, la sœur de Monsieur Noureev, qui m'a généreusement accordé un peu de son temps et de sa patience, Albert Xatkulovitch Arslnov, Zaituna Nazretdinova, Vonog-Viktor Petrovitch, Pamira Sulemanovna, Alik Biktchourine, Galina Kazantseva, Taisiya Mikhailovna Haltikura Ilchinova, Inna Georgievna Gyckova, Maguera Yamaieva, Nailya Maerlyatova, Irina Ivanovna Formichova, Zoya, Mikhailovna Kogan et Alexandra Nikolievna.

A Saint-Pétersbourg, je sais gré de leur témoignage à Sergei Sorokin, Liuba Miasnikova, Tamara Myasciorva, Zhanna Ayupova, Zoya Grigorevna Arkharova, Faina Ilyenichna Rotxlind, psychiatre et spécialiste de l'homosexualité qui refuse d'être cité, Natalia Dudinskaya, Marguerite Alfimova, Marina Ilicheva, Volodya Evdokimov, Alexander Mikhailovitch et Xavier Woodward. A Moscou, m'ont apporté leur aide Konstantin Akinsha, Igor Torbakov, Grigorii Koslov, Gabriel Komleva et Yuri Godshelyan.

A Londres, je remercie Sir John Tooley, Sir Peter Wright, John Lanchbery, Michael Brown, Georgina Parkinson, Antoinette Sibley, Merle Park, Monica Mason, Jennifer Penney, Ken Davison, les archivistes du Royal Opera House, Mark Bonham-Carter, Bonnie Prandato Robinson,

Antelope Films, Barbara Booroff, Leslie Edwards, Anthony Russell-Roberts, Joan Thring, Sheila Pickles, Dame Ninette de Valois, Norman Morrice, Colette Clark, Clement Crisp, Robert Sangster, Edith Gorlinsky, Jan Parry, Lord Rothschild, John et Patricia Menzies, Henry Wrong, Richard Cohen, Rowena Webb et Beth Humphries.

A New York : Peter Martins, Natasha Harley, Earl Mack, Elizabeth Kaye, Clive Barnes, les Archives de la Danse, le Centre Lincoln, Stanley Williams, Lee Walters, John Gingrich, Monique van Vooren, Lee Radziwill, Elizabeth Kendal, Irina Kolpakova, Todd Merrill, Rhoda Grauer, Bob Colacello, Judy Kinberg, Barry Weinstein, Andrew Grossman, Patricia Becker, Barbara Horgan, Paul Taylor, Violette Verdy, Martin Raeff, Tobias Liebowitz, Rose Curcio, John Springer. Je remercie tout particulièrement Marilyn La Vine pour m'avoir permis d'utiliser les archives de la collection Marilyn J. Lavine-Rudolf Noureev.

Au Canada : Sergio Stefanschi, Linda Mabeduke, Veronica Tennant, Brenda et Leighton McCarthy, Robert Johnston, Graham Roebuck.

Aux Bahamas : David McGrath, Victoria McGrath.

En France : Rosella Hightower, Olivier Merlin, Clara Saint, Pierre Bergé, Yvonne Panitza, Stéphane Gambier, Marie-France Polkner, Vivien Roberts, Michel Canesi, Mario Bois, Nina Vyroubova, Dorothy Field, Vartori Bazmadjian, Valentin Vorobiov.

Enfin, bien évidemment, aucune des personnes citées ci-dessus n'est responsable des propos tenus dans ce livre.

• • • • •

Bibliographie choisie

Alovert, Nina, "Youri Grigorovich : An Appreciation", *Dance Magazine*, juillet 1987.

Andersen, Christopher, *Jagger Unauthorised*, Londres, Simon & Schuster, 1993.

Anderson, Jack, *The One and Only : The Ballet Russe de Monte Carlo*, New York, Dance Horizon, 1981.

Andrew, Christopher, and Oleg Gordievsky, *KGB, the Inside Story*, New York, Harper Collins, 1990.

Anonyme, *Konstantin Serguïev*, Moscou, 1978.

Ardoin, John, *The Callas Legacy*, New York, Scribner's, 1977.

Balanchine, George, et Francis Mason, *Balanchine's Festival of Ballet, Londres*, W.H. Allen, 1978.

Ballet Review, "A Tribute to Rudolf Nureyev", hiver 1993.

Barnes, Clive, *Nureyev*, New York, Helene Obolensky Enterprises Inc., 1982.

—, *Nureyev : Twenty years in the West*, New York, Putnam, 1982.

Barron, John, *KGB, The Secret Work of Soviet Secret Agents*, Londres, Hodder & Stoughton, 1974.

Baryshnikov, Mikhaïl, "Memories of Nureyev", *Vogue*, mars 1993.

Beaumont, Cyril, *Complete Book of Ballets*, Londres, Putnam, 1949.

Benedetti, Jean, *Stanislavski*, Londres, Methuen, 1988.

Beschloss, Michael, *The Crisis Years : Kennedy and Khrushchev 1960-1963*, New York, Edward Burlingame Books, 1991.

Bland, Alexander, *The Nureyev Image*, Londres, Studio Vista, 1976.

—, *The Royal Ballet - the First Fifty Years*, New York, Doubleday, 1981.

Bockris, Victor, *Warhol*, Londres, Century Hutchison, 1989.

Bois, Mario, *Rudolf Noureev*, Paris, Edition Plume, 1993.

Borisoglebsky, Mikhaïl, *A Documentary History of Russian Ballet*, deux volumes, Leningrad, 1938.

Borovsky, Victor, *Chaliapin : A Critical Biography*, New York, Knopf, 1988.

Buckle, Richard, *Nijinsky*, New York, Simon & Schuster, 1972.

—, *Diaghilev*, New York, Atheneum, 1979.

—, en collaboration avec John Taras, *George Balanchine*, Londres, Hamish Hamilton, 1988.

Bullock, Alan, *Hitler and Stalin : Parallel Lives*, Londres, Fontana Press, 1993.

Byron, Lord, *Complete Poetical Works*, Oxford, Oxford University Press, 1970.

Cartier, Jacqueline, "A Leningrad, Béjart s'amuse en écoutant Léotard parler de Noureev", *France-Soir*, 29 juin 1987.

Chujoy, Anatole, *The New York City Ballet*, New York, Knopf, 1963.

Churcher, Sharon, *New York Confidential*, New York, Crown, 1986.

Colacello, Bob, *Holy Terror : Andy Warhol Close Up*, New York, Harper Collins, 1990.

—, "The last Days of Nureyev", *Vanity Fair*, mars 1993.

Coward, Noel, *Diaries*, édition de Graham Payn et Sheridan Morley, Londres, Weidenfeld & Nicolson, 1982.

Crisp, Clement, "Les Étoiles de Paris", *Ballet News*, juillet 1985.

Demidov, Alexander, *The Russian Ballet Past & Present*, Moscou, Novosti Press/New York, Doubleday, 1977.

Dunning, Jennifer, *"But first a school" : The first Fifty Years of the School of American Ballet*, New York, Elisabeth Sifton Books/Viking, 1985.

Dupuis, Simone, et Nicole Le Caisne, "Palais Garnier : Eh bien ! dansez maintenant", *L'Express*, 10 mars 1989.

Eaton, Quaintance, *The Miracle of the Met : An Informal History of the Metropolitan Opera 1883-1967*, New York, Meredith Press, 1968.

Fonteyn, Margot, *Autobiography*, Londres, W.H. Allen, 1975.

Forbes, Bryan, *A Divided Life*, Londres, Heinemann, 1992.

Geva, Tamara, *Split Seconds : A Remembrance*, Londres, Jonathan Cape, 1986.

Gosling, Nigel, *Leningrad/St Petersburg*, Studio Vista, 1965.

Grey, Antony, *Quest for Justice*, Londres, Sinclair-Stevenson, 1992.

Gruen, John, *Erik Bruhn, Danseur Noble*, New York, The Viking Press, 1979.

—, *The Private World of Ballet*, New York, Viking, 1970.

Guest, Ivor, *Le Ballet de l'Opéra de Paris*, Paris, Flammarion, 1976.

Hanna, Judith Lyne, *Dance, Sex and Gender*, Chicago, University of Chicago Press, 1988.

Haskell, Arnold, *Ballet*, Harmondsworth, Penguin, 1938.

Heymann, C. David, *A woman Named Jackie*, Londres, Heinemann, 1989.

Higham, Charles, *The Life of Marlene Dietrich*, New York, Norton, 1977.

Hinchley, Vernon, *The Defectors*, Londres, Harrap, 1967.

Huckenpahler, Victoria, *Ballerina : A Biography of Violette Verdy*, New York, Marcel Dekker, 1978.
Hurok, Sol, en collaboration avec Ruth Goode, *Impresario*, Londres, Macdonald, 1947.
Ilicheva, Marina, *Irina Kolpakova*, Leningrad, 1979.
James, Henry, *Washington Square*, Oxford, Oxford University Press, 1963.
Jennings, Luke, "Rudolf Nureyev, The Final Chapter", *The (London) Sunday Times Magazine*, 31 janvier 1993.
Kavanagh, Julie, "Master of Illusion", Harpers & Queen, 1986.
Kayne, Elizabeth, "Nureyev : Dancing in his own shadow", *Esquire*, mars 1991.
Karsavina, Tamara, *Theatre Street*, New York, Dutton, 1931.
Kelley, Kitty, *Elizabeth Taylor : The Last Star*, New York, Simon & Schuster, 1981.
Kerensky, Oleg, *Ballet Scene*, Londres, Hamish Hamilton, 1970.
Kirkland, Gelsey, avec Greg Lawrence, *Dancing on My Grave*, New York, Doubleday, 1986.
Kirstein, Lincoln, *The New York City Ballet*, New York, Knopf, 1973.
Krasovskaya, Vera, *Vakhtang Chaboukiani*, Leningrad, 1960.
Kremshevskaya, Galina, *Natalia Dudinskaya*, Leningrad, 1964.
—, *Agrippina Vaganova*, Leningrad, 1981.
Lemay, Paul, "Nureyev Now ! After Paris", *Dance Magazine*, mai 1990.
Levinson, André, *Marie Taglioni*, Paris, Editions F. Alcan, 1929.
Lifar, Serge, *Serge Diaghilev*, New York, Putnam, 1940.
— *Les mémoires d'Icare*, Paris, Editions Sauret, 1993.
Lilly, Doris, *Those Fabulous Greeks : Onassis, Niarchos, and Livanos*, Londres, W.H. Allen, 1971.
Lvov-Anokhin, Boris, *Alla Shelest*, Moscou, 1964.

Makarova, Natalia, *A Dance Autobiography*, New York, Knopf, 1979.

Markova, Alicia, *Giselle and I*, New York, Vanguard Press, 1960.

Martin, John, *American Dancing : The Background and personalities of the Modern Dance*, New York, Dance Horizons, 1968.

Martins, Peter, avec Robert Cornfield, *Far from Denmark*, Boston, Little Brown, 1982.

Massie, Suzanne, *Land of the Firebird : The Beauty of Old Russia*, Londres, Hamish Hamilton, 1980.

Massine, Léonide, *My Life in Ballet*, Londres, Macmillan, 1968.

McDonagh, Don, *Martha Graham : A Biography*, New York, Praeger, 1973.

Messerer, Asaf, *Dance, Idea, Time*, Moscou, 1979.

Michel, Parmenia, *The Ballerinas : From the Court of Louis XIV to Pavlova*, New York, Macmillan, 1972.

de Mille, Agnes, *Portrait Gallery*, Boston, Houghton Mifflin, 1990.

Money, Keith, *Anna Pavlova : her Life and Art*, New York, Knopf, 1982.

Neale, Wendy, *Ballet Life Behind the Scenes*, New York, Crown Publishers, 1982.

Newman, Barbara, *Antoinette Sibley : Reflections of a Ballerina*, Londres, Hutchinson, 1986.

Nijinsky, Romola, *Nijinsky*, New York, Simon & Schuster, 1934.

—, *The Last Years of Nijinsky*, New York, Simon & Schuster, 1952.

Nureyev, Rudolf, *An Autobiography*, Londres, Hodder & Stoughton, 1962, réédition 1993.

Oppenheimer, Jerry, *Barbara Walters, An authorized Biography*, New York, St Martin's Press, 1990.

Panov, Valery, avec George Feifer, *To Dance*, New York, Knopf, 1978.

Pastori, Jean-Pierre, *Patrick Dupond : la fureur de danser*, Paris, Editions Pierre-Marcel Favre, 1982.

Payne, Charles, *American Ballet Theatre*, New York, Knopf, 1978.

Penrose, Barry, and Simon Freeman, *Conspiracy of Silence : The Secret Life of Anthony Blunt*, New York, Vintage, 1988.

Percival, John, *Nureyev*, Londres, Granada, 1979.

Perlmutter, Donna, *Shadowplay : The Life of Antony Tudor*, New York, Viking, 1991.

Peyser, Joan, *Berstein, A Biography*, New York, William Morrow, 1987.

Philp, Richard, and Mary Whitney, *Danseur : The Male in Ballet*, New York, McGraw Hill, 1977.

Prokhorova, Valentina, *Konstantin Sergeyev*, Leningrad, 1974.

Richmond, Yale, *U.S.-Soviet Cultural Exchanges, 1958-1986 : Who Wins ?*, Londres, Westview Press.

Rivera, Geraldo, avec Daniel Paisner, *Exposing Myself*, New York, Bantam, 1992.

Robinson, Harlow, *The Last Impresario, The Life, Times and Legacy of Sol Hurok*, New York, The Viking Press, 1994.

Roslavleva, Natalia, *Era of the Russian Ballet, 1770-1965*, New York, Dutton, 1966.

Rutledge, Leigh W., *The Gay Decades*, New York, Plume/Penguin, 1992.

Schonberg, Harold C., "Metropolitan Opera House Closes 83 years in a Blaze of Elegance', *New York Times*, 17 avril 1966.

Schwarz, Boris, *Music and Musical Life in Soviet Russia*, Bloomington, Indiana, Indiana University Press, 1983.

Seymour, Lynn, avec Paul Gardner, *Lynn*, Londres, Granada, 1984.

Shilts, Randy, *And the Band Played On : Politics, People and the AIDS Epidemic*, New York, St Martin's Press, 1987.
Sirvin, René, "Opéra : l'affaire Noureev", *Le Figaro*, 24 septembre 1989.
Smakov, Gennady, *Baryshnikov, From Russia to the West*, New York, Farrar Strauss Giroux, 1981.
—, *The Great Russian Dancers*, New York, Knopf, 1984.
Sokolova, Lydia, *Dancing for Diaghilev*, édité par Richard Buckle, Londres, John Murray, 1960.
Spender, Stephen, *Journals : 1939-1983*, Londres, Faber & Faber, 1985.
Stassinopoulos, Arianna, *Maria Callas, The Woman behind the Legend*, New York, Simon & Schuster, 1981.
Taper, Bernard, *Balanchine*, New York, Macmillan, 1974.
Tharp, Twyla, *Push Comes to Shove*, New York, Bantam, 1992.
Tracy, Robert, avec Sharon Delano, *Balanchine's Ballerinas : Conversations with the Muses*, New York, Linden Press/Simon & Schuster, 1983.
de Valois, Ninette, *Step by Step*, Londres, W.H. Allen, 1977.
Vickers, Hugo, *Cecil Beaton*, Londres, Weidenfeld & Nicolson, 1985.
Volkov, Solomon, *Balanchine's Tchaikovsky*, New York, Simon & Schuster, 1985.
Warhol, Andy, et Pat Hackett, *Popism, the Warhol Sixties*, New York, Harcourt Brace Janovitch, 1980.
Werth, Alexander, *Russia : The Post-War years*, New York, Taplinger, 1971.
Willis, Margaret, "Cinderella in Tinseltown", *Dance Magazine*, février 1987.
Ziegler, Philip, *Diana Cooper, A Biography*, New York, Knopf, 1982.

• • • • •

Table des matières

Un superbe plaisanterie 11

Triste Russie 25

Le feu virginal 39

Ce curieux étranger 77

La confidente des jours heureux 93

Rituel de ville 115

La Muse me suivit 141

Le dossier KGB 175
La défection

Héros fervent 187

Cet ange, ce démon cruel 217

Le dossier KGB 233
Le procès secret

Déesse des mystères 239

Rumeurs, injures et tracas 247

Chacun, à sa façon, fait face 259

Comme loi des passions, l'ordre arbitraire 273

D'une vie odieuse le faux éclat 291

Du feu de la jalousie 299

La folle mouvance 311

La cicatrice des passions 329

Le temps qui m'est compté 347

Les grandes froidures de l'hiver 361

Du passé me reposer 379

Remerciements 383

Bibliographie choisie 385

• • • • •

Impression réalisée sur CAMERON par
BRODARD ET TAUPIN
La Flèche

pour le compte d'Edition°1
79, Bd St Germain 75006 Paris
en mai 1995

Imprimé en France
Dépôt légal : mai 1995
N° d'édition : 8479 – N° d'impression : 6611 L-5
49-80-0947-01/9
ISBN : 2-863-91694-7